Zeitgenössisches Theater in China

Cao Kefei ist Theaterregisseurin, Mitgründerin des Ladybird Theaters in Beijing und Übersetzerin. Mehrfach hat sie deutschsprachige Dramatik ins Chinesische übersetzt und inszeniert, seit 2007 hat sie eine Reihe dokumentarischer Projekte realisiert. (Siehe auch Künstlerbiografie S. 382)

Sabine Heymann ist Kulturjournalistin, Theaterkritikerin, Übersetzerin und seit 2001 Geschäftsführerin des Zentrums für Medien und Interaktivität (ZMI) der Universität Gießen. Mit dem chinesischen Theater ist sie seit dem Jahr 2000 intensiv befasst. (Siehe auch Autorenbiografie S. 430)

Christoph Lepschy ist Dramaturg und Professor für Dramaturgie an der Universität Mozarteum Salzburg. Seit 2005 beschäftigt er sich intensiv mit dem chinesischen Gegenwartstheater und hat mehrfach mit chinesischen Theaterschaffenden zusammengearbeitet. (Siehe auch Autorenbiografie S. 431)

Zeitgenössisches Theater in China

中国当代戏剧

Herausgegeben von Cao Kefei, Sabine Heymann
und Christoph Lepschy

Alexander Verlag Berlin

Gefördert durch das Goethe-Institut China, das Zentrum für Medien und Interaktivität (ZMI) der Justus-Liebig-Universität Gießen und die Universität Mozarteum Salzburg

Originalausgabe
© by Alexander Verlag Berlin 2017
Alexander Wewerka, Fredericiastr. 8, D-14050 Berlin
www.alexander-verlag.com | info@alexander-verlag.com
Redaktion: Cao Kefei, Sabine Heymann und Christoph Lepschy
Redaktionelle Mitarbeit: Julian Nordhues
Schlussredaktion/Lektorat Verlag: Christin Heinrichs-Lauer
Satz und Layout: Antje Wewerka
Umschlag: Antje Wewerka
Alle Rechte vorbehalten.
Druck und Bindung: Interpress, Budapest
ISBN 978-3-89581-346-7
Printed in Hungary (May) 2017

Inhalt

3. Theater der Gegenwart

4. Transkulturelle Begegnungen

Porträts

Anhang

Vorwort

Der Begriff der »Zeitgenossenschaft« impliziert nach unserem westlichen Verständnis eine gewisse kritische Distanz zu ihrem Gegenstand. Zeitgenössisches Theater, ja zeitgenössische Kunst im Allgemeinen beinhaltet den Aufbruch, das Experiment, die Abgrenzung vom zuvor Dagewesenen. Für China muss das nicht so sein. Zeitgenossenschaft meint zunächst einmal die Kopie, die – mal mehr, mal weniger – verwandelt wird. Dabei ist es dieser Grad der Verwandlung, der mal stärker, mal schwächer ausfällt und der es uns, die wir radikale Formen des Zeitgenössischen gewohnt sind, so schwer macht, das innovative Potenzial des Zeitgenössischen in China zu entdecken.

Ein konstituierendes Moment für eine zeitgenössische Praxis der Theaterarbeit in China scheint mir das Kollektive zu sein, das sich im Ringen um die richtige performative Sprache, den richtigen Ausdruck manifestiert. Auf den Proben wird ungewöhnlich viel geredet, diskutiert und in der Regel dann die Vorstellung dessen nachgeahmt, was da als Konsens verabschiedet wurde. Das uns bekannte Individuelle, zuweilen im besten Sinne Virtuose verschwindet ganz im Gemeinsinn der Produktion und ordnet sich diesem unter.

Dies bietet auch Schutz. Noch immer kann auf chinesischen Bühnen nicht alles gesagt werden, es herrschen strikte Genehmigungsverfahren, die dann zuweilen wieder erstaunlich durchlässig sind. Zurück bleibt ein Klima der Verunsicherung, das dem künstlerischen Prozess nicht zuträglich ist. Umso erfreulicher ist es, dass die Autorinnen und Autoren in diesem Buch eine Reihe von Theaterschaffenden vorstellen, die sich durchgesetzt haben in einer Szene, die fernab der Staatskunst nach einem Bild von sich selbst sucht, und die uns einen Einblick in das heutige China gibt.

Viele dieser Theaterleute befinden sich in einem regen Austausch mit westlichen Kolleginnen und Kollegen – das kann, muss aber nicht zum Besseren gereichen. Im günstigsten Falle bestärkt es darin, den eigenen

künstlerischen Weg trotz aller Widrigkeiten zu beschreiten – dies freilich ist eine Voraussetzung, die universell und systemübergreifend gilt.
Die kulturellen Kontexte sind es nicht. Sie bieten Raum für ein vielfältiges Erzählen auf den Brettern, die angeblich auch heute noch die Welt
bedeuten. Jeder staatliche Eingriff bestätigt dies und macht die Theaterkunst unentbehrlich für die Selbsterkenntnis.

Peter Anders
Goethe-Institut China
Dezember 2015

Begrenzte Spielräume

I.

Noch vor Erscheinen dieses Buches sind zwei der wichtigsten Orte der freien Theaterszene Chinas verschwunden. Die Räume der Caochangdi-Workstation des »Living Dance Studio« *(Shenghuo wudao gongzuoshi)* und die Räume des »Paper Tiger Theater Studio« *(Zhilaohu gongzuoshi)*, beide im Nordosten Beijings gelegen. Es waren Proben- und Arbeitsräume, Räume für Aufführungen, Workshops und Begegnungen. In beiden Fällen hat der entfesselte Immobilienmarkt die Künstlerinnen und Künstler verdrängt.

Die Bedrohung, die Begrenzung, das Verschwinden, die Neueröffnung von Spielräumen, das sind ständig wiederkehrende Begleitumstände der jüngeren Theatergeschichte Chinas:[1] Nach dem Ende der Kulturrevolution entstehen innerhalb und außerhalb der etablierten Theaterinstitutionen (in den Universitäten z.B.) neue Räume für Experiment und Neuorientierung. Damit ist es spätestens nach 1989 vorbei. Wieder werden die kulturpolitischen Weichen neu gestellt. Die individuellen Experimente werden in kommerzielle Produkte transformiert

---

[1] Der Begriff »Theater« im umfassenden Sinne der darstellenden Künste heißt im Chinesischen *xiju* 戏剧 (»Aufführung eines Spiels«), nicht zu verwechseln mit dem ähnlich klingenden Wort *xiqu* 戏曲 (»Spiel und Musik/Melodien«), welches das traditionelle Musiktheater bezeichnet. Seit der Rezeption und Aneignung westlicher Theaterformen mit Beginn des 20. Jahrhunderts wird der Oberbegriff *xiju* auch in Abgrenzung zum *xiqu* zur Beschreibung der westlichen Theaterformen verwendet, unter ihnen *huaju* 话剧, »Sprech-Theater«, und *geju* 歌剧, »Lied-Theater« für die westliche Oper. Der Ort der Aufführung heißt im Chinesischen *juchang* 剧场 (»Spiel-Ort«). Vgl. dazu: Budde, Antje (2008): *Theater und Experiment in der VR China. Kulturhistorische Bedingungen, Begriff, Geschichte, Institution und Praxis*, Saarbrücken: VDM Verlag Dr. Müller, S. 251–259.

oder überführt. Mit der ökonomischen Liberalisierung entsteht auch im Theater erstmals ein Gespür für den Markt. So werden über die Errichtung eines kommerziellen Produktionssystems weite Teile der freien Theaterszene und ihre vielstimmigen Erfahrungen zum Verstummen gebracht oder vereinnahmt, also mit der offiziellen Politik synchronisiert. Die Theatermacherinnen und Theatermacher, die auf ihrer Unabhängigkeit insistieren, weichen aus dem öffentlichen in den privaten Raum aus. Viele bauen eigene Studios auf, meist finanziert mit Hilfe von privaten Unterstützerinnen oder Unterstützern, und nutzen sie auch für Aufführungen im kleinen Rahmen. Genau diese Räume sind es, die derzeit wieder verschwinden. Neuerdings lässt sich aber auch eine Bewegung zurück in den öffentlichen Raum verzeichnen, etwa in die großen Kunstmuseen, die verstärktes Interesse an den performativen Künsten entwickeln.

Wer heute durch China reist, erlebt eine äußerst widersprüchliche Theaterlandschaft im Wandel. Abseits vom öffentlichen Kulturleben und ohne öffentliche Mittel existiert weiterhin eine lebendige unabhängige Theaterszene in den Schlupflöchern einer Gesellschaft, die sich seit zwei Jahrzehnten im vielleicht radikalsten Umbruch ihrer Geschichte befindet. Ausdruck der neu gewachsenen ökonomischen Potenz sind die in den letzten zehn Jahren in vielen Städten Chinas entstandenen gigantischen, prestigeträchtigen Theaterneubauten, in der Mehrzahl als Gastspielhäuser ohne eigenes Ensemble von der Poly Culture Group Ltd. betrieben, einem Tochterunternehmen der staatlichen China Poly Group Corporation, die unter anderem ein global agierender Rüstungskonzern ist. Diese Theater sind Kathedralen der Kulturindustrie, die mit kommerziellem Kalkül auf die Unterhaltungsbedürfnisse einer neu entstandenen, zahlungskräftigen Mittelschicht ausgerichtet sind. Gleichzeitig pflegen eine Reihe von staatlich subventionierten großen Compagnien – wie etwa die »China National Beijing Opera Company« *(Zhongguo guojia Jingjuyuan)* (mit rund 200 Darstellerinnen und Darstellern) das kulturelle Erbe des *xiqu*, des traditionellen chinesischen Musiktheaters, bei uns meist fälschlich unter dem Begriff »Peking-Oper« subsumiert. Sie bemühen sich, diese jahrhundertealte Tradition in der gegenwärtigen modernen Hochgeschwindigkeitsgesellschaft am Leben zu halten. Außerdem gibt es einige wenige öffentliche Theaterinstitutionen in Beijing, Chengdu, Shanghai und anderswo, die die in China noch junge, aus dem Westen importierte, erst seit gut 100 Jahren bestehende Kultur des Schauspiels und Sprechtheaters pflegen und sich darüber hinaus als Orte eines zeitgenössischen Theaters verstehen.

Selbstverständlich sind sie alle der Zensur unterworfen, in der Volksrepublik China kommt keine öffentliche Aufführung ohne entsprechende Genehmigung der Behörden zustande, wobei die Kriterien dafür häufig undurchschaubar bleiben, was wiederum das Wesen der Zensur ausmacht.

II.

Der vorliegende Band unternimmt den Versuch, einen umfänglichen Einblick in die vielen Facetten des zeitgenössischen Theaters in China zu geben, und zwar aus chinesischer und europäischer Sicht. Ganz abgesehen davon, dass damit selbstverständlich kein Anspruch auf eine umfassende Darstellung verbunden ist – das wäre anmaßend –, bedingt diese doppelte Perspektive in mehrfacher Hinsicht die Struktur des Bandes und die Auswahl der Autoren:

1. Die besondere Situation des chinesischen Theaters ist eng verbunden mit der Modernisierungsgeschichte Chinas im 20. Jahrhundert und verdankt sich nicht zuletzt der Auseinandersetzung mit der Kolonialzeit des 19. und 20. Jahrhunderts. Umso mehr gilt es zu vermeiden, die Begriffe und die Geschichte, Parameter des europäischen Theaters, als Maßstab der Beschreibung zu setzen. Von den kulturellen, philosophischen und politischen Voraussetzungen des chinesischen Theaters handeln daher die im ersten Kapitel versammelten Texte. François Jullien formuliert grundlegende Überlegungen zur Nichtentwicklung des Theaters im alten China. Mark Siemons nimmt den in China heute so nachdrücklich propagierten Begriff der Kulturindustrie und den ideologischen und ökonomischen Horizont des Kulturschaffens genauer unter die Lupe. Zhang Xian skizziert das unbeständige Panorama des Theatermachens von der Kulturrevolution bis heute und vermittelt einen Eindruck von der politischen Atmosphäre, in der sich die Theatermacherinnen und Theatermacher in China bewegen. Im zweiten Kapitel geht es darum, die Geschichte des chinesischen Theaters im 20. Jahrhundert in den Blick zu nehmen und damit eine Voraussetzung für das Verständnis der Gegenwart zu schaffen, so in den Artikeln von Michael Gissenwehrer, Xie Xizhang und Tao Qingmei. Vom Wandel der Zeiten seit der Kulturrevolution bis in die Gegenwart erzählt der Theaterkritiker und ehemalige Theaterleiter Lin Kehuan aus einer persönlichen Perspektive im Gespräch mit Cao Kefei. In den Zusammenhang dieses Kapitel gehört selbstverständlich auch

die Auseinandersetzung mit der wechselvollen Geschichte des *xiqu* in den Texten von Sabine Heymann und Irene Wegner.

2. Korrespondierend zu diesem Blick von außen bzw. aus der analytischen Distanz, haben wir eine Reihe bedeutender chinesischer Theaterkünstlerinnen und Theaterkünstler eingeladen, ihre Arbeit vorzustellen bzw. Analysen aus der Innensicht des chinesischen Gegenwartstheaters beizusteuern. Dabei richtet sich die Aufmerksamkeit vor allem auf das breite Spektrum der jüngeren, bisher kaum reflektierten Erscheinungsformen des zeitgenössischen Sprech- und Tanztheaters sowie des Dokumentartheaters. Sie finden sich nach überblickshaften Skizzen von Tao Qingmei und Li Yinan mit einer Ausnahme im dritten Kapitel versammelt, das – ganz der Gegenwart gewidmet – viele divergierende Sichten anschaulich macht. Mou Sen gehört zu den Wegbereitern des sogenannten experimentellen Theaters (und findet sich daher bereits im zweiten Kapitel). Er erinnert an seine ersten Arbeiten in den achtziger Jahren. Der Autor Guo Shixing, die wichtigste Stimme der chinesischen Gegenwartsdramatik, lässt seine Laufbahn als Dramatiker ab Mitte der achtziger Jahre Revue passieren. Wu Wenguang denkt über das dokumentarische Theater nach, Zhao Chuan schreibt über das Verhältnis von Gesellschaft und Theater, Tian Gebing erörtert die Rolle des Körpers im chinesischen Theater. Tian Mansha äußert sich über experimentelles *xiqu*, Wen Hui und Xiao Ke diskutieren über Feminismus im Theater, Cao Kefei erzählt von ihrem Leben und Arbeiten in und zwischen China und dem deutschsprachigen Raum. In diesem Sinn versteht sich der Band auch als ein Künstlerbuch, das aus der Perspektive der Theatermacherinnen und Theatermacher Einblick gibt in Schaffensprozesse und Gedankenwelten.

3. Ein dritter wichtiger Ansatz ist der Blick auf aktuelle transkulturelle Projekte zwischen China und Europa. Dieser Ansatz ist es auch, der den Impuls lieferte für die Entstehung dieses Buches, das sich selbst als ein solches Projekt versteht. Vor dem Hintergrund der jüngeren chinesischen Theatergeschichte, die seit etwa 100 Jahren so sehr von der Auseinandersetzung mit dem westlichen, vor allem dem europäischen Theater geprägt ist, stellt sich die Frage, wie die Praxis dieses Austauschs heute aussieht. In den letzten Jahren ist eine Reihe von chinesisch-europäischen Kooperationen entstanden, bei denen Theaterkünstlerinnen und Theaterkünstler aus beiden Kulturen den Dialog miteinander suchen. Dazu gehören gemeinsame Theaterproduktionen, Gastspiele, chinesisch-deutsche Autorinnen- und Autorenplattformen, diverse Ge-

sprächsforen und Symposien zum Theater, der Austausch von Kunst-
hochschulen und Akademien, Kooperationen zwischen Universitäten.
Wir konzentrieren uns in Kapitel 4 auf eine Auswahl künstlerischer Versuche, diesen Dialog zu gestalten. Dabei haben wir uns, wie in Kapitel 2,
vorwiegend für Berichte und Erzählungen aus der Perspektive der beteiligten Künstlerinnen und Künstler entschieden, um Einblicke in die jeweiligen Entstehungsprozesse und Arbeitsweisen zu bieten. Der Bogen
spannt sich von den ersten, noch tastenden, weil Neuland betretenden
Kooperationsversuchen zwischen dem Hamburger Thalia Theater und
dem Volkskunsttheater Beijing in den achtziger Jahren, denen Li Yinan
nachgegangen ist, über dokumentarische bzw. literarische Auseinandersetzungen mit China aus westlicher Perspektive, wie sie Gesine Schmidt,
Ulrike Syha und Stefan Kaegi unternommen haben, über Philipp Schul-
tes und Zhang Weiyis vergleichende analytische Betrachtung zweier
sehr unterschiedlicher *Kapital*-Inszenierungen in China und Deutschland, bis zu chinesisch-europäischen Koproduktionen wie *Ping Tan Tales* von Gesine Danckwart und *Totally Happy* von Tian Gebing. Einen
besonders wichtigen Aspekt dieses Themenkomplexes beleuchtet Marc
Hermanns Essay über das Übersetzen aus dem Chinesischen, fundamentale Voraussetzung für die transkulturelle Arbeit, mithin auch für das
Entstehen dieses Bands selbst.

III.

Die Idee, ein Buch über das zeitgenössische Theater in China zu machen,
entstand bereits 2011, nachdem die Herausgeberinnen und Herausgeber Cao Kefei, Sabine Heymann und Christoph Lepschy, alle drei bereits
seit Jahren auf unterschiedliche Weise mit dem Theater in China befasst,
eine Reihe von chinesisch-europäischen Veranstaltungen initiiert bzw.
kuratiert oder an ihnen als Gäste teilgenommen hatten (u.a. das Autorenfestival China/Deutschland in Düsseldorf und Beijing 2009, eine
Reihe chinesisch-deutscher Theaterforen in Wuhan, Düsseldorf und
Chongqing 2009–11, sowie verschiedene Editionen des seit 2008 jährlich stattfindenden European-Chinese Cultural Dialogue, allesamt vom
Goethe-Institut China unterstützt oder veranstaltet). Auch die folgende
Phase intensiver Arbeit an dem Buch war geprägt von Reisen, Recherchen, Begegnungen und Gesprächen. Die Gliederung ergab sich geradezu organisch aus Einsichten in die oben skizzierten Besonderheiten

der chinesischen Theaterlandschaft, dazu gehört auch die Entscheidung, viele der wichtigsten Künstlerinnen und Künstler selbst zu Wort kommen zu lassen. Gleichzeitig war es uns wichtig, Autorinnen und Autoren aus China *und* Europa zu versammeln, da wir auf diese Weise den konzeptionellen Gedanken des transkulturellen Dialogs weiterverfolgen konnten. Die sehr lebendige und vielfältige Theaterszene Hongkongs findet hier keine Berücksichtigung. Der Grund dafür liegt in den vollkommen anderen historischen (Einfluss der britischen Kolonialzeit) und politischen (unter anderem keine Zensur) Voraussetzungen und Strukturen der Theaterszene Hongkongs, die einer ausführlicheren separaten Darstellung bedürfen. Das gilt auf andere Weise auch für die Theaterlandschaft Taiwans. Jeder einzelne Beitrag des Buches ging über die Schreibtische aller drei Herausgeber und Herausgeberinnen und wurde dementsprechend aus unterschiedlichen Blickwinkeln redigiert und diskutiert.

Eine besondere Herausforderung waren die Übersetzungen zahlreicher Texte aus dem Chinesischen. Grundsätzlich sind Chinesisch und Deutsch distante Fremdsprachen, z. B. kennt das Chinesische keine Flexion von Verben und Nomen, der Satzbau benötigt kein Subjekt usw. Hinzu kommen mitunter kaum übertragbare Begrifflichkeiten, die nur im chinesischen Kontext verständlich sind. Mit Unterstützung einiger Sinologinnen und Sinologen haben wir uns bemüht, die entsprechenden Passagen verständlich zu machen und zugleich einen ausufernden Fußnotenapparat zu vermeiden. Komplettiert wird der Band durch ein Glossar, das alle relevanten chinesischen Begriffe als Schriftzeichen auflistet, sowie eine umfangreiche Bibliografie.

IV.

Bei aller Fremdheit und Differenz wird »das Andere« der chinesischen Theaterlandschaft hier keinesfalls als feste Kategorie verstanden, sondern als ein dynamisches, flexibles Gebilde, das nicht auf einen Nenner zu bringen ist. Allemal ist unsere global verflochtene Theaterwelt von der Differenz zwischen den Individuen mindestens so bestimmt wie vom Abstand zwischen den Kulturen. Da vermag ein Regisseur oder eine Regisseurin aus Beijing oder Shanghai sich womöglich besser mit Münchner oder Berliner Kolleginnen und Kollegen zu verständigen, als mit manchem/r kommerziell orientierten/r Theaterkünstlerin oder

Theaterkünstler in seiner oder ihrer Heimat. In diesem Sinn möge ein Gedanke aus dem *Klassiker der Berge und Meere (Shanhaijing)* die Lektüre begleiten: »Kein Ding ist von sich aus fremd, es braucht mich, um fremd zu werden.«

Cao Kefei
Sabine Heymann
Christoph Lepschy
Berlin – Gießen – München
Dezember 2016

Danksagung der Herausgeber*innen

Viele Menschen und Institutionen haben zur Entstehung des Buches beigetragen. Dafür wollen wir ihnen ausdrücklich Dank sagen:

An erster Stelle Peter Anders, dem ehemaligen (bis Ende 2015) Leiter des Goethe-Instituts China, ohne den dieses Buch nur schwerlich zustande gekommen wäre, und dem Goethe-Institut China, das den größten Teil der Finanzierung übernommen hat; Prof. Dr. Henning Lobin vom ZMI der Universität Gießen für die begleitenden Gespräche und die Ermöglichung einer finanziellen Förderung durch das ZMI; Univ.-Prof. Dr. Wolfgang Gratzer, dem ehemaligen Vizerektor für Forschung und Entwicklung der Universität Mozarteum Salzburg, und der Universität Mozarteum, die ebenfalls zur Finanzierung des Bandes beigetragen hat; dem Eurasia-Pacific Uninet Wien für die Finanzierung zweier Forschungsreisen von Christoph Lepschy nach China; Prof. Dr. Hans-Georg Knopp, dem ehemaligen Generalsekretär des Goethe-Instituts, und Dr. Wilfried Eckstein, dem ehemaligen Leiter des Goethe-Instituts Shanghai, die uns vor allem in der Anfangsphase beraten und ermutigt haben; den Theaterkünstlern Zhang Xian und Tian Gebing für viele Gespräche, die unsere Kenntnis der chinesischen Verhältnisse vertieft und unseren Blick geschärft haben; Prof. Tian Mansha, zu Beginn unserer Arbeit noch Vizepräsidentin der Shanghai Theatre Academy, für ihre fachliche Beratung zum *xiqu* und (immer wieder) die Herstellung von wichtigen Kontakten; Dr. Irmgard Enzinger für ihren philologisch und philosophisch geprägten sinologischen Blick auf das Ganze und ihre unermüdliche Hilfe in aussichtslos erscheinenden Fällen; Dr. Dr. Dominique Hertzer für die großzügige sinologische Begleitung und Beratung in Grundlagenfragen; Dr. Anna Stecher, der Sinologin und Expertin für chinesisches Theater von der LMU München, Autorin und Übersetzerin von Texten des vorliegenden Buches, für ihre stete uneigennützige Hilfe, für die Übersetzung der filmisch dokumentierten Erzählungen von Zeitzeugen der Kulturrevolution, bei der Recherche, beim Bibliografieren, beim Auffinden entlegener Materialien; Cheng Yan, wissenschaftliche Mitarbeiterin am ZMI, für die Verschriftung und Überprüfung von Übersetzungen; Ralph Zoth, studentische Hilfskraft am ZMI, für Fotobearbeitung und Grafiken; Kathrin Herm, ehemalige Studienassistentin am Thomas-Bernhard-Institut für Schauspiel und Regie der Universität Mozarteum, für die Transkription des Gesprächs mit François Jullien; Prof. Dr. Michael Gissenwehrer (LMU) für die Beantwortung schwieriger Fragen zu Problemen der Geschichte des chinesischen Theaters im 20. Jahrhundert, insbesondere die Kulturrevolution betreffend; dem Dokumentarfilmer und Theatermann Wu Wenguang für die Überlassung von Materialien zur Kulturrevolution; Prof. Dr. Li Yinan (Theaterakademie Beijing), die uns eine zuverlässige Beraterin in vielen Fragen zum chinesischen Gegenwartstheater war; dem Theatermuseum des Volkskunsttheaters Beijing für die Überlassung historischer Aufführungsfotos; Xie Xizhang für die Unterstützung bei der Suche nach Fotos; Dr. Albrecht von der Heyden, in den achtziger Jahren des 20. Jahrhunderts Leiter des Kulturreferats an der Deutschen Botschaft Beijing, für die wertvollen Informationen zu den Begleitumständen von Jürgen Flimms *Woyzeck*; Jürgen Bertram, zur gleichen Zeit ARD-Korrespondent in Beijing, für die Überlassung seines *Woyzeck*-Beitrags aus der Sendung »Kulturweltspiegel« (WDR); allen Autorinnen und Autoren, Übersetzerinnen und Übersetzern für die engagierte, geduldige und weit über das übliche Maß hinausgegangene Mitarbeit an unserem Buch; unserem Verleger Alexander Wewerka, der an das Projekt geglaubt hat, als die Finanzierung noch keineswegs stand; unserer Lektorin Christin Heinrichs-Lauer, die sich mit großer Sensibilität und Akribie in ein ihr völlig neues Thema eingearbeitet hat; Antje Wewerka, die in der Schlussphase so einfühlsam, aufmerksam und kreativ Satz und Layout entwickelt und begleitet hat; last but not least Julian Nordhues, wissenschaftlicher Mitarbeiter des ZMI, für seine intelligente, mitdenkende und präzise Arbeit an der Formatvorlage und die redaktionelle Begleitung, seine Ruhe in jedem Sturm und die aufwändige Erstellung einer Bibliografie.

哲学，文

I

化，政治

Philosophie, Kultur, Politik

Von der Abwesenheit des Theaters in China

Von François Jullien

Am Rande eines Vortrags *in Berlin äußerte sich der Philosoph und Sinologe François Jullien vor einigen Jahren zur Frage nach dem Theater in China. Wenn man über das chinesische Theater spreche, meinte er, müsse man zunächst einmal über die Abwesenheit des Theaters (im westlichen Sinn) in China nachdenken. Der Gedanke provozierte. Wie könnte man mit Blick auf die reiche chinesische Theaterkultur, die vielfältigen Formen des* xiqu, *das Drama der Yuan-Zeit usw. von der »Abwesenheit des Theaters« sprechen? Doch geht es Jullien selbstverständlich nicht darum, die chinesische Theatergeschichte zu dementieren. Es geht ihm zunächst darum, den abendländischen Begriff des Theaters aus einer außereuropäischen Perspektive zu befragen und zu untersuchen: Was sind die begrifflichen Grundlagen unseres Verständnisses vom Theater? Und was passiert, wenn man diese Begriffe im Kontext eines anderen kulturellen Raums denkt? Dabei steht auch die Frage im Raum, ob man die Idee des Theaters, die in unserem abendländischen Verständnis so tief von der griechischen Antike geprägt ist, auch anders denken könnte. Es geht um grundsätzliche Fragen einer mentalitätsgeschichtlichen Verfassung. Bei einem Treffen mit Christoph Lepschy in Paris im Februar 2013 erläuterte Jullien seine Überlegungen. Der folgende Text gibt wesentliche Teile dieser Ausführungen wieder.*[1]

In meinen Überlegungen möchte ich der Frage nachgehen, inwiefern die Unter- oder Nicht-Entwicklung des Theaters im alten China Aspekte der Entwicklung oder der Erfindung des Theaters in Griechenland erhellt. Vor einiger Zeit habe ich schon einmal eine vergleichbare Arbeit[2] gemacht. Dabei ging es um den Akt in der Kunst. Die Ausgangsfrage war ähnlich: Warum hat es in der chinesischen Kunst keine Entwicklung des Nackten gegeben? Die Abwesenheit des Nackten in der chinesischen Kunst lässt uns über die Bedingungen der Unmöglichkeit des Nackten in der chinesischen Kunst nachdenken und im Umkehrschluss auch über die Bedingungen der Möglichkeit des Nackten in der europäischen, vorrangig der griechischen Tradition. Die Ähnlichkeit im Vorgehen besteht darin, bei einer Abwesenheit zu starten, das heißt, über die Bedingungen dieser Abwesenheit nachzudenken, was im selben Augenblick die Bedingungen der Möglichkeit einer Präsenz oder einer Entwicklung

---

[1]   Der Text basiert auf einem Transkript dieser Begegnung, das von Christoph Lepschy komprimiert, bearbeitet und in die hier vorliegende Form gebracht wurde.

[2]   Jullien, François (2003): *Vom Wesen des Nackten*, München: Sequentia.

derselben anderswo beleuchtet. Eigentlich Kants Frage nach der Bedingung von Möglichkeit. Ich versuche also, Dinge über den Abstand, über den Umweg des Außen, genauer: des chinesischen Außen, zu beleuchten. Ich versuche mit meiner Arbeit, das Ungedachte unseres Denkens zu denken und damit von außen kommend das zu erfassen, was Europa, oder sagen wir, was die Erfindung »Europa« ausmacht. Übrigens vermeide ich den Begriff des »Unterschieds« (*différence*) und bevorzuge »Abweichung/Abstand« (*écart*).

Zunächst aber möchte ich ein paar Worte über das gleichwohl existente Theater in der chinesischen Tradition sagen, damit der Kontext klar wird. Es ist festzustellen, dass das Theater in China vergleichsweise spät entstanden ist: Vor dem 12. Jahrhundert gibt es keine Theaterstücke und die ältesten schriftlichen Belege stammen aus dem 13. oder 14. Jahrhundert. Doch was wird da eigentlich unter Theater verstanden? Im Theater Chinas steht an erster Stelle der Gesang, der aus der großen Tradition der chinesischen Poesie erwächst. Das Potenzial des Theaters ist also mit der Lyrik verbunden. Dialogpassagen spielen eine untergeordnete Rolle, sie finden sich gleichsam eingebettet zwischen den Gesangspartien. Das Sprechtheater im eigentlichen Sinn entsteht in China erst im 20. Jahrhundert unter dem Einfluss des Westens. Der Dialog ist im Wesentlichen ein westliches Konzept.

Bei näherem Hinsehen lassen sich zwei entscheidende Wurzeln des chinesischen Theaters ausmachen, der Schamanismus und das Ritual. In China zwei weit auseinanderliegende Traditionen. Der Schamanismus kommt aus Zentralasien und verbreitet sich von dort sowohl in den Fernen Osten als auch nach Griechenland. Wir haben es hier übrigens mit einem der seltenen historischen Phänomene zu tun, die sich sowohl in Europa als auch in China entwickelt haben. In China ist der Schamanismus dann schließlich überlagert worden von der rituell geprägten Kultur des Konfuzianismus. Das Theater – bzw. das, was man dort Theater nennen könnte – findet sich nun genau an der Schnittstelle dazwischen. Der Schamanismus dient dazu, schlechte Einflüsse zu vertreiben, er ist eine Form magischer Anrufung, ein Exorzismus, der sich in choreografischen und gestischen Elementen ausdrückt, die ursprünglich eine gewisse Wirksamkeit und Operativität erwarten ließen. Daraus hat sich der spezifische Charakter des Tanzes und des Gestischen, auch der Akrobatik, entwickelt, der für alle klassischen chinesischen Theaterformen prägend ist.

Hinzu kommt, dass das Theater für gewöhnlich die Kunst des Narren gepflegt hat, die am chinesischen Hof eine bedeutsame politische

Funktion erfüllte. Die Narren galten als Verrückte und hatten deshalb die Möglichkeit, Dinge zu sagen, die andere nicht sagen konnten. Dazu konnten sie sich freilich nicht der offiziellen Sprache bedienen, sondern sie drückten sich gestisch, mimisch, körperlich aus. Dennoch hatte das eine politische Dimension. Sie nutzten theatrale Ausdrucksmittel jenseits der Sprache, um der politischen Zensur zu entgehen.

All dies vorweg, um zu verstehen, wie im 12./13. Jahrhundert auf einmal etwas entstehen konnte, was eher mit Oper als mit Theater zu tun hat. Wir finden typisierte Figuren wie den Naiven, den Schurken usw. Diese Typisierung ohne jede Psychologisierung bleibt auch für das spätere Pekinger Theater bestimmend und verweist auf die Wurzeln des chinesischen Theaters in einer Art Gegenkultur.

Ich werde nun auf zehn Aspekte der Abwesenheit des Theaters in China eingehen, verknüpft mit der Frage, was uns diese über die Entstehung des Theaters in der griechischen Antike sagen können. Dabei wären drei Komplexe zu erörtern: zuerst die äußeren Bedingungen, dann das, was ich die inneren Bedingungen nenne, und schließlich alles, was sich auf die theatrale Handlung selbst bezieht, wobei gleichzeitig der Begriff und das Konzept der theatralen Handlung in Frage zu stellen wäre.

1. Mythos

Charakteristisch für das griechische Theater scheint mir die Verbindung von *Mythos* und *Logos*. Nun ist festzustellen, dass China kein (Helden-) Epos kennt. China ist die einzige große Kultur, die nicht mit einer großen Erzählung – einem Epos – begonnen hat. Ein singulärer Fall in der Geschichte der Kulturen. In Japan, in Indien und natürlich in Griechenland – überall steht am Anfang der Kultur eine große Erzählung. Auch das griechische Theater wurde aus dem Epos geboren. Das heißt, zuallererst gab es eine große epische Erzählung mit dialogischen Passagen, die sich im Lauf der Zeit allmählich in Szenen zerteilt und auf die Bühne verlagert haben. In China gibt es eine solche große Erzählung nicht. Warum nicht? Weil das Epos die Geschichte einer großen heroischen Person ist, die sich vergebens (auf)opfert. Weil das Heldenepos große heldenhafte Taten beschreibt, die unnütz und ineffizient bleiben. Weil es viel Anstrengung, viel Lärm und wenig Wirkung beschreibt. Wenn man hingegen in China von Effizienz redet, ist stets eine diskrete Wirksamkeit gemeint, die sich über das Heranreifen von Bedingungen vollzieht, die sich ohne

Verausgabung und Widerstand ihren Weg bahnen. Die epische Idee ist der chinesischen Kultur also fremd, weil das Epos auf gewisse Weise eine vergebliche Angelegenheit ist und weil China Vertrauen in den Prozess, in den Verlauf hat. Das habe ich die »stillen Wandlungen«[3] genannt. »Stille Wandlung« ist im Grunde das, was sich ohne Lärm seinen Weg bahnt, also ohne darüber zu sprechen. Tatsächlich das Gegenteil von Epos. Was sich ohne Lärm den Weg bahnt, worüber man nicht spricht, das bestimmt die Wirklichkeit. Auch die geschichtliche Wirklichkeit.

Das griechische Theater erfindet sich in einem bestimmten Abstand zum Mythos. Wenn man mit Vernand davon ausgeht, dass das griechische Theater in den fünfzig Jahren entsteht, die zwischen Aischylos und Euripides liegen, könnte man sagen, dass die richtige Distanz zur mythischen Erzählung die Voraussetzung für die Geburt der Tragödie bildet. Die Distanz existiert da bereits – wir befinden uns nicht mehr im Mythos –, gleichzeitig ist sie aber noch nicht zu groß. Mit Euripides verschwindet in Griechenland der Bezug zur mythischen Erzählung. Was also mit Aischylos beginnt und mit Euripides zu Ende geht, ist eine Zeit von fünfzig Jahren, in der der richtige Abstand zum Mythos besteht, um diesen in Szene setzen zu können. Aber was heißt das eigentlich, »in Szene setzen«? »In Szene setzen« bedeutet: nicht festkleben und nicht vergessen, keine Abtrennung hervorrufen. Um etwas darstellen zu können, muss man sich losgelöst haben, ohne aber die Verbindungen abzubrechen. Die Erzählung muss man noch vor Augen haben, noch an ihr haften, aber eben nicht zu sehr. Man muss Abstand zu ihr genommen, nicht aber mit ihr gebrochen haben. Wir sehen also, an welchem Punkt das griechische Theater effektiv mit dem Mythos verknüpft ist. Es gibt da eine bestimmte Entfernung, durch die jener Punkt sichtbar wird, an dem eine notwendige Verbindung der Darstellung mit der Erzählung besteht.

Anders in China, wo es diese Art von Erzählung nicht gibt. In China beobachten wir die Abwesenheit des Mythos. Es fehlt nicht nur das Epos, es gibt gar keine große Gründungsgeschichte der Welt, keine große Erzählung, um auf das Warum der Welt eine Antwort zu geben. Keine. Häufig wird gesagt, unsere Moderne oder Postmoderne sei das Ende der großen Erzählungen – China hat eine solche große Erzählung niemals gekannt. Man hat sich die Welt dort nicht mit Hilfe von Erzählungen erklärt. Eines der ältesten Bücher Chinas ist in Form von Linien konzipiert: eine durchgehende Linie – *yang* 阳, eine unterbrochene Linie – *yin*

---

3   Jullien, François (2010): *Die stillen Wandlungen*, Berlin: Merve.

阴. Eine Figur setzt sich aus sechs *Yin-* bzw. *Yang*-Linien zusammen. Es handelt sich dabei stets um Figuren, die in Situationen eingebunden und Teil eines Prozesses sind. In der Situation von Bedeutung ist nur ihr Verwandlungspotenzial – also wie man von einer Situation in die nächste gelangt. Das ist der »Klassiker der Wandlungen« (*Yijing* 易经): durchgehende Linien, unterbrochene Linien, die zu Figuren kombiniert ein Gefüge ergeben, das man zur Vorhersage benutzt.

2. Logos (Rede/Überzeugung)

Ein zweiter Punkt ist die Rede *(logos)*, das Überzeugen. Es ist im griechischen Theater eine Hauptaufgabe, jemand anderen durch Argumente von der eigenen Position zu überzeugen. Sowohl zwischen den Figuren als auch zwischen dem Chor und dem Publikum. Überzeugen bzw. überreden ist ein essentielles griechisches Verb *(paideia, peithein)*. Bekanntlich besteht die Rede im griechischen Theater, vor allem in den Dialogen, zu einem großen Teil aus dem Bemühen zu überzeugen. Und auch hier stellen wir wieder eine große Abwesenheit im chinesischen Denken fest: In China hat sich keine Kultur des Überzeugens entwickelt. Ich meine damit das Überzeugen des Anderen, um mit Hilfe von Argumenten, mit den Mitteln der Rede, eine Zustimmung zu erzeugen. Uns erscheint das selbstverständlich – jemanden zu überzeugen. Für das griechische Verb, das ich für universell gehalten hätte, gibt es im klassischen Chinesisch keine Entsprechung. In der Moderne gibt es das Verb *shuofu* 说服: sprechen-unterwerfen. Es impliziert, dass der andere überwältigt wird, es ist also ein Verb mit einem gewalttätigen Aspekt. Bemerkenswerterweise haben die Chinesen die Praxis des Überzeugens nicht der gesprochenen Sprache anvertraut. Das griechische Theater trägt genau das in sich, es ist eine Art Überzeugungsspiel.

Tatsächlich gibt es das Problem der Überzeugung mit Hilfe der Sprache in China nicht. Es geht eher darum, die Bedingungen so zu organisieren, dass der andere das tut, was ich möchte, ohne dass ich es überhaupt nötig habe, mit ihm zu sprechen. Ich habe das einmal als Manipulation beschrieben, im Unterschied zum Vorgang des Überzeugens.[4] Das Vertrauen in die Sprache ist etwas sehr Griechisches.

Man muss das bis zu dem Punkt denken, dass in China die in der grie-

---

4 Jullien, François (1999): *Über die Wirksamkeit*, Berlin: Merve, S. 187 ff.

chischen oder römischen Antike so wichtige Figur des Redners überhaupt nicht existiert. Der öffentliche Redner, die öffentliche Rede, das gibt es in China nicht. Gleichwohl besteht eine ausgeprägte Fähigkeit, die Machtfrage zu steuern. Aber nicht über das Vertrauen in die Sprache.

3. Polis und Publikum

Ein weiterer Punkt ist, dass es in China keine Polis gibt. Wieder beginne ich mit einem »Es-gibt-nicht« – es gibt keine Polis. In Griechenland ist das Theater strukturell an die Polis gebunden – das unterstreichen die Choreografien, die Chöre, die von den Bürgern getragenen Abgaben für das Theater und die Tatsache, dass sich die Polis im Theater darstellt. Eindeutig hat das Theater im Rahmen der Polis eine politische Dimension. Und wenn das Theater in Athen eine Liturgie ist, so liegt das daran, dass es eine immanente Verbindung zwischen der Konstitution der Polis und der theatralen Darstellungsform gibt. Daher ist es interessant, dass China nie eine Polis gekannt hat, Fürstentümer dagegen schon. Eine Stadt war also entweder Palast (Herrschaftsgewalt) oder Markt (Handel). Es gibt da keine politische Struktur, keine politische Idee von der Stadt. Diese fundamentale Abwesenheit ermöglicht es uns, mit Blick auf China besser einzuschätzen, wie sehr das Theater bei uns mit der Polis verbunden ist, das heißt, wie grundlegend die politische Dimension des Theaters ist.

Das bedeutet in der Konsequenz, dass in Griechenland ein Volk für das Theater existiert, ein Zuschauervolk, weil es einen öffentlichen Platz gibt und einen Gerichtssaal. Es gibt einen Demos. Demos kommt von Demokratie. Ein Volk hat sich gebildet, das sind die Bürger der Stadt, die gleichzeitig die Zuschauer der Theaterstücke sind. Das gibt es in China nicht. In China hat man die Masse (*qunzhong* 群众). Aber keinen Demos. Man kennt diese Form eines zivilgesellschaftlichen Körpers nicht, der letztlich den Zuschauerkörper konstituiert und dafür sorgt, dass es überhaupt ein Publikum gibt. Das Volk als Teilnehmer an der Agora, als Teilnehmer an der politischen Wahl ist dasselbe Volk, das als Zuhörer und Zuschauer an der Theateraufführung teilnimmt. Für mich besteht der große Abstand zwischen der chinesischen und der europäischen Tradition darin, dass sich in China nie das Bewusstsein eines solchen Publikums ausgebildet hat. Wichtig ist Folgendes: Es ist nicht selbstverständlich, dass es ein Publikum gibt. Dass es ein Publikum gibt, ist ein einzigartiges Konzept. In China gibt es kein Publikum. Das Konzept hat sich dort nicht herausgebildet. Dabei gibt es auch in China eine Wertschätzung von Poesie oder von Musik, nur geschieht das immer zwischen ein oder zwei Personen, es richtet sich immer an einen Einzelnen. *Zuschauen* kann man das nicht nennen. Es geht eher um ein intimes Verstehen. Die kollektive Dimension eines Publikums existiert nicht, ebenso wenig wie eine öffentliche Wirkung. Doch diese öffentliche Wirkung ist für uns auf das Engste verbunden mit der Polis, die der Demos ist – ein gesellschaftlicher Körper, eben das Publikum.

4. Pathos

Der nächste wichtige Begriff, das Pathos, steht am Ursprung des griechischen Theaters. Noch eine griechische Angelegenheit, die China nicht kultiviert hat. Das liegt zuallererst daran, dass es dort Dionysos nicht gibt und daher die markerschütternde, extreme Dimension bei der Entfaltung von Gefühlen fehlt. Es gibt kein – die Griechen benutzen dieses nicht übersetzbare Wort – Pathos. Es geht dabei um den Bezug zur Intensität, um die Frage nach der Grenzerfahrung, um den Umgang mit der dramatischen Spannung, der Organisation eines Spannungsbogens – ein Konzept, das man in China nicht findet.

In der chinesischen Hochkultur bildet sich eine andere Verfassung von Gefühlen heraus. Gefühle übertragen sich dort via Verbreitung, Einfluss, Aktion und Reaktion, man könnte es Inter-Emotion nennen, *xiang gan* 相感. Es handelt sich um die Idee, dass sich Gefühlsregungen, die von hier ausgehen, andernorts verteilen, ausbreiten, sich wechselseitig durchdringen, wiederum prozesshaft und unbegrenzt, von der einen Person zur anderen übergehen, ohne jede Sorge um einen dramatischen Spannungsbogen. Es ist ein Prozess der Entfaltung, bei dem es nicht um wachsende Intensität oder das Erleben von Höhepunkten geht.

Im Grunde genommen ist es in China wichtig, dass eine Emotion andere Menschen durchqueren oder ergreifen kann, sogar ohne dass diese sich dessen bewusst werden. Das heißt, das emotionale Erfülltwerden oder Ergriffensein setzt sich von Mensch zu Mensch fort, nicht im Modus des Ereignisses, sondern im Modus des Prozesses. Diese Fähigkeit zur unmerklichen Verteilung von Emotionen ist sehr interessant. Wenn der Fürst vorhatte, seine Herrschaft zu erweitern, vermochte er tatsächlich das ganze Land emotional zu durchdringen, weil es diese Art und

Weise einer diffusen Anregung (Inzitament) von Emotion gibt. Ein Anreiz, der unbemerkt voranschreitet und sich bis zum anderen Ende der Welt ausbreiten wird. Es geht darum, seinen Einfluss immer mehr zu erweitern, zuerst auf seine Frau, seine Kinder, sein Umfeld und dann immer weiter. Es geht um die Idee des Einflusses. Dieser kontinuierliche und durchschlagende Verbreitungsprozess kann sich daher auch nicht mittels gesprochener Sprache vollziehen. Was zählt, ist die Prägnanz der Emotion. Das ist auch ein Merkmal der gesamten chinesischen Poesie: Die Umsetzung der Prägnanz von Emotionen.

5. Komödie – Tragödie

Kommen wir nun zu den inneren theaterspezifischen Begründungen. Zunächst einmal ist folgende Tatsache bedeutsam: Die Chinesen haben nicht wie die Griechen zwischen Lachen und Weinen unterschieden. Folglich gibt es in China auch die Unterscheidung Komödie – Tragödie nicht. Für uns ist diese Differenz fundamental: Tragödie oder Komödie, das eine oder das andere. Das betrifft nicht nur die dramatische Perspektive auf das Leben, das man entweder in Form der Tragödie oder in Form der Komödie darstellen kann. Das findet man schon bei Platon. Es gibt ja diesen großen Satz von Marx, dass sich die Geschichte immer zwei Mal abspielt, einmal auf tragische Weise und dann noch einmal auf komische Weise – *premier empire* (erstes Reich) und *second empire* (zweites Reich) in Frankreich. Napoleon der Erste und Napoleon der Dritte. Wir pflegen eine ganz schön vereinfachende Sichtweise, nicht wahr?! Es ist immer das eine oder das andere und dementsprechend gibt es auch zwei Gattungen, die entweder das eine oder das andere ausdrücken. So etwas gibt es in China nicht. Das bringt uns zum Nachdenken darüber, ob es nicht eine willkürliche Einteilung ist, die wir da betreiben. Denn eigentlich sind die Dinge nicht so einfach, traurig oder lustig, wie wir sie darstellen.

Hinzu kommt, dass das Verständnis vom Lachen in China etwas sehr Einzigartiges ist. In China lacht man nicht, weil etwas lustig ist. Das Lachen in China hat eine ganz eigene Grammatik. In China lacht man, um sich einer Situation zu entziehen, um sich bedeckt zu halten. Das Lachen wurde nicht wie in Europa dem Lustigen zugeordnet. Man lacht, um nicht sprechen zu müssen oder um sich zu widersetzen. Es gibt also keine universelle Grammatik des Lachens, sondern es kann sehr viele unterschiedliche Funktionen einnehmen. In China ist das Lachen im Wesentlichen strategischer Natur. Es ist also nicht der Ausdruck von Emotion – etwas ist lustig, also lache ich. Es ist eine Strategie in der Beziehung zum anderen, eine Strategie, das Gesicht zu wahren, eine zulässige Art und Weise, sich abzuschirmen, nicht teilzunehmen.

6. Rhetorik/Sprache

Ich möchte nun auf die Frage der Rhetorik und der Sprache zurückkommen. Während die Sprache im griechischen Theater von fundamentaler Bedeutung ist, manifestiert sich in China der Reichtum des Denkens nicht im Modus der Rhetorik, sondern dem der Anspielung oder Andeutung, in der Vieldeutigkeit. Anders als im Deutschen ist im Französischen die Andeutung – *l'allusion* – ganz einfach eine rhetorische Figur. Es scheint mir, als gäbe es im Deutschen, besonders in der deutschen Romantik, eine tiefergehende Dimension: »Der Schein des Endlichen und die Anspielung aufs Unendliche fließen ineinander. – Jedes Kunstwerk ist eine Anspielung aufs Unendliche«, heißt es bei Schlegel.

Der Begriff der Andeutung ist für mich wesentlich, um chinesische Ausdrucksweisen zu begreifen, die – wie oben beschrieben – in keiner Weise der Ordnung des »Überzeugens«, der Erläuterung von Argumenten angehören. Indem man eine Sache benennt, macht man ganz viele andere Dinge unausgesprochen mit zum Thema. Denn die Andeutung bewegt sich im Spannungsfeld zwischen dem Expliziten und dem Impliziten. Die symbolische Dimension ist in China sehr kodiert und nicht sonderlich interessant. Umso bedeutungsvoller ist die Dimension der Andeutung. Man spricht etwas nicht direkt an, und das, was man kaum sagt, verweist auf alles, was man nicht gesagt, aber gleichwohl ins Spiel gebracht hat. Im Chinesischen nennt man das *»dire à peine«* (wörtl.: »kaum sagen«). Etwas unterschwellig sagen. Und damit den Prozess des Suchens zulassen. Anschließend, im Stillen, wird es sich fortsetzen, seinen Weg gehen. Eine sehr alte Praxis, die in China die »subtile Absicht« genannt wird. An der Grenze des Wahrnehmbaren, zart, fein, eben »kaum«. Eine Sprache, die inchoativ bleibt. Es geht dabei um den Übergang. Man spricht auch vom »Vorbei-Sprechen« *(parler à côté)*. Man benennt den Gegenstand nicht explizit, um ihn abzugrenzen, zu bestimmen, sondern spricht über etwas Naheliegendes, um eine Leere, einen Raum des Übergangs zu schaffen zwischen dem, was gesagt wurde, und dem, was durch das Gesagte ins Spiel kommt. Eine hoch reflektierte Kunst der Anspielung, die Kunst der chinesischen Poesie. Man versucht dabei, das Objekt sprachlich nicht direkt zu fassen, es wäre tot, wenn man es dergestalt isolierte. Man sucht nach möglichen Strategien der Annäherung, ohne es festzulegen. Wenn man es festlegt, kann es sich nicht weiter entfalten, man blockiert und verliert es.

Beispiel: Ein Gedicht über die Traurigkeit, in dem weder das Wort traurig vorkommt noch das Thema erwähnt wird. Es erzählt von dem Gras, das vor der Tür gewachsen ist – wenige Leute kommen mich besuchen. Der Gürtel sitzt locker, weil ich keine Lust mehr habe zu essen. Es werden Bilder für Situationen erfunden, welche eine Aushöhlung oder eine Leere entstehen lassen, ohne jemals zu sagen: »Ich bin traurig.«

Das ist eine Sprache, die unterwegs ist, die nicht zu benennen versucht, sondern anregt oder anfängt und es dann weiterlaufen lässt, etwas auf den Weg bringt. Kann eine solche Sprache eine Sprache des Theaters sein? Wo das Theater doch Präsenz verlangt und ausmacht. Eine Sprache, die »unterwegs« ist, die noch einmal durchdacht werden will, vollzieht sich vielleicht nicht in der Gegenwart, die die Sprache des Theaters erfordert. Es ist ja eben eine Sprache, die Zeit verlangt, die eine Art kontinuierliches Vordringen erfordert. Kann das eine Sprache des Theaters sein, eine Sprache also, die unmittelbar im Moment zählt und eine kurzfristige Reaktion fordert?

Denken wir an Tschechow. Tschechows Theater scheint mir etwas grenzwertig. Dort wird ebenfalls häufig von Dingen gesprochen, die nicht wirklich die Dinge sind, von denen man spricht. Aber ich frage mich, ob es bei Tschechow nicht etwas anderes gibt, was das kompensiert. Gibt es da nicht etwas, was ich – genau wie bei den Griechen – Ethos nennen würde? Figuren, die mit einer gewissen Verbindlichkeit konstituiert worden sind und dadurch unser Interesse hervorrufen. Auf chinesischer Seite gibt es dahingegen weder ein Pathos noch ein Ethos. Es gibt dort nicht die Idee eines in sich schlüssigen Charakters. In der klassischen europäischen Tradition haben wir dagegen die Vorstellung, das Theater habe die Aufgabe, Charaktere zu zeichnen.

Im chinesischen Theater gibt es diese stark vereinfachten, typisierten Charaktere wie den Hinterhältigen, den Naiven usw. Es existiert auch eine umfangreiche Literatur über »Charakterologie«, Abhandlungen zur Charakterkunde, besonders zur Zeit der sechs Dynastien seit dem dritten Jahrhundert. Und welche Figur erscheint stets als Erste in diesem Zusammenhang? Der Weise. Und was zeichnet diese Figur aus? Seine wichtigste Qualität ist das »Fade«.[5] Er passt seinen Charakter an die jeweilige Situation an. Er zeichnet sich nicht durch einen signifikanten Charakterzug aus, weil er je nach Situation alle Charaktere in sich trägt. Er verfügt nicht über einen eigenen konstitutiven Charakter, weil er im Grunde fade ist, ohne Charakter. Der Charakter manifestiert sich als Funktion der Situation. Das ist es, was Weisheit ausmacht – die Offenheit für »Mit-Möglichkeiten«. Das bedeutet, dass selbst Tugenden ein Verlust sind. Weil Tugend charakteristisch ist. Das ist eine Begrenzung, weil eine spezielle Tugend womöglich auf Kosten anderer Tugenden ausgeprägt wurde. Dagegen verfügt der Weise in China über alle möglichen Tugenden, um sich stets wandeln zu können und dann das zu leben oder zu sein, was den Erfordernissen des Moments entspricht.

Das ist die chinesische Vorstellung des *dao*. Das *dao* ist das »Mit-Mögliche«, es bedeutet, sich alle Möglichkeiten zu bewahren, indem man unterlässt, sie voneinander abzugrenzen. Denn was sich abgrenzt, was sich vereinzelt, ist ein Verlust. Oder wie man es in den Begriffen der Logik formuliert hat: Omnis determinatio est negatio. Jede Bestimmung ist eine Verneinung.

Das gilt es also zu vermeiden, und deshalb ist der Weise ohne Qualität und kann auch keinen Charakter ausbilden. Ein Charakter impliziert Vereinzelung, Differenzierung usw. Der Charakter ist ein Verlust. Nicht wahr?!

7. Handlung

Das Theater (jedenfalls das griechische Theater) wird grundlegend von der Handlung bzw. von handelnden Menschen konstituiert. Nach Aristoteles: *drontas* – »als Handelnde«, daher *Drama* – »Handlung«. Im Singular und im Plural: Handlung – Handlungen. Im Griechischen: *praxis*, *praxae*. Es gibt eine Handlung und mehrere Handlungen. Das bedeutet, man kann Handlungen aneinanderfügen, es gibt die Vorstellung eines Handlungsabschnitts. Insofern scheint die Handlung einen Anfang und ein Ende zu haben. Das ist nicht selbstverständlich. Hinzu kommt, dass es ein Subjekt geben muss, das die Handlung ausführt. Indem die Handlung also über Anfang und Ende verfügt und sich auf ein Subjekt bezieht,

---

5   Vgl. zum Begriff des »Faden«: Jullien, François (1999): *Über das Fade – eine Eloge. Zu Denken und Ästhetik in China*, Berlin: Merve.

wird sie für uns sichtbar: Man sieht die Menschen handeln. Und kann sie somit auch als Handelnde darstellen. Die Frage, die uns China nun tatsächlich stellt, lautet: Was ist eine Handlung? In China gibt es das Konzept der Handlung nicht. Es gibt kein Wort dafür. Man hat dort nicht im Begriff von »Handlung« gedacht. Wie kann das sein?

Zwar existiert im modernen Chinesisch das Wort *zuo* 做. Eigentlich gibt es aber in China eher Verhaltensweisen, die als im Verlauf befindlich verstanden werden. Man spricht vom »Lauf des Himmels«, *tian xing* 天行, vom Verlauf eines Verhaltens. Es gibt Verläufe und Prozesse, etwas, das immer weiter geht. Mein Leben verläuft, es besteht nicht aus einer Handlung und noch einer Handlung. Es ist ein Prozess des kontinuierlichen Aufeinanderfolgens. Der Lauf des Himmels und der Lauf des menschlichen Lebens – um diese beiden Verläufe geht es. Alles dreht sich um den Prozess. Für uns stellt sich also die zentrale Frage: Wie kann man Theater und Prozess zusammendenken?

Zunächst ist festzuhalten, dass die Chinesen die Annahme eines Anfangs und eines Endes für vollkommen willkürlich halten. Die Voraussetzung dafür wäre eine Handlung, die beginnt und als eigenständige Einheit begriffen werden müsste, und der unter Umständen eine weitere Handlung folgen könnte. Offenbar ist die Vorstellung eines möglichen Anfangs und Endes etwas sehr Befremdliches. Im Theater entspricht das dem Öffnen und Schließen des Vorhangs. Man beginnt etwas, man beendet etwas, man kann einen Anfang und ein Ende festlegen. Im Leben legt man jedoch niemals Anfang und Ende fest, denn alles befindet sich in einem kontinuierlichen Verlauf, die Dinge überlagern sich und folgen aufeinander. Unserem Theater ist aber diese sehr willkürliche Vorstellung eines herausgeschnittenen Anfangs und Endes eigentümlich – ich denke, weil das Theater selbst eine sehr willkürliche Erfindung ist. Stellen Sie sich vor, dass man im klassischen Chinesisch häufiger Ende-Anfang als Anfang-Ende sagt: *zhong shi* 终始. Ende-Anfang. Jedes Ende ist ein Anfang. Es gibt keinen ursprünglichen Beginn. Es gibt nur kontinuierliche Verwandlungen. Die Idee des Theaters, ein Segment auszuschneiden, das über Anfang und Ende verfügt, scheint mir daher ausgesprochen einfallsreich zu sein.

Mehr und mehr beschäftigt mich die Frage: Was ist ein Anfang? Ist ein Anfang möglich? China kennt keine Schöpfungsgeschichte, man hat dort überhaupt keine Vorstellung eines ursprünglichen Anfangs, einer anfänglichen Erschaffung der Welt oder auch nur eines Initialmoments entwickelt. Die Frage hat sich einfach nicht gestellt. Dass man überhaupt nach dem Anfang (und somit auch nach dem Ende) fragen könnte, lag jenseits des Vorstellbaren. China führt uns also die machtvolle und einflussreiche Willkür vor Augen, die darin liegt, einen Anfang zu denken. Ein Anfang, der Beginn der Geschichte oder der Revolution, letztlich jedweder Angelegenheit sein kann. Was heißt beginnen? Kann etwas beginnen? So lautet die chinesische Frage. Die chinesische Antwort: Nein. Nein, weil es kontinuierliche Transformationen und Regularien gibt. Der Wandel der Dinge reißt nicht ab, er erneuert sich. Der Himmel steht für den kontinuierlichen Wandel der Dinge, aber man fragt sich nie, woher der Himmel kommt oder wann der Himmel angefangen hat. Für das menschliche Verhalten gilt dasselbe: Man weiß zum Beispiel nicht, wann man begonnen hat zu altern. Das ist ein fließender Übergang. Die Chinesen haben daher dem Leben vor der Geburt große Aufmerksamkeit gewidmet. Die Geburt ist kein Anfang. Die Erziehung des Kindes setzt bereits vor der Geburt ein. Man formt es schon im Mutterleib. Da die chinesische Weltsicht maßgeblich von Energien ausgeht, existieren energetische Ansätze, die sich weiterentwickeln, Energien (qi 气), die miteinander interagieren und die fortlaufend neue Situationen erzeugen. Wenn Sie sich klarmachen, dass nicht der Begriff des Seins im Zentrum des Denkens steht, sondern der Begriff des sich wandelnden qi – Energie, Atem, Atmung –, dann verstehen Sie, dass sich das Konzept von Anfang und Ende erübrigt.

Stattdessen gibt es keimhafte Ansätze, also leichte, sehr variable, noch nicht festgelegte Modifikationen, die die Dinge beginnen lassen. China hält sich also an das altüberlieferte Konzept des Keimhaften – ein unendliches Anfangen, das sich, einmal aufgerufen, fortsetzt, auf sehr zerbrechliche, fließende und unbegrenzte Weise. Das Interesse ist darauf ausgerichtet, Andeutungen wahrzunehmen, die sich dann im Folgenden konkretisieren, manifest werden, weiterentwickeln – oder eben nicht. Die Feinheiten sind ausschlaggebend. Es gibt also eine große Aufmerksamkeit für das Subtile, die Nuancen zwischen dem Wahrnehmbaren und dem Nicht-Wahrnehmbaren – alles ist im Übergang. Folglich ist die Frage nach dem tatsächlichen Anfang überflüssig.

Vor diesem Hintergrund stellt sich für uns die Frage: Hat das Theater nicht mit Anfang und Ende zu tun? Kann es darauf verzichten? Ein Theater zu betreten und es zwei Stunden später wieder zu verlassen – was bedeutet das?

Wir haben ja bereits die Frage nach der dramatischen Entwicklung, nach der Klimax berührt. Im Grunde beruht das griechische Theater, vielleicht sogar das gesamte klassische europäische Theater, auf der Vorstellung des dramatischen Spannungsbogens, der Steigerung des Pathos. Und auf der Idee einer Krise. Bei Aristoteles wird sehr deutlich, dass all das im Plot enthalten sein muss. Der Knoten wird geschürzt, die Spannung steigt bis zum Höhepunkt an und wird schließlich zur Lösung geführt. Es gibt also eine dramatische Konstruktion, eine Dramaturgie, die das Drama und seine Intensität ansteigen lässt. Das ist wiederum aufschlussreich in unserem Zusammenhang: Denn China stellt diese Konstruktion der dramatischen Spannung in Frage.

Nehmen wir zum Beispiel den Film: Bei chinesischen Filmen wissen europäische Zuschauer häufig nicht, wann sie enden. Sie nehmen bereits ihren Mantel und denken, der Film ist zu Ende – aber nein, es geht weiter. Es gibt Unterbrechungspunkte, die einen annehmen lassen, es sei zu Ende, aber nein, es geht wieder los – *yi hui* 一回. Man dreht noch eine Runde. Auch wenn man sich den chinesischen Roman ansieht, wird sehr deutlich, dass es in der chinesischen Dramaturgie keine Steigerung hin zu einer Klimax gibt. Und in der chinesischen Dramatik finden wir häufig eine Aneinanderreihung von Szenen, die kein eindeutiges Ende finden, denen die innere Notwendigkeit einer Handlung fehlt.

Was gibt es stattdessen? Auch hier finden wir wieder den Prozess, den Verlauf durch Transformation und Wandel, ohne den Effekt der Fokalisierung oder Zuspitzung, der die Spannung steigen lässt. Stattdessen bewegt man sich in einem Verhältnis zwischen Spannung und Entspannung. Wie beim Atmen. Die Atmung ist eine regulierende Wechselfolge. Die Lunge ist niemals völlig entleert noch völlig gefüllt. Sie vollzieht eine sich ständig im Übergang befindende Austauschbewegung, die keine wirklichen Extrempunkte erreicht. Sie atmet in einem wechselnden Übergang, in dem eins das andere hervorruft. Das ist das Leben. Es gibt also eine Logik der Regulation, von Spannung und Entspannung, die den Rhythmus der Existenz bestimmt. Es gibt nicht nur das Eine, weil dann das Leben aufhört. Wenn man nur noch einatmet, dann ist es vorbei. Daher erscheint ein ursprünglicher Beginn, ebenso wie ein Spannungsaufbau, der zu einer maximalen Steigerung führt, als willkürliche Setzung.

8. Wahl

Die Frage der Wahl steht im Zusammenhang mit der Art und Weise, wie sich die griechische Moral in Verbindung mit dem Theater herausgebildet hat. Bei Aristoteles wird sehr deutlich, dass die Moral, beispielsweise in der »Nikomachischen Ethik«, ausgehend von einer grundlegenden Spaltung zwischen *Hekon* und *Akon* gedacht ist. Aus freien Stücken oder gezwungenermaßen. Das sind Kategorien des Theaters. Worum geht es im griechischen Theater? Es geht um die Frage, ob die Figur die Handlung im Einvernehmen mit sich selbst oder erzwungenermaßen ausführt, also durch Gewalt dazu veranlasst wird. Zum Beispiel wenn Sophokles' Ajax sich umbringt: Handelt Ajax aus freien Stücken oder wird er durch den von den Göttern geschickten Irrsinn dazu veranlasst? Ist es *Mania*, ist es das Schicksal, kurz: Ist etwas anderes als er selbst dafür verantwortlich? Ich denke, die Griechen haben versucht, mit Hilfe des Theaters Folgendes zu verstehen: Auf welche Weise haftet der Mensch für sein Handeln? Welche Rolle spielt er in seinem Handeln? Ist es wirklich seine Handlung? Oder sind es andere Kräfte, andere Gewalten sozusagen? Die griechische Unterscheidung zwischen *Hekon* und *Akon* steht also am Anfang der Moral. Von diesem Startpunkt aus konzipiert Aristoteles seine Ethik und entwickelt seine moralischen Kategorien der Wahl. Das moralische Denken der Griechen kommt somit vom Theater, von dieser grundlegenden Unterscheidung: aus freien Stücken, das heißt: Ich bin tatsächlich involviert und verantwortlich für mein Handeln oder aber etwas anderes außer mir – andere Kräfte, etwa das Schicksal – hat auf mich eingewirkt. Aristoteles spricht noch nicht vom Willen. Der Wille kommt erst später ins Spiel, mit Augustinus. Aristoteles hat das moralische Dispositiv anhand von drei zentralen Begriffen konzipiert: das Begehren *(boulesis)*, das Abwägen *(bouleusis)* und die bevorzugte Wahl *(prohairesis)*. Kurz, hier entsteht ein ganzes Netz von Begriffen, die den europäischen Diskurs über die Moral bestimmen werden. Zwei davon sind für das Theater besonders wichtig: das Abwägen der Entscheidung. Tue ich es oder tue ich es nicht? Und dann die erste Wahl. Das ist exakt die Idee eines Anfangs, die Idee einer Handlung, die ein Subjekt impliziert, das die Verantwortung für seine Wahl übernimmt.

In China wird die Moral nicht in Begriffen der Wahl gedacht. Es zählt nicht die Situation, in der ich dieses oder jenes wähle. Der große Gegensatz lautet nicht: Ich will oder ich kann. Er lautet: Ich kann oder ich handle *(xing wei* 行为*)*. In China hat sich keine Philosophie des Willens herausgebildet. Weil es die Vorstellung der Wahl nicht gibt. Die chinesische Moral ist keine Moral der Wahl durch das Subjekt, sie ist eine Moral durch Konditionierung. Auch hier sind wieder die Einflüsse bestimmend. Der Einfluss des Fürsten durchdringt das Volk. Ausschlaggebend ist also die Umgebung, sind die Bedingungen, immer wieder ist es die Natur des Prozesses. Wir begegnen einer Logik der Neigung, die Tendenz ist bestimmend und nicht die Wahl. Es gibt eine klassische griechische Szene: Herkules zwischen der Tugend und dem Laster. Der kahle Weg führt bergan zur Tugend, während der blumengesäumte Weg zum Laster hinabgeht. Das ist ein griechisches Konzept: Tugend versus Laster. Hier stehe ich und was tue ich nun? Nicht so die Chinesen. Weil es für die Chinesen immer den Prozess gibt. Am Scheideweg zu stehen, auf halbem Weg zwischen dem Laster und der Tugend, ist jedoch eine willkürliche, theatralische Situation, die in der Realität nicht existiert. Man steht niemals zwischen dem Laster und der Tugend. Man spürt immer eine Tendenz, einen Hang, eine Neigung, etwas, was weiterführt – es gibt also Kontinuitäten und keine erste Wahl. Die Idee eines Anfangs, die Idee einer Handlung, die Idee einer Wahl, das alles konstituiert ein theatralisches Subjekt oder vielmehr eines, das sich selbst theatralisiert, das sich auf theatralische Weise darstellt. Das hat man in China nicht gemacht.

Warum ist in China das Christentum nicht angekommen? Weil es im Christentum um das Ereignis geht und um die Wahl. Der Marxismus hingegen konnte sich in China durchsetzen, weil er ein Denken der Bedingungen ist und den Gedanken des Prozesses beinhaltet. Menzius sagt zum Beispiel, wenn ihr wollt, dass das Volk moralisch ist, dann müsst ihr erst dafür sorgen, dass es etwas zu essen hat. Man muss erst mal die Bedingungen schaffen. Die Moral erschließt die vorteilhaften Bedingungen.

Nicht die Wahl ist also entscheidend. Es ist die Vorstellung von einer Neigung und anschließend die von einer Festlegung, die einhergeht mit Beharrlichkeit. Beim Sport etwa kann man das gut erkennen, wie sehr es darauf ankommt, durchzuhalten bis zum Schluss. Das ist sehr chinesisch: nicht unterwegs aufgeben. Man geht bis zum Ende.

9. Agon

Der Agon ist ein Herzstück des griechischen Theaters: Die Akteure ziehen sich zurück und diskutieren über das Thema des Theaterstücks, zum Beispiel: War es richtig von Antigone, ihren toten Bruder, der die Waffen gegen die Heimat erhoben hat, zu begraben? Es gibt ebenso viele Verse dafür, wie es Verse dagegen gibt. Das ist griechische Überzeugungskunst. These und Antithese. Das Prinzip des Agons reflektiert die griechische

Vorstellung, dass sich die Wahrheit durch das Diskutieren des Für und Wider herausfinden lässt. Das sagt auch Protagoras: Zu jeder Fragestellung gibt es zwei gegensätzliche Meinungen. Seitdem wird die Wahrheit in Europa durch die diskursive Praxis des Widerspruchs erfasst, der in der Sprache zum Austrag kommt. Die Wahrheit muss in einem Spiel der gegenteiligen Argumente erhärtet werden. Das verlangt auch, dass man ganz allein denkt: Ich werde versuchen, mich selbst zu widerlegen, um mich selbst zu überzeugen – eine wirklich griechische Vorstellung. Und im Theater etabliert sich die Beziehung der Figuren eben dadurch, dass sie diese Debatte zwischen *dafür* oder *dagegen* austragen. Die Einführung des Agon ins griechische Theater *(agon – agonizesthai)*, das »Im-Konflikt-Sein« mit dem anderen, ist also eine essentielle Angelegenheit, die auf chinesischer Seite keine Entsprechung hat. In China vermeidet man das Für oder Wider. Ich habe in China Vorträge über Philosophie gehalten, nach denen sich die Zuhörer überrascht gezeigt haben, weil ihnen diese Methode des Für und Wider sehr sinnlos und unnütz vorkam: Man bietet alle Argumente auf, um nachzuweisen, dass der Mensch frei ist, und anschließend führt man alle Argumente an, die das Gegenteil beweisen. Für uns ist dieses Verfahren überzeugend. Diese Art zu Denken (auf griechisch: *logizesthai – logos – logismos*) erscheint in China abstrakt und willkürlich, da sich das Denken dort nicht in diesem Spannungsverhältnis von Für und Wider fassen lässt. Das Theater hingegen setzt das Für und Wider in Szene. Nicht nur durch den Agon als Teil eines griechischen Theaterstücks, sondern das Theater als solches ist Träger von Fragestellungen, die als Spiel des Für und Wider inszeniert sind.

Ich denke, dass die Griechen mittels dieses Spiels einen Zugang zur Wirklichkeit konzipiert haben. Die Griechen haben uns diese Auffassung sogar als Verpflichtung hinterlassen: Man erhält nur dann Zugang zur Wirklichkeit, wenn man sich diesem Verfahren der Widerrede unterzieht. Die Wahrheit kommt nur im Widerspruch zum Vorschein. Tatsächlich ist das etwas Abstraktes, Willkürliches, Überwältigendes, das den Chinesen als etwas Vergebliches vorkommen muss, gleichsam als eine Falle der Wahrheit. Denn wenn man einmal anfängt, so zu diskutieren, nimmt das kein Ende. Und in der chinesischen Vorstellung, insbesondere in der daoistischen Tradition, bedeutet das einen Energieverlust. Die Chinesen denken in Begriffen von Energie, von unaufhörlicher Atmung, von *qi*. Und sie gehen davon aus, dass eine im Widerstreit ausgetragene Debatte ein Energieverlust und damit ein Vitalitätsverlust ist. Stattdessen soll man sich mit dem Wandel der Dinge in Einklang bringen. Man soll zuhören, wie später auch Nietzsche sagen wird. Nicht alles befragen, sondern zuhören. Zuhören, was von der Welt kommt. Kurz: sich in Einklang setzen. Das heißt, sich angemessen verhalten und der Situation anpassen. Im Grunde sucht das chinesische Denken genau danach: Wie kann man sich in Übereinstimmung bringen mit den Modifikationen der Welt? Etwa so, wie man sich auf die Mondphasen einstellen muss. Es geht darum, sich in ein Resonanzverhältnis zur Welt zu setzen, und nicht um ein Streitgespräch. Das griechische Theater hingegen, namentlich in seiner Konzeption des Agons, ist besetzt von der Vorstellung, dass die Beziehung zwischen den Akteuren eine Beziehung des Widerstreits ist. Und je gegensätzlicher die Positionen sind, umso besser. Es gibt also diese Spannung rund um die Frage der Wahrheit. Das ist etwas, womit man sich in China nicht beschäftigt.

Um Missverständnisse zu vermeiden: Erstens gibt es auch im chinesischen Denken Debatten. Die wichtigsten Denker halten jedoch Abstand dazu. Und in jenen Momenten, in denen sich das chinesische Denken in Debatten vollzieht, bleibt das Gefühl, dass das eine Falle ist und die Weisheit dazu auf Distanz gehen sollte. Zweitens muss man zur Frage der Energie bzw. zum Verlust der Energie das Konzept des *qi* erläutern. In China begreift man die Welt als eine Entfaltung des *qi*. Was ist das *qi*? Es ist der Dampf, der aus dem Kochtopf steigt. Dieser Dampf, der weder fest noch unsichtbar ist, diese Verflüchtigung von Energie, ist wie die Atmung: Daraus besteht die Welt. Somit bin ich eine Aktualisierung von Energie, von *qi*. Die Geburt ist eine individualisierte Ansammlung von *qi*, die sich im Tod wieder auflöst. Es existiert nichts anderes. China führt uns vor Augen, was es heißt, im Modus von Energie zu denken. Das kann man etwa in den Praktiken des *Qigong* sehen. Es geht nicht um das Wissen, sondern um die Wachsamkeit. Das Theater allerdings, um darauf zurückzukommen, versucht, der Wahrheit auf den Grund zu gehen. Und China ermöglicht uns, genau diesen Punkt zu hinterfragen.

Eine weitere grundsätzliche Frage in unserem Zusammenhang lautet daher: Welche Verbindung kann es zwischen dem Theater und der Weisheit geben? Kann die Weisheit theatralisch sein? Kann sie sich auf theatrale Weise entfalten? Verhindert die Idee des Einklangs, die fehlende Verbindung zur Wahrheit, nicht jegliches Entwicklungspotenzial des Theaters? Wenn man bedenkt, dass sich die Figur des Weisen durch Disponibilität und Verfügbarkeit, durch unbegrenzte, nichtcharakteristische, undramatische Offenheit, durch Entspanntheit auszeichnet, kann man sich dann eine theatralische Vorstellung von der Weisheit machen?

10. Mimesis

Kommen wir zum letzten Punkt: die Abwesenheit der Mimesis, der Darstellung, der Repräsentation. Im Griechischen ist darstellen, vorstellen *(mimesis, mimesthai)* ein Verb des Theaters. Daher können wir auf Griechisch und später in allen europäischen Sprachen sagen: Etwas darstellen in einem Theaterstück oder etwas abbilden in einem Gemälde. Dieses Konzept ist im chinesischen Denken abwesend. Ich habe mich ganz besonders für die Übersetzungen von Kant ins Chinesische interessiert. Die ersten Kant-Übersetzer haben zum Beispiel den entsprechenden Begriff in der Theorie der »Vorstellung« mit »zweiter Form« übersetzt. »Zweite Form« für Re-präsentieren, Vor-stellen, Dar-stellen. Wenn Sie die deutsche oder französische Übersetzung eines Katalogs über klassische Malerei in China lesen, finden Sie dort folgende Formulierung: Dieses Gemälde stellt schneebedeckte Häuser dar. Im Chinesischen steht: Gemälde, Haus, Schnee. Dar-stellen gibt es nicht. In China hat sich die Idee der Repräsentation bzw. Darstellung weder auf ästhetischer noch auf politischer Ebene entwickelt. Versuchen wir zu verstehen, weshalb. Bei Kant ist Repräsentation beides, Vorstellung und Darstellung. Wenn er zum Beispiel sagt, das Schöne ist eine schöne *représentation* der Dinge, dann sagt er: eine schöne Vorstellung. Und im Theater ist die *représentation* auch die »Vorstellung«. Deshalb bin ich versucht, Vorstellung zu sagen, denn im Griechischen bedeutet *mimesthai* zunächst theatralisch darstellen und erweitert sich dann später im intellektuellen Sinn von repräsentieren. Genau die Existenz dieses »Vor« scheint mir von Wichtigkeit zu sein, weil das bedeutet, dass es ein Vorne gibt. Eben das steht in China in Frage. So, wie es keinen isolierbaren Augenblick gibt, keinen ursprünglichen Anfang, kein endgültiges Ende, so kann es auch keine Lokalisierung eines Vorne geben, welches die Bühne vor uns wäre. Man kann also einen wesentlichen Abstand darin sehen, dass das europäische Denken Zuweisungen unternimmt: Einen Anfang, ein Ende, einen Ort, ein Vorne usw. Eine wichtige Logik des chinesischen Denkens ist es, keine Zuweisungen vorzunehmen. Es gibt nichts zuzuweisen. Das Theater hingegen birgt eine Logik der Zuweisung. Es gibt einen Ort, die Bühne, es gibt die Bühnenkante, es gibt die Präsenz, welche vorne ist usw. Wir finden hier die für das europäische Denken essentielle Logik der Zuweisung. Um es etwas allgemeiner zu sagen: Das chinesische Denken ist deshalb interessant, weil es uns das Nicht-Zuweisbare zeigt, weil es strömende, andeutende, atmende, nicht fassbare Qualitäten hat. Alles, was Atmosphäre und Stimmung ist, weist nicht zu.

Qi 气 – was ist das für ein Schriftzeichen? Häufig schreibt man es auch mit dem Radikal für Reis (qi 氣), qi, das ist der aufsteigende Dampf. Dampf kann man nicht zuweisen, Dampf steigt auf. Gemeint sind damit die Atmung, die Energie, der Geist – alles nicht zuweisbare Zustände. Das Theater hingegen nimmt unentwegt Zuweisungen vor, durch das Sprechen, den Ort, die Figurenzeichnung, es etabliert Bedeutungssysteme, gibt den Dingen einen Platz. Wenn chinesische Kultur hingegen im Raum des Nicht-Zuweisbaren denkt, kommt sie in Schwierigkeiten mit der Theatralität. Es entspricht nicht ihrer Logik, einen Platz zuzuweisen. Sie versucht, das zu denken, was keinen möglichen, abgegrenzten Platz hat.

Zwei Dinge möchte ich noch dazu sagen. Was ist Mimesis bei Aristoteles? Mimesis bedeutet, etwas aus der realen Welt aufs Papier zu übertragen, in der Malerei ebenso wie im Theater – Aristoteles führt die Malerei als Beispiel an. Es ist die Verschiebung einer aus der Realität genommenen Form, festgehalten auf einer Grundlage, einem Träger. Aristoteles spricht dabei von einem doppelten Gewinn: von einem Erkenntnis- und einem Lustgewinn: Wenn ich etwas auf diese Weise darstelle (mimesthai), so abstrahiere ich vom natürlichen Motiv die Essenz. Ein Prozess der Verallgemeinerung und des Wissenserwerbs findet statt, weil ich vom Natürlichen etwas Essentielles ablöse und so die wesentlichen Charakterzüge bestimme. Diese Abstraktion erzeugt Erkenntnis. Und wenn ich erkenne, was ich abstrahiert habe, freue ich mich drüber. Ich habe Lust an der Erkenntnis. Das ist die aristotelische Theorie der Mimesis. Sie verspricht also eine doppelte Befriedigung. Ich denke, darum geht es Aristoteles auch in Bezug auf das Theater. Seine Analysen zur Malerei macht er im Dienste seiner Theaterbetrachtungen und gibt der ursprünglichen Bedeutung des Begriffs im Griechischen eine Grundlage. Dem, was nicht zu übersetzen ist, dem Re-präsentieren/Vor-stellen/ Dar-stellen. Nachahmen scheint mir keine angemessene Übersetzung. Es geht ja gerade um die Idee einer Übertragung, bei der etwas verlorengeht und etwas entsteht, das man darstellen kann. Wir kommen hier zur oben aufgeworfenen Frage der Zuweisung zurück: Es gibt etwas, was man als Essenz bezeichnen kann und dessen Erkenntnis Freude bringt. Also muss es ein darstellbares Objekt geben. Die chinesische Kultur geht davon aus, dass es ein solches Objekt nicht gibt. Es gibt kein Objekt, das zugewiesen werden kann. Es gibt keine Dinge, die isoliert oder abgetrennt werden können und deren Essenz man bestimmen kann. Auch hier haben wir es mit einer Art willkürlicher Behauptung zu tun. Das scheint mir ein grundlegendes Element zu sein, um das Verhältnis des Theaters zur chinesischen Kultur zu beschreiben, welche wiederum alles dafür tut, um Willkür zu vermeiden. Dabei unternimmt sie natürlich selbst willkürliche Setzungen. Aber sie versucht alles, um im Bereich der Evidenz, der Selbstverständlichkeit zu bleiben und nicht zu segmentieren oder zu abstrahieren, man könnte sagen: Sie erprobt die Immanenz. Die Frage, die wir letztlich in unserem Zusammenhang stellen müssen, lautet also: Kann es ein Theater der Immanenz geben, ein Theater der Unmittelbarkeit, das nicht vom Gegebenen ausgeht?

Da ich nicht bei den Aussagen darüber bleiben möchte, was es »in China nicht gibt«, um zu beleuchten, was es in Griechenland gibt, richte ich nun folgende Frage an Sie: Ist ein Theater denkbar, welches all das berücksichtigt, was ich vom chinesischen Denken im Abstand zum griechischen Denken beschrieben habe? Ist ein Theater der Weisheit, ein Theater des Nichtzuweisbaren, ein Theater ohne das »Vorne« denkbar? Kann es für die Züge des chinesischen Denkens, welche ich – viel zu kurz – skizziert habe, eine Möglichkeit von Theater geben? Lässt sich ein Theater der Immanenz, ein Theater des Prozesses denken?

Aus dem Französischen von Kathrin Herm und Christoph Lepschy

Scheintot

Menschliche Bomben und Jesus als Zimmermann

Von Zhang Xian

Mein »Theater« zu erklären ist ausgesprochen schwierig. Es ist so schwierig, dass ich nicht umhin komme, mit einem so seltsam anmutenden Thema wie »menschlichen Bomben« zu beginnen und mit »Jesus als Zimmermann« zu enden:

Als ich das erste Mal von »menschlichen Bomben« hörte, war das nicht in Berichten über Angriffe von Selbstmordattentätern aus dem Mittleren Osten, wie sie gegen Ende des letzten Jahrhunderts über die ganze Welt verbreitet wurden, sondern schon viel früher: 1973, in Kunming, im äußersten Südwesten Chinas. Das war damals ein sehr wichtiges Jahr für mich, ich hatte während der Kulturrevolution gerade drei Jahre Kinderarbeit hinter mir, mit achtzehn Jahren war ich nun zu einem ruhmreichen Arbeiter »umerzogen« worden und hatte gerade meinen Antrag auf Mitgliedschaft in der Partei eingereicht. Nachdem ich schriftlich geschworen hatte, mein Leben dem Sieg des weltweiten Kommunismus zu widmen und jederzeit bereit zu sein, mein Leben bei einem Angriff auf die »39 Stufen der imperialistischen Räuberhöhle des Weißen Hauses« zu opfern, wartete ich auf die entsprechende Anhörung. Gegen Ende jenes Jahres allerdings fiel meine Begeisterung plötzlich in sich zusammen: Eines Mittags ging ich in den Park und traf dort auf einen seltsamen Trupp Menschen, vielleicht vierzig Personen, in Lumpen gekleidet, mit verfilzten Haaren und schmutzigen Gesichtern. Sie strömten einen ekelhaften Gestank aus, streckten die Arme aus und schrien jedem, der ihnen näher kam, entgegen: »Hunger, Hunger!« Neugierig hatten sich bereits einige Tausend Menschen um sie herum versammelt. Das war das erste Mal in meinem Leben, dass ich jenseits meiner Bücher Bettler sah, echte, lebende Bettler, und das erste Mal, dass ich Geld spendete. Mit offenem Munde blieb ich einige Stunden auf dem Platz, bis die Soldaten der Volksbefreiungsarmee die Menschenmassen vertrieben.

Der wichtigere Moment jenes Tages war aber, dass mir abends bei einem Umtrunk mit Freunden plötzlich die Stimme versagte, dass ich zum Schreck der Anwesenden zu heulen begann und mich nicht mehr beruhigen konnte. Nach einer Weile wurde ich von jemand noch lauterem übertönt, und ich sah zwei Männer, die auf die Knie gesunken waren, ihre Gesichter hinter ihren Militärmützen versteckten und ebenfalls lauthals weinten und sich krümmten. Der Gastgeber führte uns drei schließlich in ein kleines Seitenzimmer, wo ich eine schlaflose Nacht verbrachte. Dort schworen wir drei einander, von nun an Blutsbrüder zu sein und unser Geheimnis bis zum Tode zu bewahren. Diese Allianz bestand jedoch nur eine Nacht, denn am Morgen trennten wir uns und sa-

Zhang Xians Kreuz 2012.

hen uns niemals wieder. Bis heute weiß ich nicht, wie sie hießen. Unser Geheimnis aber war eine »menschliche Bombe«:

Die beiden waren Kinder hochrangiger Pekinger Kader, junge Intellektuelle, die in die Grenzregion verschickt worden waren. Sie hatten zweimal versucht, die Landesgrenze zu überqueren, waren geschnappt worden und entkommen. Sie erzählten mir, wie es in der Regierung der Kommunistischen Partei wirklich aussah. Die grausame Historie von schmutzigen Machtkämpfen, unaufhörlichen Verfolgungen und Massakern und Millionen verhungerter Bauern erschütterte mich zutiefst, und ich lag die ganze Nacht zitternd wach. Sie sagten, wenn man diese entsetzlichen Zeiten beenden wolle, müsse man bei der Schlüsselfigur beginnen. Sie vermieden es allerdings, jemals irgendeinen Namen zu nennen, sie erzählten aber immer wieder die Geschichte von Kaiser Qin Shihuang und Jing Kes Attentat.[1] Wir wussten, dass eigentlich von Mao die Rede war. Den von uns empfundenen Schmerz nannten sie *tianku*, das Weinen des Himmels; nicht wir weinten, es war der Himmel, es war unsere ganze Welt, die weinte. Durch Leiden wollte der Himmel uns bewegen, die Dinge richtigzustellen. Vorher hatte ich nie daran gedacht, dass es in meiner Welt einen bösen Menschen geben könnte, und noch viel weniger, dass gerade Mao dieser einzige böse Mensch sein könnte. Als die beiden mich mit hoffnungsvollen Augen anstarrten und mich fragten, ob ich, wenn es eine einzige Möglichkeit gäbe, innerhalb einer Sekunde mit »Kaiser Qin Shihuang« gemeinsam unterzugehen, bereit sei, mich zu opfern, da sagte ich ohne ein kleinstes Zögern, ja, ich sei bereit.

Sie kramten einen Stift und Papier hervor und erklärten mir mittels Zeichnungen das Prinzip der »menschlichen Bombe«. Es war eigentlich ganz einfach: ein durch Funken entzündlicher Detonator an den Körper gebunden, der in Sekundenbruchteilen explodieren konnte. Als ich die Funktionsweise und Sicherheitsanweisungen begriffen hatte, sagten sie, Jing Ke sei vor über 2000 Jahren gescheitert, weil er noch keine moderne Waffentechnik besessen hätte, und Lin Biaos Plan, Mao umzubringen, sei gescheitert, weil er keinen geeigneten Märtyrer gehabt habe, nun aber sei beides gefunden und die Sache absolut sicher. Aber da es

---

1   Die Geschichte des im Jahre 227 v. Chr gescheiterten Attentats von Jing Ke auf König Zheng, den späteren despotischen Reichsgründer und Ersten Kaiser Qin Shihuang, ist jedem Chinesen bekannt.

ja immer gewisse Unwägbarkeiten gebe, stellten sie mir noch die entscheidende Frage: Wäre ich dazu auch bereit, wenn jene Sekunde nicht erfolgreich abliefe? Ich verstummte, dachte an die möglichen Konsequenzen, Angst kroch in mir hoch, und mit einem Mal verlor ich all meinen Mut, aber ohne zu wissen, warum, antwortete ich nochmals, ja, ich sei bereit.

Vermutlich aber konnten sie die Feigheit und Angst in meinen Augen lesen, bestimmt waren sie sehr enttäuscht, und ich hatte eigentlich nicht erwartet, dass sie dennoch tief einatmeten und sagten, das sei genau die Antwort, die sie erwartet hätten, sie hätten an meiner Stelle genauso geantwortet: Wir seien alle gleich, wir hätten keine Angst vor dem Tod, nur vor Folter. Niemand möchte sein ganzes Leben für etwas hingeben, höchstens einen kurzen Moment. Nur weil die Menschen zu schwach seien, diesen Schritt zu gehen, seien wir dazu verdammt, unser ganzes Leben solche Qualen zu erleiden!

Zu diesem Zeitpunkt dämmerte es bereits, wir waren fast wieder nüchtern, das nahe Ende der »Partei des Schmerzes« war zu einem deprimierten Geplauder verkommen, drei Menschen reichten sich die Hände, der Schmerz hatte sich zu einem leisen Wimmern und Schluchzen gewandelt, und das Thema wechselte zum eigentlichen Sinn des Lebens.

Die Pekinger sagten: »Unser Leben ist bedeutungslos, weil wir in seiner Epoche leben.«

Ich sagte: »Aber er ist schon sehr alt, er lebt sowieso nicht mehr lange.«

»Er hat bereits seine Nachfolger bestimmt, die sind noch schlimmer.«

»Die Zeiten sind vielleicht ihre, aber das Leben gehört uns.«

»Das ist nicht unser Leben, es ist ihr Leben, ihr Denken, ihr Wille, was wir leben. Wenn wir sie aber vergessen, kehrt das Leben wieder zu uns zurück.«

»Das ist doch Selbstbetrug! In Wirklichkeit sind wir längst tot, wir haben kein Leben, wir sind wandernde Leichen.«

»Wandernde Leichen« ist ein alter Ausdruck, den man für andere oder sich selbst verwenden kann. Dass er sich bis heute gehalten hat, zeigt, dass die Chinesen schon früh erkannten, dass man auch ohne Seele leben kann, aber auch wussten, dass es sich dabei nicht um das wahre Leben handelt. Ich benutzte diesen Ausdruck, um ihnen deutlich zu machen, dass das menschliche Leben nicht nur aus Fleisch besteht, sondern dass der Geist das eigentlich Wichtige ist. Unerwarteterweise aber waren sie verärgert: Das sei wieder diese typische, lachhafte, schreckliche nationale

Zhang Xians Kreuz
2012.

Eigenart der Chinesen: der »geistige Sieg«[2]: Weil unsere Körper versklavt würden, täten wir alles, um uns wenigstens in eine geistig-moralische Überlegenheit zu retten. Sie belehrten mich, dass es auf der Welt nur einen Sieg gebe, und das sei der Sieg des Materialismus! Wenn Tyrannen das Leben jedes Einzelnen im Griff haben, besitzen sie zwar nur unsere Körper und nicht unsere Seelen. Aber selbst wenn du voller geistiger Energie wärest, sie ließen sie dich nicht artikulieren, nicht zu Papier bringen, und *wenn* du deine Gedanken zum Ausdruck brächtest, würden sie dich zehn Jahre verknacken, und wenn du es dann wieder versuchst, bekommst du noch mal zehn Jahre oder wirst gleich exekutiert, das alles sei der Weg des Materialismus. Diese Kraft des Materialismus könne auch nur durch die Kraft des Materialismus zerstört werden – die Frage sei letztlich nur, ob wir auch genügend materielle Kraft dafür besäßen.

Es war eine finstere Zeit, und diese Tage gaben mir, der ich gerade an der Schwelle zum Erwachsenwerden stand, das Gefühl, die Welt läge im Grunde in den Händen eines allmächtigen Buddhas, und es sei vollkommen unerheblich, wie man sich den Kopf zermartere, man könne seinem Willen ohnehin nicht entkommen. Was mich verzweifeln ließ, war we-

---

2   Die hier verwendete Formulierung geht auf Lu Xun zurück, der diesen Charakterzug 1921 in *Die wahre Geschichte des Ah Q (A Q Zhengzhuan)* der Hauptfigur stellvertretend für die Chinesen seiner Zeit zuschreibt.

niger die Tatsache, dass eine Generation junger Menschen nach der anderen gewissermaßen zu Maos lebenden Grabbeigaben wurde, sondern vielmehr, dass sie in ihrem langen Leben gar keine Möglichkeit erhielten, dieses Leben eigenständig zu führen. Das vereinheitlichte Denken, die vereinheitlichte Sprache und Kleidung waren im Grunde ein unaufhörlicher, auf Peking gerichteter religiöser Kult. Von Zeit zu Zeit verschwanden Menschen auf unerklärliche Weise. Wenn man sich selbst beweisen wollte, dass man noch lebte, musste man dies mit todesmutiger Leidenschaft tun, um vielleicht einen Augenblick zu erleben, in dem man ganz bei sich selbst sein konnte. So kam es, dass damals in China ein paar freundliche Worte oder mitfühlendes Verhalten häufig als »den Tod suchen« bezeichnet wurde. Wenn ich zurückdenke, war die Zeit, als ich 24 war und ins Gefängnis kam, auch so eine »Todessuche«:

Nachdem Mao 1976 gestorben war, hatten die Hochschulen wieder ihre lange verschlossenen Tore geöffnet, und es gelang mir in den landesweiten Zulassungsprüfungen, an der Shanghaier Theaterakademie zugelassen zu werden – einem Ort, von dem man sagte, dass dort die Menschen dazu ausgebildet werden würden, ihre eigenen Gedanken und Ideen zum Ausdruck zu bringen. Die Luft war erfüllt von Freiheit, alle waren mit »Nachdenken« beschäftigt, ich aber liebte besonders »Sprechen«. Meine Kommilitonen ermahnten mich, nicht »den Tod zu suchen«. Ich hingegen glaubte, dieses »den Tod suchen« bestünde nur in extremistischem Verhalten, das dann letztlich zur Exekution führen könne. Tatsächlich aber konnte man schon durch friedliche Worte, die man formuliert hatte, den Tod suchen; Überwachung und gesellschaftliche Strafmaßnahmen führten dazu, dass die Menschen weiterhin so lebten, als besäßen sie keine Seele, dass sie wandernde Leichen geworden waren. Diese besondere Form des Todes lag darin, dass unsere Alltagswelt nichts anderes als ein Gefängnis war, und die einzige Regel dieses Gefängnisses hieß Angst. Warum sollte man angesichts dessen Theater studieren? Theater selbst war auch nur eine Form, den Tod zu suchen. Viel später wurde mir klar, dass mein Instinkt mich hierhergebracht hatte wie eine Motte ins tödliche Licht; sich mittels Sprache auszudrücken war eine langsame Form des Selbstmords, ich war bereits der von Freud beschriebenen euphorisierenden Todessehnsucht verfallen, aus der es kein Entrinnen gab.

Als ich dann im wirklichen Gefängnis landete, empfand ich anfangs ein tiefes Gefühl der Befriedigung, etwas erreicht zu haben. Die ständige Last, die ich seit jener schmerzhaften Nacht verspürte, war mir endlich von den Schultern genommen – eine bittere Ernte. Aber noch viel bitterer war, dass ich hier »Zeit« und »Ausdruck« (»expression«) für mich entdeckte:

»Zeit«: Äußerungen, die in den frühen siebziger Jahren noch unweigerlich zu Todesurteilen geführt hatten, reichten nun, zehn Jahre später, nur noch für Haftstrafen, und in weiteren zehn Jahren würden sie straffrei bleiben. Wer schon im ersten Jahr tödliche Worte gesprochen hatte, den konnten die Menschen für die übrigen 29 Jahre nicht mehr hören. Jenseits der offiziellen Zeitrechnung war es mir möglich, für mich selbst nach meiner eigenen »chronischen Zeit« zu leben, und so musste ich nicht – wie unzählige zu Tode gekommene politische Häftlinge vor mir – gemäß dem grausamen Gesetz »Worte sind das Gleiche wie Taten« meine letzten Worte einem Henker gegenüber zum Ausdruck bringen, der die Menschen wie Fliegen abschlachtete.

»Ausdruck«/»expression«: Hierbei handelt es sich um eine der grundlegenden Freiheiten des Menschen; im Chinesischen ist dies immer gleichbedeutend mit *yanlun*, »Worte«, also »sprechen« und »schreiben«. So viele politische Häftlinge haben sich nicht vorstellen können, dass es noch unendlich viele andere Möglichkeiten gibt, sich »auszudrücken«: Neben Aktionen durch Worte gibt es nämlich die Sprache der Aktion, sie stellt eine Verbindung zwischen dir und den Zuschauern her, nicht zwischen dir und dem Henker.

Wenn du mal die Faust deines Zellenkollegen im Gesicht gehabt hast, wird dir mit einem Schlag alles klar. »Warum schlägst du mich?« – »Weil du lachst.« – »Ich lache?« – »Du hast gelacht. Warum lachst du?«

Ich hatte nicht bemerkt, dass ich noch lachen konnte. Im Gefängnis zu leben ist hart, und viele, die nicht mehr weiterleben wollen, versuchen, sich auf alle möglichen Arten das Leben zu nehmen. Am Anfang konnte ich es auch nicht ertragen, jeden Tag die weißen Wände auf allen Seiten, ich wollte nicht weiterleben und konnte auch nicht sterben. Geschlagen wurde ich, weil sich plötzlich herausstellte, dass ich eine Fähigkeit besaß, die die anderen nicht hatten: Auch wenn ich im Gefängnis saß, konnte ich meine Seele von dort fortfliegen lassen – die Mauern verschwanden, und ich stellte mir heimlich unzählige originelle Theaterszenen vor, und dann lachte ich manchmal laut auf. Und jeder der Insassen bemerkte in diesem Moment: Ich war frei. Diese Freiheit war tief in meinem Inneren verborgen, sie gehörte nur mir, ich konnte sie mit niemandem teilen, ich wurde zum Spiegel ihres Neids und ihres Hasses, und plötzlich erkannte ich, dass jenseits ihres eingesperrten, leiblichen Daseins auch ihre Seelen von ihren eigenen Körpern gefangen gehalten wurden.

Für mich war das nicht schwer. Sobald ich sie alle vergaß, wurden die dicken Wände des Gefängnisses zu einer Schutzhütte, die mir half, still und leise Techniken zu entwickeln, über das Leben des Menschen und die Zukunft nachzudenken. Man kann sagen, dass die Wurzel von allem, was ich in den dreißig Jahren seit meiner Entlassung getan habe, in jener Zeit liegt. Mein unvermitteltes Lachen betrachtete ich als persönliche Wiedergeburt, mein erstes öffentlich aufgeführtes Stück *Owls in the house (Wuli de maotouying)* (1986) war dann die Wiedergeburt unseres Theaterkollektivs. Das Erste, was ich nach meiner Entlassung tat, war die Eröffnung des »Dritten Theaters« – weder das Theater der Tyrannen noch ein Theater, das die Tyrannen anklagte und problematisierte, sondern ein freies Theater, ein Theater, das mit diesen beiden Arten von Theater und den Machthabern nichts zu tun hatte. Entsprechend gewann ich mit meinen freien Stücken Künstler und Publikum, die ebenso nach Freiheit suchten, und so gingen wir gemeinsam einen »dritten Weg«.

Owls in the house ist eine Parabel. Eine Frau, die ihr ganzes Leben niemals ihr Haus verlassen hat, kann nicht schlafen. Jeden Tag wartet sie auf ihren Mann, der morgens früh das Haus verlässt und spätabends zurückkommt und sie dann nachts mit seinen Fingerspitzen hypnotisiert und ihr sexuelle Befriedigung verschafft. Nun, in ihren Wechseljahren, kommt sie zu dem Schluss, dass ihr Leben Zeitverschwendung war und es zu spät ist, und sie beginnt, ihre Orgasmen vorzutäuschen, um ihrem Mann zu gefallen und ihn zum Bleiben zu bewegen. Doch er durchschaut sie, und letztlich wird sie von ihm verlassen und bleibt für immer allein in ihrem dunklen Zimmer zurück.

Die Aufführung dieses Stücks löste große Kontroversen aus. Menschen in totalitären Systemen sind natürlich geneigt, so etwas als Parabel

Urban Performance: Real Black Box auf einem Platz in Shanghai 2011.

Urban Performance: Real Black Box Innenraum 2012.

auf die Politik zu verstehen, um ihr plötzliches, geheimes persönliches Unwohlsein zu entlasten: Nachdem das dem Volk von der Partei versprochene falsche Glück zerstoben ist, könnte die Partei ja genauso gut die Verantwortung abgeben und das Volk verlassen, so wie es die heutigen Machthaber täten und so weiter. Aber noch mehr Kommentare waren von einer allgemeinen Sorge gekennzeichnet: Das ganze Stück verwendete eine der damaligen Öffentlichkeit unverständliche Sprache, indem es die Welt aus der subjektiven Erfahrung einer Einzelperson heraus erzählte. Das hatte es in China noch nie gegeben: Wenn man solche Stücke erlauben würde, würde dies nicht nur den Realismus des Theaters in sein Gegenteil verkehren, sondern auch das reale Alltagsleben; wenn jeder begänne, auf diese Weise zu denken und sich auszudrücken, das würde doch unweigerlich ins Chaos führen!

»Kann es sein, dass dieser Mensch nicht mit Reis aufgewachsen ist?« »Er scheint nicht in unserer Welt zu leben!« – das waren die Urteile, die ich als junger Mensch am häufigsten zu hören bekam. Letztlich zeigten sie mir jedoch, dass meine ganzen sogenannten seltsamen Ideen und abwegigen Gedanken, meine als Absurditäten und Missgeburten bezeichneten Stücke verstanden wurden. Die Leute verstanden, aber es fiel ihnen schwer, sie zu akzeptieren, die Stücke waren wie das, was die Menschen im eigenen Alltag erlebten. Einige von denen, die später doch noch meine Freunde wurden, sagen heute, wenn sie sich an jene Jahre erinnern: Damals lehnten wir dich ab, denn wenn wir dich akzeptiert hätten, hätten wir auch deine Verachtung für uns einfache Menschen akzeptieren müssen; das, was du aufgedeckt hast, war ja das, was wir nicht sehen und vergessen wollten, dein Verhalten hat dich in jeder Hinsicht zu unserem Feind gemacht, und es fiel uns sehr schwer, mit Menschen wie dir in der gleichen Welt zu leben. Ich sagte, in dieser Welt war ich möglicherweise gar keiner, der wirklich lebte, sondern ein Toter. Und sie sagten: Stimmt, wenn wir uns dich als eine historische Schriftstellerpersönlichkeit vorgestellt hätten, hätten wir uns damit wohler gefühlt.

Ich glaube ja nicht ohne Grund, dass eine andere Welt möglich ist. Diese Schlussfolgerung habe ich aus bewegenden Szenen im Theater gezogen. Jeden Abend kommen die Menschen in Scharen zum Theater, das von einer Atmosphäre wie bei religiösen Zeremonien erfüllt ist, keiner sagt ein Wort, man hört nur noch schweren Atem, unterdrücktes Gelächter und vereinzelte tiefe Seufzer, schließlich hält es irgendjemand nicht mehr aus und weint... In der Stille nach lange anhaltendem Applaus frage ich mich immer, ob wir in diesem Stück eigentlich alle zusammen die Realität vergessen oder gemeinsam eine Realität geschaffen haben? Ich glaube an ein solches, ein kollektives Leben.

Nach dem Massaker an Studenten auf dem Platz des Himmlischen Friedens traten wir in das Zeitalter der Verehrung des Geldes ein, und die Überprüfung von Theatern begann einer seltsamen Logik zu folgen: Jede Art von nichtkommerzieller Aktivität hatte möglicherweise ein anderes Ziel, ein Theater hatte nur eine Existenzberechtigung, wenn es Geld einbrachte. So wurde mir die Gelegenheit gegeben, mittels einträglicher Stücke wieder in »diese Welt« zurückzukehren. Unsere Stücke *Die Ehefrau aus Manhattan (Manhadun lai de qizi)* und *Margin Calls (Loushang de Majin)* wurden nie dagewesene Erfolge auf diesem Markt, schufen ein Theaterwunder, und der finanzielle Erfolg dieser unabhängigen Stücke stimulierte und mobilisierte die Öffentlichkeit. Die Begeisterung, mit der die Shanghaier ihr Geld ausgaben, um Theaterstücke zu sehen und sich damit nach Herzenslust an der durch und durch verhassten offiziellen Partei-Kultur rächten und fröhlich ihre eigene, zu ihnen selbst gehörende Kultur genossen, führte zu einem politischen Ergebnis, das keiner vorhergesehen hatte, das man aber hätte ahnen können: Das Propagandaministerium sorgte dafür, dass ich in den Medien totgeschwiegen wurde, und machte mich auf diese Weise zu einer Person, über deren Existenz man bald nur noch vom Hörensagen erfuhr.

Als öffentliche Person aus den Medien zu verschwinden, ist eine eigenartige Erfahrung: Ich lebte, schien aber nicht zu leben, ich wurde zu einem Ersatzorgan meiner selbst. Auf diese Weise lernte ich aber, mich langsam wieder an die Existenz meines objektiven Selbst zu gewöhnen. Und tatsächlich half mir das, meine Strategie zu wechseln und eine Strategie der inter-aktiven und inter-passiven Weitergabe anzuwenden und in diesem Leerraum zwischen Realität und Fiktion wieder frei meine eigenen Aktivitäten zu entfalten. Von da an begann ich, mich aktiv an allen Arten von Widerstands-Theater im Untergrund zu beteiligen. Dieses Theater sprach nicht, es musste nicht sprechen, die Leute verstanden, was dort zum Ausdruck gebracht wurde, und immer mehr machten mit, und so bildete sich etwas, was von der neuartigen sozialen Gemeinschaft der nationalen Institutionen weit entfernt war.

Was mir anfangs Sorgen bereitete, war nicht die künstlerische Ausdrucksform ohne Worte, sondern die Frage, ob diese Form beim Publikum Akzeptanz fände, ob man letztlich auf diese Weise Theater machen könne. Wir hatten kein reguläres Theater, wir hatten andere Orte, drinnen und draußen, die uns als Raum dienten; wir hatten keine ausgebil-

deten Schauspieler, aber eine große Menge Freizeit- und Hobbyakteure; wir hatten keine Investoren, aber die Begeisterung junger Menschen. Ich probierte alles aus: Körpertheater auf Basis von Tanz, Musiktheater mit Musikern, Installationstheater mit der arbeitenden Bevölkerung, Sprech- und Bewegungstheater mit den Stillen und Schüchternen, alles zeigte mir letztlich, dass meine Sorgen unbegründet gewesen waren. Unser Theater entstand, die Leute scherten sich nicht um die Geschichte *(history)*, Figuren, Leitmotive oder Ideologien. All das, was der Geheimpolizei vertraut war, die im Theater mit verborgenen Lauschgeräten und Videokameras, Laptops und Kameras vortäuschte, Publikum zu sein, war von unserer Bühne verschwunden. Das wichtigste an diesem nichtrepräsentierenden Theater war, dass echte Menschen und echte Dinge auf der Bühne waren, diese Energie lebendiger Szenen ist die älteste und wunderbarste Grundlage von Theater. Jeder Teilnehmende brachte seine wahre Geschichte, seine individuelle Erscheinung und Bewegung, seine persönlichen Klänge, Musikinstrumente und Requisiten, seine Kenntnisse in Bild- und Tontechnik mit – so ließ sich eine vollkommene Aufführung bewerkstelligen, und die Tatsache, dass alles, was auf der Bühne war, echt war, erin-

nerte das Publikum auf wundersame Weise daran, dass es selbst auch echt war, und so schufen wir gemeinsam kollektive Zeremonien.

Wir nutzten jede Art von Untergrundfestival, von dem wir erfuhren, jede/n günstig zu bekommende/n Werkhalle oder Lagerraum und das kaum zu kontrollierende Internet, um unzählige Theatertruppen zu gründen und uns miteinander zu vernetzen, und so schufen wir ein nationales und über China hinausgehendes Netzwerk, erweiterten unsere Existenzgrundlage und zogen eine Zivilgesellschaft heran. Laut einer Statistik des »Fringe Festivals« *(Yuejie yishujie)* betrug die Anzahl der Produktionen aus inoffiziellen Theatern das 3,6-Fache der Produktionen der nationalen Theatertruppen. Die vielen Inszenierungen schufen nicht nur eine eigene Definition von »Moderne«, sie zogen auch einen tiefen Graben durch die Jugendkultur; die Produkte dieser »Gegenöffentlichkeit« griffen in nie da gewesener Weise den Ruf der nationalen Theaterproduktionen an, beendeten allerorten die unter dem Druck der öffentlichen Meinung stehende finanzielle Unterstützung der lokalen Regierungen und schufen auf diese Weise Möglichkeiten, sich bezüglich des ethischen und künstlerischen Wertes von Theaterstücken ein eigenes Urteil zu bilden.

Was meine eigenen Experimente betrifft, wurde allmählich die anfangs ungeahnte politische Funktion dieser Zusammenarbeit von Kunst und Kollektiv offensichtlich und damit zu einem Damoklesschwert über meinem Haupt – die Strafe aber folgte erst zehn Jahre später, als ich gar nicht mehr daran gedacht hatte: 2009 zeigte sich mir die staatliche Kontrolle wieder, in Form des Verbots unseres »Fringe Festivals« in Shanghai. Die meiste Zeit meines Lebens hatte ich unter Kontrolle des Denkens und Handelns verbracht, und so war diese neue Bestrafung für mich keine große Sache, sondern beflügelte eher mein Denken: Der Gegner war überall um uns herum, er schien irrelevant, aber er arbeitete vereint im Namen des Staates. Tatsächlich war ich mein ganzes Leben mit Aktionisten dieses sadistischen Staates konfrontiert, dessen Nicht-von-mir-Ablassen mir im Grunde nur zeigte, dass ich ihm ein ebenbürtiger Gegner auf Augenhöhe war. Was ich auch tun würde und wie ich mich verändern würde, er würde mich letztlich immer erkennen. Die aktuelle späte Blockade hing damit zusammen, dass wir einen Aufführungsort weit jenseits staatlicher Untersuchungsusancen gewählt hatten, und es hatte lange gedauert, bis er sich darauf eingestellt hatte. Nicht mehr sprachliche und künstlerische Formen waren nun die Ziele seiner Untersuchungen, sondern er nutzte die militärische Strategie des »Anstarrens«; nun wurde jede meiner Handlungen, alles, was ich tat, zu seinem Angriffsziel. Als es so weit gekommen war, konnte jeder wissen, was ich als Nächstes tun würde.

Die ersten Produktionen, die ich nun für meine Gruppe entwickelte, waren eine Reihe von Open-Air-Aktionen: Ich hatte verkündet, sie auf

dem »People's Square«, als zentraler Platz von Shanghai ein hochsensibler Ort, stattfinden zu lassen. Dort stand ich vollkommen still, und die auf die Gelegenheit zur Festnahme wartenden Zivilpolizisten wussten nicht, was sie tun sollten, und so erlebte das Publikum eine reale Bedrohungsszene. An Schulen und Straßen klebten wir wortlose Plakate und verteilten leere Handzettel, was dazu führte, dass das anfänglich irritierte Publikum allmählich zu einem gespannten, stillen, gemeinsamen Einverständnis fand; auf symbolischen Wahrzeichen wie dem Tor des Himmlischen Friedens hatten wir Logos des »Fringe Festivals« angebracht, hatten Fotos von uns, die Arme vor der Brust gekreuzt, über das Netz geschickt und damit diese Orte symbolisch besetzt. Diese Aktionen definierten zum einen eine neue Bühne; das Theater war kein Gebäude, sondern bestand aus handelnden Menschen, und wo immer diese hingingen, da befand sich die Bühne. Zum Zweiten war der Raum nicht auf einen materiellen Raum beschränkt, sondern bestand auch aus symbolischen und virtuellen Möglichkeiten. Zum Dritten war die Synchronizität von keiner Bühne abhängig. Viertens ging es nicht mehr um Inhalte, sondern der situative Kontext und seine Spannung führten dazu, dass jederzeit Publikum mobilisiert werden konnte. Und schließlich waren keine Investitionen erforderlich, es musste keine Bühne gemietet werden, keine Schauspieler gebucht, ja, man musste das Publikum nicht einmal einladen... Noch wichtiger war jedoch, dass diese von uns als »Wortlose Blicke auf der Straße« (daolu yi mu) bezeichnete kollektive Praxis von Gesellschaftstheater den mutlosen Menschen eine letzte Ausdrucksform von bewusster Freiheit bieten konnte.

1: Urban Performance: Kollektives Kreuz in der Shopping Mall von Shanghai.

2: Urban Performance: U-Bahn.

3: Urban Performance: Speechact.

»Wortlose Blicke auf der Straße« ist ein noch älterer Ausdruck als »Wandernde Leichen« *(xing shi zou rou)*: Einst führte die Herrschaft eines Tyrannen dazu, dass die Menschen nicht wagten, miteinander zu sprechen; wenn sie einander auf der Straße sahen, konnten sie nur Blicke wechseln, und nach drei solchen sprachlosen Jahren bemerkte der Tyrann, dass die Augen der Menschen Signale einer Revolution waren, die ihn zwangen, den Kaiserhof aufzugeben und ins Exil zu gehen. Chinas erste historisch gesicherte Epoche entstand durch Aufstände, das war im Jahre 841 vor unserer Zeitrechnung, das war das erste Jahr der *Gonghe*-Regentschaft (»gemeinsame Harmonie«, heute auch verwendet für »Republik«, Anm. d. Ü.), das war etwas anderes als der »Staat« in Platons Schriften und die so viel Aufmerksamkeit auf sich ziehenden Republiken Europas. Unsere traditionelle Öffentlichkeit entsteht aus einer Szenerie von Einzelbeziehungen, und eine Art heiliger Geist gibt Gewissen, Ethik und Moral zwischen den Menschen weiter und formt die Gesellschaft. Chinesische oder asiatische Theater gehören natürlich zum Theater der Unterdrückten, dem Theater des Gewissens oder der Selbstkultivierung des Einzelnen, die Subjektbeziehungen zwischen den Menschen sind wichtiger als ästhetische Betrachtungen von Objekten, und wenn das Theater nicht Kunst ist, bewegt es die Leute eher. Wenn wir uns also von der Bühne des ästhetischen Theaters abwenden und hinter den Vorhang gehen, so ist der Reichtum der Erscheinungsformen unseres persönlichen Alltags das Natürlichste. In den Wohnungen der Menschen, auf den Straßen, in den Klassenzimmern, den U-Bahnen, den virtuellen Räumen des Internets konnte das Kunstfestival ungehindert fortgesetzt werden: Wir spendeten Geld für Musiker in der U-Bahn und unterstützten auf diese Weise ihre friedliche Nutzung des öffentlichen Raums, wir verbeugten uns vor Tibetern und baten sie um Verzeihung, um zu kompensieren, dass andere sie in unserem Namen getötet hatten; wir hielten im Strom der Menschen plötzlich inne, um mit langsamen Tanzschritten die Gemächlichkeit unseres Lebens zu illustrieren; wir ritzten im ganzen Land in Bäume, und mit jedem Baum und jedem Menschen gedachten wir einer Million unschuldig Getöteter; wir lebten in einem schwarz ausgemalten Container, und wenn man ihn öffnete, hatte man das Gefühl, Theater zu sehen; wir ersetzten die Namen des inhaftierten Nobelpreisträgers Liu Xiaobo und anderer in Gefahr schwebender Meinungsführer durch die Namen unzähliger Freiwilliger, machten deren Worte zu Worten des Volkes und gaben sie aus dem Internet weiter an die Menschen, die keinen Zugriff darauf haben; wir nutzten die Möglichkeiten bezahlter »Akteure« wie in den objektlosen, nicht käuflichen

Aktionswerken Tino Sehgals, und verwandelten seine Werke in Werke jedes einzelnen Menschen. Wir verwandelten das Leben jedes Tages in ein Festival, in einen Feiertag, in gemeinsame Fröhlichkeit.

Am Präsentationsort von Sehgals Werk *This is exchange* oder unserem Werk *This is our life* traf ich 2011 eine Schauspielerin aus einem meiner früheren Theaterstücke wieder. Mit ihrem Streit mit ihrer erwachsenen Tochter will ich diesen Text beenden. Sie sagte, sie käme auf dem Weg in die Kirche nur kurz vorbei, um mich zu sehen, aber ich wusste, dass sie, seit ich mich mit »Gesellschaftstheater« befasse, immer das »Theater« sucht und es nicht findet. Als wir uns dieses Mal trafen, fragte sie mich: »Lebst du gerade oder spielst du?« Ich sagte: »Das ist jetzt kein Unterschied mehr.«

»Bist du das Werk oder der Autor?«

»Das ist jetzt kein Unterschied mehr.«

Ich fragte: »Warum gehst du mit deiner Tochter in die Kirche?«

Sie sagte: »Seit meine Tochter ihr Studium abgeschlossen hat, will sie nicht arbeiten, sondern von Jesus Christus lernen, wie man ein Revolutionär wird.«

Ich fragte die Tochter: »Warum war Jesus ein Revolutionär?«

»Weil er sein ganzes Leben Leiden ertrug.«

Die Mutter wies ihre Tochter zurecht: »Wenn Jesus nicht gelitten hätte, sondern sein ganzes Leben als Zimmermann seine Lehren verbreitet hätte, wäre Jesus doch auch der Erlöser!«

Da heulte die Tochter auf: »Nein! Wenn er sich nicht geopfert hätte, würden wir ihn heute nicht als Heiland anerkennen! Als er als Zimmermann arbeitete, hat er überhaupt nicht gelebt, er begann erst zu leben, als er am Kreuz hing, er lebte erst, als er gestorben war! Er war ein echter Künstler, er vollbrachte in seinem Leben ein einziges Werk, und das war sein Tod im Leid und das ewige Leben!«

Unerwarteterweise hatte die Tochter Jesus zum Künstler erklärt und mir dabei einen abfälligen Blick zugeworfen, und die Mutter bat mich, sie zu belehren. Ich schwieg lange, dann sagte ich: »Sie hat recht. Das ist der Grund, warum China nur Zimmermänner, aber keinen Jesus hervorgebracht hat.« Vielleicht wissen wir alle gar nicht, was wirkliches Leben bedeutet, und so haben wir jeder unsere eigene Methode, uns zu beweisen, dass wir leben. Was mich betrifft, ist für mich Theater einfach alles – außer menschlichen Bomben.

Aus dem Chinesischen von Andreas Guder

Über die chinesische Kulturindustrie

Von Mark Siemons

Ob sie Adorno gelesen haben, haben die chinesischen Kulturbehörden bislang nicht zu erkennen gegeben. Aber sie lassen keinen Zweifel daran, dass sie das Wort »Kulturindustrie« mit großer Bewusstheit verwenden. Auf einer Regierungs-Webseite hieß es einmal: »Der Begriff einer Kulturindustrie ist neu für die meisten Chinesen, weil Kultur und Geschäft für die Tradition verschiedene Dinge sind.« Die Tatsache, dass die Regierung trotz diesem wohl bedachten Irritationspotenzial nicht auf den Begriff verzichtet, ihn sogar zu einem Dreh- und Angelpunkt ihrer Kulturpolitik macht, zeigt, dass da etwas Unverzichtbares ausgesprochen ist. »Kulturindustrie« ist für sie offensichtlich keine beliebige Vokabel zur Beschreibung dessen, was sich ohnehin vollzieht, sie ist eine zentrale Programmformel der gegenwärtigen Kommunistischen Partei Chinas, die die Wirklichkeit erst schaffen soll, die sie ausspricht.

Auch Horkheimer und Adorno hatten sich den Begriff sehr genau überlegt, als sie im amerikanischen Exil in den vierziger Jahren an ihrem gemeinsamen Buch *Dialektik der Aufklärung* schrieben. Adorno berichtete später, in den ersten Entwürfen hätten sie noch das Wort »Massenkultur« verwendet: »Wir ersetzten den Ausdruck durch ›Kulturindustrie‹, um von vornherein die Deutung auszuschalten, die den Anwälten der Sache genehm ist: dass es sich um etwas wie spontan aus den Massen selbst aufsteigende Kultur handele, um die gegenwärtige Gestalt von Volkskunst. Von einer solchen unterscheidet Kulturindustrie sich aufs äußerste. Sie fügt Altgewohntes in einer neuen Qualität zusammen. In all ihren Sparten werden Produkte mehr oder minder planvoll hergestellt, die auf den Konsum durch Massen zugeschnitten sind und in weitem Maß diesen Konsum von sich aus bestimmen. Die einzelnen Sparten gleichen der Struktur nach einander oder passen wenigstens ineinander. Sie ordnen sich fast lückenlos zum System.«

In der Zwischenzeit ist der Begriff »Cultural Industry«, vor allem im angelsächsischen Sprachraum, weit argloser und theoretisch unbedarfter gebraucht worden, einfach als pragmatische Kennzeichnung jener Wirtschaftssegmente, die mit Kultur zu tun haben. In diesem Sinne verwenden ihn zum Beispiel offizielle Papiere der Europäischen Union, die die »Kulturindustrien« als »eine wichtige Quelle der Beschäftigung« und im selben Atemzug als »Träger der Identität und Ausdruck der kulturellen Vielfalt« behandeln. In der heutigen Volksrepublik China dagegen bekommt der Begriff seinen präzisen adornitischen Sinn zurück. Oder besser gesagt: Er erhält erst hier die volle Bedeutung in der Realität, die Horkheimer und Adorno ihm bloß in einer prospektiven polemischen

Yu Youhan,
Mao Zedong, 1995.

Suggestion unterschoben: die Bedeutung eines sich zum lückenlosen »System« verdichtenden Plans. Was bisher immer etwas verschwörungstheoretisch, in seiner Totalität allzu zugespitzt wirkte, ist nun in China, in einer sich von den USA der vierziger Jahre erheblich unterscheidenden Konstellation, die erklärte Absicht: dass »alle Kultur-Ressourcen« des Landes in »Kulturprodukte« überführt werden sollen.

Diese Wortwahl stammt vom vorletzten Kulturminister persönlich, der bei Gelegenheit kritisierte, dass dieser Zustand noch bei Weitem nicht erreicht sei. Es ist zuerst die Sprache, die das neue Programm markiert. In einem regierungsamtlichen Papier heißt es zum Beispiel: »Mit der Hilfe fortgeschrittener Technik und moderner Geschäftsmethoden wie Merchandising hat die Kulturindustrie ein industrielles Upgrading erlebt«. Nun gelte es, eine noch »flexiblere Umgebung für die Kulturindustrie« zu schaffen. Doch zugleich werden die neuen Begriffe mit den alten verbunden. Die staatliche Zeitschrift *China Heute* etwa schrieb, durch die kulturindustriellen Reformen könnten »die kulturellen Produktivkräfte befreit« werden.

Marktwirtschaftliche Reformen sind für China schon lange nichts Neues mehr. Und doch ist die Tatsache, dass sich die Kommunistische Partei Chinas dazu entschlossen hat, die Kultur in marktwirtschaftlichen Kategorien zu verstehen, alles andere als harmlos oder banal. Die Kultur ist kein Ressort wie jedes andere in China. Wie in allen sozialistischen Ländern nimmt sie auch in der Volksrepublik bis heute eine sorgsam gehütete Sonderstellung ein, nicht bloß als Instrument der Propaganda, sondern als symbolische Form des Neuen Lebens selbst, für das die Kommunistische Partei steht. »Eine Kunst, die parallel mit der Politik liefe oder unabhängig von dieser wäre, gibt es in Wirklichkeit nicht«, sagte Mao 1942 in seiner berüchtigten Rede in Yanan, die die Kulturpolitik der Partei formulierte: »Die proletarische Literatur und Kunst sind ein Teil der gesamten revolutionären Sache des Proletariats oder, wie Lenin sagte, ›Rädchen und Schräubchen‹ des Gesamtmechanismus der Revolution.« Das politische und das künstlerische Kriterium seien zwar real voneinander verschieden, doch das Ziel müsse sein, beide zusammenzuführen: »Wir fordern die Einheit von Politik und Kunst, die Einheit von Inhalt und Form, die Einheit von revolutionärem politischem Inhalt und möglichst vollkommener künstlerischer Form.«

Das »Wir«, das sich da ausspricht, ist die Partei. Sie ist gemäß diesem von Mao formulierten Selbstverständnis nicht nur für die Politik zuständig, sondern auch für die Kunst und für die Herstellung jener höheren

Ebene, auf der beide, Politik und Kunst, in eins fallen. Sie ist, mit anderen Worten, selbst ein Künstler, der die Kunst auf eine neue, höhere Ebene führt. Genauer gesagt: Sie ist der eigentliche Künstler, für den alle anderen Künstler nur als untergeordnete Ausführende in Frage kommen. Es ist kein Zufall, dass Mao das Objekt seiner Politik ausgerechnet mit ästhetischen Begriffen beschrieben hat, als er China mit einem leeren Blatt Papier verglich, das man »mit den neuesten und schönsten Schriftzeichen bemalen« kann. Von einem Frühstücksgespräch Maos mit dem amerikanischen Journalisten Edgar Snow im Dezember 1970 ist eine Bemerkung überliefert, die dieses Selbstverständnis noch weiter beleuchtet. »Als er mich«, schreibt Snow, »höflich zur Tür begleitete, sagte er, er sei kein komplizierter Mann, sondern wirklich sehr einfach. Er sei, sagte er, ein einsamer Mönch, der die Welt mit einem löchrigen Regenschirm durchwandert.« Abgesehen davon, dass Mao da einen alten chinesischen Topos zitiert, muss man sich den Zeitpunkt dieser Selbstdeutung vor Augen halten: 1970, als seine politischen und wirtschaftlichen Experimente im vorangegangenen Jahrzehnt China mehrfach völlig umgekrempelt hatten, wählt er zur Kennzeichnung dieser Wirksamkeit das Bild des einsamen Mönchs auf seiner Wanderschaft, so als ob er die ganze Weltgeschichte in das Innenleben eines Poeten hineinnehmen wolle. Mao verstand sich offensichtlich nicht nur, wenn er Gedichte schrieb, als Künstler, sondern auch, wenn er Politik trieb: Er dichtete, könnte man sagen, mit den Massen, und als souveräner Autor nahm er es gelassen in Kauf, wenn er Teile seines Materials immer wieder verwerfen musste.

Man muss sich diesen Hintergrund vergegenwärtigen, um der Bedeutung der gegenwärtigen Vorgänge auf die Spur zu kommen. Dass die Kommunistische Partei nunmehr die Kultur, wenigstens zum Teil, an den Markt delegieren will, kann man nicht einfach nur ihrem berühmten Pragmatismus zuschreiben, mit dem sie seit Ende der siebziger Jahre ein Auseinanderklaffen von Theorie und Praxis in Kauf nahm. Die »Kultur« betrifft den Kern ihres Autoritätsanspruchs, und sie ist keineswegs gewillt, diesen aufzugeben. Oder von der anderen Seite her gesagt: Erst die Kultur zwingt die Politik zur Selbsterklärung, erst die veränderte Politik ihr gegenüber bringt auch die übrigen Veränderungen auf den Begriff. Der ehemalige Kulturminister Liu Zhongde sagte in einem Interview: »In China sind die Ämter des Zentralen Propagandabürochefs und des Kulturministers ähnlich wie die des Verteidigungsministers in den Vereinigten Staaten und des Landwirtschaftsministers in der früheren Sowjetunion: Es sind die schwierigsten von allen Jobs. Davon, wie dort die politische Führung ausgeübt wird, hängt es ab, ob die Nation ihre Stabilität bewahren kann. Die ideologische Arbeit betrifft auch den Charakter der Nation. Wenn die Nation ihre Farbe wechselt, ist es klar, dass dies wegen Problemen in diesem Bereich geschieht, und nicht wegen irgendwelcher wirtschaftlicher Probleme.«

Die früheren Begriffe und Praktiken hat das Kulturindustrie-Programm keineswegs beseitigt. Auch heute noch findet sich auf der Webseite des Kulturministeriums das oberste Prinzip: »Dem Volke dienen«, und dann, davon abgeleitet: »Kultur und Kunst sollten das Leben des Volkes spiegeln«, wobei die Definitionsmacht darüber, worin das Leben des Volkes besteht, im Zweifel natürlich wieder die Partei innehat. »Ungesunde Elemente der Kultur«, heißt es dort weiter, »sollten fest kritisiert und zurückgewiesen werden.«

Wie aber lässt sich nun dieser fortdauernde Kunst- und Kulturanspruch der regierenden Partei mit den Unwägbarkeiten und Willkürlichkeiten des Marktes zusammendenken? Um diese Frage zu beantworten, ist es hilfreich, zur Stunde null des gegenwärtigen Zustands, zur Kulturrevolution zurückzugehen. Die Kulturrevolution hat nicht nur die traditionelle Kultur zu zerstören versucht. Sie hat auch die Grundlagen der kommunistischen Ideologie selbst empfindlich verändert. Auf einem wissenschaftlichen Symposium, das wegen der staatlichen Tabuisierung des Themas nur unter konspirativen Umständen in Peking stattfinden konnte, hat das der Historiker Chen Donglin präzise erläutert. Die Kulturrevolution, sagte Chen, habe den bis dahin geltenden Zusammenhang der Ideologie mit der Klassenzugehörigkeit zerschlagen und an seine Stelle die reine Ideologie gesetzt: Kein Parteiführer, kein Bauer oder Arbeiter, mochte er auch einen noch so guten Familienhintergrund haben, war vor Verfolgung sicher, wenn sein Sprachgebrauch nicht auf dem neuesten Stand der gerade herrschenden Machtelite war. So brachte der ideologische Exzess einen Nominalismus hervor, der sich um die alten Begriffe wenig scherte. War die reine Ideologie einmal aus ihrem Rahmen gelöst, konnte sie beliebig ihre Zeichen wechseln. Ein Leerraum war entstanden, den die dann wieder restaurierte Parteielite mit einem neuen Inhalt füllen konnte.

Sie konnte sich dabei sogar bis zu einem gewissen Grad auf Mao berufen. Wie dieser in dem zentralen Aufsatz »Über den Widerspruch« von 1937 geschrieben hatte, besteht die wichtigste Antriebskraft der Geschichte nicht in irgendwelchen ein für alle Mal feststehenden Ideen, sondern in der »inneren Widersprüchlichkeit« der Dinge, die es in jedem einzelnen Fall zu analysieren gelte. Mao wetterte daher am meisten gegen die eigenen Parteigenossen, die nicht verstehen könnten, »dass die verschiedenen Widersprüche mit Hilfe verschiedener Methoden gelöst werden müssen«.

Der Hauptwiderspruch, der die chinesische Geschichte heute antreibt, dürfte nun aber im Verlust des Bewusstseins ihrer Notwendigkeit bestehen. Nach der Kulturrevolution und den Jahrzehnten der Privatisierung, nach der Studentenbewegung von 1989 und dem Zusammenbruch des Kommunismus in Russland und Osteuropa hat der Begriff des »Volks«, dessen Willen die Partei zu exekutieren und dessen Leben die Kunst spiegeln soll, nichts Zwingendes mehr. Wie kann also das alles durchdringende Kontingenzbewusstsein, das die ganze Gesellschaft und Teile der Partei selbst ergriffen hat, mit dem fortdauernden Anspruch der Macht vereinbart werden?

Die Antwort wird in einer der frühesten Selbsterklärungen der chinesischen Regierung zur Kulturindustrie angedeutet. 1999 berichtete der stellvertretende Kulturminister Li Yuanchao in einem Vortrag bei dem Asem-Treffen zwischen asiatischen und europäischen Staaten davon, das sich die Regierung zur Förderung der »Kulturindustrien« entschlossen habe, und er begründete das mit dem Begriff einer »Populärkultur«, die durch Folgendes gekennzeichnet sei: »Sie konzentriert sich auf Konsum, sie folgt den Modetrends, sie dient dem gewöhnlichen Volk und ist auf marktorientierter Produktion gegründet. Es ist die Populärkultur, die die Kultur dem gewöhnlichen Volk zugänglich macht und die das Recht auf Kulturkonsum wirklich in die Hand des gewöhnlichen Volkes legt.« Der vertraute Imperativ, »dem Volk zu dienen«, wird hier also in eine Reihe gestellt mit Konsum, Mode und Markt, ja mehr noch, beides wird im nächsten Satz in eine kausale Beziehung gebracht: Die Kultur dient dem Volk gerade dadurch, dass sie zu einem Konsumartikel, einer Modeware, einem Marktprodukt wird; ein Zusammenhang, der dann noch mit der neuen Formel »Recht auf Kulturkonsum« gesteigert wird. Hinsichtlich der Kultur kommt das Volk zu sich selbst, indem es konsumiert, im Markt aufgeht.

Es scheint die chinesische Kulturindustrie also nur einen kleinen Handgriff, eine leichte Drehung zu kosten, um die gegenwärtigen Widersprüche aufzulösen: Die Partei interpretiert den Volkswillen nunmehr als Konsumentenwillen, als Marktwillen, dann geht die ganze Sache ohne weitere Friktionen auf. Das ist möglich, weil der »Markt« für den regierenden Partei-Künstler eine ebenso abstrakte, also elastische und manipulierbare Größe ist wie vorher das »Volk«. An die Stelle des pseudoessentialistischen Volksbegriffs tritt ein Terminus mit ähnlich großer Reichweite, der aber von vornherein eingesteht, nichts als Relation, Künstlichkeit und Willkür zu sein. Das Wirklichkeitsverständnis des Marketings, das Bedürfnisse weckt und Marken erzeugt und propagiert, ist ausdrücklich konstruktivistisch: Es glaubt nur an die Marken, Träume und Wünsche, die es selber geschaffen hat, dies aber mit umso mehr Inbrunst. So macht es ausgerechnet der »Markt« möglich, dass das Kontingenzbewusstsein die Autorität der Kommunistischen Partei nicht schwächt. Die unsichtbare Hand des Marktes schlägt da gewissermaßen in die unsichtbare Hand des Staates ein.

Man kann die Probe aufs Exempel machen und überall dort, wo Mao im kleinen roten Buch von »Volk« sprach, »Markt« einsetzen, und überall dort, wo von »Volksmassen« die Rede war, »Marktkräfte«, und man wird feststellen: Es geht auf. Man wird dann eine ziemlich präzise Beschreibung der gegenwärtigen zwischen Markt und Partei changierenden Regulierungsmechanismen bekommen.

Also: »Den Marktkräften wohnt eine unbegrenzte Schöpferkraft inne. Sie können sich organisieren und können an jedem Ort und in jeder Sparte, wo es ihnen möglich ist, ihre Kräfte zu entfalten, einen Vormarsch erzielen; sie können die Produktion in die Tiefe und in die Breite vorantreiben und immer mehr Wohlfahrtswerke für sich selbst schaffen.« Oder: »Wenn man sich mit den Marktkräften verbinden will, muss man den Bedürfnissen und Wünschen der Marktkräfte entsprechend handeln.«

Und sogar das ist richtig: »In den Marktkräften steckt ein gewaltiger Drang zum Sozialismus« – sofern man unter »Sozialismus« einfach einen Staat unter der Führung einer Kommunistischen Partei versteht.

So bekommen die auch heute noch allgegenwärtigen Parolen, die man sonst für eine völlig sinnentleerte Façon de parler halten könnte, einen präzisen und zutreffenden Sinn: »Dem Markt dienen und dem Sozialismus dienen.« »Die Kultur sollte das Leben des Marktes spiegeln.«

Wie »das Volk« ist »der Markt« ein allgegenwärtiger Bezugspunkt, dessen Eigendynamik für die Arbeit des Partei-Künstlers bestimmend ist, dessen künstlerische Autonomie er aber nie aufhebt. »Aus den Marktkräften schöpfen und in die Marktkräfte hineintragen«, heißt die berühmte Parole in der aktualisierten Version. Die Partei will den Willen des Marktes verstehen und ihm kompetent entsprechen, sich ihm aber nicht ausliefern. Die »Makrokontrolle«, die ideologische Oberaufsicht bleibt daher unverzichtbar.

Natürlich ist der Unterschied zum emphatischen Volksbegriff in seinen gesellschaftlichen Folgen offenkundig. Während »das Volk« in Großbuchstaben eine homogene Größe war, hat der Markt eine völlig ungewohnte Ausdifferenzierung und Pluralisierung, eine ungekannte Vielfalt zur Folge. Und doch darf man »Markt« nicht ohne Weiteres mit Vielfalt gleichsetzen. Der Markt repräsentiert eine spezielle Art Vielfalt, die durch spezifische Kategorien gekennzeichnet ist. Sie ordnet die Erscheinungen nach Preis, Angebot und Nachfrage, Informationsraster also, die sich in Zahlen fassen lassen. Ihre Kategorien sind Einschaltquoten, Auktionspreise, Besucherzahlen und die Namen, Images, Lebensstile, die durch diese Daten geadelt und mit ihnen unlösbar verbunden sind. So bildet der Markt eine Konstruktion, die die Vielfalt handhabbar, operationalisierbar macht. Die Regierung scheint nach 1989 die Entwicklung nicht nur der Sowjetunion und Osteuropas genau analysiert zu haben, sondern auch die der westlichen Kultur. Lehrte die eine, dass man die Zügel nicht zu locker lassen darf, scheint die andere zu beweisen, dass derselbe Markt, der den Pluralismus hervorbringt, diesen auch beliebig und ungefährlich machen kann. Die kapitalistische Welt mit ihren klaren Kategorien, Interessen und Grenzen ist in der Lage, Realitäten zu schaffen, mit denen sich besser umgehen lässt als mit den Vieldeutigkeiten einer kulturellen Sphäre, die sich selbst überlassen ist. Die durch die Kulturindustrie erzeugte Parallelwelt relativiert die Erfahrungen, die sich außerhalb ihrer Raster machen lassen.

Wenn also zum Beispiel im Staatsfernsehen eine Sängerin dadurch gekennzeichnet wird, dass man in keimfrei-aufgeräumtem Ton ihren »starken Rock-Rebellions-Appeal« rühmt, dann hat das erkennbar nichts mit irgendeiner erfahrungsgesättigten Vorstellung davon zu tun, was Rockmusik oder eine Rebellion sein können. Es ist einfach ein Markenzeichen, das eine irgendwann mal vorhandene Erfahrung zum bloßen Zitat umschmilzt und dadurch neutralisiert – ein Markenzeichen, das sich genauso geschmeidig konsumieren lässt wie etwa das Etikett »romantisch« oder »cool«. Horkheimer/Adorno schrieben: »Je vollkommener die Sprache nämlich in der Mitteilung aufgeht, je mehr die Worte aus substantiellen Bedeutungsträgern zu qualitätslosen Zeichen werden, je reiner und durchsichtiger sie das Gemeinte vermitteln, desto undurchdringlicher werden sie zugleich.« Wenn es also gelingt, die Kultur planmäßig in die Obhut dieser Parallelwelt zu geben – dann kann sich die Partei auf die Oberaufsicht zurückziehen und muss nur noch in Ausnahmefällen eingreifen.

Es wäre indessen verfehlt, ein alles überblickendes Mastermind anzunehmen, das sich ein solch sophisticated anmutendes Konzept aus dem Stand hätte einfallen lassen. Das jetzige Programm der chinesischen Kulturindustrie ist vielmehr das Resultat der wechselvollen Geschichte der letzten Jahrzehnte, aus der es sich im Wechselspiel von staatlichen Maßnahmen und gesellschaftlicher Eigendynamik allmählich herausbildete.

Nach der Kulturrevolution war das kulturelle Klima in den achtziger Jahren erst einmal durch die Gleichzeitigkeit von explosiver Öffnung und staatlicher Restriktion geprägt. Auf der einen Seite las man mit der erregenden Frische des ersten Mals nacheinander Heidegger, Nietzsche, Hegel, Sartre, Kant und Wittgenstein. Die Kunstszene studierte alle möglichen Rollenmodelle, die ihr die jüngste westliche Kunstgeschichte zur Verfügung stellte, auf einmal: von Picasso bis Duchamp, von Andy Warhol bis Gerhard Richter. Man sprach von einem »Kulturfieber«. Auf der anderen Seite lancierte die Partei 1983 eine Kampagne »gegen geistige Verschmutzung«, mit der den wachsenden »bürgerlich-dekadenten« Einflüssen des Auslands, etwa durch Sartre oder Freud, Einhalt geboten werden sollte. 1986 folgte die Kampagne »gegen die bürgerliche Liberalisierung«, die eine »totale Verwestlichung«, »unchinesisches« Gedankengut schlechthin aufs Korn nahm. 1989, als die Öffnung auch der Kultur bei den Studentendemonstrationen auf dem Platz des Himmlischen Friedens ihren Höhepunkt erreichte, kulminierte auch die staatliche Gewalt in der blutigen Niederschlagung der Bewegung.

Unterdessen ging die Umorientierung der staatlichen Ikonografie eher diskret und zögerlich vonstatten. Es wurde zwar in der Folge der neuen Definition, dass Mao bloß zu siebzig Prozent gut, zu dreißig Prozent aber schlecht gewesen sei, ein Großteil der Mao-Statuen demontiert. Aber niemals wäre man damals schon auf die Idee gekommen, das Bild des Vorsitzenden dem Markt und dessen freischwebenden Ironien anzuvertrauen. Der Sinologe Michael Dutton berichtet von einer eigentümlichen Begegnung, die er 1984 auf dem Hinterhof eines Verwaltungsgebäudes der Peking-Universität hatte. Dort waren Tausende Einzelteile von kleinen und großen Mao-Statuen gelagert, und zusammen mit einer Kommilitonin wollte er sich ein paar der Stücke als Souvenirs mitnehmen, als plötzlich ein Parteikader aus dem Verwaltungsgebäude kam, der den Ausländern mit allen Anzeichen hochgradiger Nervosität einen schweren Verweis erteilte: »Euch ist es nicht erlaubt, die Teile des Vorsitzenden zu berühren. Das ist respektlos.«

Nach 1989 änderte sich die Situation in zwei Schritten grundlegend. Auf die Niederschlagung der Studentenbewegung folgte 1992 die legendäre Reise Deng Xiaopings in den Süden des Landes, mit der die zweite, beschleunigte Phase der Wirtschaftsreformen begann. Die chinesische, in den USA lehrende Kulturtheoretikerin Wang Jing hat darauf hingewiesen, dass in der gleichen Zeit ein Vakuum im kulturellen Diskurs entstand. Der sogenannte »humanistische« Diskurs der achtziger Jahre, der westliche Theorien mit der Frage der künftigen Gestaltung des Landes verband, verlor bei den Eliten an Kraft: teils wegen der staatlichen Repression, die wichtige Intellektuelle und Schriftsteller wie Gao Xingjian, Bei Dao, Duo Duo und Yang Lian außer Landes getrieben hatte und viele andere einschüchterte, in einer Art innerem Exil zurückließ; teils wegen der im Zuge der Marktpluralisierung stattfindenden Ausdifferenzierung und Zersplitterung der Wissensbereiche. Die Intelligenzia konnte »nicht mehr mit einer gewissen Kohärenz und Einheitlichkeit darüber sprechen, was das Beste für das Volk wäre und was sie selbst tun sollte, um am besten dem Volk zu dienen« (Wang).

Dieses Vakuum füllte die Partei laut Wang seit 1994 nun planmäßig mit Kampagnen zur Entdeckung der Freizeit und dann zum Kulturkonsum. Die Parteizeitungen fingen an, Mode-, Auto- und Computerbeilagen herauszubringen, die die Massen darüber aufklärten, wie man die Freizeit konsumieren kann; später erschienen in rascher Geschwindigkeit immer mehr eigenständige Magazine zu diesen Themen. Auch der inländische Tourismus wurde allmählich angekurbelt. An die Stelle des Kulturfiebers trat ein Freizeitkulturfieber. Seit 1996 bekam diese Kampagne noch eine spezifisch kulturellere Tönung. In einem »Zivilisationskontrakt mit den Einwohnern« wurden ausdrücklich Freizeitaktivitäten wie Museums- und Kinobesuche, Besichtigungstouren und Sprachkurse empfohlen. Das Wort »Kultur« avancierte mehr und mehr zu einem Leitbegriff der Propaganda.

Augenscheinlich korrespondiert diese Entwicklung zum Freizeit-, Lifestyle- und Kulturkonsum mit der Eigendynamik, die man auch von sogenannten postmaterialistischen Gesellschaften mit geringerer staatlicher Einwirkung her kennt. Mit wachsendem Wohlstand verfeinern sich die Distinktionsmerkmale, gehen von der Zurschaustellung rein materieller Güter auf die Unterschiede über, die man durch bestimmte Ausflugs- und Reiseziele, Design, Café- und Kinobesuche setzen kann. Das Besondere in China ist nur, dass solche organischen Entwicklungen von der Regierung bewusst aufgenommen, vorausgenommen, geplant und gesteuert werden. So verlaufen sie rascher und intensiver als wenn sie bloß dem natürlichen Lauf der Dinge überlassen blieben.

Gleichzeitig veränderte sich schrittweise das Verhältnis zur traditionellen politischen Ikonografie. Im selben Jahr, als sich die Studenten erhoben und niedergeschlagen wurden, überlebte eine Massenkarambolage in der südlichen Provinz Guandong als Einziger ein Fahrer, der einen Mao-Talisman im Auto hatte. Das war das frühe Stadium einer Renaissance der Mao-Ikone im Volk, als magisches Amulett gegen die korrupten modernen Zeiten und anderes Unheil. Das Mao-Bild tauchte wieder überall auf, bei Auto-, insbesondere Taxifahrern in der Stadt ebenso wie bei kultischen Festen auf dem Dorf. Und es zeigte sich, dass man Geld damit verdienen konnte. Allein 1990 verkauften Verlagshäuser 3,5 Millionen Exemplare des offiziellen Porträts Maos, in den nächsten drei Jahren wurden es noch elf Millionen mehr. Dieser Erfolg relativierte die früheren Bedenken immer mehr. Auch Revolutionslieder wurden bald recycelt. 1992 verkauften sich von Disco-Fassungen der alten Weisen innerhalb eines Monats nicht weniger als eine Million Exemplare.

Und zugleich fingen einige Künstler damit an, die Motivmixtur aus Revolution und Markenwelt, die immer mehr den Alltag beherrschte, ihrerseits abzubilden. Man malte in Pop-Manier die Posen der heroischen Rotgardistenplakate nach und durchsetzte sie mit nicht minder plakativen Markennamen. Bei einer ganzen Reihe von Malern erschien die Mao-Ikone in immer neuen Verkleidungen. Man konnte diese Kunst als subversiv verstehen, brauchte es aber nicht. Sie ließ sich nicht festlegen, und darauf kam es in dieser Situation an: Die Geschichts- und Positionslosigkeit war hier, von den Umständen nahegelegt, Programm. Es war eine Methode, den Tiananmen-Schock zu verarbeiten, ohne sich weiterer staatlicher Verfolgung auszusetzen. Im Mao-Pop kamen die alte ikonische Macht, die gerade entstehende Mao-Industrie und eine mit den ikonografischen Mitteln des Westens arbeitende vermeintlich subversive Kunst zusammen.

Diese Gemengelage der neunziger Jahre schuf erst die Voraussetzungen für die kulturindustrielle Wende des chinesischen Kommunismus. Es zeigte sich, dass auch die bislang beargwöhnten zeitgenössischen Künste ins Konzept passten, dass auch die Macht der alten Bilder nicht unkontrollierbar war und dass sie sich mit dem Geschäftemachen und dem internationalen Kulturmarkt verbinden ließ. Mit anderen Worten: Kunst brauchte, auch und gerade wenn sie im Westen als »kritisch« gehandelt wurde, nicht unbedingt ein Problem sein. Der Durchbruch kam

dann aber, als die Nachrichten vom kommerziellen Erfolg dieser Kunst unabweisbar wurden. 1995 organisierte das Kulturministerium eine erste empirische Erhebung über das Volumen der Kulturwirtschaft.

Yu Youhan,
Mao Voting, 2006.

2001 tauchte das Wort »Kulturindustrie« dann zum ersten Mal als zentraler Begriff in einem Fünfjahresplan auf. 2002 wurde es in Richtlinien präzisiert, die ausdrücklich zwischen öffentlichen Kulturinstitutionen und kommerziellen Kulturunternehmen unterschieden. An der Peking-Universität und der Jiaotong-Universität wurden Forschungsinstitute für die nationale Kulturindustrie ins Leben gerufen; das zentrale Beratungsgremium der Regierung, die Chinesische Akademie für Sozialwissenschaften, begann, jedes Jahr ein Blaubuch über den Stand der Kulturindustrie herauszugeben. In der südlichen Metropole Shenzhen findet seit 2005 eine jährliche Messe für Kulturindustrie statt.

2006 war dann mit dem elften Fünfjahresplan und einem einschlägigen Dokument von Zentralkomitee und Staatsrat, das allen kulturellen

Grand Theatre in Chongqing, erbaut 2005–2009, Entwurf: Architekten von Gerkan, Marg und Partner.

Einheiten zum sorgfältigen Studium übergeben wurde, ein weiterer Höhepunkt erreicht. Kernstück ist die fortgesetzte Umwandlung von staatlichen Kulturinstitutionen in kommerzielle Unternehmen, ob es sich um Filmstudios, Fernsehproduktionsstätten, Theater oder vermittelnde Organisationen handelt. Es gehe darum, erläuterte Zhang Xiaoming von der Chinesischen Akademie für Sozialwissenschaften, ein Gutteil der Kultur aus dem institutionellen System herauszulösen. Ein öffentlicher Sektor soll von diesen Reformen jedoch ausgespart bleiben, der unter anderem Bibliotheken, öffentliche Museen und den Schutz des kulturellen Erbes umfasst. Weitere Schwerpunkte sind die Förderung des »kulturellen Dienstleistungsmarkts« in den ländlichen Gebieten, die Hervorbringung starker nationaler Kulturmarken, die die westliche Hegemonie brechen und die eigene »Soft Power« zur Geltung bringen, der Ausbau des internationalen Kulturaustauschs auf hoher Ebene sowie, last not least, die Entwicklung eines »langfristigen Management-Mechanismus« über den Kulturmarkt, indem die einschlägigen Regulierungen sowie das »Monitoring- und Informationsnetzwerk« verbessert werden.

Aus den Zielen des Fünfjahresplans lässt sich schon ersehen, wie der chinesische Staat seine Kulturindustrie ins Werk setzen will. Als Erstes tritt er selber als der größte Kulturindustrielle in Erscheinung, indem er mit seinen zu Unternehmen umgeformten Kultureinheiten, von Zeitungen bis Theater, am Markt agiert. Des Weiteren schafft er, wie andere Staaten auch, Rahmenbedingungen dafür, dass man mit Kultur Geld verdienen kann. Er gibt also Anreize durch steuerliche Vergünstigungen oder organisiert und finanziert Plattformen wie Kunstmessen. Chinaspezifischer ist die Oberaufsicht, jetzt »Makro-Kontrolle« oder »Moderation« genannt, die er durch unterschiedliche Behörden und Instituti-

onen wahrnimmt. Die altbekannte Zensur fällt darunter, aber auch neue Instrumente, die nunmehr freilich in betriebswirtschaftlichen Begriffen beschrieben werden. Der Terminus technicus dafür heißt »Kultursicherheit«. »Feindlichen Kräften« gelte es zu widerstehen, mahnt Kulturminister Cai Wu: Durch ein offenes Fenster, das frische Luft hereinlässt, kämen, wenn man nicht aufpasst, sonst auch Fliegen und Mücken herein. Vor allem aber bleibt die Partei dabei, dass sie der Gesellschaft weiterhin ihre kulturellen Themen vorgeben will, nur eben jetzt mittels der Kulturindustrie.

Grand Theatre in Qingdao, erbaut 2005–2010, Entwurf: Architekten von Gerkan, Marg und Partner.

Ein herausragendes Beispiel für diese Verbindung von Staat, Markt und Kultur in China bietet der Aufstieg des *Poly-Konzerns (Baoli Jituan)*. Das Staatsunternehmen wurde 1992 als kommerzieller Arm der Volksbefreiungsarmee gegründet und konzentrierte sich zunächst auf Waffen- und Immobiliengeschäfte. Im Jahr 2000 nahm der Unternehmenszweig *Poly Culture (Baoli Wenhua Jituan)* seine Arbeit auf; 2004 wurde er vom Kulturministerium als »kulturindustrielle Modellbasis« anerkannt. »Die Poly-Gruppe«, heißt es auf der offiziellen Webseite des Konglomerats, »kreiert ein Entwicklungsmodell, das die Immobilienwirtschaft mit der Kulturindustrie verbindet, indem es die synergetischen Effekte zwischen den Ressourcen der beiden Branchen nutzt.« Kultur unter Immobiliengesichtspunkten betrachtet, bedeutet den Bau von zahlreichen Multiplex-Kinos und Schauspielhäusern im ganzen Land. Umfangreiche Theaterkomplexe entstanden unter anderem in Peking, Shanghai, Wuhan und Shenzhen, wo wegen horrender Mietzinsen nur kommerzielle Aufführungen gespielt werden.

So entsteht das, was man als die erste postadornitische Kulturindustrie bezeichnen könnte. Aber entsteht damit auch das »lückenlose System«,

 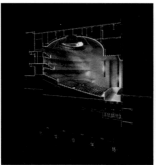 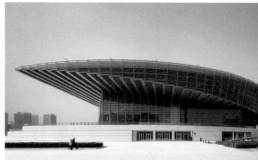

1–4: Grand Theatre in Tianjin, erbaut 2010–2012, Entwurf: Architekten von Gerkan, Marg und Partner.

5: Wuhan Qintai Grand Theatre, erbaut 2004–2007.

6: Poly-Theatre in Beijing, Eröffnung: 1991, Umbau: 2000.

von dem Horkheimer und Adorno sprachen? Die Antwort ist natürlich Nein. Auch dass in China dann noch die planende, kontrollierende und sanktionierende Macht eines Staates, der sich selbst als kulturelle Kraft versteht, hinzukommt, macht aus dem Ganzen längst noch kein unentrinnbares System. Das liegt zum einen daran, dass Partei und Staat keineswegs so zentral, widerspruchsfrei und durchorganisiert sind, wie es vielen im Westen vorkommt und sie es selber wohl gerne hätten. Und zum anderen gelten die beiden Erfahrungen, die man mit der Kulturindustrie nach Adorno im Westen machen konnte, auch hier: also nicht nur die Entdeckung, dass auch die Kritik, ja sogar die Kulturkritik in die Kulturindustrie als ein eigenes Label mit einbezogen sein kann, sondern auch die Entdeckung zum Beispiel der sogenannten Pop-Intellektuellen seit den siebziger Jahren, dass man selbst innerhalb der Kulturindustrie seine Distinktionen machen kann, dort also nicht einem omnipotenten Dämon ausgeliefert ist. Die Bewegungen und Lücken des Marktes können für den, der sie nutzen will, wie überall Möglichkeiten öffnen, die nicht in den kulturindustriellen Strategien aufgehen. Dass der Staat nicht mehr mit seiner Staatsgewalt einen bestimmten substantiellen Kulturbegriff durchsetzen will, bedeutet zweifellos einen Zuwachs an Vielfalt und Spielräumen. Allerdings können die kulturindustriellen Strukturen wie überall eine Versuchung sein, die spezifischen künstlerischen Kategorien allmählich zu vernachlässigen und aufzugeben.

Im Übrigen scheint die Grenze zwischen Kunst und übrigem Leben bei weitem nicht so scharf gezogen zu sein wie im Westen. Auch die ungebärdigsten Künstler haben in Habitus und Berufsauffassung oft irritierend wenig Berührungsängste zur ökonomischen Sphäre. Vielleicht hat das damit zu tun, dass auch die Entgegensetzung von Leib und Seele, mit-

hin von materieller und geistiger Welt traditionell nicht so ausgeprägt war. Das heißt natürlich nicht, dass es für die spezifischen Kategorien der Kunst kein ausgeprägtes Verständnis gäbe. Möglicherweise könnten sich die geringen Berührungsängste sogar noch als die beste Voraussetzung dafür herausstellen, die kulturindustrielle Unterwanderung der Künste ihrerseits zu unterlaufen: mit Kunst.

Ai Weiwei hat vor Jahren einmal an die beiden Schriftzeichen, aus denen sich das chinesische Wort für »Widerspruch«, *mao dun*, zusammensetzt, erinnert: »mao«, ein Speer, so scharf, dass kein Schild ihm standhalten kann, und »dun«, ein Schild, so fest, dass ihn kein Speer durchbohren kann. Er hat das auf den staatlichen Fernsehsender bezogen, aber man kann das auch für die Kulturindustrie als Ganze nehmen. Die chinesische Kulturindustrie ist ohne Frage ein Speer der staatlichen Propaganda, doch zugleich könnte sie sich als Schutzschild der Öffentlichkeit mit all den in ihr zurzeit wirksamen Veränderungstendenzen erweisen. Was am Ende die Oberhand behält, oder ob daraus noch etwas ganz anderes entsteht, ist offen.

*Leicht gekürzte und überarbeitete Fassung eines 2007 in
der Zeitschrift »Lettre« erschienenen Textes*

现代中

2

国戏剧史

Geschichte des modernen
chinesischen Theaters

Das 20. Theater-
jahrhundert in China

Von Michael Gissenwehrer

Neugierig in Tokyo

Wie es sich gehört, gibt Chinas Kommunistische Partei das leuchtende Beispiel ab. In ihrem Gefolge schaffen es die unzähligen staatlichen und privaten Organisationen, Firmen und Lehreinrichtungen, bis hin zu den örtlichen Veranstaltervereinen für Chrysanthemenschauen, erstaunlicherweise, fast jedes Jahr ein rundes Jubiläum zu feiern. Diese in China gängige Festpraxis funktioniert als ein Akt fortgeschrittener Selbstinszenierung, der mit historischer Kontinuitätspflege und der Vergewisserung zu tun hat, in den aktuellen Zeiten massiver Veränderungen wichtig zu bleiben.

Da im Theater auf eine entsprechende Ansammlung von Fachleuten zurückgegriffen werden kann, fallen Jahrestage und Jubeljahre hier besonders verschwenderisch gestaltet aus. Die jüngsten Zugaben für Unvergesslichkeit sind die 60-Jahre-Feiern der Gründung des Volkskunsttheaters Beijing, und im selben Jahr 2012 das Lebenswerk-Festival für den Regisseur Lin Zhaohua. Das größte Fest bislang aber wurde vom 6.–25. April 2007 anlässlich des hundertjährigen Geburtstags des *(Huaju-)*Schauspiels in China gegeben. In der Großen Halle des Volkes erhielten die Herausragenden des Theaters ihre Plaketten, Fachsymposien wechselten mit Festempfängen ab, Blumen-, Lichter- und Fahnenmeere – an manchen Abenden auch Ehrenreihen der Volksbefreiungsgarde – schmückten die großen Theater in Beijing, in denen sich 31 ausgewählte Theatertruppen in einer einzigartigen Leistungsschau präsentierten. Die bemerkenswerteste Aufführung aber fand außerhalb des offiziellen Festprogramms statt, in den abgelegenen Neun Theatern im östlichen Stadtbezirk Chaoyang. Ein Stück von Li Longyin verhandelte thematisch passgenau den Jubiläumsgrund 100 Jahre Schauspiel, es trug den Titel *Auf der Suche nach der Frühlingsweiden-Gesellschaft (Xunzhao Chunliu she)*. Zu Beginn der Vorstellung sitzen mehrere Schauspieler und Schauspielerinnen von noch unbekannten Rollen am Boden zwischen einfachen Kulissen als vergrößerte Fotografien kurioser alter Schauspielbilder. Einer von ihnen kann durch seinen Einstiegstext leicht als Truppenchef erkannt werden:

> »Zur heutigen Probe heiße ich alle sehr herzlich willkommen! Mit unserem Studententheater wollen wir versuchen, hier auf dieser Bühne eben jene Situation der chinesischen Studenten damals in Japan darzustellen, als sie *Onkel Toms Hütte* aufführten. Ihr alle wisst natürlich von der *Frühlingsweiden-*

Lao She, *Das Kamel Xiangzi*, Inszenierung: Mei Qian, Volkskunsttheater Beijing 1957.

Gesellschaft (Chunliu she)! Sie gilt ja als die erste chinesische Schauspieltruppe, deren führende Mitglieder alle kennen – Li Shutong, Ouyang Yuqian und Ceng Xiaogu. Sie sind die Pioniere des chinesischen Schauspiels. Wir als ihre späten Schüler wollen dieses Stück aufführen, um nach den Gefühlen und Absichten der Urväter des chinesischen Schauspiels zu suchen, als sie damit begannen, Sprechtheater-Stücke zu spielen.«[1]

Li Shutong war 1906 nach Tokyo gereist, um an der Kunsthochschule europäische Malerei und Musik zu studieren, Ceng Xiaogu belegte im selben Jahr an dieser Kunsthochschule praktische Kurse in westlicher Ölmalerei. Ouyang Yuqian hatte in Tokyo schon zwei Jahre zuvor mit dem Studium der Wirtschaftswissenschaft begonnen, nebenbei besuchte er Vorlesungen über Kunst und Literatur. Alle entstammten sie sehr wohlhabenden Familien von Regierungsbeamten und Kaufleuten und zählten zur elitären Oberschicht im politisch verkommenen und wirtschaftlich erstarrten China der mandschurischen Fremdherrschaft, deren Qing-Dynastie im Jahr 1911 durch die demokratische Bewegung von Sun Yat-sen gestürzt wurde. Seit den Niederlagen von China in den sogenannten Opiumkriegen der ersten Hälfte des 19. Jahrhunderts kontrollierten westliche Kolonialmächte die Handelszentren und hatten sich in extraterritorialen Konzessionen auf Dauer eingerichtet. Das industriell und militärisch erstarkte Japan nutzte einen Vorherrschaftsstreit über Korea, um China 1895 in kriegerischen Auseinandersetzungen regelrecht zu demütigen. Nach der Unterdrückung der Hundert-Tage-Reform von 1898, deren moderate Ansätze Fortschritte in Erziehung, Wirtschaft und Verwaltung ermöglicht hätten, gaben die Erneuerer auf. In der Erkenntnis, dass nur mit ganz neuen Ideen und konkreten Unternehmungen die Wende zu bewerkstelligen sei, zogen Tausende zum Studium und Praktikum ins Ausland, die meisten in das nun vorbildliche Japan.

Li Shutong, Ceng Xiaogu und Ouyang Yuqian waren überwältigt von den Angeboten des modernen Tokyo. Am meisten schien sie das Theater beeindruckt zu haben. Im Rahmen des japanischen Modernisierungs-Pflichtprogramms, das Mitte des 19. Jahrhunderts von Westmächten erzwungen worden war, beschlossen die Reformer, gegenüber dem altmodischen hoch stilisierten *Nô*- und *Kabuki*-Theater das angesagte Theater aus Europa und Amerika zu propagieren – als direkte Imitation, und mehr noch, in der japanischen Umformung, dem *Shinpa*. Realismus und

---

1   Li Longyin: *Auf der Suche nach der Frühlingsweiden-Gesellschaft (Xunzhao Chunliu she)*, übersetzt von Anna Stecher, Manuskript.

melodramatisch angerichtete abendländische Themen sowie der gesprochene Theatertext, im Unterschied zum traditionellen Musiktheater-Stil, prägten diese Neue Schule.

Offensichtlich gefiel *Shinpa* den drei chinesischen Auslandsstudenten, und auch noch ein paar anderen aus dem technischen und medizinischen Bereich, denn sie gründeten 1906 die Theatertruppe »Frühlingsweiden-Gesellschaft«. Im Februar des folgenden Jahres führten sie einen Akt von Alexandre Dumas' *La Dame aux Camélias* auf. Im Juni 1907 folgte eine abendfüllende Dramatisierung von Harriet Beecher Stowes *Uncle Tom's Cabin*, mit einem chinesischen Titel in der Übersetzung *Der Schrei des schwarzen Sklaven zum Himmel (Heinu yutian lu)*. Die studentischen Amateure hatten sich mit Hilfe befreundeter *Shinpa*-Schauspieler redlich und schließlich auch erfolgreich bemüht, in einer Mischung von Elementen des traditionellen chinesischen Theaters – in diesem Zusammenhang wurden auch alle Frauenrollen von den Studenten gespielt – und des japanischen Westtheaters *Shinpa*, eine ästhetisch vielleicht seltsame, aber politisch umso deutlicher ausgerichtete Aufführung anzubieten. Die Unterdrückung afroamerikanischer Sklaven sollte mit der Gewaltherrschaft der Fremdherren Mandschu gegenüber den Chinesen gleich, und Widerstand bewirkend, gesehen werden.

Der heimische Markt

Die Auslandsstudenten kehrten nach ein paar Jahren nach China zurück. Manche von ihnen sahen sich dann wohl mit dem Problem konfrontiert, dem Familienvorstand den Wechsel ins dramatische Fach erklären zu müssen, bevor sie sich mit missionarischem Eifer ans Werk machten, mit Theater die Gesellschaft zu verändern. Die Schauspielenthusiasten hatten wenig Erfolg, kaum jemand mochte sich in China für das neue Theater interessieren. Die darstellenden Künste als politischen Denkanstoß zu sehen war damals nicht üblich, man begnügte sich mit ein paar Freiräumen, in denen von komischen Figuren politisch nicht ganz Korrektes gewagt werden konnte. Ein anderer und sehr wesentlicher Ablehnungsgrund betraf die Zuschauererwartung, denn es war ungewohnt, dass auf der Bühne nur gesprochen wurde und sich die Schauspieler wie im gewöhnlichen Leben benahmen. *Was* diese Leute des Propaganda-Schauspiels auf der Bühne inhaltlich diskutierten, war für die meisten Chinesen ohnehin kein Grund, ins Theater zu gehen, bezahlt – und meist nicht zu wenig – wurde nur für das besondere *Wie* einer traditionellen Aufführung, deren Stückinhalte bekannten Mythen und Heldengeschichten entstammten.

Im Einstandsjahr des chinesischen Schauspiels, 1907 in Tokyo, stand im Heimatland das *Jingju*-Hauptstadttheater, aus Beijing – auch als Peking(er) Oper bekannt –, am Höhepunkt seiner ästhetischen Ausgestaltung. Bis dahin hatten in diesem Typentheater die *Sheng*-Männerrollen und die Rollen der *Jing*-Großen mit bemaltem Gesicht als Bühnenhelden im Mittelpunkt der Zuschauergunst gestanden, die *Chou*-Clowns vervollständigten mit ihrem komischen Kontrastspiel das streng kodierte *Jingju*-Großspektakel auf höchstem darstellerischen Niveau, das aus Gesang, Rezitation, Tanz, Akrobatik und Schaukampf bestand.

Neben dem *Jingju* als der attraktivsten und prestigeträchtigsten Form bildeten Anfang des 20. Jahrhunderts weit über 300 lokale Theaterformen die riesige Theaterszene Chinas. Am Kaiserhof und in den Adelspalästen wurde gespielt, in Teehaustheatern, in Privathäusern, Bordellen und einfachen Schuppen in den Unterhaltungsvierteln; anlässlich kalendarischer, dynastischer oder familiärer Anlässe, bei Tempelfesten, bei Zusammenkünften von Berufsgilden, Landsmannschaften und Händlern, als Verkaufsshow für medizinische Wundermittel, als Exorzismus bei Grundsteinlegungen oder Begräbnissen – und als Glücksstunde der Zusammenkunft der besten Schauspieler mit dem unerbittlich kritischen Kennerpublikum von Beijing, das selbst seine Lieblinge bei geringem Versagen in die Provinz schickte. Unter brutalsten Bedingungen wurden Knaben zu Bühnenstars gezüchtet, und wenn das Kalkül aufging, konnten von Investoren Unsummen verdient werden, die weniger glücklichen Schauspielschüler verdingten sich als Kleinkriminelle und Prostituierte in denselben Stadtvierteln außerhalb der Mauern um die Innenstadt, in denen die Theater betrieben wurden. Ganz gleich, ob man das hochgezüchtete Hauptstadttheater oder eine der entfernten regionalen Varianten betrachtet, jede dieser Theaterformen hatte mehr zu bieten als die Perfektion im Rahmen einer bestimmten Sparte – etwa von Gesang, Tanz, Bühnensprache, Pantomime. Das chinesische theatrale Gesamtkunstwerk hatte sich aus der geschichtlichen Entwicklung ergeben, in deren Verlauf sich keine Spezialisierung ergab, sondern ganz im Gegenteil, zunehmend sehr unterschiedliche Darstellungselemente kombiniert zum Einsatz kamen.

Die nachweislich frühesten Darbietungen vor Publikum sind 2500 Jahre alt, Hofnarren kostümierten sich als Zeitgenossen und begründeten mit ihren Farcen um Lebensweisheiten für ihre drögen Herrschaften die komische Tradition des chinesischen Theaters.

Bereits vor 2000 Jahren, in der Han-Dynastie, wurden vor den Stadtmauern regelmäßig mit tausenden von mitwirkenden Tänzern, Akrobaten, Tierbändigern und Schaukämpfern die sogenannten Hunderterlei-Aufführungen veranstaltet.

Nur militärisch gefestigte und wirtschaftlich aufstrebende Dynastien konnten den organisatorischen Aufwand und die immensen Ausgaben von Hunderterlei-Aufführungen leisten. So wurde mit dem Ende der Han-Dynastie, 220 u. Z., diese Praxis eingestellt, und erst in den nächsten mächtigen Dynastien, der Sui (581–618) und der bedeutenden Tang (618–907), mit noch prächtigeren Schauen wieder aufgenommen. Der Tang-Kaiser Ming Huang gründete im Birnengarten seiner Palastanlage die erste Ausbildungsstätte für Musik, Tanz und theatrale Künste. Noch heute werden Theaterleute als Schüler des Birnengartens bezeichnet. In diese Zeit fällt auch die erste Blütezeit des Puppentheaters, deren Figuren ursprünglich als Exorzisten und als Votivspieler für hilfreiche Götter anzutreffen waren.

Das unterhaltsame Puppenspiel war aber nur eine der zahlreichen Attraktionen in den Unterhaltungsvierteln großer Städte der Song-Dynastie (960–1279). Dort konnte in Zelten oder auf umzäunten Plätzen alles gefunden werden, was sich als Unterhaltung verkaufen ließ: Schauboxen, Geschichten erzählen, Zielschießen auf verdeckte Objekte, Jongliernummern, buddhistische Sutren erklären, Fußball, Stockkampf, harte Gegenstände vorzugsweise mit dem Kopf zerschlagen, Witze erzählen, Rätsel raten, Kunststücke mit Tieren, Zurschaustellung von Landmenschen, Zauberei, Komikerdialoge, sich als Geister kostümieren, erotische Gesänge, wilde Tänze zu ausländischer Musik, als Student verkleiden, Malkurse und Unterweisung im Verfassen von Gedichten, Zeichen schreiben im Sand, Feuerschlucken, Seilakrobatik, Schlangen einfangen, medizinische Namen um die Wette sprechen – und vieles mehr. Bestanden die Nördlichen Gemischten Spiele noch aus Farcen, Improvisationen, Liedern und Tänzen, so zeichnete sich im sogenannten Südtheater des 13. Jahrhunderts eine entscheidende Tendenz ab in Richtung anspruchsvolles Literaturtheater.

Während der mongolischen Fremdherrschaft über China, in der Yuan-Dynastie von 1279–1368, führte die damit verbundene Arbeitslosigkeit der Staatsbeamten dazu, dass diese literarisch und musikalisch versierten Eliten und ihre gebildeten Nachkommen aus Finanznöten

Bertolt Brecht,
*Der kaukasische
Kreidekreis*,
Inszenierung: Chen
Yong, Chinesisches
Jugendkunsttheater,
Beijing 1985.

oder Langeweile Dramen verfassten und Musikweisen komponierten, die das Beste aus dem Theaterreich der Mitte ausmachen. In einer konzentrierten Handlung um wenige präzise charakterisierte Figuren entfaltet sich eine melancholisch gestimmte Gefühlswelt um die großen Themen von Liebe, Treue, Verlust und Trauer in einer Umgebung verfallender Werte. Die 152 Dramatiker der *Yuan Gemischten Spiele* – darunter die vier herausragenden Theaterschreiber Guan Hanqing, Ma Zhiyuan, Bai Pu und Zheng Guangzu – boten mit ihren 560 Stücken eine Gutgegenwelt, deren mächtiger dramatischer Inhalt sich damals in China weit verbreitete und in den folgenden Jahrhunderten – bis in die Gegenwart – immer neue Bearbeitungen bewirkte, und mit Dramen wie *Das Waisenkind der Familie Zhao (Zhaoshi gu'er)* oder *Der Kreidekreis (Gaojiasuo huilanji)* Welttheater mitgeschrieben hat.

In den Jahrhunderten der Ming- (1368–1644) und der Mandschu-Qing- (1644–1911) Dynastie finden sich bekannte Dramatiker – unter anderem Tang Xianzu, der Schöpfer des *Päonienpavillons (Mudanting)* –, ferner werden durch Romandramatisierungen neue Stoffe für das Theater erschlossen, Figurentypen ergänzt und Darstellungsformen bereichert. Aber die große Bedeutung dieser Zeit liegt in den endlosen Zügen von Schauspieltruppen, die auf den Reisen und während der Spielaufenthalte vieles wechselseitig übernahmen. Ihre Repertoires und Spielformen vermischten sich und bedingten Neues. Schließlich waren es Anfang des 20. Jahrhunderts über 300 regionale Theaterformen und das *Jingju*-Hauptstadttheater.

Anschubprobleme und der Durchbruch

Den Tokyo-Heimkehrern, namenlosen Amateuren, die mit ihrem Importtheater mit Weltveränderungsthemen der Umgangssprache und einem psychologischen Realismus verpflichtet waren, muss klar gewesen sein, dass sie damit die Theatermasse nie erreichen konnten. Sie spielten für Gleichgesinnte, bewirkten einen überschaubaren Multiplikationseffekt von Theatertruppen, und konnten durchaus von sich behaupten, für die republikanische Revolution von 1911 gegen die Mandschu-Dynastie ihren propagandistischen Beitrag geleistet zu haben. Nachdem der geglückte Umsturz statt in Demokratie in einer Gewaltherrschaft lokaler Militärmachthaber geendet hatte, machte sich Hoffnungslosigkeit und Verdruss mit der aktuellen Politik breit. Das neue Theater der Idealisten und Revolutionäre, für das sie eben noch die Benennung *Zivilisiertes Theater (wenming xi)* einführten, war obsolet geworden. Wenige Schauspieltruppen hielten sich, mit einer anspruchslosen Gemengelage von Graus, Kitsch und Zoten – während das traditionelle Theater weiterhin vollkommen den Markt beherrschte.

Im Jahr 1919 sprachen die Unterhändler von Versailles die Kolonien der deutschen Kriegsverlierer in China dem Japanischen Reich zu. Spontane patriotische Protestaktionen lösten eine mächtige Welle von Wut und Entschlossenheit zur Veränderung aus. Die 4.-Mai-Bewegung machte gegen die Rückständigkeit der konfuzianisch und feudal bestimmten Gesellschaft mobil. Für die radikalen Erneuerungen konnte sich jetzt das Schauspiel propagandistisch nützlich machen. Was in Kampagnen, unter anderem in der einflussreichen Zeitschrift *Neue Jugend (xinqingnian)*, theoretisch gefordert wurde, nämlich das idealistisch geschönte traditionelle Musiktheater mit seiner rückständigen Ideologie durch umgangssprachliches, politisch realistisches Gegenwartsschauspiel zu ersetzen, war ja schon seit 1907 versucht worden. Aber jetzt fand sich ein größeres und bedeutsamer werdendes Publikum von Wutbürgern, welche die

Themen vor allem der Ibsen-, Tschechow- und Shaw-Dramen als Handlungsmaximen für ihren Kampf gegen die überkommenen Familienstrukturen und für die Gleichberechtigung der Frau verstanden. Das Theater wurde mit einem Spiegel oder einem Röntgenstrahl für die kranke Gesellschaft verglichen. Aufgrund des letztlich reformresistenten gesellschaftlichen Systems, und demoralisiert durch die vielen blutigen Zwischenfälle, verlor die 4.-Mai-Bewegung an Kraft. Zahlreiche der früheren Aktivisten radikalisierten sich und fanden im Umkreis der 1921 gegründeten Kommunistischen Partei (KP) Zuflucht. Ideologisch entsprechend umgeschult, kritisierten sie jetzt ihre früheren psychologisch-realistischen Dramen als egoistisch, depressiv, kleinbürgerlich. Sie organisierten sich in der Liga linker Theaterleute und machten aggressive Propaganda für die Partei. Die Inhaftierung und Ermordung von Theaterleuten durch die Nationalchinesische Volkspartei (GMD) unter Chiang Kai-shek, selbst die Massaker des Jahres 1927 in den Städten, nachdem die GMD zur allmächtigen Staatsmacht im geeinten China geworden war, konnten das politische Schauspiel und seine Überzeugungskraft nicht mehr nachhaltig stören. Die Dramatiker reagierten sofort auf aktuelle Entwicklungen und KP-Proklamationen, inszenierten Stücke für große Treffen und waren flexibel genug, zwei, drei Schauspieler mit einer improvisiert aufgearbeiteten Neuigkeit zu versprengten Genossen in die chinesischen Sowjetrepubliken zu schicken. Die GMD zog in der dramatischen Propagandaschlacht bald nach, Armeeschauspieltruppen wurden gegründet und mit Hilfe von Theatervereinen wurde versucht, die städtische Intelligenz für die rechtskonservative Parteipolitik einzubinden.

Im politischen Propagandageschäft war das Schauspiel somit als sehr effektiv und kostengünstig anerkannt worden. Seiner Ästhetik eines idealisierten oder romantisierten Realismus wurde aber aus einer ganz anderen Ecke Vorschub geleistet. Film war als teures Vergnügen schon vorher in China zu sehen gewesen, ab den 1920er Jahren sorgte ein aufstrebendes Studiosystem in Shanghai für eine rasche Popularisierung dieses neuen Unterhaltungsangebots. Auch hier wurde anfangs das traditionelle Musiktheater abgefilmt, aber bald schien man mit Geschichten jenseits des Theaters auch einen lebensnahen Darstellungsstil als erfolgversprechender entdeckt zu haben. Mit Schauspiel und Film hatte sich der Realismus durchgesetzt – und begann eine wachsende Herausforderung für das abstrakte Traditionstheater zu werden, dessen Handlungen und Darstellungsweisen in den fortschrittlichen 1930er Jahren anachronistisch erschienen.

Seit der Jahrhundertwende wurde auch viel fremde Dramatik ins Chinesische übersetzt, die 4.-Mai-Bewegung führte im Zusammenhang mit ihrer intensiven Hinwendung zu alternativen westlichen Kulturen zu einem neuen Höhepunkt. Die Schauspieler brachten in den ersten Jahren fast nur Übersetzungen auf die Bühne, korrekter wäre es wohl, von Adaptionen zu sprechen, denn jede Handlung wurde dem chinesischem Ambiente angepasst und auf die entsprechende Zuschauererwartung hin bearbeitet.

Mit Uraufführungen in den Großstädten Südchinas – Beijing war 1927, nach der Ernennung von Nanjing als Hauptstadt, in großdörflichen Tiefschlaf verfallen – trugen Tian Han, Xia Yan, Hong Shen und Ding Xilin mit ihren Zugdramen sehr viel zur Verbreitung und Popularisierung des Schauspiels bei. Der Interessanteste in dieser Gruppe erfolgreicher Dramatiker ist Cao Yu (1910–1996). Er entstammte einer bedeutenden Beamtenfamilie der Qing-Dynastie, die auch in der Republikzeit nach 1911 weiter wirkte. Sein Studium westlicher Sprachen und Dramatik legte die Grundlage für die eigene dramatische Betätigung. Im Melodrama *Gewitter* (*Leiyu*, 1933), über eine Grubenbesitzerfamilie im Niedergang, kann eine holprige Dramaturgie, die sich mit jedem Auftritt erwartungsgemäß in Richtung Katastrophe entwickelt, die Vorgaben von der griechischen Antike bis Ibsen und O'Neill nicht leugnen. Wesentlich stilsicherer ist das zweite seiner drei Erfolgsdramen geglückt, *Sonnenaufgang* (*Richu*, 1935) beschreibt das Ende einer verkommenen Gesellschaft um eine Prostituierte in einem Shanghaier Hotel, ihr Tod und die Revolution stehen im Zeichen von Veränderung. In *Wildnis* (*Yuanye*, 1937), einem Drama um Rache und Verantwortung, überschreitet Cao Yu mit der brutalen Handlung und dem expressionistischen Stil die Akzeptanzgrenzen des Schauspiels, zeigt somit auf, wie konsequent inzwischen das ursprüngliche Westtheater in China angekommen war, und auf welch vielversprechendem Weg es sich im Schicksalsjahr 1937 befand. Das Kaiserreich Japan zwang China bis 1945 in einen Vernichtungskrieg apokalyptischen Ausmaßes. Ein geregelter Theaterbetrieb war unmöglich geworden. Der GMD nahestehende Dramatiker schrieben im entfernten Rückzugsgebiet in Chongqing, Provinz Sichuan, Durchhaltestücke. Ihre kommunistischen Kollegen hatten sich im Stützpunktgebiet Yan'an, im Lößhochland der Provinz Shaanxi, versammelt. Yan'an war das Ende des legendären Langen Marsches durch elf Provinzen, nachdem 1934 GMD-Truppen die Sowjetgebiete in Jiangxi attackiert und zwei Jahre lang die Truppen von Mao Zedong vor sich hergejagt hatten. Yan'an war der Ver-

heißungsort für viele Umsturzwillige, die aus den Städten in den kargen Westen zogen. Aber ihre Ideen entsprachen nicht immer der herrschenden KP-Ideologie. So sah sich Mao Zedong veranlasst, im Mai 1942 die erste parteiinterne Ausrichtbewegung zu initiieren. Seine Rede, die *Aussprache auf dem Yan'an-Forum über Literatur und Kunst*, wurde zur Doktrin für alle Künste. Kunst um der Kunst willen und subjektive Befindlichkeiten sind nicht mehr statthaft, die Künste müssen vielmehr ausschließlich für die Belange der revolutionären proletarischen Klasse eingesetzt werden, um Einheit, Bildung und Mitwirkung bei der Zerstörung des Feindes zu gewährleisten. Denn es gilt, die bislang vorherrschenden gesellschaftlichen, politischen und religiösen Systeme Chinas abzulösen und eine neue sozialistische Ordnung zu etablieren. Somit wurde das Schauspiel von seiner vormals oft beliebigen gesellschaftlichen Position nun als unbedingte propagandistische Kraft nahe ans Machtzentrum bewegt, und damit direkt in die Kampfzone innerparteilicher Auseinandersetzungen. Yan'an war der Probelauf für die künftige Theaterpolitik der Volksrepublik, die im Oktober 1949 – nach der Verdrängung von Chiang Kai-shek und der GMD auf die Insel Taiwan – ausgerufen wurde. Die neuen Machthaber schufen Ministerien, Theaterakademien und Verbände, sie zählten über 100.000 Theatertruppen aller Theaterformen landesweit, von denen nach einer gründlichen Reorganisation 3300 übrig blieben, darunter 100 Schauspieltruppen.

VR-Gründerjahre, Kulturrevolution

Die Theaterleute aus dem Bereich des Schauspiels erwiesen sich als vergleichsweise politisch vorgebildet und leicht zu führen, die Masse der im traditionellen Theater Beschäftigten erforderte hingegen weit mehr ideologische Aufmerksamkeit seitens der kommunistischen Kader. Die Schauspieler wurden mit ihrer sogenannten problematischen Vergangenheit konfrontiert, hatten sie sich doch der feudalen Oberschicht und der faschistischen GMD angedient, Repertoires ganz im Sinne der verdammten Alten Gesellschaft gepflegt, ferner waren nicht wenige von Rauschmitteln abhängig und durch Prostitution und eine sexuelle Orientierung aufgefallen, die in der Neuen Gesellschaft nicht toleriert wurde. Langjährige Umerziehung in Lagern schien ihr Los, während das traditionelle Theater unweigerlich zum Untergang verdammt schien. Dann aber machte sich der bemerkenswerte Pragmatismus der kommunistischen 1950er Jahre breit, der nicht nur den Bereich des Theaters, sondern auch die Wirtschaft, den Handel und die Bildung auszeichnete. Nur die sehr auffälligen Stücke mit brutalen, abergläubischen oder obszönen Inhalten wurden aus dem Repertoire entfernt; Frauenrollen blieben Frauen vorbehalten; und das Theater musste kräftige Lippenbekenntnisse für den Aufbau des Sozialismus abgeben. Doch die Theatertradition wurde von der Partei nicht nur nicht radikal umgekrempelt, sondern tatkräftig im alten Stil gefördert. Selbst privat geführte Truppen wurden wieder zugelassen, einige Schauspieler erlangten Kultstatus, mit entsprechend hohem Einkommen.

Die als modern und revolutionär geltenden Schauspieltruppen brauchten sich kaum mit ihrer ohnehin überschaubaren Tradition seit 1907 kritisch auseinanderzusetzen. Ein paar Klassiker der 1930er Jahre im Repertoire gingen auch durch, aber das Gros der Produktionen bestand aus Yan'an-kompatiblen Stücken in propagandistischer Begleitung anstehender Kampagnen: Gedankliche Schulung von Intellektuellen, Agrarreform, der Kampf gegen Konterrevolutionäre und der Kampf gegen die Drei Übel Korruption, Verschwendung, Bürokratie und gegen die Fünf Übel Bestechung, Steuerhinterziehung, Diebstahl von Staatseigentum, Bruch von Verträgen mit dem Staat und Weitergabe geheimer Wirtschaftsdaten für private Spekulationen, Widersteht Amerika, unterstützt Korea! Die Konfliktstruktur mit entsprechender Figurenkonstellation war immer dieselbe, im Verlaufe der Handlung tauchten ein paar Probleme auf, die von heldenhaften Arbeitern, Bauern und Soldaten unter der heilsamen Leitung der Partei gelöst wurden. 1956 hielt der Große Vorsitzende Mao Zedong sein Neues China schon für genügend gefestigt, um eine kleine Evaluierungskampagne versuchen zu können – Lasst hundert Blumen blühen, lasst hundert Schulen miteinander wetteifern! Es wurden Diskussionen organisiert und Eingaben ermöglicht, die dann doch in ihrer kritischen Dimension überraschten. Auch im Schauspiel muckten einige auf, Yang Lüfang etwa schrieb das Drama *Der Kuckuck ruft wieder (Buguniao you jiao le)*, das vom Versuch einer jungen Bäuerin nach Selbstbestimmung handelt, gegen die Gleichgültigkeit und Nachlässigkeit des örtlichen Parteivertreters. Li Hong veröffentlichte in der *Nanjing Zeitung* einen vielbeachteten Artikel über dieses Drama, er kritisierte den Formalismus und die abstrakte Generalisierung im zeitgenössischen chinesischen Schauspiel der drei Formen von Arbeiter-, Bauern- und Soldatenstücken und unterstrich die Bedeutung der Neuen Welle, wie sie sich mit dem gegen die gängigen Schemen verfassten *Kuckuck* und ähnlichen Dramen abzeichnete, für die er den Begriff *Die Vierte Form* schuf.

Der außer Kontrolle geratenen Hundert-Blumen-Bewegung wurde mit äußerster Härte begegnet, die vorlauten Kritiker fanden sich als privilegierte Negativbeispiele von Konterrevolutionären und giftigem Unkraut in der Kampagne gegen Rechtsabweichler wieder. Der an sich harmlose Ausbruch des Schauspiels aus den engen Vorgaben für ein Propagandatheater war rasch beendet. Wenige neue Stücke mit aktuellen Themen entstanden, stattdessen flüchteten sich die Dramatiker in die auf den ersten Blick unverfänglichen Historienstücke.

Der Große Sprung nach vorn, eine katastrophal überzogene Industrialisierungskampagne und die Kollektivierung der Landwirtschaft, mit ehrgeizigen und letztlich falschen Produktionszahlen, führten zur katastrophalen Hungersnot der späten 1950er Jahre. Mao Zedong wurde als Verantwortlicher für den radikalen politischen Kurs von der Spitze verdrängt, seine innerparteilichen Gegner – die Reformer – gewannen die Oberhand und bescherten China eine Phase von Liberalisierung und wirtschaftlichem Aufschwung. Auf der legendären *Guangzhou-Konferenz*, im Juni 1961, ermutigte der populäre Ministerpräsident Zhou Enlai die Kunstschaffenden, sich nicht mehr als Slogan-Produzenten zu verstehen, stattdessen mehr Freiheit zu wagen. Das Volk müsse vielmehr selbst entscheiden, ob ein Kunstwerk wertvoll oder vernachlässigbar sei.

Während die propagierte Nichteinmischung der Politik in die Künste verheißungsvoll die Szene belebte, bereitete Mao Zedong sein Comeback vor. Seine Losung ab Herbst 1962 klang bedrohlich: »Ihr dürft unter keinen Umständen den Klassenkampf vergessen!« Die Auseinandersetz-

zung mit den erfolgreichen Reformern unter der Führung des Staatsprä-
sidenten Liu Shaoqi nahm an Härte zu, im Hintergrunde wurden hun-
derttausende Jugendliche als Rote Garden für die kommenden extremen
politischen Auseinandersetzungen organisiert. Während Mao Zedong
wiederholt gegen das Theater als einen ernsten Problemfall der Reaktion
wetterte, bereitete seine Gattin Jiang Qing, eine Theater- und Filmschau-
spielerin, die totale Vereinnahmung der darstellenden Künste vor, ein
besonderes Anliegen war ihr das *Jingju* mit zeitgemäßen Themen. Ihre
legendäre programmatische Aussage vom Juli 1964 sollte bald katastro-
phale Wirklichkeit werden: »In diesem Land leben mehr als 600 Millionen Arbeiter, Bauern und Soldaten – neben einer Handvoll Landbesit-
zer, reicher Bauern, Konterrevolutionäre, schädlicher Elemente, Rechter
und Bürgerlicher. Soll es ein Theater für diese Minderheit geben oder für
die 600 Millionen?«[2] Jiang Qings Kulturpolitik bewirkte nicht nur einen
drastischen Rückgang von Aufführungen des traditionellen Musiktheaters, sondern führte auch zu einer Verunsicherung in Kreisen des Schauspiels. Für die extreme Linke war dieses Theater – trotz seiner mühevol-
len Propagandaarbeit – politisches Versagen.

Die Reformer gaben nicht auf, im Jahr 1965 landeten sie ausgerechnet
mit einem traditionellen *Jingju* einen Propagandacoup. Beijings Vize-
bürgermeister, Wu Han, hatte die historische Spielvorlage *Hai Rui wird
seines Amtes enthoben (Hai Rui baguan)* verfasst, nur auf den ersten Blick
war hier eine jahrhundertealte Begebenheit zu sehen, in der ein edler Beamter seinem Kaiser einmal so richtig die Meinung sagt, und daraufhin
nicht mehr Beamter ist. Die hintergründige Bedeutung verstand sich von
selbst, Verteidigungsminister Peng Dehuai hatte Mao Zedong auf der
Lushan-Konferenz, im Sommer 1959, wegen seiner desaströsen Politik
im Zusammenhang mit dem Großen Sprung vorwärts schwer kritisiert,
und wurde seiner Ämter enthoben. Für Jiang Qing stand fest, dass der
Provokation durch Theater mit einem finalen Schlag gegen das Theater
zu begegnen sei. In ihrem Auftrag verfasste Yao Wenyuan am 10. No-
vember 1965 in der *Shanghaier Literaturzeitung* eine heftige Kritik der
reaktionären Bühne. Es war der Startschuss für die Große Proletarische
Kulturrevolution, mit dem Ziel der Eliminierung jeglicher politischer
Gegnerschaft und der endgültigen Vernichtung der Alten Kultur. Die
Frau fürs Grobe war mitverantwortlich, dass Theaterleute umgebracht

---

2   Jiang, Qing (1968): *On the Revolution of Peking Opera*, Beijing: Foreign Languages
     Press.

1: Der Dramatiker Lao She (1899–1966).

2–5: Lao She, *Das Teehaus*, Inszenierung: Jiao Juyin, Xia Chun, Volkskunsttheater Beijing 1958.

und in endlosen sogenannten Kampfsitzungen – aggressiven Kritik- und Beschimpfungsorgien – in den Wahnsinn oder Selbstmord getrieben wurden. Andere vegetierten zehn Jahre lang als Latrinenreiniger, auf Staatsfarmen oder als Schweinehirten dahin.

In tragischer Weise exemplarisch für die 1950er und 1960er Jahre sind Leben und Werk des herausragenden Dramatikers Lao She (1899–1966). Sein Vater starb 1900 im Krieg gegen die europäischen Interventionstruppen. Nach Armut und einem vom Onkel finanzierten Schulbesuch wurde Lao She Lehrer, Direktor und Schulinspektor. Er schrieb Kurzgeschichten, wirkte von 1924–1929 als Lektor an der School for Oriental and Africanistic Studies, University of London. Die anschließende Professorenkarriere an der Jinan Universität, Provinz Shandong, kam durch den Krieg Japans 1937 zu einem abrupten Ende. Von 1946 an lehrte Lao She drei Jahre in Amerika. Nach der Gründung der Volksrepublik kehrte er aufbauwillig nach China zurück. Er studierte Mao Zedongs *Aussprache auf dem Yan'an-Forum über Literatur und Kunst* und tat anschließend in den Medien kund: »Wenn ich mir die Kunsttheorien bis jetzt anschaue, ist keine einzige darunter, die mir klar sagt, für wen Literatur zu schaffen ist, und vor allem, auf welche Weise sie welchen Nutzen haben kann.« Er habe »durch die *Aussprache* für sich den neuen Auftrag für die Literatur gefunden«; der theatrale Propagandameister war geboren: »Ursprünglich war ich parteilos. Aber heute bin ich Mitglied einer Partei. Welcher Partei? Der Partei, die Loblieder anstimmt!« Seine von 1950 bis 1961 verfassten über zwanzig Dramen waren tatsächlich Loblieder auf die Partei, die den bekannten Lao She und seine Dramen für massive Propagandaarbeit in China und im Ausland einsetzte. Es ist interessant, den Unterschied

zwischen den beiden Dramatikern Cao Yu und Lao She zu beachten. Cao Yu verfasste seine wichtigen Dramen vor dem Machtwechsel 1949 und betätigte sich danach ausschließlich als Kulturbürokrat und Intendant des Volkskunsttheaters Beijing, Chinas führender Bühne für das psychologisch-realistische Schauspiel, dem in den 1950er Jahren durch sowjetische Stanislawski-Experten kräftige künstlerische Impulse zuteilwurden. Lao She schrieb nach der sogenannten Befreiung einige Dramen, deren Propaganda-dramaturgische Vorhersehbarkeit absolut lähmend wirkt. In *Der Drachenbartkanal (Longxugou)* ist die Situation in einem Beijinger Slum hoffnungslos, dann packen die Kommunisten an und im zweiten Teil herrschen glückliche Zustände. Aber für jene anderen, sprachlich anspruchsvollen Stücke, in denen die sorgfältige Charakterisierung und Beziehung von Figuren eine besonders lohnende Auseinandersetzung mit chinesischer Geschichte und Mentalität ergibt, steht das sicherlich bekannteste chinesische Schauspiel *Das Teehaus (Chaguan)*. Dutzende von Figuren als ein Mikrokosmos der chinesischen Gesellschaft präsentieren die extremen Probleme der Schlüsselzeiten 1898, 1917 und 1945. In den 1960er Jahren wurde Lao She zum Opfer der radikalen Kulturpolitik. Auch diesem irgendwie naiv wirkenden, und andererseits sehr fähigen Propagandaschreiber begann man seine problematische Vergangenheit vorzuwerfen: Aufenthalte in England und Amerika, Zurückhaltung in der Verherrlichung der Partei, wenn etwa *Das Teehaus* 1945 und somit vor dem Sieg der Revolution endet. Außerdem hatte Lao She mit dem Stück *Blick westwärts nach Chang'an (Xi wang Chang'an)* eine beißende Satire auf die neuen Bürokraten in der kommunistischen Partei verfasst, die viele verärgerte, da er ihrer Meinung nach die Autorität der Partei und

der Kader zersetzte. Bald nach Ausbruch der Kulturrevolution wurde Lao She in mehreren Kampfsitzungen gedemütigt, am 24. August 1966 im Taiping-See in der Beijinger Weststadt ertrunken aufgefunden. Leben und Werk von Lao She sind ein Mahnmal, wie Theater missbraucht und in den politischen Auseinandersetzungen aufgerieben wurde.

Mit ein paar hundert handverlesenen Spitzenleuten aus der Theaterszene, die auf eine unproblematische Vergangenheit und auf ein Rotes Herz verweisen konnten, produzierte Jiang Qing ihr Revolutionstheater. Sie hielt nicht viel vom Schauspiel, sondern griff auf besonders ausdrucksstarke Figuren, Gesänge, Kämpfe und selbst ganze Handlungsverläufe des *Jingju* zurück und ließ sie mit westlicher symphonischer Musik, Pathos, Pantomime, Tanz und Bühneneffekten kombinieren. Die Figuren trugen Uniformen, Alltagskleidung und Waffen der 1930 bis 40er Jahre, in denen die Handlungen spielten. Sie waren populären Romanen und Filmen entnommen worden, die dem immer gleichen Prinzip der Unterdrückung einer chinesischen Gemeinschaft durch Japaner, GMD-Faschisten und den Häschern von Großgrundbesitzern sowie einem heldenhaften und opferreichen Aufstand mit schlussendlichem Sieg der Kommunisten folgten. Die fünf Revolutionären modernen *Jingju*-Werke und die zwei Revolutionären modernen Ballettstücke waren aggressive Propaganda, ihre theatrale Konfliktlösung eine Gebrauchsanweisung in der unerbittlichen Auseinandersetzung mit den realen Gegnern der Kulturrevolutionäre. Jahrelang waren in China nur eine Handvoll Bühnenwerke in den Theatern oder als Verfilmungen zu sehen. Ihre Bilder waren allgegenwärtig, die Gesänge bestimmten jeden Radiosender; Fabrikarbeiter, Reisbauern und Schulkinder konnten jede

Textzeile auswendig. 1972 folgte eine zweite Staffel von Revolutionären modernen *Jingju*-Produktionen, somit bestand das Theaterangebot bis 1976 aus knapp über zwanzig revolutionären Werken.

Wieder eine Neue Ära

Aus heutiger Sicht ist es überraschend, wie konsequent nach Mao Zedongs Tod und dem Sturz von Jiang Qings Viererbande 1976 das politische Pendel in die entgegengesetzte Richtung ausschlug. Nach zehn Jahren des politischen und wirtschaftlichen Chaos, unendlichem Leid und Tod, vermochten die Reformer genau dort in den frühen 1960er Jahren anzuschließen, wo sie von den radikalen Linken unterbrochen worden waren. Das Jahr 1978 markierte den Beginn von Deng Xiaopings Reform- und Öffnungspolitik, es folgten bekanntlich die Jahrzehnte des Aufstiegs zur wirtschaftlichen und militärischen Großmacht.

Nach Mao Zedongs verunglücktem Politexperiment bescherte der Beijinger Frühling dem traditionellen Theater eine Neuorganisation von Truppen, massenhaft Aufführungen und Festspiele, die beschwichtigen und ermutigen sollten – wir, deren Vernichtung beschlossene Sache war, haben überlebt, unser *Jingju* und alle anderen Formen werden weiter bestehen und sich noch mehr Zuspruch erfreuen.

Es sollte anders kommen. Die anfängliche Begeisterung des Publikums verebbte, die Schäden durch die Kulturrevolution waren letztlich irreparabel. An der Stelle herausragender Schauspieler klafften Lücken, beschädigte Seelen und Körper waren der propagierten Kontinuität ebenso wenig förderlich wie das alternde Publikum. Junge Chinesen waren nach dem zehnjährigen allgemeinen Theaterverbot – mit Ausnahme der unausweichlichen, letztlich nervigen Revolutionsstücke – dem traditionellen Theater entfremdet, und wollten sich in der Folge angesichts der Leichtigkeit elektronischer Unterhaltungsmedien nicht mehr mit der bleiernen Theateraltlast auseinandersetzen. Die einst brutale Schauspielerausbildung wurde den Kindern der Gegenwart angepasst, die nun mit dem Erbe von Repertoire und Bühnendarstellung hoffnungslos überfordert waren, und ohnehin eine Karriere im Actionfilm anstrebten. Ferner beendete die chinesische Politik die jahrzehntelange sozialistische Vollversorgung, im Sinne der Eisernen Reisschüssel. Auch die für Theaterleute zuständigen Arbeitseinheiten wurden aufgelöst, wenn sich jetzt eine Truppe nicht mehr über die für viele Zuschauer unerschwinglich verteuerten Eintrittskarten erhalten konnte, wurden aus Schauspielern über Nacht Straßenhändler oder familiäre Notversorgungsfälle. Die Reste der Theaterhochkultur bis Mitte der 1960er Jahre finden sich immer seltener in öffentlichen Aufführungen, sondern werden in der Werbung, den Medien und der Tourismusindustrie verramscht.

Das Schauspiel, das vor der Kulturrevolution im Vergleich zum traditionellen Musiktheater personalmäßig wesentlich schwächer besetzt und hauptsächlich in städtischen Zentren präsent war, konnte nach den Chaosjahren relativ rasch wieder instand gesetzt werden. Sein Selbstverständnis war der nostalgische Blick zurück in die 1950er Jahre, genau so wollte man wieder bedeutsam sein und für die Politik Propaganda machen. Die Vorgabe des *Vierten gesamtchinesischen Kongresses der Literatur- und Kunstschaffenden* im Herbst 1979, lautete: »Schriftsteller und Künstler des Landes, vereint Euch, bringt das literarische und künstlerische Schaffen zur Blüte, kämpft für die Heranbildung des neuen sozialistischen Menschen und die Förderung des Aufbaus der sozialistischen Modernisierung!« Das Schauspiel entsprach ihr hoch motiviert mit einer Flut von Reformstücken, um den vaterländischen Reformeifer hochzuhalten. Diese Produktionen der späten 1970er und beginnenden 1980er Jahre waren nur bedingt originell, sie liefen vielmehr nach demselben Schema F ab: Eine bestimmte Institution verschließt sich dringend notwendigen Reformen, ein Neuer leistet anfangs Überzeugungsarbeit, für die Verbesserungen müssten viele Mühen aufgewendet werden, aber die Mitarbeiter hängen an alten Privilegien und Schlendrian. Als das Reformprojekt endgültig zu scheitern droht, erhält der Held Beistand von einer übergeordneten KP-Stelle – das glückliche Ende als ein kleiner dramatischer Schritt im allgemeinen Fortschrittstaumel.

Daneben leistet das Schauspiel analog zur sogenannten *Narbenliteratur (shanghen wenxue)* immer wieder Beiträge zur Verarbeitung der Traumata der letzten Jahrzehnte. Zong Fuxian verfasste 1978 das Drama *Aus der Stille (Yu wusheng chu)*, über den ersten blutigen Tiananmen-Zwischenfall, am 5. April 1976, anlässlich der Trauerfeier für den verstorbenen Ministerpräsidenten Zhou Enlai. Die politisch brisante Frage nach der Einschätzung der Teilnehmer als Konterrevolutionäre oder Helden war auch im Machtkampf zwischen Maoisten und Reformern, die sich schließlich durchsetzten, entscheidend. *Aus der Stille* erlangte als treffendes Propagandastück Kultstatus. Die Situation des Schauspiels war tatsächlich jener der 1950er Jahre sehr ähnlich, alle schrieben sie ihr Propagandatheater, bestimmte Stücke wurden für Kampagnen verstärkt eingesetzt, und wenn es jemand zu lustig trieb, erfolgte postwendend ein brutaler Gegenschlag. Sha Yexin hatte eine Köpenickiade geschrieben, *Falls es mich wirklich gäbe (Jiaru wo shi zhende)*. Und schon hagelte es Kritik, die Hauptfigur sei kein Vorbild für die Massen in ihren Bestrebungen für die Vier Modernisierungen, von Industrie, Verteidigung, Landwirtschaft und Bildung. Es brauchte nicht zu wundern, dass das Publikum langsam genug hatte und fernblieb, wenn die thematischen Grenzen derart eng gezogen waren und das Schauspiel auch nur die Reformfloskeln auf der Bühne bis zum Überdruss wiederholte. Trotzdem machen viele Truppen, vor allem jene der Streitkräfte und großer staatlicher Organisationen, weiter – und bis heute – ihr Propagandatheater. Mit beträchtlichem technischem und personellem Aufwand werden Momente des KP-Gründungsmythos, wie die finstere Alte Gesellschaft besiegt und das Neue China geschaffen, nebenbei Tibet befreit wird, auf die Bühne gebracht. Auch vor aktuellen Problemen schreckt man nicht zurück, und doch scheinen diese Zeitstücke an tatsächlich schmerzvollen Zeiterscheinungen in einiger Distanz vorbeigeschrieben zu sein.

Von anderen Stückeschreibern und Truppen wurde in liberalen Zeiten der 1980er Jahre zunehmend mehr gewagt, was den Inhalt und die Form von Dramen und Aufführungen betraf. Die Auseinandersetzung mit ausländischem Theater, sei es durch Reisen, Videoaufzeichnungen oder Texte, führte zu aufsehenerregenden Experimenten. Der spätere Vorzeigeexilant und Nobelpreisträger, Gao Xingjian, mischte mit heiklen Fragen auf – nach gesellschaftlichen Problemen wie der Jugendarbeitslosigkeit und Kriminalität *(Das Notsignal [Juedui xinhao])*, der fatalen Untätigkeit von Chinesen, anstatt ihr Schicksal selbst zu bestimmen *(Die Bushaltestelle [Chezhan])*, der Suche nach den Wurzeln der Kultur und der Gefährdung der Zivilisation *(Der Wildmensch [Yeren])*, schließlich der Frage nach Masse und Macht *(Das andere Ufer, [Bi'an])*. Gao Xingjian wurde im Übergangsprozess der 1980er Jahre aufgerieben. Einerseits gestanden die Funktionäre Gao und den fortschrittlichen Leuten des Schauspiels vermehrt Freiraum zu, von ihnen wurde weniger Propagandaeinsatz gefordert, seine umstrittenen Stücke konnten sogar im ehrwürdigen Volkskunsttheater Beijing aufgeführt werden – bei allen Gao Xingjian-Produktionen sorgte Regisseur Lin Zhaohua für eine anspruchsvolle wie auch szenisch perfekte Umsetzung. Dann wieder verfolgten die Yan'an-Hardliner den Dramatiker und setzten Proben ab. 1987 blieb er in Frankreich. Wenn dann – etwa zur gleichen Zeit – in China wieder die Reformer im Kulturministerium mächtiger wurden,

entstanden mutige Stücke, in denen ein Subjekt jenseits der Phrasendre-
scherei sein Unbehagen in der Gesellschaft äußert. Lange vor Tiananmen
1989 ist in manchen Dramen die Entfremdung der Kunst- und Bildungs-
eliten gegenüber der Parteipolitik deutlich erkennbar.

Der Tiananmen-Schock bewirkte eine Periode totaler Unproduktivi-
tät im Bereich des Schauspiels, viele erwarteten einen drastischen Links-
ruck und eine neue Kultrevolution. Aber offenbar fanden sich zu wenige
Willige für die große Säuberung, ein Einsatz für Extremvorgaben war
ja nicht immer entsprechend belohnt worden. Und die Partei übte sich
wieder einmal erfolgreich in Pragmatismus. Nun wurden die Eliten in
Wirtschafts- und Bildungsprozesse intensiv eingebunden, und auch die,
die kein Parteibuch erhielten, konnten trotzdem machen, was sie wollten und reich werden, solange sie nichts gegen die KP unternahmen.

Für die jungen und probierfreudigen Theatermacher ergab sich ab
Mitte der 1990er Jahre ein schier grenzenloses Spielfeld, fast alles konnte
auf die Bühne gebracht und in anstrengender, faszinierender bis total
überdrehter Weise mit fast allem aus der Tradition, den Medien oder
dem Ausland kombiniert werden. Dem inhaltlichen Collagedenken
entsprach ein darstellerischer Ausdrucksreichtum, der in billig gestalteten, aber originellen Spielräumen vielerlei an Sprache, Liedern, Tän-

zen und akrobatischen Einlagen aufbot – und wenn es handwerklich nicht ganz funktionierte, so ging das auch in Ordnung, entscheidend war, dass die große Theaterparty weite Kreise zog und nicht wieder in politischer Tristesse enden möge. Eine gewisse Zeit um die letzte Jahrtausendwende war dieses Theater tatsächlich ausgelassen und frei. Witzigerweise wurde jene chinesische Variante von Anything Goes nun *Avantgarde-Theater* genannt, als provozierende Abgrenzung von allem Langweilertheater, ob es nun hundert oder tausende Jahre alt war. Was dann folgte, und mit Kommerzialisierung überschreibbar ist, war die neue Ära gefälliger Texte, die ein größeres Publikum erreichten, aus dem Fernsehen bekannte Starschauspieler, riesige Hochglanztheater, teure Karten, und Dramatiker wie Regisseure als Großverdiener, die darin nur noch von ihren Produzenten übertroffen werden. Sie haben allen Grund, sich täglich selbst zu feiern.

Und die anderen im Staatsschauspiel und in den letzten Hochburgen des *Jingju* organisieren auch schon wieder ihre Jahrestage und Jubiläen, da ihr Theater einmal wichtig war – und irgendwann, so hoffen sie, vielleicht wieder sein wird.

Literatur

Eberstein, Bernd (1983): *Das chinesische Theater im 20. Jahrhundert*, Wiesbaden: Harrassowitz.

Gissenwehrer, Michael/Kaminski, Gerd (Hg.) (2008): *»In der Hand des Höllenfürsten sind wir alle Puppen«: Grenzen und Möglichkeiten des chinesischen Figurentheaters der Gegenwart*, München: Verlag Herbert Utz.

Gissenwehrer, Michael (2008): *Chinas Propagandatheater. 1942–1989*, München: Verlag Herbert Utz.

Jiang, Qing (1968): *On the Revolution of Peking Opera*, Beijing: Foreign Languages Press.

Liu, Siyuan: *»*The Impact of *Shinpa* on Early Chinese *Huaju*«, in: *Asian Theatre Journal*, Fall 2006.

Stecher, Anna (2014): *Im Dialog mit dem chinesischen Schauspieljahrhundert. Studien zum Theater von Lin Zhaohua*, München: Verlag Herbert Utz.

Opletal, Helmut (Hg.) (2011): *Die Kultur der Kulturrevolution. Personenkult und politisches Design im China von Mao Zedong*, Gent: Snoeck Publishers.

Riley, Josephine (1997): *Chinese theatre and the actor in performance*, Cambridge: Cambridge University Press.

Vogelsang, Kai (2013): *Geschichte Chinas*, Stuttgart: Reclam.

Wohin geht das chinesische Theater am Ende des 20. Jahrhunderts?

Von Xie Xizhang

Die Entwicklung des chinesischen Theaters im 20. Jahrhundert ist von Anfang an untrennbar mit dem westlichen Theater verbunden. Oder umgekehrt, wie Hans-Thies Lehmann schreibt: »Von der historischen Avantgarde [des westlichen Theaters, Erg. d. Ü.] zu Beginn des 20. Jahrhunderts bis zur heutigen postdramatischen Theaterkunst haben alle Inspiration aus den asiatischen Theaterkünsten gezogen.«[1] Was allerdings das Verhältnis des chinesischen zum westlichen Theater betrifft, so kann man nicht einfach nur von Inspiration sprechen. Vor etwas mehr als hundert Jahren kam das westliche Theater über zwei Kanäle nach China: zum einen über die ausländischen Bewohner von Shanghai, Guangzhou und anderen Vertragshäfen, auch über Missionarsschulen, zum anderen über die chinesischen Studenten in Japan.

Die Verbreitung des westlichen Theaters führte sehr schnell zu großen Veränderungen auf den chinesischen Bühnen. Die traditionellen Aufführungen wie Peking-Oper, Kun-Oper, Qin-Oper und andere Stile wurden von nun an als »alte Spiele« bezeichnet, während das westliche Theater »neues Theater« genannt wurde. Die Bezeichnungen »neu« und »alt« sind hier klar als Wertung anzusehen: »neu« steht für Fortschritt, »alt« dagegen für Rückständigkeit. Das Ergebnis war nicht nur, dass das moderne, aus dem Westen eingeführte, hochgelobte sogenannte »Sprechtheater« spontan erblühte und sich sogar anschickte, das alte Theater zu übertrumpfen, sondern es fand durch diesen Prozess auch das alte Theater, das seit dem Ende der Qing Dynastie nach Erneuerung strebte, schließlich Grund und Richtung für eine Veränderung. Genau genommen setzte die sogenannte »Reform des Musiktheaters« nicht erst nach 1949 ein, sondern vollzog sich nahezu über das gesamte 20. Jahrhundert.

Ein wichtiger Grund, weshalb das »neue Theater« die »alten Spiele« einfach überholen konnte und im Theater bald eine zentrale Position einnahm, war die allgemeine Tendenz in der Gesellschaft, nach dem Neuen zu streben und das Alte über Bord zu werfen. Denn das moderne China stand vor zwei großen Aufgaben: Aufklärung und Bewahrung vor dem Untergang. Diese beiden Aufgaben konnten dem Reformer Liang Qichao (1873–1929) zufolge nur vom »neuen Volk« ausgehen, denn: »Wenn ein neues Volk entsteht, dann wird es selbstverständlich ein

---

1 Lehmann, Hans-Thies (2010): *Hou xiju juchang (Postdramatisches Theater)*, Übers. Li Yinan, Beijing: Beijing daxue, S. 1.

Gao Xingjian, *Das Notsignal*, Inszenierung: Lin Zhaohua, Volkskunsttheater Beijing 1982.

neues System geben, eine neue Regierung, einen neuen Staat.«[2] Und wie kommt ein neues Volk zustande? »Um das Volk eines Staates zu erneuern, muss man zunächst die erzählende Literatur des Staates erneuern.«[3] Zwar nennt er hier nur die »erzählende Literatur«, doch ist das Theater dieser vielleicht sogar überlegen, denn Theater wirkt auch auf Menschen, die des Lesens und Schreibens nicht mächtig sind.

Unabhängig davon, welche Haltung die Menschen damals zum »neuen Theater« und zu den »alten Spielen« einnahmen: Was den Zusammenhang zwischen Theater und dem Aufstieg und Niedergang eines Landes angeht, so war die Meinung einhellig. Alle stimmten darin überein, dass durch das »neue Theater« die »Verwandlung der Gefühle der Menschen und die Veränderung des Denkens zehntausendmal schneller«[4] vor sich ginge. Sogar die Entwicklungsgeschichte der westlichen Gesellschaft schien diese Erkenntnis zu bestätigen. Man erkannte, dass das westliche Theater (und seine »erzählende Literatur«) die öffentliche Meinung eines ganzen Landes beeinflussen konnte: »mit einem Lied wurde die Seele Frankreichs aufgerufen«, »ein Trommelschlag erweckte den Willen der Bürger Englands«.[5] Die »alten« chinesisches Spiele (oder: die erzählende Literatur) hingegen wurden als »Ursache der korrupten Gesellschaft«[6] betrachtet. Die Umgestaltung der »alten Spiele« und die Einführung des »neuen Theaters« wurden somit zu zwei Seiten ein und derselben Münze.

Die Einführung des neuen Theaters forcierte von Anfang an eine starke Tendenz zum Realismus. Das ist kein Zufall, sondern verbunden mit den einflussreichen politischen Strömungen in China, die nach Reform und Veränderung strebten und dem Theater die historische Aufgabe der Aufklärung und Rettung vor dem Untergang zugedacht hatten. Vor allem das Theater Henrik Ibsens war aufgrund seiner »wirklichkeitsgetreuen Darstellung« von besonderer Bedeutung für die Chinesen. Während zur selben Zeit im Westen aus Ibsens Theater das moderne Theater hervorging, war der Gelehrte Hu Shi (1891–1962) der Meinung: »Die größte Stärke Ibsens liegt darin, dass er es wagt, die Wahrheit zu sagen, die realen Tatsachen einer verfaulten Gesellschaft darzustellen und

---

2   Liang Qichao (1989): *Yinbingshi heji – zhuanji*, Beijing: Zhonghua shuju, S. 2.
3   Liang Qichao (1989): *Yinbingshi heji – wenji*, Beijing: Zhonghua shuju, S. 6.
4   O.V: »Lun xiju tanci zhi you guanyu difang zizhi«, in: Shu Wu u. a. (1959): *Zhonguo jindai wenlun xuan*, Bd. 1. Beijing: Renmin wenxue, S. 267.
5   Ebd., S. 265–266.
6   Liang Qichao (1989): *Yinbingshi heji – wenji*, S. 9.

die Menschen aufzurufen, genau hinzusehen.«[7] Bis heute hat dieses später als »realistisch« bezeichnete Theaterkonzept seine Lebenskraft behalten, noch immer gibt es viele Menschen in China, die bei der Bewertung von Theater den Realismus für ein wichtiges, wenn nicht für das einzige Kriterium halten.

Als Intellektuelle, Literaten und Theaterautoren wie Song Chunfang, Yu Shangyuan, Wen Yiduo und andere, die in Europa und Amerika studiert hatten, nach China zurückkehrten, brachten sie viele neue Ideen zum Theater mit. Sie riefen die »Bewegung für ein chinesisches Theater« aus, befürworteten »ein chinesisches Theater, das chinesischen Stoff von Chinesen für Chinesen spielt«, ein Theater, das außerdem »wie das alte Theater echte künstlerische Aspekte umfassen« müsse.[8] Die Bewegung nahm zwar keinen besonders erfolgreichen Verlauf, immerhin aber propagierte sie ein Theater, das nicht nur politisch, sondern auch künstlerisch, nicht nur wirklichkeitsgetreu, sondern auch »andeutend« und zeichenhaft sein sollte; das nicht nur das Sprechen, sondern auch Singen und Tanzen umfasste. Sie versuchte, den »alten Spielen« den angemessenen Respekt entgegenzubringen. Yu Shangyuan (1897–1970, Theaterpädagoge und -theoretiker) lobte das »alte Theater« als »nicht wirklichkeitsgetreue reine Kunst«, er beschrieb es als »andeutend, nicht nachahmend,

Der Gelehrte und Literaturtheoretiker Wang Yuanhua.

Der Theaterpädagoge und -theoretiker Yu Shangyuan.

---

7   Zheng Dahua (Hg.) (2003): *Hu Shi quanji*, Bd. 1, Hefei: Anhui jiaoyu, S. 600.

8   Zhang Yu (Hg.) (1992): *Yu Shangyuan yanjiu zhuanji*, Shanghai: Shanghai jiaotong daxue, S. 49 u. 51.

mit starker Darstellungsform, kraftvoll und rhythmisch«.[9] Er wertete auch das Virtuelle[10] der chinesischen Bühne auf, die kodifizierten Bewegungsformen in der Darstellung und das Andeutende, drei Aspekte, die im Wesentlichen die ästhetische Qualität des traditionellen Theaters ausmachen. Zudem betonte er, dass »nicht wirklichkeitsgetreu« nicht automatisch auch die Ablehnung eines jeglichen Realismus bedeute. Allerdings solle der Realismus nicht als moralisches Instrument der Gesellschaftskritik eingesetzt und das Theater nicht dafür benutzt werden, »die Herzen zu berichtigen und das Leben der Menschen zu verbessern«.[11] Darin sah er eine Verdrehung von Ursache und Wirkung. Sein Ideal eines neuen Theaters bestand darin, »zwischen den beiden Berggipfeln von Andeutung und Realismus eine Brücke zu bauen«.[12] Genau betrachtet, ist diese Brücke für uns bis heute immer noch ein Ideal und erst im Begriff, gebaut zu werden.

Die Verbindung von realistischer und andeutender Darstellung ist zugleich die Verbindung von westlicher und chinesischer Kultur. Diese beiden Theaterkonzepte sind vor dem Hintergrund unterschiedlicher Kulturen entstanden und haben verschiedene Theaterformen und Aufführungspraxen geprägt. So wie zwei vollkommen verschiedene Menschen aus unterschiedlichen Richtungen kommend aufeinandertreffen und sich gegenseitig anziehen, um sich wechselseitig zu inspirieren, hat sich die gegenläufige Bewegung vollzogen, die im 20. Jahrhundert im chinesischen und im westlichen Theater geschehen ist: »Das chinesische Theater hat sich vom Symbolischen zum Realistischen entwickelt, das westliche Theater vom Realistischen zum Symbolischen.«[13] Es mag dogmatisch erscheinen, wenn man die Konzepte des »Andeutenden« und des »Realistischen« als den wesentlichen Unterschied zwischen chinesischem und westlichem Theater betrachtet, denn es ist sehr einfach, auch im »alten« chinesischen Theater »realistische« Elemente zu finden oder im westlichen Theater »andeutende«. Tatsächlich bilden die Begriffe »an-

---

9   Ebd., S. 75.

10 *Xunixing* wurde hier mit *das Virtuelle* übersetzt. Es beschreibt die Art und Weise, imaginäre Vorstellungen von Raum und/oder Zeit zu erzeugen, z. B. eine Frau geht so, dass man sich vorstellen kann, dass sie auf Schnee geht, auf einer Brücke usw. Durch die Darstellung des Gehens entsteht der dazugehörende *virtuelle* Raum im Kopf der Zuschauer.

11 Ebd., S. 50.

12 Ebd., S. 77.

13 Ebd., S. 54.

deutend» und »realistisch« nicht die Gesamtheit des chinesischen und westlichen Theaters ab, gleichwohl sind sie tief in der jeweiligen kulturellen Tradition verwurzelt. Der westliche Realismus ist auf die traditionelle Lehre vom Theater als Nachahmung der Natur gegründet. Ästhetisches Merkmal des chinesischen Theaters ist hingegen das, was Wang Yuanhua (1920–2008), ein bedeutender chinesischer Denker, Gelehrter und Literaturtheoretiker, als »Verbindung von Anlehnung und Bildlichkeit, freiem Raum und freier Zeit« beschreibt.[14] Zur Bedeutung dieser Formulierung meint Wang:

> »Der erste Teil ist von den Regeln zur Bildung der Schriftzeichen inspiriert, sinngemäß beschreibt er das, was wir jetzt als andeutend bezeichnen, der zweite bezieht sich auf die Flexibilität des Bühnenraumes in der Peking-Oper, der keine realistischen Abgrenzungen und auch keine vierte Wand kennt und daher auf der Ebene von Raum und Zeit unbegrenzte Möglichkeiten bietet.«[15]

In diesem Sinne vertrat das traditionelle künstlerische Denken in China niemals die Auffassung, dass Kunst lediglich eine Reflexion des realen Lebens sei und dass Realität als ein ästhetisches Kriterium verstanden werden könnte, um Kunst zu bewerten. Im Gegenteil, in der Beziehung zwischen ästhetischem Subjekt (Herz) und Objekt (Ding) werden zugleich Gegensätzlichkeit und Einheit betont, im Du ist das Ich enthalten, im Ich das Du, beide agieren miteinander und ergänzen sich gegenseitig. Aus diesem Prinzip der Verbindung zwischen Herz und Ding in der klassischen chinesischen Ästhetik ergibt sich eine Methodologie des Ein- und Austretens, die sich auch auf den wahrnehmenden Zuschauer bezieht. Wang Yuanhua betont, dass man das Virtuelle, die Bewegungsformen und das Andeutende des traditionellen chinesischen Theaters nur aus dem Geist der traditionellen Kultur und Kunst verstehen kann. Auch Yu Shangyuan oder der berühmte Gelehrte Wang Guowei (1877–1927) gingen vom Ästhetischen aus. Beide heben die nicht unmittelbare Nutzbarkeit und die Unabhängigkeit des Theaters hervor: Das Produzieren und Wahrnehmen von Theater wurde daher nicht als nützliche Aktivität gesehen, sondern als emotionale. Dazu Yu Shangyuan: »Das wichtigste am Theater ist das Gefühl, es ist Ausdruck eines tiefen schönen Ge-

---

14   Wang Yuanhua (2007): *Qingyuan tan xi lu*, Shanghai: Shanghai shudian, S. 35.
15   Ebd., S. 35–36.

fühls«, es hat nichts mit äußeren Zielen zu tun, nur so wird es zu einer »nicht wirklichkeitsgetreuen reinen Kunst«.[16]

Während sich das westliche Theater zum Symbolischen hin entwickelte, verfolgte das chinesische immer emsiger den realistischen Weg. Wenn die Diskussion über »Wirklichkeitstreue« zunächst nur Methode und Technik betroffen hatte, wurde unter dem Begriff des Realismus der Wandel des Theaters direkt in das ideologische Diskurssystem der Revolution einbezogen. Die Überlegungen zu kultureller und künstlerischer Revolution wurden nun mehr und mehr vom ultimativen Ziel der gesellschaftlichen und politischen Revolution bestimmt. Gleichzeitig wurde die Verteidigung des »Andeutenden« mit Ästhetizismus und künstlerischem Suprematismus gleichgesetzt, also mit einer westlichbürgerlichen ästhetischen Strömung identifiziert. Dagegen wurde die ultimative Forderung gestellt, das Theater müsse auf wahrhafte Weise das wirkliche Leben reflektieren. Realismus wurde als objektive Schaffensform aufgefasst, die in Verbindung stand mit der Logik der Geschichte, welche fortan zum wichtigsten Kriterium der Bewertung von Kunst wurde. Echte Kunstwerke sollten direkt zum Wesen der Phänomene vordringen und Beziehungen, Ursachen und Methoden der gesellschaftlichen Entwicklung erklären. Der Proletarierklasse wurde die Fähigkeit zugesprochen, dieses Wesen zu erkennen und zu erfassen, während die Bourgeoisie und die anderen Klassen hingegen angeblich nicht über diese Gabe verfügten. Von da an traten proletarische Helden in die Geschichte ein, und es wurde als unabdingbare Verantwortung einer realistischen Kunst angesehen, die proletarischen Helden und ihr kämpferisches Leben zu verehren. Die Frage, ob »typische Charaktere unter typischen Umständen«, d. h. vor allem Bauern, Arbeiter und Soldaten, zu sehen seien, geriet zum zentralen Kriterium des Realismus. Das Theater verlor seine Unabhängigkeit und wurde zum Propagandainstrument der revolutionären Klasse und Partei. Wenn man das nicht weiß, kann man die Entwicklung des chinesischen Theaters im 20. Jahrhundert nicht verstehen. Das »neue Theater« (Sprechtheater) und die »alten Spiele« (das gesamte Musiktheater, nicht nur die Peking-Oper) wurden beide in den Käfig des Realismus gesperrt, insbesondere nach 1949, als sich die Kommunistische Partei direkt des chinesischen Theaters annahm und es noch strikter vor den Kriegswagen der Politik spannte. Die Verwaltung des Theaters durch die neue Regierung erfolgte zunächst durch die so-

---

16 Ebd., S. 77.

genannte »Reform des Musiktheaters«, die drei Teile umfasste: »Veränderung der Spiele, der Menschen, der Ordnung«. Ziel war es, das traditionelle Theater (die »alten Spiele«) komplett in den Verwaltungsbereich des neuen Regimes zu bringen und bis ins Mark zu verändern.

Dass das »alte Theater« nicht geschätzt wurde, war keine neue Entwicklung, bereits zur Zeit der 4.-Mai-Bewegung 1919 hatten fortschrittliche junge Menschen verkündet, dass die alten chinesischen Spiele voller Prostitution und Gewalt und »schädlich für die Herzen der Menschen« seien.[17] Aufgrund der strengen, hart angewendeten Regularien von Moral und Politik des neuen Regimes blieben nur noch wenige »alte Spiele« übrig, die auf den Bühnen weiter gezeigt werden durften. Selbst Mei Lanfang wunderte sich darüber, dass es keine Stücke gab, die man aufführen konnte. Es traf aber nicht nur die »alten Spiele« und ihre Künstler: Nach dem politischen Kriterium der »Schädlichkeit« blieb auch vom »neuen Theater« kaum etwas übrig. Auch von den vielen neuen Stücken, die seit den achtziger Jahren entstanden, schafften es nur sehr wenige, länger auf der Bühne zu bestehen.

Wie hätte das chinesische Theater im 20. Jahrhundert der »Politisierung« entkommen sollen? Das Konzept des Strebens nach dem Wahren und Wirklichen wirkte wie ein Samen, der beim Aufkommen der »neuen Literatur« seit 1917 in das Bewusstsein der chinesischen Theatermenschen eingepflanzt wurde und bis heute zu einem tief verwurzelten Baum gewachsen ist. Die Befürwortung des Literarischen und die Ablehnung des Theatralen hatte aber vor allem damit zu tun, dass die literarische Darstellung geeigneter war, die neuen Gedanken zu verbreiten und die alten zu kritisieren. Ausschließlich Stücken, die das »Wahre« und »Wirkliche« zu erreichen suchten, wurde zugestanden, gesellschaftliche Verantwortung zu übernehmen, kulturelle Aufklärung zu betreiben, das Denken der Bürger zu erleuchten und die Massen zu bilden.

Das Drama *Gewitter* (*Leiyu*, 1933) von Cao Yu (1910–1996) wurde als Klassiker des modernen chinesischen Theaters verehrt, das brachte dem Dramatiker nicht nur unbeschreiblichen Ruhm ein, sondern auch Kritiken und Missverständnisse, die ihm keine Ruhe ließen. Sein späteres Stück *Sonnenaufgang* (*Richu*, 1936) und seine Reflexionen über *Gewitter* haben damit zu tun: »Nachdem ich *Gewitter* abgeschlossen hatte, begann ich das Stück mehr und mehr zu verabscheuen. Mir missfällt seine

---

17 Xin Qingnian, Bd. 5, Nr. 5.

Cao Yu, *Sonnenaufgang*, Inszenierung: Ouyang Shanzun, Volkskunsttheater Beijing 1956.

Struktur, ich bin der Meinung, es gleicht zu sehr einem Spiel.«[18] Das ist natürlich der Versuch einer gedanklichen Neuausrichtung. Als Cao Yu *Sonnenaufgang* verfasste, versuchte er, »entschlossen alle Strukturen aus ›Gewitter‹ aufzugeben« und »Fragmente des Lebens zu verwenden«, um eine Gesellschaft zu entlarven, »in der den Armen genommen wird, um den Reichen noch mehr zu geben«.[19] Wenn wir aber seine Selbstkritik aus dem Jahr 1950 heute noch einmal lesen, dann begreifen wir, dass die kritische Reflexion über *Gewitter* und die Bemerkung, dass das Stück »zu sehr einem Spiel« gleiche, nicht nur mit Cao Yus Ansichten zum Theater zu tun hatten, sondern auch mit der Reform des Denkens und dem Wandel des Klassenstandpunktes:

> »Wenn ein Schriftsteller sich vom realen Kampf entfernt, dann ist es egal, wie sehr er sich als fortschrittlich darstellt, er ist dann nicht imstande, das Wirkliche des Lebens darzustellen und kann daher auch keinen großen Beitrag für das Volk leisten; wenn ein Schriftsteller die Geschichte der chinesischen Revolution nicht kennt, wenn er das Leben nicht korrekt analysiert, wenn er nicht die Fehler in seinem eigenen Denken findet, und dies verbessert, dann kann sich sein Denken nur auf eine sehr begrenzte Welt beschränken, er wird niemals imstande sein, die Wirklichkeit der chinesischen Gesellschaft zu sehen und die Wahrheit des Lebens auszudrücken und wird sein Leben lang kein einziges Werk verfassen, das für das Volk tatsächlich von Nutzen ist.«[20]

18 Cao Yu (2006): *Beiju de jingshen*, Beijing: Jinghua, S. 21.
19 Ebd., S. 22.
20 Ebd., S. 32–34.

Nach den fünfziger Jahren war Cao Yu tatsächlich kaum mehr imstande zu schreiben. Selbst die drei Werke *Himmel ohne Wolken* (*Minglang de tian*, 1956), *Galle und Schwert* (*Danjianpian*, 1961) und *Wang Zhaojun* (1978) erreichten nur mehr ansatzweise sein früheres Niveau. Der Maler und Holzbildhauer Huang Yongyu sagt es in seinem Brief an Cao Yu sehr direkt: »Die Stücke, die Du nach der Befreiung geschrieben hast, mag ich nicht. Nicht ein einziges. Dein Herz ist nicht im Theater, Du hast den großen Zauberschatz verloren.«[21]

Das ist Cao Yus Tragödie, es ist aber nicht nur seine individuelle Tragödie, sondern die einer ganzen Epoche und aller ihr angehörenden Künstler. Der Zauberschatz, den sie verloren hatten, war nicht ihr Wissen um das Wesen des Theaters, sondern die Freiheit und Würde des Künstlers. Erst nach der Kulturrevolution, als die Welle der Befreiung des Denkens den Damm der Ideologie brach, hatte das Theater den Antrieb und die Möglichkeit, zu sich selbst zurückzukehren. Die große Diskussion über Theaterkonzepte, welche die gesamten achtziger Jahre bestimmte, ist Zeichen für die Befreiung des Theaters und die Rückbesinnung auf sein eigentliches Wesen. Am Anfang standen wieder die alten Fragen: »andeutend« oder »realistisch«, ist Theater Spiel oder Wort, ist das Theatrale wichtiger als das Literarische oder umgekehrt.

Jahrzehnte vorher hatte Yu Shangyuan davon gesprochen, »ein neues Theater« zu bauen und der Weg dorthin konnte seiner Meinung nach »nur von einer Neuordnung und Nutzung der alten Spiele ausgehen«.[22] Er meinte: »Unser Ausgangspunkt sind die alten chinesischen Spiele, nicht die griechische Tragödie.«[23] Das »alte« Theater verglich er mit einem »brachliegenden Feld«, das neu zu bestellen sei.[24] Yus Anerkennung der »alten Spiele« bedeutete aber nicht, dass er sie wie andere als makellos überliefertes Juwel verehrte. Die »alten Spiele« könnten »weiterhin die Abstraktheit, das Symbolische, das nicht Wirklichkeitsgetreue auf der Bühne bewahren.« Allerdings sollten »die Künstlichkeit der Kun-Oper und das Billige der Pihuang-Melodien eliminiert und die Inhalte des Theaters erweitert werden.«[25]

Erst 37 Jahre später fand dieser Standpunkt beim Theater- und Film-

21 Xie Xizhang u. a. (Hg.) (2006): *Beijing renyi xiju bowuguan*, Beijing: Tongxin, S. 221.
22 Zhang Yu (1992): *Yu Shangyuan yanjiu zhuanji*, S. 77 u. 58.
23 Ebd., S. 56.
24 Ebd., S. 58.
25 Ebd., S. 56.

regisseur Huang Zuolin (1906–1994) ein Echo. In seinem Text »Über Theaterkonzepte« griff er »das Theaterkonzept des Angedeuteten« auf, einen Begriff, »der in keinem Wörterbuch enthalten und auch in der fremdsprachigen Theaterwissenschaft nicht zu finden ist«. Abermals vergingen zwanzig Jahre, bis dieser Text zum Auslöser einer großen Diskussion über »Theaterkonzepte« werden konnte. Die Befreiung des Denkens in den achtziger Jahren trieb Reform und Öffnung voran, nachdem sich auch die Tore des Landes geöffnet hatten, drangen Schriften und Ideen aus aller Welt herein und vor den Augen der chinesischen Theatermacher erschienen in schwindelerregender Vielfalt zugleich alle möglichen westlichen Theaterströmungen – modernes, absurdes, experimentelles, avantgardistisches, dokumentarisches, symbolistisches und sogar postmodernes Theater. In ihrem Stück *Das Notsignal* (*Juedui xinhao*, 1982) übertrugen Gao Xingjian und Lin Zhaohua, führend in diesem Trend der 1980er Jahre, den »andeutenden« ästhetischen Geist des traditionellen chinesischen Musiktheaters und seine freie Auffassung des Raumes erfolgreich auf das Sprechtheater und initiierten dadurch in China die Bewegung des »Kleinen Theaters«. Ihre späteren Produktionen *Die Bushaltestelle* (*Chezhan*, 1983), *Der Wildmensch* (*Yeren*, 1985) und andere führten mit ihrer Arbeit an der Erweiterung des Theaterdenkens und dem Versuch, zu traditionellen chinesischen Darstellungskonzepten zurückzukehren, zu weiteren angeregten Diskussionen in der Theaterwelt. Berühmt wurde ihr Brief an Cao Yu, in dem sie ihn um Unterstützung baten und erklärten:

»Unsere Idee ist es, in den Experimenten des Kleinen Theaters die Technik des Austauschs zwischen Schauspielern und Publikum weiterzuentwickeln und zu erproben, wie man in der Darstellungskunst des Sprechtheaters ein stärkeres wahrhaftiges Gefühl und eine größere Faszination erreichen kann. (…) Im traditionellen chinesischen Musiktheater lassen Hände, Augen, Körper, Techniken und Schritte des Schauspielers eine Spielweise entstehen, die den gesamten Körper einbezieht, und genau das macht die Faszination des traditionellen chinesischen Musiktheaters aus; im Sprechtheater gibt es keine kodifizierten Bewegungsformen, daher stellt sich die schwierige Frage, wie es dieselbe künstlerische Faszination erreichen kann. Wir haben uns noch eine andere Aufgabe gestellt: Wir wollen auf einer leeren Bühne (etwa so wie im traditionellen chinesischen Musiktheater) unter Verwendung von reduzierten Mitteln – einfachem Bühnenbild, Licht und Ton – eine wahrhaftige Szene kreieren. Das bedeutet, dass wir uns im Rückgriff auf die Stärken des traditionellen chinesischen Musiktheaters auf das Zeichenhafte der Bühne besinnen, um auf diese Weise verschiedene Zeiten, Räume und Gefühlszustände

überzeugend darzustellen. Wir wollen den Weg von Herrn Jiao weitergehen und an einem modernen Theater unserer Nation arbeiten, wir wollen in Regie und Darstellung eine chinesische Schule der Sprechtheaterkunst errichten und dabei neue Wege erforschen.«[26]

Cao Yu mit Schau-
spielstudierenden
nach einer Premiere in
den 1980er Jahren.

Der erwähnte »Herr Jiao« war der langjährige Intendant des Beijinger Volkskunsttheaters Jiao Juyin (1905–1975). Er und Huang Zuolin wurden als »Huang im Süden, Jiao im Norden« bezeichnet, in ihren Theaterkonzepten arbeiteten beide nach der ästhetischen Auffassung des traditionellen chinesischen Musiktheaters und versuchten, auf dessen Basis Formen eines nationalen Sprechtheaters experimentell zu entwickeln. Bereits 1931 hatte Jiao Juyin die Fachschule für Musiktheater in Beiping (Bezeichnung Pekings zur Zeit von Chiang Kai-sheks Nationalregierung in Nanjing) begründet. Später promovierte er in Paris über »Das chinesische Musiktheater der Gegenwart«. Wieder zurück in Beijing, befasste er sich mit dem inzwischen auch in China sehr populär gewordenen Stanislawski-System, dessen Defizite er jedoch Anfang der fünfziger Jahre erkannte, und begann in der Inszenierung *Das Zeichen des Tigers* (*Hufu*, 1956) am Beijinger Volkskunsttheater bewusst und Schritt für

---

26 Beijing renmin yishu juyuan Juedui xinhao juzu (1985): *Juedui xinhao de yishu tansuo*, Beijing: Zhongguo xiju, S. 5–6.

Der langjährige
Intendant des Volks-
kunsttheaters Beijing
Jiao Juyin.

Schritt, mit der Nationalisierung des chinesischen Sprechtheaters zu experimentieren. Er ließ den »Geist« des traditionellen Musiktheaters in die
»Form« des Sprechtheaters fließen, wobei es ihm gelang, »Realistisches«
und »Angedeutetes« zu verbinden. Während *Das Zeichen des Tigers* noch
nicht wirklich erfolgreich war, überwanden die späteren Inszenierungen
Cai Wenji (1959) und *Das Teehaus* (*Chaguan*, 1958) tatsächlich bis zu einem gewissen Grad das Stanislawski-System und erreichten eine Verbindung zwischen Realität und Theatralität. Seine Theorie des »Inneren Bildes«, die er auf dieser Basis entwickelte, gehört zum wertvollen Erbe des
Beijinger Volkskunsttheaters und des gesamten chinesischen Theaters.

Gao Xingjians und Lin Zhaohuas Arbeit in den achtziger Jahren führte
Jiao Juyins Analysen und Experimente der fünfziger Jahre fort, »aus dem
traditionellen Musiktheater die Kraft zur Erneuerung zu finden«.[27] Ihre
Meinung war: »Theater ist eine umfassende Darstellungskunst, Gesang, Tanz, Pantomime, Kampfkunst, Masken, Zauberei, Puppenthe-
ater, Akrobatik, alle diese Elemente können darin verschmelzen, es ist
nicht nur eine reine Kunst des Sprechens.«[28] Bis heute ist Lin Zhaohuas

27 Gao Xingjian (1988): *Dui yi zhong xiandai xiju de zhuiqiu*, Beijing: Zhongguo xiju,
    S. 31.
28 Ebd., S. 84.

Arbeit geprägt vom ästhetischen Geist des traditionellen Musiktheaters. Das macht auch den Unterschied zwischen ihm und der Generation von Mou Sen und Meng Jinghui aus: Er arbeitet mit Virtualität, kodifizierten Bewegungsformen, dem Angedeuteten und identifiziert sich nicht mit abstrakten, philosophischen und dialektischen Ansätzen. Gleichwohl sucht er das »Absurde« des Lebens auszudrücken, allerdings mit der Methode des Theaters, nicht der des »Anti-Theaters« oder des »Nicht-Theaters«. Deshalb akzeptiert er es auch nicht, wenn seine Werke als »Avantgarde« bezeichnet werden.

Erfreulicherweise gibt es zurzeit eine Gruppe von jungen Theatermenschen wie Huang Ying, Wang Chong, Zhao Miao, Zhou Shen, Xu Xiaopeng, Li Jianjun und anderen, die imstande sind, aus einer spontanen Haltung auf das traditionelle Theater zu blicken. Huang Ying bezeichnet seine Stücke sogar als »neues chinesisches Theater« und sieht sich deutlich in der Tradition von Yu Shangyuans »Bewegung für ein chinesisches Theater«. Ihr Blick ist dennoch nicht auf das chinesische Theater beschränkt. Sie vermögen es, eine konventionelle Geschichte in die »andeutende« Form der Musiktheater-Bühne zu übertragen: Der Ausdruck ist stilisiert, die Bühne dagegen zeigt große Flexibilität, Zeit und Raum sind nicht festgelegt, die Figuren können sich zwischen Wirklichkeit und Traum frei bewegen, jetzt oder in einer anderen Zeit, in hohen Palästen oder auf freier Wildbahn. Mag sein, dass das Spiel der Schauspieler nicht in kodifizierten Bewegungsformen abläuft, doch mit Sicherheit ist die Darstellung stilisiert, nicht realistisch und verbindet Gesang, Tanz, Sprechen und Gestik auf sehr harmonische und gefühlvolle Weise.

Vielleicht ist es möglich, dass dieses neue chinesische Theater durch die Ästhetik der »Verbindung von Anlehnung und Bildlichkeit, freiem Raum und freier Zeit« des Musiktheaters die chaotische, aufgeblähte, erdrückende Bühne des chinesischen Sprechtheaters der Gegenwart rettet. Vielleicht dürfen wir sogar erwarten, dass das einst von Yu Shangyuan ersehnte »neue Theater (…) schön wie ein Regenbogen« eines Tages »vor unseren Augen erscheinen wird«.[29] Dieser Tag liegt bestimmt nicht in allzu weiter Ferne.

Aus dem Chinesischen von Anna Stecher

---

29   Zhang Yu (1992): *Yu Shangyuan yanjiu zhuanji*, S. 77.

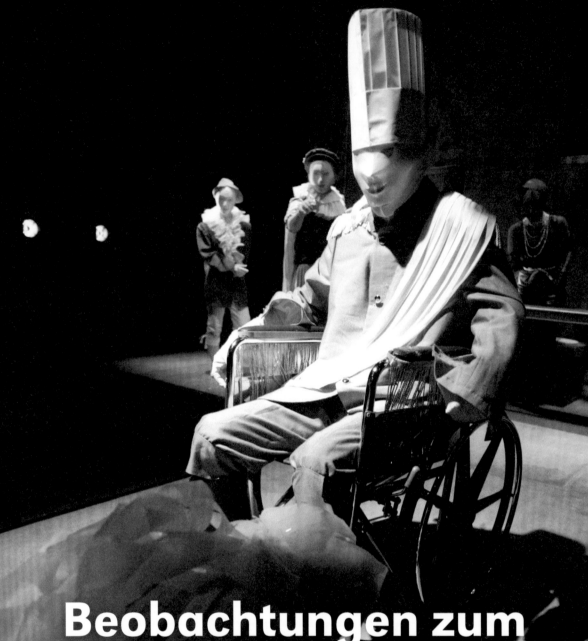

Beobachtungen zum Theater in China, Hongkong und Taiwan

Der Kritiker und ehemalige Theaterleiter Lin Kehuan
im Gespräch mit Cao Kefei

Cao Kefei: Herr Lin, schon seit vielen Jahren verfolgen Sie neben dem Theater in Festlandchina auch die Entwicklung des Theaters in Hongkong und Taiwan. Gibt es Aufführungen der letzten Jahre, die Ihnen besonders in Erinnerung geblieben sind?

Lin Kehuan: In den letzten zehn bis zwanzig Jahren gab es sowohl in Hongkong als auch in Taiwan einige wirklich gute Aufführungen. Ich fange mal mit Hongkong an. Im Hongkong Repertory Theatre inszenierte der Regisseur Mao Chun Fai *Neue Liebe in der gefallenen Stadt (Xin qingcheng zhi lian)*, für das Hongkong Theater Ensemble inszenierte Jim Chim die Solokomödie *Man of La Tiger (Nanren zhi hu)*, Poon Wai Sum verfasste und inszenierte *Show Flat (Shifan danwei)*, ein Stück, in dem er viel mit Verfälschungen, Mehrdeutigkeiten und Parodien arbeitete, und Tang Shu-wing inszenierte das Shakespeare-Drama *Titus Andronicus*, bei dem er Bewegung und Sprache voneinander trennte. Alle diese Inszenierungen bewegten sich auf hohem Niveau.

Der Theaterkritiker Lin Kehuan.

Allerdings war die beste Zeit des Hongkonger Theaters um das Jahr 1997 (zur Zeit der Übergabe Hongkongs an China, Anm. d. Ü.). Hongkong hatte eine unruhige Phase des Übergangs durchlebt, nachdem China und England Mitte der achtziger Jahre eine gemeinsame Erklärung über die Rückkehr Hongkongs unter chinesische Souveränität unterzeichnet hatten. Die Frage nach ihrer Identität verunsicherte die Hongkonger damals sehr und das Theater wurde zu einem Forum der öffentlichen Diskussion, zu einem Ventil, das es den Hongkongern erlaubte, ihren Gefühlen Luft zu machen; eine beträchtliche Menge herausragender Stücke und Aufführungen entstand, wie etwa *Ich bin Hongkonger (Wo xi Xianggangren)* von To Kwok-wai und Choy Shek Cheung, *Die Blumen bei der Pagode*[1] *(Hua jin gaolou)* von Joanna Chan, *Symphonie des Schicksals (Mingyun jiaoxiangqu)* von Yuen Lap Fun und Lam Dai Hing, *Archäologische Geschichten Hongkongs fliegen, fliegen, fliegen (Xianggang kaogu gushi zhi fei fei fei)* und *Wandlung der Familie (Jia bian)* von Chan Ping-chiu. Von dieser Dynamik ist allerdings wenig übrig geblieben. Obwohl die Frage nach der Wahl des Verwaltungsoberhauptes der Sonderregierungszone Hongkong in den letzten Jahren anhaltende politische

Shakespeare's wild sisters group, *Titus Andronicus*, Taibei 2003.

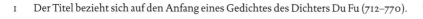

---

[1] Der Titel bezieht sich auf den Anfang eines Gedichtes des Dichters Du Fu (712–770).

*Neue Liebe in der
gefallenen Stadt,*
Inszenierung:
Mao Chun Fai,
Hongkong Repertory
Theatre 2002.

Konflikte und soziale Unruhen provozierte, schien das Theater in keiner Weise darauf zu reagieren. Originäre Stücke aus Hongkong gab es wenige, stattdessen wurden viele westliche Stücke übersetzt und aufgeführt.

Ich habe gehört, dass es aktuell eine junge Autorin gibt, deren Stücke die Theaterwelt sehr bewegen.

Das stimmt. Relativ einflussreich in Hongkong sind derzeit die zwei Autorinnen Chong Mui-ngam und Wong Wing-sze. Chong Mui-ngams Fähigkeiten und Techniken beim Schreiben sind sehr ausgereift, allerdings orientiert sich ihre Denkweise und der Aufbau ihrer Stücke sehr stark an psychologischer Dramatik des Westens. Ihr 2007 verfasster Thriller *Der Mordfall Sam Jose (Sam Jose mousha an)* beschreibt zwei Mordfälle in der Wohnung eines Auslandschinesen. Sie beschreibt darin das Leben im Ausland und die Entfremdung des Menschen und trifft damit die Sinnkrise entwurzelter Hongkonger. 2010 hat sie im Auftrag des Hongkong

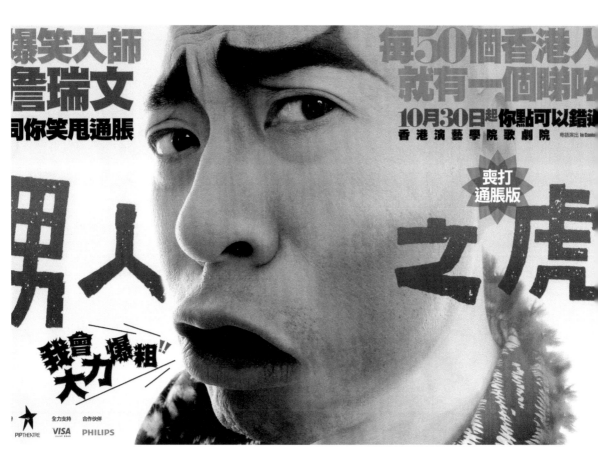

Arts Festivals das Stück *Scheidung auf Hongkonger Art (Xianggangshi lihun)* geschrieben. Darin geht es um eine geschäftige Kanzlei, die sich auf Scheidungen spezialisiert hat. Die Pointe des Stücks ist, dass sowohl die männliche als auch die weibliche Hauptfigur nach der Abwicklung unzähliger Scheidungen keine andere Wahl mehr haben, als sich selbst scheiden zu lassen. Was diese »Hongkonger Art« bedeutet, erklärt auch Wong Wing-sze: Das Geld hat Hongkong zwar als internationales Finanzzentrum Ansehen verschafft, nach und nach jedoch die Großartigkeit der menschlichen Natur zerstört.

Wie ist denn die Situation des Theaters in Taiwan?

Wenn ich das Theater in Festlandchina, Hongkong und Taiwan vergleiche, ist mir das taiwanische am liebsten. Sicher sind unsere Schauspieler in Festlandchina besser ausgebildet. Wenn es aber um Regisseure mit einer eigenen Handschrift geht, wenn es um die unablässige Suche nach

Man of La Tiger von und mit Jim Chim, Pip Group, Hongkong, Plakat 2008.

U-Theatre, Taiwan,
beim Training
einer *walking and
drumming tour* 1989.

der eigenen Kultur geht, hat uns Taiwan einiges voraus. Der taiwanische
Stil ist sehr markant, ein gutes Beispiel dafür ist das ungewöhnliche U-
Theatre *(You jutuan)*, das Meditation, Trommeln und Schauspiel miteinander verbindet. Ein anderes heißt Golden Bough Theatre *(Jinzhi
yanshe)*, das durch sein »Mashing-up Taiwanese opera« überall bekannt
ist. Das sogenannte »Mashing-up Taiwanese opera« meint eine alternative, originär taiwanische Art des *xiqu* (Chinesisches Musiktheater).
Hier werden die verschiedenen Elemente miteinander kombiniert, es
ist ein Volkstheater, das dem Geschmack einfacher Menschen entgegen-
kommt und dabei traditionelle Bräuche und vulgäre Ausdrucksformen
gleichermaßen integriert. Darüber hinaus gibt es noch Shakespeare's
wild sisters group *(Shashibiya meimei men de jutuan)*, die ein feminis-
tisch geprägtes Körpertheater macht. Das Repertoire vom Critical Point
Theatre *(Linjiedian juxianglu)* setzt sich intensiv mit Homosexualität
auseinander und testet die Toleranzschwelle der Politik aus.

Gibt es diesen Geist der Suche, der die taiwanischen Regisseure offenbar auszeichnet, auch in Hongkong?

Nein, in Hongkong gibt es keinen Geist für ein solches kreatives Schaffen. Man weiß ja, dass Hongkong und Taiwan zwei völlig unterschiedliche Orte sind; Taiwan besitzt eine tiefgehende Beziehung und ein Verständnis für seine traditionelle Kultur und verfügt zugleich in seiner Geistesgeschichte und Literatur über eine fast hundertjährige Tradition des Modernismus. Hongkong hat das nicht. Es ist erstaunlich, dass es in Hongkong bis heute kaum antikolonialistische Filme, Dramen oder Literatur gibt, obwohl es über hundert Jahre von Großbritannien besetzt und regiert war. Vielleicht ist das die Kunst des britischen Herrschens. Die Hongkonger erhielten alle eine britische Bildung und wurden zu einer englischsprechenden Elite ausgebildet. Sie wurden in die Regierungsbehörden, in das Bildungssystem und in die Polizei integriert und bezogen ein hohes Gehalt. Taiwan ist da anders, in Taiwan gibt es eine weit zurückreichende Tradition von Theaterstücken der Linken. In den zwanziger und dreißiger Jahren des letzten Jahrhunderts brachten die Ortsverbände des Taiwaner Kulturverbandes im ganzen Land zahlreiche »Kulturstücke« heraus, um der Bevölkerung ein grundlegendes Verständnis der eigenen Traditionen Taiwans zu vermitteln und dem Eindringen der japanischen Kultur Widerstand entgegenzusetzen. Nach Taiwans Rückgabe 1945[2] entstand in der linksgerichteten Kulturszene sogar ein realistisches Stück, das sozialistisches Gedankengut enthielt: *Die Wand (Bi)* beschreibt eindrücklich die gesellschaftliche Realität der beiden direkt nebeneinander existierenden Extreme von Arm und Reich. Jian Guoxian, der Autor des Stücks, war Mitglied der Kommunistischen Partei Taiwans und wurde 1951 von den Machthabern der Guomindang erschossen. Mitte der achtziger Jahre bildete sich eine ganze Reihe von Studententheatergruppen. Diese inszenierten in großer Zahl Report-Shows *(baogaoju)* und Aktionstheater *(xingdongju)* und nahmen damit an einer die gesamte Bevölkerung erfassenden Aufstandsbewegung der Arbeiter, Bauern, Ureinwohner sowie parteiloser politischer Gruppierungen teil. Bis zum heutigen Tag gibt es in Taiwan ein »Assign Theater«[3]

---

2 Taiwan, das seit der Qing-Dynastie eine japanische Kolonie gewesen war, wurde 1945, nach dem Zweiten Weltkrieg, an die Republik China zurückgegeben.

3 »Chaishi« bedeutet Auftrag. Assign Theater deutet an, dass es seine Theaterarbeit als sozialen Auftrag betrachtet. (Anm. d. Ü.)

(*Chaishi jutuan*), das unermüdlich Kritik am politischen System formuliert und sich um die kulturellen Aktivitäten gesellschaftlich benachteiligter Gruppen kümmert…all dies gibt es in Hongkong nicht.

*Vergleicht man die Theaterszene Festlandchinas, Hongkongs und Taiwans,
wie schätzen Sie da die Situation auf dem Festland ein?*

Hier bei uns sind nach den achtziger Jahren ganz wenige gute Stücke entstanden. Das ist wirklich schlimm. Zu Beginn der Achtziger, nachdem die Kulturrevolution viele Jahre lang das kulturelle Leben unterdrückt hatte, waren die Schauspieler des Volkskunsttheaters Beijing oder des Chinesischen Jugendkunsttheaters um die vierzig Jahre alt, also gerade in ihrer geistigen und körperlichen Blüte. Im März 1979 prägten zwei wichtige Ereignisse die chinesische Theaterwelt. Zum einen die Neuinszenierung von Lao Shes *Das Teehaus*, denn in den fünfziger und sechziger Jah-

ren waren die Inszenierungen des Stücks in die Kritik geraten. Der Inhalt war stark verändert, es waren viele »rote Linien« gezogen worden. Nach dieser neuen Aufführung sind die meisten dieser »roten Linien« wieder entfernt worden. Hinzu kam, dass das sehr erfahrene Ensemble einen guten Eindruck davon vermittelte, auf welch hohes Niveau das Theater des Realismus in China gelangen kann, sobald die Störfaktoren der Politik eliminiert oder wenigstens vermindert werden.

Das zweite wichtige Ereignis war die Aufführung von Brechts *Galileo Galilei* in der Regie von Huang Zuolin und Chen Rong am Chinesischen Jugendkunsttheater. Zum ersten Mal wurde der Theaterwelt Chinas und dem Publikum bewusst, dass sozialistische Stücke auch anders aussehen können; zudem lernten wir das Konzept der »Verfremdung« kennen, was zu einer Erschütterung der Theater- und Geisteswelt führte. Damals gab es ja noch keine Freiheit der Gedanken, und nachdem ich einen Artikel über *Galileo* in der *Guangming Daily* veröffentlicht hatte, leitete mir die Redaktion viele Protestbriefe weiter und fühlte mir dazu noch mit unsinnigen Fragen auf den Zahn, z. B. wie man denn behaupten könne, dass Galileo ein Volksheld und gleichzeitig ein Volksverräter sei, ein Hasenfuß mit einem Löwenherz, usw. In der Inszenierung gab es eine entscheidende Szene, die das Publikum vor Erstaunen sprachlos machte: Nachdem Galileo von der Inquisition festgenommen worden war, blieben sein Schüler und seine Tochter fest davon überzeugt, dass sich sein Lehrer bzw. ihr Vater standhaft zeigen würde. Doch kaum hatte die Glocke zum ersten Mal geläutet, knickte Galileo vor der Kirche ein und bekannte, dass seine Theorie der Himmelskörper falsch sei. Für seinen Schüler war das eine Enttäuschung sondergleichen, und als Galileo aus dem Gerichtsgebäude herausspazierte, schrie er ihm voller Wut den Satz entgegen: »Ein Land ohne Helden ist ein trauriges Land«, woraufhin Galileo die Bühne von einem Ende zum anderen überquerte und sich, kurz bevor er abging, noch einmal umdrehte mit dem Satz: »Ein Volk, das Helden braucht, ist ein trauriges Volk.« Dieser Moment machte jeden Einzelnen im Publikum fassungslos; niemals zuvor hatten wir auf der Bühne zwei so völlig gegensätzliche Auffassungen zur gleichen Zeit ausgesprochen erlebt, und, was der letzte Satz noch mehr zu denken gab: Er kam aus dem Munde eines Verräters.

Wie kommen Sie zu der Auffassung, dass nach der Blütezeit in den Achtzigern keine guten Aufführungen mehr produziert wurden?

In den achtziger Jahren gab es eine Menge guter Inszenierungen, wie *Feste der Freude, Feste der Trauer (Hongbai xishi)* von Wei Min und Meng Bin, *Das Nirwana des Hundemannes (Gouer ye Niepan)* von Jin Yun, *Die Chronik von Sangshu Ping (Sangshu ping jishi)* von Zhu Xiaoping, *Das Dorf Laofengliu (Laofengliu zhen)* von Ma Zhongjun, *WM (Women)* von Wang Peigong. Sie entstanden aus einem bestimmten künstlerischen Milieu heraus und waren geprägt von einer Gruppe von Regisseuren und Autoren bzw. von einer Reihe Theatern. Dann wurde der Regisseur Wang Gui wegen dem Stück *WM* von seiner Aufgabe als Leiter seines Theaters entbunden und erhielt ein Inszenierungsverbot von etwa zwanzig Jahren – in seiner besten Zeit. Auch die hervorragende Regisseurin Chen Rong musste nach dem Tian'anmen-Massaker ihr Amt als künstlerische Direktorin niederlegen. Nachdem diese Regisseure gezwungen waren, ihr Wirken zu beenden, wurde es für junge Leute schwer, ihrem Beispiel zu folgen. Die Nachwuchskünstler waren nun gewarnt und wussten um die Gefahren. Man kann leicht gegen die Wand

fahren, deswegen sind sie gut darin, sich selbst zu schützen, oder, anders ausgedrückt, sie werden alle von einem inneren Polizisten reglementiert. So können keine guten Werke entstehen. Die Neunzigerjahre haben nur einen brillanten Autor hervorgebracht, Guo Shixing.

Guo Shixing, *Vogel-mensch*, Inszenierung: Lin Zhaohua, Volkskunsttheater Beijing 1993.

Aber gibt es in der Kunst, unabhängig von der Ideologie, nicht doch ein wenig Freiraum?

Es gibt durchaus Freiräume, aber nur kleine. Man kann kommerzielle Stücke aufführen oder Kabaretts *(hunaoju)*, aber komm bloß nicht den Ideologien in die Quere!

Welche Regisseure, Autoren oder Stücke sind denn seit den Neunzigern in Festlandchina in Erscheinung getreten, die Sie trotzdem für interessant halten?

Da fallen mir wirklich keine ein. Vor allem in den letzten Jahren gibt es immer weniger sehenswerte Aufführungen, was mich alten Mann, der ich schon einige tausend Inszenierungen gesehen habe, immer einsamer macht.

Wie ist es denn mit Guo Shixing, den Sie gerade erwähnt haben?

Guo Shixing gehört zu den wenigen exzellenten Dramatikern. Seine Werke sind etwas ganz Besonderes. In den achtziger Jahren entstand in der Kulturwelt Chinas die Strömung »Kultur sucht ihre Wurzeln«. Viele Künstler dachten über die Vergangenheit nach und verwandten viel Energie darauf, herauszufinden, wo die Volkskultur eigentlich ihre Wurzeln hat. Gao Xingjian hat in dieser Zeit *Der Wildmensch (Yeren)* und andere Werke verfasst. Aufgrund dieser Suche wuchs langsam aber stetig die Erkenntnis, dass die Volkskultur ihre eigenen Schwächen hatte und aus dem Streben danach entstand die Kritik daran. Guo Shixings sogenannte *Trilogie der Müßiggänger (Xianren sanbuqu): Vogelmensch (Niaoren)*, *Schachmensch (Qiren)* und *Fischmensch (Yuren)* entstand vor dem Hintergrund dieser Debatte. Er begegnet den althergebrachten, ruhigen Arten des Zeitvertreibs wie Vogelhaltung, Schachspielen und Angeln, die sich im Alltag der einfachen Leute erhalten haben. Diese Leute gehen ihren Hobbys allein zum Zweck des Vergnügens, mit übertriebenem Perfektionismus und komplexen Emotionen nach. Guo transferiert seine Geschichten in ein Königreich der Allegorien und macht die Selbstkasteiung des Einzelnen zu einem Witz der Moderne. Er hat noch viele weitere Stücke geschrieben, das erfolgreichste war *Eine Straße der üblen Rede (Huaihua yi tiao jie)*. In dieser Straße erzählt jeder Bewohner Gemeinheiten über den anderen. Das Stück ähnelt sehr stark *Kommen und Gehen* von Samuel Beckett. Guo benutzt darin Wortspiele aus Volksreimen, um auf lebendige und komische Art und Weise sprachliche Paradoxa und die Lächerlichkeit der Menschen in Szene zu setzen.

Und Regisseure?

Es gibt eigentlich nur einen Regisseur der älteren Generation, der noch am Leben ist und auch noch neue Arbeiten kreiert, nämlich Lin Zhaohua. Seitdem er sich aber aus dem Beijnger Volkskunsttheater zurückgezogen und sein eigenes »Lin Zhaohua Studio« *(Lin Zhaohua gongzuoshi)* gegründet hat, arbeitet er entweder mit Amateuren, die er selbst ausgebildet hat, oder mit jungen Akademieabsolventen. Man kann allerdings kaum für die Qualität einer Aufführung garantieren, wenn einen die Clique der maßgeblichen Schauspieler an den großen Bühnen nicht mehr unterstützt und man außerhalb der Produktionsmaschinerie der Theaterbetriebe steht. *Die Wotou[4] Versammlungsstätte (Wotou huiguan)* von Liu Heng und *Die Ebene des weißen Rehs (Bailuyuan)* von Chen Zhongshi, die Lin in den letzten Jahren am Volkskunsttheater Beijing inszeniert hat, stehen seinen Produktionen von früher dennoch in nichts nach.

In der Generation der Regisseure um die fünfzig sind Li Liuyi und Meng Jinghui immer noch ziemlich einflussreich. Li Liuyi besitzt ein profundes Wissen über chinesisches Musiktheater *(xiqu)* und hat einige anspruchsvolle chinesische Opern inszeniert: *Der gute Mensch von Sezuan[5] (Sichuan haoren)*, *Das glückliche Leben des geschwätzigen Zhang Damin (Pinzui Zhang Damin de xingfu shenghuo) (Pingju)[6]* von Liu Heng und *Kanzler Liu, der Bucklige (Zaixiang Liu Luoguo)* (Peking-Oper) von Shi Ling. Er hat viel Mut bewiesen und einige kontrovers diskutierte experimentelle Stücke inszeniert, z. B. Cao Yus *Wildnis (Yuanye)* und *Pekinger (Beijingren)*. Meng Jinghui gehörte in den neunziger Jahren zu den Pionieren des Experimentaltheaters und war der Regisseur epochemachender Stücke wie *Sehnsucht nach dem weltlichen Leben (Sifan)* nach Boccaccios *Decameron* und *Ich liebe xxx (Wo ai xxx)* von Meng Jinghui und Huang Jingang. In den letzten zehn, zwanzig Jahren hat er zunehmend kommerzielle Aufführungen gemacht.

Diese Regisseure bewegen sich ja alle im Rahmen der staatlichen Institutionen, wie sieht es denn jenseits davon aus? In Beijing und Shanghai gibt es einige unabhängige Theatergruppen, z. B. die Gruppe »Living Dance Studio« (Shenghuo wudao gongzuoshi) von Wu Wenguang und Wen Hui, die eine Nischenexistenz führen. Sie sind mehrfach ins Ausland eingeladen worden. Erst vor kurzem habe ich ihre neue Performance Hunger (Ji'e) *gesehen. Zentraler Bestandteil dieser dokumentarischen Theaterarbeit sind die »drei Jahre der Naturkatastrophen« von 1959–1962, ein schon fast in Vergessenheit geratener Abschnitt der jüngeren chinesischen Geschichte. Wu Wenguang hat dafür etwa ein halbes Jahr lang junge Menschen zwischen zwanzig und dreißig aufs Land in ihre Heimatdörfer geschickt, um*

---

4   Wotou sind kleine kegelförmige Süßigkeiten aus gedämpftem Teig, meist aus Maismehl.

5   Sichuan-Oper auf der Grundlage von Bertolt Brechts gleichnamigem Stück. (Anm. d. Ü.)

6   Eine Form der chinesischen Oper, die ihren Ursprung im Gebiet östlich von Beijing hat. (Anm. d. Ü.)

*ihre Großeltern und andere alte Menschen zu interviewen, die diese Katas-
trophen selbst miterlebt haben.*

*Dass mich diese Aufführung so bewegt hat, liegt weniger an den schau-
spielerischen Qualitäten als an der Haltung dieser jungen Leute auf der
Bühne; ihre Ehrlichkeit, ihre Einfachheit, ihre Trauer und ihr Mut, Verantwortung zu übernehmen, haben mich berührt. Hunger wurde nur in klei-
nem Kreis aufgeführt und von wenigen gesehen, und doch gehört die Inszenierung zu den außergewöhnlichsten Aufführungen, die ich in den letzten
Jahren in China gesehen habe. Sie verdankt sich vielleicht nicht so sehr einem ausgeprägten Kunstwillen, lässt aber gleichzeitig eine große künstlerische Vorstellungskraft erkennen.*

Wen Hui ist Choreografin einer Gesang- und Tanztruppe, Wu Wenguang ist Regisseur von Dokumentarfilmen und Schriftsteller. Das erste
Stück, an deren Aufführung sie Anfang der Neunziger mitwirkten, war
Akte 0 (Ling dang'an). Ich war Dramaturg und literarischer Berater dieser Inszenierung. Danach waren sie noch an weiteren wichtigen Inszenierungen beteiligt wie beispielsweise *Über Aids (Yu aizi you guan)*
von Mou Sen und *Drei Schwestern – Warten auf Godot* von Lin Zhaohua. Zur Jahrtausendwende begannen sie, ihre eigenen Produktionen zu
machen. In Hongkong habe ich von ihnen *Living together/toilet (Tongju
shenghuo/Matong)* gesehen. Als unbeirrbare unabhängige Intellektuelle respektiere und schätze ich Wen Hui und Wu Wenguang durchaus.
Sie würden niemals ihre Grundsätze verraten und dem schlechten Beispiel anderer folgen, lieber arbeiten sie weitab vom Zentrum mit einer
Gruppe junger Künstler. Allerdings ist der politische Ton ihrer Aufführungen relativ laut, während ich mit ihrem künstlerischen Niveau meine
Probleme habe. Hinzu kommt, dass ihre Inszenierungen nicht öffentlich
gezeigt werden und daher gar nicht ins Blickfeld der breiten Masse kommen können. Deswegen ist ihr Einfluss begrenzt.

*Wenn die Theatermacher in Festlandchina diesen Zustand ändern wollten,
welche Möglichkeiten gäbe es da?*

Der Gesamtzustand Festlandchinas ist der eines lebendigen und pulsie-
renden Chaos, weshalb auch niemand die Richtung vorhersehen kann,
in der es sich entwickeln wird. Wenn man etwas verändern will, muss
man die Rahmenbedingungen verändern. Zunächst müsste es tatsächliche Redefreiheit, Freiheit für das Verlagswesen und die Theaterarbeit

geben, zweitens müsste sich die Wirtschafts- und Kulturpolitik unseres Landes grundlegend ändern. Sonst sehe ich da gar keine Chance.

Die Kulturrevolution ist ja nun schon viele Jahre her, hat sie denn noch Einfluss auf Zustand und Entwicklung der Theaterkultur?

Der größte Einfluss sind die eingefahrenen Denkweisen. Die Bühnencharaktere sind nach wie vor eindeutig unterteilt in schwarz oder weiß, sie werden beherrscht von einem monumentalen Narrativ *(hongda xushi)*. Jedes Wort, jede Handlung eines Arbeiters, der einen Arbeitsplatz verliert, wird auf die Zukunft der Nation bezogen, woran die meisten Intendanten, Autoren und Regisseure im Grunde selbst nicht glauben. Warum sie trotzdem mitmachen, obwohl sie nicht daran glauben? Sie wollen in dieser Umgebung der Lüge überleben.

Hongkong wurde ja schon sehr früh von der britischen Kultur geprägt, ist es da vielleicht anders?

Diese Art von festgefahrenen Denkweisen gibt es zwar weniger, Hongkong hat demgegenüber aber nichts Eigenes entwickelt. Außer der Imitation von Theorien und Konzepten aus dem Ausland bringen die Kollegen dort auch nichts Neues zustande. Es reicht einfach nicht, wenn man seinen Kreationen nur die Theorien anderer überstülpt. Natürlich sind Literatur und Kunst auch in Festlandchina von Moderne und Postmoderne beeinflusst worden, aber wir haben schließlich zwei-, dreitausend Jahre alte kulturelle Tradition, darunter komplexe Einflüsse durch Konfuzianismus (Konfuzius), Daoismus (Laozi und Zhuangzi) und Buddhismus (Zen-Buddhismus).

Wieso beschäftigen Sie sich so intensiv mit der Entwicklung des Theaters in China, Hongkong und Taiwan?

Nach dem Ende der Kulturrevolution wurden wir viele Jahre in ein enges Korsett gezwängt, was uns begierig darauf machte, unsere Fühler auszustrecken und den Rest der Welt wahrzunehmen. Wir wollten wissen, was Intellektuelle anderer Länder dachten und taten. Und wenn wir schon neugierig darauf waren zu erfahren, was in der Welt geschah, warum dann nicht auch nach Taiwan und Hongkong schauen, die ja ebenfalls zum chinesischen Kulturkreis gehören? So viele Jahre haben wir Taiwan und Hongkong einfach ignoriert und sind davon ausgegangen, dass sie kulturelle Einöden seien. Später wurde ich in der Arbeit noch mehr motiviert, als ich das Unterrichtsmaterial der chinesischen Universitätsverlage durchging, z. B. zur Literaturgeschichte, zur Geschichte des Theaters oder des Kinos. Taiwan oder Hongkong kamen dort einfach nicht vor. Also wollte ich herausfinden, ob sie tatsächlich eine »kulturelle Einöde« waren. Bei den Vorarbeiten zu der Produktion *Die rote Nase (Hong bizi)* von Yao Yiwei stieß ich 1981 auf meiner Suche nach einem Stück aus Hongkong und den USA auf eine große Anzahl antikommunistischer, antirussischer Dramentexte. Erst da wurde mir klar, dass wir die schwarz-weiße Welt der Helden und Feiglinge, die damals aus unserer Feder floss, nicht alleine gepachtet hatten, die Guomindang hat das ganz genauso gemacht. Ich musste laut darüber lachen und kam zu der Erkenntnis, dass nicht allein die Kulturrevolution diese Entwicklung verursacht hatte, sondern dass in dem ganzen Prozess der Modernisierung, den das chinesische Volk seit der 4.-Mai-Bewegung[7] beschritten hat, unsere Denkweise irgendwie in eine Schieflage geraten ist. Aber wie genau konnte das passieren?

Wie groß ist die gesellschaftliche Bedeutung des Theaters für Hongkong, Taiwan und Festlandchina?

Das Theater hat in verschiedenen Perioden der chinesischen Geschichte eine beträchtliche Wirkung entfaltet. Zur Zeit der 4.-Mai-Bewegung inspirierte es die »Bewegung für Neue Kultur«, zur Zeit des Antijapanischen Krieges war es ein Propagandamittel, um die Massen zu mobilisieren. Auch unmittelbar nach der Kulturrevolution wurde das Theater – auf neue Art – zu einer Inspirationsquelle. Wir können uns heute gar nicht mehr vorstellen, wie das damals war, nach dem Ende der Kulturrevolution, wenn ein neues Stück herauskam. Am Tag der Uraufführung standen mehrere hundert, ja bis zu tausend Zuschauer Schlange, um Tickets zu kaufen. Sie waren bereit, vier, fünf Stunden dafür zu warten. Damals hatte das Theater eine enorme Wirkung auf die Gesellschaft. Im Laufe der Zeit wurde das Theater mit allen Beteiligten aufgrund von komplizierten politischen und wirtschaftlichen Entwicklungen aller Art an den Rand der Gesellschaft gedrängt und es verlor allmählich an Einfluss. Hinzu

---

7   Die 4.-Mai-Bewegung entstand aus einem vehementen antikolonialen Protest der Studenten gegen die Versailler Verträge und markiert den Beginn der Moderne in China. (Anm. d. Ü.)

kommt, dass unsere gegenwärtigen Theater nicht mehr der Schauplatz des wahren Lebens sind, denn was dort geschieht, wagen die Theatermacher nicht mehr darzustellen.

Wie ist denn der Einfluss des Theaters auf das gesellschaftliche Leben in Taiwan und Hongkong?

Auch da ist der Einfluss nicht groß. In Taiwan ist es um das Theater des linken Flügels und die Studententheater still geworden. Literatur, Kunst und Theater scheinen ihre ursprüngliche Kraft verloren zu haben. Selbst wenn die Theaterschaffenden auf der Bühne ständig alle möglichen »Geschichten Taiwans« erzählen, herrscht ein schwer zu überwindendes Gefühl der Verlorenheit.

In Hongkong war die Grenze zwischen experimentellem und kommerziellem Theater immer unscharf. Die Verkaufszahlen haben bei jeder Produktion oberste Priorität, und nur sehr wenige diskutieren ernsthaft über die geistige und künstlerische Dimension einer Aufführung. Das Theater nimmt so gut wie keinen Einfluss auf die intellektuellen Strömungen und gesellschaftlichen Debatten in der Bevölkerung.

Die »Bevölkerung«, wie man so schön sagt, setzt sich ja aus den unterschiedlichsten Gruppierungen zusammen. Welche Beziehung sollte denn zwischen dem Theater und der Bevölkerung bestehen?

Schon Bertolt Brecht hat gesagt, dass das Theater das Publikum spaltet. Es ist ein Ding der Unmöglichkeit, eine Inszenierung gleichsam strategisch so zu planen, dass sie beispielsweise Jung und Alt gleichermaßen anspricht. Je mehr ein Stück versucht, es allen recht zu machen, desto zwangsläufiger wird es sehr seicht, denn sein gemeinsamer Nenner ist dann zwar am größten, sein Wert aber am kleinsten. Das Theater von heute ist eindeutig für bestimmte Zielgruppen gemacht, das heißt, man inszeniert für unterschiedliches Publikum, unterschiedliches Theater. Das ist die einzige Chance, um der eigenen Entwicklung eine Richtung zu geben.

Vielen Dank für das Gespräch.

Das Gespräch wurde im Sommer 2014 in Beijing geführt.
Aus dem Chinesischen von Sophia Zasche

»Perfekter Zusammenklang der Emotionen«

Entwicklungstendenzen des chinesischen *xiqu*
im frühen bis mittleren 20. Jahrhundert

Von Irene Wegner

Das Theater in China bis zum Ende der Qing-Dynastie

Die Theaterform, die sich im Laufe der Jahrhunderte in China eigenständig entwickelt hat, trägt die Bezeichnung *xiqu*, was wörtlich übersetzt etwa »theatrale gesungene Verse« bedeutet und darauf verweist, dass in dieser dramatischen Tradition die musikalischen Elemente mit denen der klassischen Dichtung eng verwoben sind. Auf der Grundlage zahlreicher lange existierender Formen darstellender Künste – von rituell-tänzerischem bis volkstümlich unterhaltendem Charakter – entstanden in der Song-Dynastie (960–1279) in den urbanen Zentren zahlreiche Vergnügungsviertel mit den ersten festen Theaterhäusern. Erst seit dieser Zeit kann man in China von einer Theatertradition in engerem Sinne sprechen. Nach Einschätzung der meisten historischen Quellen bildeten sich im Rahmen des *xiqu* seit dem 17. Jahrhundert mehr als 300 regionale und lokale Theaterstile *(difang xi)* heraus, die sich vor allem im musikalischen Stil und im Dialekt, aber nur in geringerem Maße in Darstellungsstil, Rollenfächern, Kostümierung, Masken und Repertoire unterscheiden.

Der bis in die Gegenwart am weitesten verbreitete und populärste Stil des *xiqu* ist die sog. Peking-Oper *(Jingju)*, die gegen Ende des 18. Jahrhunderts in der damaligen Hauptstadt des chinesischen Kaiserreiches aus verschiedenen regionalen Musikstilen gebildet wurde. Sie löste die sublime und elitäre Kun-Oper *(Kunqu)* aus dem Süden als lange Zeit dominierende Richtung ab. Auf der Grundlage des dem Publikum meist wohlbekannten Stückerepertoires entfaltet sich im *Jingju* ein umfassendes Bühnentheater aus Gesang, gesprochener Sprache, Tanz, stilisierter Bewegung, Gestik und Mimik sowie akrobatisch inszenierter Kampfkunst. Das Besondere daran ist das präzise kodifizierte, komplexe Darstellungssystem, das über ein sehr umfangreiches schauspielerisches Vokabular mit Sprach- und Gesangsmodi für eine große Bandbreite an dramatischen Situationen verfügt. Zu den ästhetischen Eigenheiten zählt auch die räumliche und zeitliche Flexibilität der szenischen Struktur. Das spezifische musikalische System gab dem Libretto die Möglichkeit, die Theatralität einer jeden Rolle relativ frei zu entwickeln (vgl. Li Ruru 2010: 24 f.). Trotz des hohen Stilisierungsgrades und der visuellen Distanz zum chinesischen Alltagsleben war die Entwicklung des *Jingju* stets eng mit den realen sozialen und historisch-politischen Gegebenheiten des Landes verwoben. So rückte im 19. Jahrhundert, als die Bedrohung Chinas durch ausländische Mächte zunahm, wohl nicht von ungefähr die Darstellung berühmter Kaiser, Staatsmänner, Generäle und

Mei Lanfang und Yu Zhenfei bei den Dreharbeiten zur Verfilmung von *Päonienpavillon* im Jahr 1959.

Rebellen der chinesischen Geschichte immer weiter ins Zentrum.[1] Das Rollenfach der älteren Männer, *laosheng*, dominierte lange Zeit das Bühnengeschehen, was sicher die patriotischen Gefühle weiter Teile der Bevölkerung widerspiegelte und diese Theaterform mit ihren berühmten maskulinen Heldenfiguren und den entsprechenden Bühnenstars gegen Ende des Jahrhunderts in vielen Teilen des Landes sehr beliebt machte.

In Shanghai entstand ein weiteres bedeutendes *Jingju*-Zentrum (*Haipai*), das mit seinem aufwändigen Ausstattungsstil für die orthodox reduzierte Darstellungsweise der Pekinger Schule (*Jingpai*) bald starke Konkurrenz bedeutete. Zudem setzte sich zu Beginn des 20. Jahrhunderts allmählich das Starsystem durch. Einzelne Bühnengrößen entwickelten ihren ganz individuellen Darstellungsstil, was schließlich auch zu einem ausgeprägten Connaisseurtum unter den Theaterbesuchern führte. Nicht nur in Shanghai luden geschäftstüchtige Theaterbesitzer außergewöhnliche Sänger zu Gastauftritten ein, die dann vom restlichen Ensemble begleitet wurden. Während dessen Mitglieder eine feste Entlohnung erhielten, war das Einkommen der Stars vom Kartenverkauf abhängig und konnte beträchtliche Höhen erreichen. Obwohl diese Ausnahmetalente in Beijing, wo auch der Kaiserhof großes Interesse an der Theaterwelt zeigte, zunächst nur in ihren eigenen Truppen auftraten, begann sich das System der Gastauftritte auch hier zu etablieren. So verfügten die großen Bühnenhelden bald über ihre persönlichen Instrumentalbegleiter und ihren eigenen Kostümfundus. Werbeplakate und Anzeigen in den zahlreichen Zeitungen halfen, die großen Darsteller noch bekannter zu machen.

Obwohl das *Jingju* den Höhepunkt seiner Popularität, Einträglichkeit und seines nationalen Ansehens von den 1910er bis zu den 1930er Jahren erlebte, führte dies für die Masse der Theaterangehörigen nicht zu allgemein besseren Ausbildungsbedingungen oder stabileren Einkommen. Stattdessen dominierte in den privaten Theaterschulen die einseitige Förderung der wenigen hochbegabten Schüler, während der Rest ums Überleben kämpfen musste. Von schulischer Bildung neben der Berufsausbildung konnte bei den jungen Eleven keine Rede sein. Letztlich

---

1   Traditionell wird jede Bühnenfigur einer der vier Grundrollentypen (*sheng* für Männer, *dan* für Frauen, *jing* für Schminkmaskenfiguren und *chou* für komische Figuren) mit ihren vielfältigen Untergruppen zugeordnet. Diese Kategorisierung bestimmt die Darstellungsnorm insbesondere hinsichtlich Gesangs- und Bewegungsstil sowie Mimik.

schaffte es nicht mehr als eine Handvoll Stars, zu Ruhm und Reichtum zu gelangen (vgl. Goldstein 2007: 227 ff.).

Die vier großen *dan*-Darsteller (v. l.) Cheng Yanqiu, Shang Xiaoyun, Mei Lanfang und Xun Huisheng.

Mei Lanfangs Reformen

Mit dem Sturz der Kaiserdynastie veränderte sich das politische Denken in China grundlegend. Nicht zuletzt die Rolle der Frau in der Gesellschaft wurde bald zu einem vieldiskutierten Thema. So war es wohl kein Zufall, dass auch auf den Musiktheaterbühnen die Darstellung von Frauenrollen *(dan)* immer mehr Beachtung fand. Traditionell wurde das weibliche Rollenfach in der Peking-Oper, wie auch in vielen anderen *xiqu*, durch männliche Schauspieler verkörpert. Mit Beginn des 20. Jahrhunderts gelangten verschiedene Frauendarsteller zu größerer Popularität. Als die vier berühmtesten *dan*-Schauspieler dieser Zeit gelten Shang Xiaoyun (1900–1976), Cheng Yanqiu (1904–1958), Xun Huisheng (1900–1968) und Mei Lanfang (1894–1961).

Mei Lanfang als Han Yuniang in *Schmerz über Leben und Tod (Shengsi hen)*.

Mei Lanfang in den 1910er Jahren in einem seiner modernen Dramen mit zeitgenössischer Kleidung und Frisur.

Letzterer war fast fünf Jahrzehnte lang der anerkannte absolute Bühnenstar des Landes. Schon kurz nachdem Mei, der aus einer alteingesessenen Pekinger Theaterfamilie stammte, elfjährig dort im Guanghe Theater sein Bühnendebüt gab, begann er als *dan* mit den Spezialisierungen auf *qingyi* (seriöse, zurückhaltende Frauen mittleren Alters), *huadan* (kokette, lebhafte junge Frauen) und *daomadan* (kämpferisch-akrobatische Kriegerinnen) außerordentliche Erfolge zu feiern. 1913 kehrte er nach einem Gastspiel in Shanghai, der Stadt, die auch die Tradition der Kun-Oper sehr pflegte, nach Beijing zurück und begann zusammen mit dem Theaterhistoriker Qi Rushan in den Jahren 1914 bis 1931 das *Jingju* zu verfeinern, indem er Bewegungen, Gesten und den eher literarischen Gesangsstil des sehr kultivierten *Kunqu* in seine Bühnenkunst integrierte.

In China hatte man damals gerade Bekanntschaft mit dem realistisch orientierten Sprechtheater aus Europa und seinen aktuellen Themen und Szenerien geschlossen. Viele Chinesen hielten diese neue Richtung für weitaus geeigneter, die Probleme der modernen Zeit glaubhaft darzustellen. Auch Mei Lanfang setzte sich intensiv mit dem »Neuen Theater in zeitgenössischen Kostümen« *(shizhuang xinxi)* auseinander und produzierte zwischen 1913 und 1918 fünf solcher Stücke (vgl. Mei Lanfang 1987: 270–279 und 551–569).

Seine Reformversuche in dieser Hinsicht zogen das Publikum zunächst stärker an als die strikt traditionellen Stücke, was an den zeitgemäßen, damit interessanteren Inhalten und am neuen, entsprechend attraktiveren Darstellungsstil gelegen haben mag (vgl. Tian 2010: 8). Da diese Reformstücke aber letztlich keine durch die Tradition perfektionierte Qualität besaßen, ja mit ihren schnell zusammengeschriebenen Sensationsgeschichten häufig improvisiert wirkten und weder sinnvolle Libretti noch gut durchgearbeitete Arien aufwiesen, ließ der Erfolg längerfristig zu wünschen übrig (vgl. Li Ruru 2010: 46 f.). Nach fünf Jahren der Experimente stellte Mei Lanfang diese Aufführungen schließlich ein, da er sie für künstlerisch zu beschränkt, ja gar schädlich hielt und er darin auch sein gesamtes an konventionalisierten Darstellungsmustern orientiertes Repertoire und seine Gesangskunst nicht nutzen konnte. Ebenso hielt er die realistische Szenerie für unpassend, da in seinen Augen im traditionellen Darstellungsstil durch die Kunst des Schauspielers bereits alles ausgedrückt wurde, es hier also zu einer Überdefinition kam und der Aktionsradius des Darstellers durch umfangreiches Bühnenmobiliar unnötig eingeengt wurde (vgl. Tian 2010: 9).

In seinen Memoiren schildert Mei aber auch, dass sein erster Schritt bei der Vorbereitung auf eine neue Rolle das genaue Studium des Charakters beinhalte. Als Darsteller müsse man sich mit der Familiengeschichte, dem sozialen Status und den Erfahrungen, der mentalen Disposition und Entwicklung der jeweiligen Figur intensiv auseinandersetzen, um sie glaubhaft verkörpern zu können. Ein solcher vom Westen inspirierter Ansatz, der die Psychologie bei der Bühnendarstellung der Figuren in den Vordergrund rückt, war für das *xiqu*, bei dem es bisher vor allem auf die detailgenaue Wiedergabe des überlieferten Formenkanons ankam, ein absolutes Novum (vgl. Mei Lanfang 1987: 212 ff.).

Auf seinen Auslandsreisen nach Japan (1919 und 1925), in die USA (1930), in die Sowjetunion, nach Italien, Frankreich, Deutschland und England (1936) erzielte Mei Lanfang mit seinen Aufführungen auch international enorme Aufmerksamkeit und Würdigung durch zahlreiche Theatergrößen (vgl. Dolby 1976: 217). Möglicherweise lag dies an seiner herausragenden Fähigkeit, den exotischen Formenkanon dieser altehrwürdigen Schauspieltradition mit den neuen Errungenschaften persönlichkeitsbezogener westlicher Bühnenpräsenz zu kombinieren.

In jedem Fall festigten die internationalen Erfolge auch seine Stellung in der chinesischen Heimat. Gastspiele in alle Teilen des Landes folgten, bei denen er außerordentlich gefeiert wurde. Berühmte Darsteller wie Mei Lanfang waren ja die großen Meister des frühen 20. Jahrhunderts, die in den von ihnen definierten Rollenrepertoires einen ganz spezifischen

Gesangs-, Sprach- und Darstellungsstil kreierten. Auf diesen Grundlagen entwickelten sie eigene Schulen, die in der Peking-Oper auch heute noch (oder wieder) präsent sind. Im Zuge grundlegender emanzipatorischer Entwicklungen in der Gesellschaft begannen damals die *dan*-Darsteller, auch einzelne Frauen als Schauspielschülerinnen auszubilden (vgl. *Zhongguo Jingju Shi* 1990: 41 f.).

Diese Tendenz setzte sich schnell durch, und damit nahm das *xiqu* einen anderen Weg als die traditionellen japanischen Theaterkünste *Nô* und *Kabuki*, in deren berühmten Schulen bis heute ausschließlich Männer ausgebildet werden.

In der Epoche der 1920er bis 1940er Jahre durchliefen auch andere Regionalopern des *xiqu* diverse Entwicklungsprozesse. Die Kanton-Oper etwa integrierte westliche Theatertechniken und Musik, womit sie auf die Wünsche des dortigen Publikums reagierte (vgl. Yung 1989: 89). Zu einem allgemeinen Stillstand kam es allerdings in den Jahren der japanischen Okkupation (1937–45), als viele Schauspieler sich weigerten, öffentlich aufzutreten. Auch während des chinesischen Bürgerkriegs (1946–49) kam die Entwicklung des traditionellen Musiktheaters nahezu zum Erliegen.

Theater nach 1949

Schon bald nach der Regierungsübernahme durch die kommunistischen Führer wurde deutlich, dass Literatur und Kunst von nun an in erster Linie politischen Zielen zu dienen hatten. Nach entsprechenden experimentellen Versuchen mit dem *Jingju* in den frühen vierziger Jahren erwählte man das traditionelle Musiktheater wohl aus Gründen seiner immer noch allgemein großen Popularität als Modellsparte für eine erste große politische Reform im Kulturbereich. Zu diesem Zweck wurden zwischen 1949 und 1955 durch die Regierung zunächst in Beijing und dann in anderen kulturellen Zentren des Landes Komitees und Ämter gegründet, die die Erneuerung des *xiqu* allgemein überwachen sollten. Dies umfasste die Revidierung der Drameninhalte und ihre entsprechende Umarbeitung. Außerdem gab die Führung neue Opern mit zeitgemäßen und revolutionären Inhalten in Auftrag und ließ sie inszenieren. Alte traditionelle Dramen, die als reaktionär eingestuft wurden, verbannte man bald offiziell von den Bühnen oder verunglimpfte sie durch gezielte Presseattacken.

Auch Mei Lanfang konnte oder wollte sich der Reformbewegung des neuen kommunistischen Regimes nicht entziehen. So änderte er u. a. die ideologische Orientierung seiner Stücke. In einer seiner Paraderollen,

Mei Lanfang unterrichtet Chen Bohua, eine Darstellerin der Hubei-Oper.

der Yang Guifei in *Die betrunkene Konkubine (Guifei zui jiu)*, machte er aus einer sich vom Herrscher vernachlässigt fühlenden Geliebten ein bedauernswertes Opfer des frauenfeindlichen feudalen Unterdrückungssystems. Dabei glaubte Mei im Jahr 1949 zunächst noch, dass er mit der von ihm formulierten Losung »Fortschritt muss nicht eine Veränderung der Form bedeuten« den Säuberungstendenzen entgehen könnte. Doch schon bald wurde er gezwungen, seine Maxime in »Fortschritt erfordert auch den Wandel der Form« zu revidieren, um den Vorwürfen des falschen Reformismus und des Formalismus zu entgehen. Um seine neue Haltung zu unterstreichen, hob er hervor, dass er sich mit Stanislawkis System des Bühnenrealismus beschäftigt hätte und davon tief beeindruckt sei.

Diese Einschätzung entsprach der allgemeinen Auffassung der Theaterschaffenden in den 1950er Jahren. Konstantin Stanislawskis Schriften waren teilweise schon 1937 ins Chinesische übersetzt und heftig diskutiert worden (vgl. Sun 1987: 139). Allerdings unternahm Mei in seinen folgenden Bühnenauftritten keine weiteren Formveränderungen in Richtung auf eine realistischere Gestaltung seiner Vorstellungen (vgl. Tian 2010: 14 f.). Dennoch wurde er im Januar 1955 zum Präsidenten der neu gegründeten Peking-Opern-Kompanie China *(Zhongguo guojia Jingjuyuan)* gewählt (vgl. *Zhongguo Jingju Shi* 2000: 43).

Dass dieser große Künstler die hochkonventionalisierte Bühnenkunst des *Jingju* in jedem Fall mit starkem gefühlsmäßigem Ausdruck
bereicherte, dokumentiert der Bericht seines ebenfalls hochberühmten
Schauspielerkollegen (des *Kunqu* und *Jingju*) Yu Zhenfei (1902–1993),
der 1959 noch einmal mit Mei in der Szene »Youyuan jingmen« aus der
Kun-Oper *Päonienpavillon (Mudanting)* aufgetreten war. Darin heißt es:
»Herr Mei besaß bei seinen Auftritten die einzigartige Fähigkeit, seine
Bühnenpartner mit seiner Darstellungsweise zu infizieren und mit ihnen gemeinsam dann im perfekten Zusammenklang der Emotionen zu
spielen.« (Tian 2010: 89)

Durch die allmähliche Verbannung traditioneller Elemente von den
Theaterbühnen des *xiqu* sank das Publikumsinteresse drastisch, was bald
auch zu einem rapiden Verfall der künstlerischen Standards führte. Als
diese Entwicklung offenkundig wurde, reagierte man von oben mit einer
Phase der Liberalisierung, der Hundert-Blumen-Bewegung von 1956 bis
1957, während der einige der zuvor als reaktionär eingestuften Theaterstücke wieder in ihrer ursprünglichen Form aufgeführt werden durften. Die
neuen, politisch korrekten Dramen indes wurden wegen des geringen Be-
sucherzuspruchs kaum mehr aufgeführt. Das führte zu einem neuerlichen
Anziehen der politischen Linie von 1958 bis 1963: Operntruppen wurden
verpflichtet, »auf zwei Beinen zu gehen«, also neben den beliebten traditi-

onellen Opern auch die zeitgenössischen revolutionären zu spielen. Da in diese Periode auch der tiefgreifende ökonomische Niedergang des »Großen Sprungs nach vorn« fiel, in der schließlich zahlreiche produktionsfördernde Maßnahmen ergriffen werden mussten, lockerte man im Gegenzug erneut die Kontrolle über die Theater (vgl. Yung 1984: 146).

Doch auch auf diese Tauwetterphase folgte zwischen 1963 und 1965 wieder stärkere Reglementierung. In Artikeln und Reden wurden durch Mao Zedong und seine letzte Ehefrau Jiang Qing, die in den zwanziger Jahren als Peking-Oper-Darstellerin ausgebildet worden war, die meisten traditionellen Opern als feudalistisch und vulgär gebrandmarkt. Man verkündete, dass diese Stücke auf einem verwerflichen Aberglauben des Volkes beruhten und zugunsten der Entwicklung des Sozialismus ausgerottet werden müssten. Das *Jingju* sei die auserwählte Theaterform, die diesen Auftrag der Revolutionierung der Theaterbühnen erfüllen könne. Zu diesem Zweck wurde im Sommer 1964 in Beijing ein »Nationales *Jingju*-Festival« über zeitgenössische Themen veranstaltet, bei dem 29 Theatertruppen 35 Opern aufführten. Hier wurden auf der Grundlage existierender Roman-, Film- und Lokaloperntexte die ersten und berühmtesten »revolutionären *Jingju*-Dramen zu zeitnahen Themen« *(geming xiandai Jingju)* gezeigt (vgl. McDougall 1984: 292). Im folgenden Jahr verurteilte man die kurz zuvor neu geschriebenen Opern mit historischem Inhalt scharf, während weitere Stücke mit gegenwartsbezogenen Handlungen in Auftrag gegeben wurden. Danach zeigten die *Jingju*-Ensembles traditionelle Opern nur noch bei sehr wenigen besonderen Gelegenheiten, wie dem Chinesischen Neujahr oder nationalen Feiertagen (vgl. Guy 2005: 63).

Dramen mit historischen Stoffen verschwanden schließlich ganz aus den Theatern. Erlaubt wurden nur Stücke über Patriotismus oder Heldentum gegenüber lokalen Tyrannen und ausländischen Invasoren, über tapfere junge Leute, die die elterliche Autorität oder die orthodoxe Moral herausforderten, um Freiheit bei der Wahl des Ehepartners zu erlangen, oder solche mit Gesang und Tanz ohne tieferen Inhalt, aber mit spektakulären Schauspieltechniken. Ab dem Jahr 1966 sah man auf den Bühnen nur noch die fünf Modellopern *(yangbanxi) Shajiabang, Die Geschichte einer roten Signallaterne (Hong deng ji),*[2] *Mit taktischem Geschick den Tigerberg erobern (Zhiqu Weihushan),*[3] *Am Hafen (Haigang)* und *Attacke*

---

2   Beide Stücke basieren auf *huju*, Shanghai-Opern.

3   Das Stück basierte auf einer Episode aus einem Roman über den Bürgerkrieg, der wiederum die Adaption eines traditionellen Romans darstellte.

Szene aus dem Film
*Mit taktischem
Geschick den Tigerberg
erobern*, 1970.

auf das Regiment Weißer Tiger (Qixi Baihutuan). Hinzu kamen die beiden Ballettstücke *Das weißhaarige Mädchen (Baimaonü)* und *Das Rote
Frauenbataillon (Hongse Niangzijun)* sowie die symphonische Suite
Shajiabang. Nach 1969 wurden auf der Grundlage der fünf Modellopern
noch einige weitere Werke geschaffen sowie regionale Versionen dieser Modelldramen. Das Hauptziel der nun immer und überall präsenten
yangbanxi war es, gegenwartsbezogene Charaktere wie Arbeiter, Bauern,
Soldaten und weibliche Revolutionäre in überzeugender Weise auf die
Bühne zu bringen. Dabei galt es, »revolutionären Realismus mit revolutionärem Romantizismus« zu kombinieren, »das Alte auszumerzen, um
dem Neuen den Weg zu bahnen« und »das Vergangene zu nutzen, um
das Gegenwärtige zu fördern sowie das Ausländische zu verwenden, um
China zu dienen« (Judd 1987: 101). »Die linientreue revolutionär-roman-
tische Kunst der Kulturrevolution war als eine Monokultur vorgesehen,
die nichts anderes neben sich duldete.« (Mittler 2008: 262)

Zwischen 1966 und 1976 dominierten die *yangbanxi* und ihre Adaptionen das musikalische Schaffen in China und prägten für lange Zeit den
Geschmack der Musiker wie der gesamten Bevölkerung. Erstmalig in der

chinesischen Musikgeschichte war man hier nicht vom inhaltlichen, sozialen oder philosophischen Kontext der Musik ausgegangen, sondern hatte Wert auf die genaue Analyse des musikalischen Klangs gelegt. Dies führte zu einem tiefgreifenden Wandel der Kompositionsmethode und schließlich zu vermehrter Einbeziehung westlicher Musikinstrumente und westlicher Orchestrierung in die chinesische Orchestermusik. Besonders das Klavier wurde als starkes Instrument angesehen, das besser als die chinesischen Instrumente geeignet sei, zeitgenössisches Heldentum auszudrücken. In dieser Hinsicht blieb der Einfluss der Epoche auch längerfristig bestehen.

In der Praxis sollten in den *yangbanxi* Sprache, Gesang und Bewegungen der traditionellen Rollenfächer des *Jingju* noch erkennbar bleiben. Während aber dort neben dem Gesang zwei Stile gesprochener Sprache verwendet werden, nämlich die natürliche Sprache *(Jingbai)*, die dem Beijinger Straßendialekt entspricht, und die deklamatorische Sprache *(yunbai)* in hoher, rhythmisierter und artifizieller Tonlage, beschränkte man sich in den Modellopern auf den Straßendialekt. Dabei war der sprachliche Inhalt stets dem ideologischen Prinzip untergeordnet, dem auch der Stil, die Struktur und die Funktion der Musik unterlagen. Weitere westliche Elemente in den Modellopern waren die semirealistischen, semisymbolischen und komplex gestalteten Bühnenbilder, die in der Nachfolgeepoche dann auch teilweise Eingang in den Bereich des traditionellen *Jingju* fanden. Außerdem wurden international bekannte Bewegungsmuster und Gesten wie Heldenposen mit der geballten proletarischen Faust in das Repertoire des *Jingju* aufgenommen (vgl. McDougall 1984: 294 f.). Deren einst so reichhaltige alte Schauspieltradition wurde in dieser Epoche abgebrochen und geriet für mehr als eine Dekade weitgehend in Vergessenheit. Bei den späteren Wiederbelebungsversuchen dieser Kunst erwies es sich, dass große Teile des originalen Bühnenvokabulars nicht mehr rekonstruierbar waren. Damit wurde es sehr schwierig, alte Stücke wiederzubeleben oder neue zu entwickeln. Allgemein lässt sich sagen, dass sowohl die Reformversuche hinsichtlich des *Jingju* zu Beginn des 20. Jahrhunderts als auch die Einführung der Modellopern ein halbes Jahrhundert später das Ziel hatten, Elemente des Bühnenrealismus mit der formalisierten chinesischen Tradition zu verbinden. Beiden Bestrebungen war kein nachhaltiger Erfolg beschieden, und doch hat man im chinesischen Theater und in der Instrumentalmusikkultur diverse Elemente aus diesen Entwicklungsphasen auch längerfristig zu nutzen gewusst.

Literatur

Dolby, William (1976): *A History of Chinese Drama*, London: Paul Elek.

Goldstein, Joshua (2007): *Drama Kings. Players and Publics in the Re-creation of Peking Opera, 1870–1937*, Berkeley: University of California Press.

Guy, Nancy (2005): *Peking Opera and politics in Taiwan*, Urbana (u. a.): University of Illinois Press.

Judd, Ellen R. (1987): »Prescriptive Dramatic Theory of the Cultural Revolution«, in: Constantine Tung/Colin Mackerras (Hg.): *Drama in the People's Republic of China*, New York: State University of New York Press, 94–118.

Li Ruru (2010): *The Soul of Beijing Opera. Theatrical Creativity and Continuity in the Changing World*, Hong Kong: Hong Kong University Press.

McDougall, Bonnie S. (1984): »Writers and Performers, Their Works, and their Audiences in the First Three Decades«, in: dies. (Hg.): *Popular Chinese Literature and Performing Arts in the People's Republic of China 1949–1979*, Berkeley: University of California Press, 269–304.

Mei Lanfang (1987): *Wutai shenghuo sishi nian* (40 Jahre Bühnenleben), Beijing: Zhongguo xiju chubanshe.

Mittler, Barbara (2008): »Musik und Identität: Die Kulturrevolution und das ›Ende chinesischer Kultur‹«, in: Michael Lackner (Hg.): *Zwischen Selbstbestimmung und Selbstbehauptung. Ostasiatische Diskurse des 20. und 21. Jahrhunderts*, Baden-Baden: Nomos Verlagsgesellschaft, 260–289.

Sun, William Huizhu (1987): »Mei Lanfang, Stanislavsky and Brecht on China's Stage and their Aesthetic Significance«, in: Constantine Tung/Colin Mackerras (Hg.): *Drama in the People's Republic of China*, New York: State University of New York Press, 137–150.

Tian, Min (2010): *China's Greatest Operatic Male Actor of Female Roles. Documenting the Life and Art of Mei Lanfang, 1894–1961*, Lewiston: The Edwin Mellen Press.

Yung, Bell (1989): *Cantonese Opera: Performance as Creative Process*, Cambridge: Cambridge University Press.

Yung, Bell (1984): »Model Opera as Model: From Shajiabang to Sagabong«, in: Bonnie S. McDougall (Hg.): *Popular Chinese Literature and Performing Arts in the People's Republic of China 1949–1979*, Berkeley: University of California Press: 144–164.

Zhongguo Jingju shi (1990): (Geschichte der chinesischen Peking-Oper), Editionskomitee der Geschichte der chinesischen Peking-Oper (Hg.), 2. Teil, Beijing: Zhongguo xiju chubanshe.

Zhongguo Jingju shi (2000): (Geschichte der chinesischen Peking-Oper), Editionskomitee der Geschichte der chinesischen Peking-Oper (Hg.), 3. Teil, Beijing: Zhongguo xiju chubanshe.

»Revolution ist kein Galadiner...«

Xiqu-Künstler und die Kulturrevolution:
Interviews mit Zeitzeugen

Von Sabine Heymann

Die Rezeption der Kulturrevolution in Film und Theater

Leben! (Huozhe) ist ein Roman, ein Film, ein Theaterstück. Aus der Perspektive einfacher Menschen, die sich »nichts als ein ruhiges Leben« wünschen, wird die Geschichte einer chinesischen Familie im 20. Jahrhundert erzählt: von den Vierzigerjahren bis zur Kulturrevolution, fast vierzig Jahre. Die »große« Geschichte spiegelt sich im Leben der »kleinen« Leute – oder besser: treibt sie vor sich her. Die Politik, allgegenwärtig und unkalkulierbar, schlägt Haken. Ständige Wechselbäder und »Schicksalsschläge« lassen den Menschen kaum eine andere Wahl, als stehaufmännchenhaft immer wieder auf bessere Zeiten zu hoffen. Yu Huas Roman erschien 1992, Zhang Yimou machte 1994 einen sehr erfolgreichen Film daraus und Meng Jinghui inszenierte 2012 Yus Originaldrehbuch furios für das Theater. Der Off-Kommentar des allwissenden Erzählers zu Beginn von Kapitel 10 des Films ist lapidar: »1966. Beginn der großen proletarischen Kulturrevolution. Sie dauerte zehn Jahre. Keine Familie blieb davon unberührt.« Da hat der Protagonist Fugui schon einiges hinter sich: Der Sohn eines reichen Gutsbesitzers hat beim Glücksspiel Hab und Gut der Familie verzockt und sich als Tagelöhner durchgeschlagen, ist von Guomindang-Offizieren zwangsrekrutiert worden zum Kampf gegen die Rote Armee, die ihn gefangen nimmt. Es folgen Rektifizierungskampagne, der *Große Sprung nach vorn*, die Hungersnot. Nach der Bodenreform wird ihm ein kleines Stück Land zugeteilt, später von den Volkskommunen wieder genommen. Sein kleiner Sohn verunglückt beim Eisenschmelzen, die Tochter verblutet bei der Geburt ihres Kindes, weil die Roten Garden die Ärzte aus dem Krankenhaus vertrieben haben. Zu Beginn der Kulturrevolution ist Fugui zwar immer noch arm, aber ein renommierter Puppenspieler. Das Schattentheater, dem er sich mit Leidenschaft und Bravour widmet, ist den ganzen Film hindurch die »Metapher für den politischen

1   Mao Zedongs Definition von Revolution, auf die sich die Roten Garden beriefen, stammt aus dem Jahr 1927 und wurde immer wieder neu übersetzt, je nach Kontext wurde aus dem »Galadiner« ein Gastmahl, ein Festmahl, eine Dinner Party. Das vollständige Zitat nach: *Ausgewählte Werke Mao Tse-tungs*, Bd. 1. Peking 1968, S. 14: »Die Revolution ist kein Gastmahl, kein Aufsatzschreiben, kein Bildermalen oder Deckchensticken; sie kann nicht so fein, so gemächlich und zartfühlend, so maßvoll, gesittet, höflich, zurückhaltend und großherzig durchgeführt werden. Die Revolution ist ein Aufstand, ein Gewaltakt, durch den eine Klasse eine andere Klasse stürzt.« (Untersuchungsbericht über die Bauernbewegung in Hunan, März 1927).

Wang Jizhu 1979 in der Peking-Oper *Die Legende der Weißen Schlange – Jinshan Tempel* (großes Bild), in der Leiste links (von oben nach unten): Xu Fen, Zhang Tingxiu, Wang Jizhu und Yu Chen.

Wandel«.[2] Anfangs unterhält Fugui die Gäste einer Spielhölle mit frivolen Schmachtfetzen, später bedient er mit seiner Wanderbühne erfinderisch den jeweiligen »Markt«: Kampfspektakel in Krieg und Bürgerkrieg, Propaganda während der Kampagnen. Die Kunst der Anpassung – und des Überlebens. Später gelten die Puppen plötzlich als reaktionär, am Ende gehen sie in den Flammen der Kulturrevolution auf.

Bei aller Dramatik ist *Leben!* ein harmloser Film, dessen Operettenhaftigkeit die historische Wahrheit verniedlicht. Trotz Bedenken der Zensur wurde der Film zwar von China koproduziert, Zhang Yimou durfte aber zur Premiere nicht nach Cannes fliegen, den großen Preis der Jury nahm seine Hauptdarstellerin Gong Li entgegen. Zhangs Filme unterlagen lange den Aufführverboten der chinesischen Behörden, liefen gleichzeitig aber auf internationalen Filmfestivals und leisteten einen großen Beitrag zum Ansehen des zeitgenössischen chinesischen Kinos. Ein Paradox, typisch für die Filme der sogenannten »5. Generation« von Regisseuren (der ersten Jahrgänge der 1978 wiedereröffneten Filmakademie Beijing), die immer wieder versuchten, sich mit der Kulturrevolution auseinanderzusetzen. Darunter Tian Zhuangzhuang, Xie Jin und Chen Kaige. Chen über Willkür und Inkompetenz der Zensur: »Für die ist das ungefähr so, als würden Sie einem Menschen die Haare schneiden. Aber (…) die Zensoren schneiden dem Menschen nicht nur die Haare ab, sondern gleich den ganzen Kopf.«[3] Wo sich bei Zhang Yimou die Kunst des Puppenspiels zur »Begleitmusik der Macht kompromittiert und sich ihr zugleich entzieht«,[4] ist es in Chen Kaiges Film *Lebewohl, meine Konkubine* (*Bawang Bie Ji*, 1993) das *Jingju*. Zweimal Theater also als roter Faden. Kritiker sahen in Chens sehr dokumentarisch wirkenden Szenen der grausamen Verfolgung von *Xiqu*-Künstlern während der Kulturrevolution »die härteste Anklage gegen diese Zeit, die es bisher im chinesischen Kino gab. Jeder verrät den anderen, der Freund den Freund, der Mann seine Frau.« Chen Kaige gibt zurück: »In Wirklichkeit war es noch schlimmer. Ich weiß, wovon ich rede. Ich habe damals als kleiner Junge meinen Vater verraten …«[5] Kein anderer Film hat stärkere Bilder produ-

---

2   Sterneborg, Anke (2006): »Leben!«, in: *Der Standard*, 11. August 2006.

3   www.planet-interview.de/interviews/chen-kaige/33745/ (letzter Zugriff: 29. 2. 2016).

4   Peitz, Christiane (1994): »Schattentheater«, in: *Die Zeit*, 29. Juli 1994.

5   Kilb, Andreas (1993): »›Ich habe nichts zu verlieren.‹ Ein Gespräch mit Chen Kaige«, in: *Die Zeit*, 3. Dezember 1993.

ziert, keiner hat die Vorstellungen der westlichen Welt vom *xiqu* und dem Unwesen der Kulturrevolution stärker geprägt als dieser.

Im Theater wurde die Kulturrevolution besonders spektakulär vom »Living Dance Studio« *(Shenghuo wudao gongzuoshi)* in dem Multimedia-Tanzstück *Memory* aufgegriffen, das in China – ebenso wie Wu Wenguangs zugrunde liegender Dokumentarfilm *1966 – My time in the Red Guards* – nur privat aufgeführt wird.[6] Tian Mansha, heute eine der herausragenden *Xiqu*-Künstlerinnen Chinas der Generation nach der Kulturrevolution, hat nach Erzählungen ihrer Lehrmeister die Solo-Performance *Der Seufzer (Qingtan)* kreiert und gezeigt, wie auch der stumme Körper des Künstlers in der Reflexion auf die eigene Geschichte eine nicht zu unterschätzende Präsenz entfalten kann. Das Stück erzählt – zunächst mit Mitteln des traditionellen *xiqu* – die Geschichte einer Operndiva, die

Szene aus Chen Kaiges Film *Lebewohl, meine Konkubine* (1993). Cheng Dieyi (Leslie Cheung, rechts im Bild) leidet nicht nur unter den politischen und gesellschaftlichen Zwängen, sondern auch an der unerwiderten Liebe zu seinem Kollegen Duan Xiaolou (Zhang Fengyi, links).

6   Vgl. Wu Wenguangs Artikel »Warum wir das Theater brauchen…« über sein Dokumentartheater-Projekt *Memory* auf S. 242 des vorliegenden Buches.

während der Kulturrevolution vom Schuhhagel des Publikums von der Bühne gejagt wird und Jahre später als Putzfrau in demselben Theater beim monotonen Hin- und Herbewegen eines Wischmopps das Tropfen eines Wasserhahns hört. Dieser Klang löst etwas in ihr aus, mit Macht kommt ihre Vergangenheit als Schauspielerin wieder hoch. Sie »tanzt«. Den Tanz dieser Putzfrau mit ihrer groben blauen Schürze, der Reminiszenzen an die Opern-Tradition nur noch als Nachklang evoziert, ist gespenstisch und rührend zugleich. Man wird ihn nicht mehr vergessen.[7]

Geschichtspolitik und Erinnerungskultur

Um seinen Autoritätsverlust nach dem »Großen Sprung nach vorn« wettzumachen, der dem Land weder den Sprung ins kommunistische Zeitalter noch den erwarteten Industrialisierungsschub bescherte, sondern die Katastrophe der größten jemals bekanntgewordenen Hungersnot, hatte Mao die »Große Proletarische Kulturrevolution« vom Zaun gebrochen und die Menschen aufeinandergehetzt, »so dass sich ein jahrelanges Chaos ergab«.[8] Sie bestand aus einer Reihe von Massenkampagnen, die neben der Politik vor allem auf Kultur und Bildung fokussierten. Jiang Qings Kulturpolitik führte zur sukzessiven Vereinnahmung der darstellenden Künste. Ansätzen einer Reformierung folgte bald das Komplettverbot des *xiqu*, an dessen Stelle ein Revolutionstheater in Form von Modellopern trat. Zwar wurde die Kulturrevolution 1981 beim XI. Plenum des Zentralkomitees der KPCh offiziell als »Katastrophe« und »zehn Jahre Chaos« verurteilt. Und, wie Kai Strittmatter es formuliert: »Die Partei rechnete nach und befand, Maos Handeln sei ›zu 70 Prozent korrekt und zu 30 Prozent falsch gewesen‹.«[9] Die »Schuld« am »Chaos« wurde aber allein der »Viererbande« zugewiesen. Diesem historischen Master-Narrativ »lag eine strategische Entscheidung der KP zugrunde, die angesichts der Verwicklung breiter Bevölkerungsteile (...) eine Spaltung in ›Täter‹ und ›Opfer‹ unbedingt vermeiden wollte.«[10] Historiker

7   Siehe dazu auch das Gespräch von Tian Mansha mit Anna Stecher über experimentelles *xiqu* heute »Vom Mund überliefert – im Herzen bewahrt« auf S. 212 des vorliegenden Buches.

8   Vgl. Wickert, Erwin (1989): »Einheit des Reiches – Millionen von Opfern. Vierzig Jahre Volksrepublik China«, in: *Frankfurter Allgemeine Zeitung*, 30. September 1989.

9   Zit. nach: Strittmatter, Kai (2013): »Wolfskind«, in: *Süddeutsche Zeitung*, 5. April 2013.

10   Holbig, Heike (2009): »Erinnerungskultur und Geschichtspolitik in China«, auf:

stellen fest, dass die Kulturrevolution in China bis heute zwar viel, aber nach wie vor vorsichtig thematisiert wird. Was die Zeitzeugen selbst betrifft, so haben die Kulturwissenschaftler Jan und Aleida Assmann (im Zusammenhang mit dem Holocaust) auf psychische Blockade-Mechanismen des Erinnerns nach historischen Katastrophen, traumatischen Zusammenbrüchen hingewiesen.[11] Wolfgang Kubin konstatiert zum »öffentlichen Beschweigen der Kulturrevolution in China«, dass nur die Einsicht in die »unvermeidbare Schuld (…) den wahren Dialog eröffnen« würde, dass erst mit der »Wiedergewinnung der Geschichte« auf beiden Seiten eine Verständigung beginnen könne.[12]

Die Kulturrevolution hat vermutlich Millionen Menschen in den Tod getrieben. Wie viele genau, das ist noch nicht einmal annähernd bekannt.[13] Die meisten von ihnen namenlos, einzelne Biografien werden – meist über den Ansatz der »Oral History« – inzwischen aufgearbeitet. Eines der prominentesten Opfer war Lao She, Schöpfer des Romans *Das Kamel Xiangzi* (*Luotuo Xiangzi*, oft als *Rikscha-Kuli* übersetzt) und des Dramas *Das Teehaus* (*Chaguan*). Ausgerechnet einer der Schriftsteller also, die »die chinesische Umgangssprache zur Literatursprache erhoben«,[14] ein »irgendwie naiv wirkender und andererseits sehr fähiger Propagandaschreiber« (Gissenwehrer)[15]. Zu Beginn der Kulturrevolution in Kampfsitzungen gedemütigt und als »reaktionärer Machthaber des Kulturbereichs« misshandelt, ertränkte er sich am 24. August 1966

www.bpb.de/internationales/asien/china/44265/erinnerungskultur (letzter Zugriff: 29. 2. 2016).

11 Vgl. »Niemand lebt im Augenblick. Ein Gespräch mit den Kulturwissenschaftlern Aleida und Jan Assmann« in: *Die Zeit*, 3. Dezember 1998 und Opletal, Helmut (2011), »Vorwort«, in: Ders. (Hg.): *Die Kultur der Kulturrevolution*, Gent: Snoeck Publishers, S. 11.

12 Zit. nach: Siemons, Mark (2015): »Der Freundschaftshermeneut. Streitlust inbegriffen: Zum siebzigsten Geburtstag des Sinologen Wolfgang Kubin«, in: *Frankfurter Allgemeine Zeitung*, 17. Dezember 2015.

13 Susanne Weigelin-Schwiedrzik spricht von »mehreren Millionen Menschen« (siehe Weigelin-Schwiedrzik, Susanne (2011): »Eine Revolution frisst ihre Ideale«, in: Helmut Opletal (Hg.): *Die Kultur der Kulturrevolution*, S. 43). »Die Gesamtzahl der Opfer, die Maos Kampagnen und Verfolgungen gekostet haben, lässt sich nur grob schätzen. Wenn man die Opfer der Hungerkatastrophe von 1959/61 außer Acht lässt und nur an die Opfer politischer Gewalt denkt, werden es wohl zehn bis zwanzig Millionen Tote sein.« (Wickert a. a. O.). In anderen Quellen ist von bis zu 30 Millionen Opfern die Rede.

14 https://de.wikipedia.org/wiki/Lao_She (letzter Zugriff: 29. 2. 2016).

15 Vgl. dazu den Beitrag von Michael Gissenwehrer, »Das 20. Theaterjahrhundert in China« auf S. 78 des vorliegenden Buches, hier insbes. S. 92 ff..

im Taiping-See von Beijing. Erst 1978 wurde er posthum rehabilitiert. Li Changshan ermittelte für seine Dissertation bei Wolfgang Kubin Namen von Künstlern, die im Zuge der Kulturrevolution zu Tode kamen. Darunter »Darsteller von Pekingopern wie Ma Lianliang, Zhou Xinfang, Gai Jiaotian, Shang Xiaoyun und Li Shaochun, Schauspielerinnen und Schauspieler wie Sun Weishi, Shu Xiuwen, Zheng Junli, Tian Fang und Shangguan Yunzhu ... Hinter jedem Tod eines Künstlers steckte eine tragische Geschichte.«[16] Die Theaterwissenschaftlerin Zhang Yihe, die selbst zwischen 1970 und 1979 fast ein Jahrzehnt ihres Lebens im Gefängnis verbrachte, erzählt die Lebensgeschichten einiger während der Kulturrevolution verfolgten *Xiqu*-Künstler.[17] Darunter Shang Xiaoyun (1900–1976), einen der vier großen *Dan*-Schauspieler des *Jingju*. Er wurde verfolgt und starb infolge seiner Misshandlungen; Yan Huizhu (1919–1966), die glanzvolle *Jingju*-Darstellerin, erhängte sich nach massiver Kritik und der Verdammung zur Latrinenreinigung; Yang Baozhong (1899–1968), *Jingju*-Musiker, wurde als »Reaktionär« verurteilt und ist in einer kleinen Zelle eingesperrt verhungert und erfroren.

Interviews mit Zeitzeugen

Es sind natürlich vor allem die spektakulären, die extremen Fälle und Schicksale meist prominenter Künstler, die den Weg in die Chroniken der Zeitgeschichte gefunden haben. Nach und nach werden sie aufgearbeitet, aber unsystematisch, nach dem Zufallsprinzip. Was uns interessierte: Wie erging es den weniger exponierten, den »normalen« *Xiqu*-Künstlern in den zehn Jahren, die heute als »Kulturrevolution« bezeichnet werden? Wie haben sie diese Zeit überlebt? Wie haben sie danach den Wiedereinstieg geschafft? Hat die Modelloper einen Einfluss auf das *xiqu* gehabt? Nach allem, was ich über die Schwierigkeit der Chinesen wusste, sich mit einer der einschneidendsten Perioden der jüngeren chinesischen Geschichte auseinanderzusetzen, waren meine Erwartungen nicht allzu groß, als ich bei chinesischen Freunden anfragte, ob man Zeitzeugen der Kulturrevolution, *Xiqu*-Künstler finden könnte, die bereit wären, einer

---

16 Li Changshan (2010): *Die chinesische Kulturrevolution (1966–1976) im Spiegel der deutschen und chinesischen Literatur (1966–2008)*, Inaugural-Dissertation Bonn, S. 170.

17 Zhang Yihes Buch *Vergangene Geschichten von Stars der Peking-Oper* ist in China verboten und bisher nicht auf Deutsch erschienen.

deutschen Theaterkritikerin über ihre ganz persönliche Geschichte in dieser Zeit Auskunft zu geben. Überraschenderweise war die Reaktion: »No problem!« Und tatsächlich gelang es, mit vier Zeitzeugen der Kulturrevolution Gespräche zu führen: drei Frauen und einem Mann der Jahrgänge 1933, 1945, 1946; zwei Schauspielerinnen, einem Musiker, einer Dramatikerin – zu Beginn der Kulturrevolution Anfang 20 bzw. Anfang 30 Jahre alt. Drei von ihnen kommen aus armen Familien und wurden von den Eltern als Kinder, im Alter zwischen 7 und 12 Jahren, in die kostenlose, aber renommierte *Xiqu*-Ausbildung geschickt. Die Offenheit, die Authentizität, mit der diese Menschen ihre Erlebnisse, Gefühle und Überlegungen mitteilten, war atemberaubend. Trotz gravierender Übersetzungsprobleme[18] sind unterschiedliche Strategien des Umgangs mit dieser schwierigen und gefährlichen Zeit zum Vorschein gekommen. Alle hatten sie als Repräsentanten des »Alten« zu leiden, alle wurden sie in Wandzeitungen angeprangert. Die Dramatikerin hatte Berufsverbot, musste sich als Reporterin durchschlagen. Die beiden Schauspielerinnen probten heimlich ihr *Xiqu*-Repertoire, um nicht aus der Übung zu kommen. Die eine sah die Modelloper als künstlerische Herausforderung an, die andere überlebte als Lehrerin und war froh, gelegentlich eine winzige Rolle zu bekommen. Der Musiker wurde zwar »vorgeführt«, war aber fachlich so gut, dass man nicht auf ihn verzichten konnte, lernte in Windeseile westliche Musikinstrumente, um in den neu konfigurierten Modellopern-Orchestern mithalten zu können. Erstaunlich: Alle sehen die durch die Kulturrevolution angestoßenen Opern-Reformen als notwendig an, können der Ästhetik der Modelloper auch etwas abgewinnen, haben Elemente davon später in die nach der Kulturrevolution wieder aufgenommenen *Xiqu*-Stücke übernommen. Die folgenden Texte basieren auf vier analogen, ca. anderthalbstündigen offenen Leitfragen-Interviews, die für diesen Artikel gekürzt werden mussten.

---

18   Die Gespräche fanden durch Vermittlung von Tian Mansha am 25., 26. und 27. März 2013 in Shanghai (1) und Chengdu (3) statt. Ein Problem bereits für die Gesprächsführung, vor allem aber für die Auswertung der Interviews generierte die Übersetzung: Englisch als *lingua franca* mit sehr eigenwilligen Dolmetschern, die z. T. bereits die Fragen anders »übersetzten« als sie gestellt wurden. Trotz wiederholten Nachhakens gab es Missverständnisse, die letztlich nicht aufzuheben waren. Ich danke der Sinologin Anna Stecher, die sich die Zeit für die Übersetzung der Gespräche genommen hat. Großer Dank für den Gegencheck gebühren der Historikerin (und Kennerin der Spezifika der Sichuan-Sprache) Cheng Yan und unserer Mitherausgeberin Cao Kefei.

»Zu klein, um eine wirklich Große zu werden«

Yu Chen (geb. 1946 in Chengdu/Sichuan), Schauspielerin und Professorin am Chengdu Art Vocational College *(Chengdu yishu zhiye xueyuan)* (früher: Sichuan-Opern-*[Chuanju-]*Schule)

Yu Chen 1977, kurz nach dem Sturz der Viererbande, beim Studium des Tanzes *Xiao Dao Hui (Small Swords Society)*, den sie in eine Sichuan-Oper umwandelte. Das Foto zeigt Yu Chen in der Probeaufführung in Shanghai.

Yu Chen ist eine kleine, energisch wirkende Frau. Ihre Grundausbildung machte sie von 1958 bis 1964 an der *Chuanju*-Schule. »Das waren schwierige Jahre, als die Kulturrevolution begann. Ich war Spezialistin für *Chuanju*, Lokalopern durften aber nicht mehr gespielt werden. Nach dem Abschluss wurde ich mit der Truppe aufs Land geschickt, um Erfahrungen mit dem *realen Leben* zu machen.

Ab 1966 wurde alles politisch, wir mussten Revolution machen. Ich begann, Modelloper zu lernen, z.B. *Die Geschichte einer roten Signallaterne (Hong deng ji)*. Ich habe gelernt, wie man einen Helden spielt. 1968 wurde ich Mitglied einer Propagandatruppe, die Mao Zedongs Ideologie verbreiten sollte. Wir fuhren aufs Land, um den Einheimischen im Rahmen der *Sozialistischen Erziehungskampagne* Kultur nahezubringen. Dabei ging es hauptsächlich um Klassenkampf. Weil ich eine große Kompetenz besaß, konnte ich an der Schule bleiben, aber nicht mehr unterrichten.

Zehn Jahre lang wurden im ganzen Land nur noch diese acht Modellopern gespielt, sonst nichts. Im Herzen war ich traurig, sehr traurig, denn ich hatte ja traditionelles *xiqu* gelernt. Die Modelloper hat viele Talente

im Keim erstickt. In der Modelloper durften nur große, gut aussehende, perfekte Schauspieler spielen. Mindestgröße war 1,68 m – ich war 1,60 m. Ich entsprach nicht den Kriterien. Nur zehn Prozent der Schauspieler entsprachen den Kriterien. Der Rest kam nicht auf die Bühne. Das war sehr, sehr traurig. Deprimierend. Ich gehörte zu den wenigen aus der Schule, die nach Beijing geschickt wurden, um die Helden der Modellopern zu lernen, war aber zu klein, um in dem Bereich eine wirklich Große zu werden. Ich habe nur noch drei, vier Rollen gespielt, Randfiguren, z. B. Krankenpflegerinnen. Damals wagte es niemand, dagegen zu sein. Man riskierte sonst, als Konterrevolutionär bezeichnet, verhaftet und ins Gefängnis geworfen zu werden. Ich wagte es nicht einmal, mir Gedanken zu machen. Ich dachte, die Zeit des *caizi jiaren*, der Figuren-Konstellation *Talent und Schönheit*[19], sei endgültig vorbei. Die Zukunft war völlig ungewiss. Ich hatte den extravaganten Wunsch, zum traditionellen *xiqu* zurückzukehren – hoffnungslos. Öffentlich habe ich die *Rote Signallaterne* gespielt, privat und heimlich habe ich traditionelle Sachen gemacht. Niemand hat damit gerechnet, dass das traditionelle *xiqu* jemals zurückkehrt. ABER ich war jung und konnte arbeiten.

Im traditionellen *xiqu* spielte jeder Schauspieler die Rolle, die er am besten beherrschte. Bei der Modelloper gab es neben der Statur und dem

Yu Chen 1982 beim Studium der Sichuan-Oper an der Sichuan-Oper-Akademie Chengdu.

Yu Chen heute.

---

19 Ein Topos der chinesischen Literatur und auch des *xiqu* ist »der junge Gelehrte und die anmutige Schönheit«.

Aussehen noch eine weitere Beschränkung: die Familienherkunft. Bevorzugt wurden Künstler aus armen Familien, am besten Bauern. Am schlimmsten dran waren die Kinder von Intellektuellen und Reichen. Sie gehörten zwar zur selben Truppe, mussten aber in der Garderobe, als Kulissenschieber, in der Werkstatt untergeordnete Arbeiten verrichten. Ich hatte Glück, ich stamme aus einer armen Bauernfamilie. Als Deng Xiaoping kam, hat sich alles geändert, da konnten alle wieder auf die Bühne. Da habe ich wieder angefangen, die alten Sachen zu machen. Ich konnte vor Begeisterung kein Wort herausbringen. Bin aufgeblüht wie eine Blume. Fühlte mich körperlich und geistig befreit. Was ich in zwölf Jahren so mühsam gelernt hatte, konnte ich nun endlich wieder anwenden.

Ich war irrsinnig fleißig, wollte alles wieder aus der Erinnerung hervorholen, um es meinen Schülerinnen beizubringen ... das Leben war plötzlich voller Licht. Ein völlig neues Leben. Eine Wiedergeburt. Während der Kulturrevolution hatte ich zwar nur kleine Rollen gespielt, war aber ständig aufgetreten. Ich war also nicht aus der Übung. Ich war Lehrerin. Das heißt, im Grunde bin ich immer aufgetreten und habe die Bühne nie verlassen.«

Wie sie die Modellopern heute sieht? »Der ideologische Einschlag war stark, künstlerisch aber war die Modelloper fein und kompakt, die Schauspieler waren technisch brillant. Sehr gut auch die neue Struktur mit festgelegten Spannungsbögen und Höhepunkten, während das alte *xiqu* allzu gleichförmig und langweilig Stunden über Stunden vor sich hin plätscherte. Die Zeitorganisation der Modellopern ist streng, die Dauer auf 2.15 h festgelegt. Sie sind gut konstruiert, dauernd passiert etwas. Kleine Rollen im *xiqu* waren eher improvisiert, wurden sehr ›kreativ‹ gehandhabt. Jeder machte, was er konnte. In der Modelloper sind auch die ganz kleinen Figuren prägnant und klar konturiert. Jede hat eine Würde und ein Gewicht. – Das Problem ist: Man kann nicht landauf, landab nur acht Opern spielen. Es gibt 360 verschiedene Lokalopern in 31 Provinzen, darunter allein 300 Sichuan-Opern aus acht Jahrhunderten. Nach den Modellopern fand auch im traditionellen *xiqu* eine Präzisierung, Strukturierung, Festschreibung statt. Die ›Erzählung‹ wurde besser. Die Kulturrevolution war eine wichtige Erfahrung meines Lebens, in gewisser Weise sogar eine positive Zeit. Zwar konnte ich mein traditionelles Theater nicht weitermachen, ich war aber noch jung und wollte meine Existenz als Künstlerin nicht aufgeben. Deshalb habe ich mit anderen Sachen angefangen: Tanz, Geige.

Ich habe mein Spektrum erweitert. Und diese Dinge später mit eingebracht. – Und deshalb bin ich jetzt ein bisschen kompetenter als die anderen *(lacht)*.«

»Die Realität kam auf die Bühne.«

Wang Jizhu (geb. 1945 in der Provinz Hebei), Schauspielerin, seit 1996 Professorin an der Shanghai Theatre Academy (STA)

Wang Jizhu ist eine imposante Erscheinung, eine zwar kleine, aber sehr gerade gehende Frau von altmodischer Eleganz. Als sie sieht, dass ich unser Interview filme, holt sie wie selbstverständlich Puderdose und Lippenstift hervor, prüft ihr Aussehen, nestelt an der Bluse – trotz meiner Versicherung, dass es nur Dokumentationszwecken dient.

Sie ist eine preisgekrönte *Jingju*-Darstellerin,[20] hat zwei bedeutende *Dan*-Lehrer gehabt: Song Dezhu, bei dem sie kriegerische, kämpferische Frauenrollen gelernt hat, und nach dessen Tod 1984 Mao Shilai, der ihr eher verführerische, weibliche Frauenfiguren beibrachte.[21] Die Verbannung des *Jingju* von den Bühnen war für sie kein Problem, bereits 1964 hatte sie angefangen, modernes *Jingju* zu lernen: »1964 kam Mao Zedongs Verdikt über die Peking-Oper.[22] 1966 begann die Kampagne gegen die *Vier Alten (sijiu)*[23]. Die politische Richtlinie gab zwei Wege vor: die traditionelle Oper, in der Figuren nach der Reich-, Mächtig-, Schön-, Dekadent-Typologie auftreten, oder Opern, die Bauern, Arbeiter und Soldaten auf die Bühne bringen. Maos Ehefrau Jiang Qing initiierte die Modellopern *(yangbanxi)*. Anfangs liefen sie noch nicht so, deshalb engagierten die Theatergruppen überall eigene Regisseure mit dem Auftrag,

---

20 1990 Pflaumenblütenpreis, 1993 Mei Lanfang-Preis.

21 Song Dezhu und Mao Shilai gehörten zu den vier berühmten »kleinen *Dan*-Schauspielern« (Männer, die Frauenrollen spielen) – deren größter Mei Langfang war.

22 Mao Zedongs berühmte Grußadresse an 29 Truppen beim »Ersten landesweiten Festival der Peking-Oper mit aktueller Thematik« 1964, in der die real existierenden über 600 Millionen »Arbeiter, Bauern und Soldaten in China« gegen die »Könige, Prinzen, Generäle, Minister, Gelehrten und schönen Frauen« des *xiqu* ins Feld geführt wurden.

23 Alte *Denkweisen*, alte *Kulturen*, alte *Gewohnheiten* und alte *Sitten*. Im Zuge der Kampagne wurde »altes« Kulturgut (u.a. Theaterstücke, Opern und Filme) im Sinne der Revolution verändert oder verboten. Tempel und religiöse Kunstschätze, Bücher, Schriftrollen, Statuen und Bilder wurden zerstört.

Wang Jizhu nahm sich
1978 Meister Song
Dezhu als Lehrer,
einen der vier großen
jüngeren *Dan*-Darstel-
ler der Peking-Oper
(nach den berühmten
vier der ersten Gene-
ration Mei Lanfang,
Cheng Yanqiu, Shang
Xiaoyun und Gou
Huisheng). Er war
Gründer der
»Song-Schule« der
Peking-Oper.

Wang Jizhu 1979
mit ihrem Lehrer
Song Dezhu.

ein neues Theater mit neuen Figuren zu entwickeln, eine neue Gesellschaft auf die Bühne zu bringen. Nach der Devise: ›Auf zwei Beinen gehen.‹ Das war noch keine Modelloper. Zwar wurden zunehmend moderne Opern gespielt, ein offizielles Verbot des traditionellen *xiqu* gab
es aber noch nicht. Übrigens habe ich noch 1966, zur Zeit der Kampagne,
kurz vor der Kulturrevolution gelegentlich traditionelle Sachen gespielt.
Aber inoffiziell, nichtöffentlich, z. B. einmal in Tianjin, anderthalb Stunden von Beijing entfernt. Vor Premierminister Zhou Enlai und rangho-
hen Funktionären.«

Wie hat sie das *xiqu*-Verbot erlebt? »Ich hatte gerade die Schule abgeschlossen und war sehr froh, überall Aufführungen machen zu können.
Alle neuen Stücke hatten mit Kampagnen zu tun, z. B. die Geschichte von
Song Feiyi, einer Frau *(lacht)*, die die Exkremente aus den Klos zunächst
für sich behält, um damit ihr eigenes Land zu düngen. Sie ist rückständig,
denkt nicht zeitgemäß. Dann lernt sie, selbstlos zu sein, an das Gemein-
wohl zu denken. Sie bringt die Exkremente persönlich zur Produktionsbrigade, damit sie als Dünger auf das kollektive Land geschüttet werden
können. Künstler und Intellektuelle wurden damals aufs Land geschickt,
um die Erfahrung des *realen Lebens* zu machen: zu sehen, was harte Arbeit bedeutet, wie die Leute auf dem Land leben. Für das Toilettenstück
musste ich von den Bauern lernen, wie ich einen Eimer mit Exkremen-

ten zu halten und zu transportieren hatte. Theater und Oper hatten einen Beitrag zur politischen Veränderung, zum Aufbau des neuen Landes zu leisten. Es war die Zeit der Produktionsbrigaden. Ich habe daran geglaubt. Es war eine Kunst, die aus dem Leben kam. Auch die Texte, die zu der Zeit geschrieben wurden, kamen aus dem Leben. Die Realität kam auf die Bühne. Trotzdem waren die Bewegungen nicht ganz realistisch, sie wurden ›schöner‹ gemacht, ›künstlerischer‹. *(Mit ihrem Halstuch zeigt sie, wie man sich sehr theatralisch ein Handtuch um den Hals wirft.)*

Ich habe über die Jahre ganz normal weitergespielt. Ich gehörte zu den Menschen, die einfach in ihrem Beruf weitermachten. Aber es gab berühmte, bedeutende Darsteller des *xiqu*, die ausgepfiffen wurden. Eine Schauspielerin wurde kritisiert, weil sie *caizi jiaren* gespielt hat. Sehr viele haben gelitten. Ich gehörte zu den jungen Schauspielern, hatte keine Altlasten (wörtl.: ›historischen Probleme‹). Wir haben kleine Kritiken übereinander geschrieben – ziemlich harmlos. Bei der *Kritik und Selbstkritik* bekam ich zwar eine Wandzeitung der Rotgardisten, als ›*loyal descendent of talented people*‹ (etwa: ergebene Nachfahrin der Privilegierten), aber ich wurde nicht angegriffen. Wir versuchten, Erfahrungen mit dem ›wahren Leben‹ zu machen und das traditionelle Theater auf neue Themen und Figuren anzuwenden; 1963 kam der Befehl, in dem Stück *Attacke auf das Regiment Weißer Tiger (Qixi Baihutuan)* Traditionelles und Modernes zusammenzubringen. Das war eine berühmte Modelloper. Wir haben *Das Rote Frauenbataillon (Hongse Niangzijun)* gemacht. Es war aber nicht so, dass es während der gesamten Kulturrevolution nur diese acht Modellopern gegeben hat. An jedem Ort gab es weitere Stücke, die jeweils aus aktuellem Anlass produziert wurden, zum Beispiel bei einer der Flutkatastrophen. Besonders erinnere ich mich an *Saving from the dagger*. Hand in Hand gegen die Flut. Die Botschaft war: Gemeinsam können wir es schaffen! Maos positives Denken. Ein Slogan war: ›Mit der Revolution die Produktion ankurbeln.‹ Ich habe nicht aktiv an der revolutionären Bewegung teilgenommen, jede Produktionsbrigade hatte aber die Produktion voranzubringen. Das galt auch für Theatertruppen. Ich war also, ohne es zu wollen, Teil der politischen Bewegung. – Heimlich habe ich die traditionellen Künste ge-

Wang Jizhu heute im Park der Shanghai Theatre Academy.

übt, um einen Weg zu finden, Tradition in Moderne zu überführen. Der Übergang von der Tradition zur Moderne war nicht einfach. Ich fühlte mich verloren. Meine physischen Voraussetzungen entsprachen nicht den neuen Figuren. Ich war nicht groß genug und zu dünn. Ich spielte verschiedene moderne Rollen, hatte aber das Gefühl, dass mir noch viele Dinge fehlten. Deshalb bin ich aufs Land und zur Armee gegangen. Ich habe vor allem physisch an mir gearbeitet. Wie viele andere dachte ich, ich müsste lernen, wie man Pferde füttert, Korn schneidet. Es ging darum, Methoden zu entwickeln, modernes Theater zu spielen. Verschiedene Arten des Marschierens *(macht es vor)*. Wir hatten alle kein Verhältnis zur Gewalt. Da sind Leute aus der Armee gekommen. Ich musste lernen, wie man ein Gewehr hält, wie man schießt. Wir haben jeden Tag mit ihnen geübt *(zeigt, wie sie marschieren gelernt hat)* – ich kann heute noch schießen *(lacht)*.

Das Leid und die Unterdrückung anderer Schauspieler und Schauspielerinnen haben wir gar nicht so mitbekommen. Ich habe aber gehört, dass einige keine modernen Opern spielen wollten und stattdessen Filme mit traditionellem *xiqu* machten. Ich selbst war damals gerade schwanger. Dass jemand ernsthafte Probleme hatte, war mir nicht bekannt. Dagegen weiß ich von Fällen, wo Leute Auswege gesucht haben. Jeder Schauspieler will spielen. Nur wenige haben gesagt: Ich will nicht spielen. –

1978, also nach der Kulturrevolution, wurde das *xiqu* mit seinen traditionellen Figuren wieder etabliert. Als ich das hörte, war ich begeistert. Ich habe mein Kind zur Welt gebracht und zugesehen, dass ich sehr schnell wieder fit wurde. Dann habe ich die Kämpferinnen Hu Sanniang/ Mu Guiying gespielt. Alle Leute wollten die traditionellen Stücke wieder sehen. Man musste lange Schlange stehen, um eine Karte zu bekommen, weil es nur ein begrenztes Kontingent gab.«

»Ich wurde vorgeführt. Aber ich habe den Kopf nicht gesenkt.«

Zhang Tingxiu (geb. 1945 im Kreis Ziyang/Sichuan), Musiker – Professor am Chengdu Art Vocational College *(Chengdu yishu zhiye xueyuan)* (früher: Sichuan-Opern-*[Chuanju-]*Schule)

»Ich bin auf dem Land aufgewachsen, mein Vater ist gestorben, als ich sieben Jahre alt war. Wir waren sieben Kinder, hatten kein Geld und wenig zu essen, wir haben eine Schule gesucht, die nichts kostete. Wir hörten, dass Leute für das *Chuanju* gesucht wurden, deshalb wurde ich an die *Chuanju*-Schule geschickt. Ich wurde nicht gefragt, ob ich das wollte. Aber es war natürlich eine gute Wahl. Ich hatte vorher noch nie *Chuanju* gesehen, mochte aber Musik. Bei der Aufnahmeprüfung habe ich mich für mehrere Instrumente beworben: Geige, ein Blasinstrument, Querflöte... Das Musikstudium hat mir Spaß gemacht. Ich wollte Musiklehrer werden.« Zhang Tingxiu ist ein kräftiger, in sich ruhender, selbstbewusster Mann mit einem freundlichen Gesicht. Aufgrund seiner ungewöhnlichen Begabung wurde er ein anerkannter Musiker und Professor. Er machte Karriere: Nach einer Fortbildung in Beijing wurde er 1984 zum Vizepräsidenten der Schule ernannt, 1991 zum Präsidenten.

»Als die Kulturrevolution kam, musste ich mich sehr schnell anpassen. Im *xiqu* werden keine westlichen Instrumente benutzt, in der Modelloper wurde selbst der traditionelle Klang und Rhythmus durch moderne Instrumente hergestellt. Um der musikalischen Begleitung der *Signallaterne* gewachsen zu sein, musste ich innerhalb einer Woche neue Instrumente lernen, z. B. Oboe und Kontrabass. Die Modelloper ist sehr fein und delikat, künstlerisch von hoher Qualität, dafür wurden die besten Musikensembles, Schauspieler und Regisseure zusammengebracht. Bei den Modellopern geht es um Klassenkampf und Revolution, auf der Bühne sind normale Menschen zu sehen, es ist keine

Zhang Tinxiu 1972 in Shanghai bei der Management-Ausbildung, bevor er Schulleiter wurde.

1966 nahm Zhang Tinxiu auf dem Tian'anmen-Platz in Beijing am Empfang der Roten Garden durch Mao teil. Das Foto zeigt ihn auf dem Tian'anmen (Tor des Himmlischen Friedens).

Hofmusik mehr zu hören – das Personal bestand ja auch nicht mehr aus Kaisern und Generälen. Die moderne Oper war für die modernen Menschen zugänglicher und verständlicher. Sie hat das Theater bereichert, neue Figuren entworfen. Gleichzeitig hat sie die traditionelle Kultur zerstört. Das ist meine Meinung. Die Modelloper war gut für die Kunst und gleichzeitig nicht gut. Sie war aber notwendig. *Übrigens:* Die Künstler mussten dafür richtig gut sein. Deswegen wurde ich ja auch ausgesucht unter sehr vielen Kandidaten aus der gesamten Provinz. Ich war bestens vertraut mit dem *xiqu*, verfügte über eine breite technische Ausbildung, beherrschte auch westliche Instrumente. Die Modelloper hat meine künstlerischen Kompetenzen verbessert. Ich mag die Modelloper. Es gab natürlich viele Dinge, die nicht richtig waren, aber die Modellopern waren trotzdem ein großer Erfolg der Kunst, sie haben das *xiqu* in drei Punkten verändert: 1. Die Orchester wurden größer; viele der neuen Instrumente wurden beibehalten. 2. Neue musikalische und rhythmische Elemente sind hinzugekommen. 3. Musik und Darstellung sind reicher geworden.

Während der Kulturrevolution wurden sehr viele unserer alten Künste völlig negiert, niemand respektierte mehr das traditionelle Theater. Es war die Zeit, als Mao Zedong alle Linken um sich sammelte und viele alte Kampfgenossen, wie Liu Shaoqui und Deng Xiaoping, die ei-

nen großen Beitrag geleistet hatten, kritisiert und als Rechtsabweichler gestempelt wurden. Die Kulturrevolution war Ausdruck extrem linken Denkens. Man wollte mit einem Schwung in den Kommunismus kommen, ins Paradies. Linksdenken bedeutete in der Landwirtschaft, dass sogar das kleine Stück Land verboten war. Kollektives Eigentum. Wirtschaftlich entwickelte sich das Land gar nicht. Das Leben der Leute war hart. Was in der Kulturrevolution passierte, ging in die falsche Richtung, es war ein Fehler. Ich war gegen die Linken. Ich wurde vorgeführt. Aber ich habe den Kopf nicht gesenkt. Ich habe mich nicht ergeben. Ich bin keine Kompromisse eingegangen. Und ich wurde nicht befördert. Ich war Anfang 20, ein energischer junger Mann. Sie mussten mich ernst nehmen, weil ich gut war in meinem Fach. Ich war der einzige, der Noten lesen konnte. Ich wusste, sie würden mich noch brauchen, auch für die Modellopern. Sie kritisierten mich, aber ich wurde sofort zurückgeholt, ha, ha! Öffentliche Kritiksitzung bei meinem Dekan, auf dem Sportplatz vor der Schule. Ich wurde kritisiert und bestraft vor vielen Leuten. Meine spätere Ehefrau gehörte damals zu der linken Gruppe, die mich kritisierte. Auch sie sollte mich kritisieren. Als sie aber sah, dass ich mutig war, Charakter besaß, widersprochen habe, verliebte sie sich in mich – und ich mich in sie. Später heirateten wir. Ich komme aus einer armen Familie. Ich war fleißig, sehr gut in meiner Arbeit. Ich bot keine Angriffsfläche. Deshalb

Hochzeitsfoto von Zhang Tinxiu und Gu Lingjun aus dem Jahr 1970.

Das Ehepaar 2011.

hatte ich keine Angst vor der Kritik oder davor, vorgeführt zu werden. Gleich danach spielte ich mit meinen Kollegen Ball. Lustige Erfahrung!

Über diese Zeit zu sprechen, wühlt mich ein wenig auf. Zu Beginn der Kulturrevolution war es kein Problem, dass ich *right wing* war. Als ich anfing, meine Frau zu hofieren, wurde sie zur Strafe in den Wan-Landkreis versetzt. An den Arsch der Welt. Wo nicht einmal ein Vogel hinscheißt. Wir waren vier Jahre getrennt. Aber ich besuchte sie. Ich war damals wirklich arm. Bin im Lastwagen ohne Überdachung hingefahren und bekam einen schlimmen Sonnenbrand. Dort habe ich sie geheiratet, dort wollte ich glücklich werden. Ich wurde aber zurückgerufen, weil ich so ein guter Musiker war. Und meine Frau, die Cello spielt, durfte mit-kommen.«

Sein Resümee: »Die Kulturrevolution war eine von Mao Zedong falsch geführte Revolution. Eine besondere Politik in einer besonderen Zeit. 800 Millionen Chinesen guckten nur acht Modellopern. Die Kulturrevolution ist in unserem Staat als Irrtum, als falscher Weg von Mao Zedong definiert. Die offizielle Position der Kulturrevolution war falsch. Man kann heute privat und öffentlich darüber diskutieren; 95 Prozent aller Chinesen sehen die Kulturrevolution heute mit Ablehnung.«

»Es war überall Wüste.«

Xu Fen (geb. 1933 in Chongqing), Theaterautorin

»Mein Vater war Kaufmann, meine Mutter Hausfrau. Wegen des Zweiten Japanisch-Chinesischen Krieges waren viele *Jingju*-Schauspieler nach Chongqing geflüchtet.

Und meine Eltern stellten die Meister ein, um der Familie *Jingju* beizubringen. Seit dem 7. Lebensjahr habe ich gelernt, *Jingju* zu singen, meine Geschwister lernten Musikinstrumente.« Xu Fen ist eine freundliche, zugleich bestimmt auftretende alte Dame mit offenem Blick und feinen Gesichtszügen. Sie war die erste weibliche Dramatikerin in der Geschichte der Sichuan-Oper und gehört heute zu den wichtigen zeitgenössischen Bühnenautorinnen Chinas. Sie ist die einzige unserer Zeitzeuginnen aus einem bildungsbürgerlichen Haushalt, in dem das *Jingju* geliebt und die Kinder an Musik und Literatur herangeführt wurden.

1954 begann sie in Beijing Chinesisch zu studieren. Neben dem Studium war sie Präsidentin des *Clubs of local dramas and operas* in der Kul-

turabteilung der Studenten-Union, beschäftigte sich also mit den »lokalen« Theaterformen. 1958 kehrte sie zurück nach Chengdu und fing an, für die *Chuanju*-Truppe zu arbeiten und hauptberuflich Stücke zu schreiben: *Chuanju*-Stücke und -Adaptionen. »Der nationalen Politik zufolge gab es drei Säulen des Theaters: 1. Die von den Vorfahren überlieferten *traditionellen* Theaterstücke (zwischen 300 und 700 Jahre alt). 2. Die von uns adaptierten *neuen historischen* Theaterstücke (alte Stoffe neu) mit breitem Themenspektrum. Das hieß: Geschichte für die Gegenwart, für die neue Zeit aufzubereiten, aber auch: Struktur und Ideologie anzupassen. 3. Die *neuen modernen* Theaterstücke.«[24] Xu Fen wurde zu einer berühmten Dramatikerin des *Chuanju*, schrieb aber auch *Jingju*-Stücke, Dramen, Kanton-Oper *(Yueju)* und anderes, sogar TV-Serien.

»Als die Kulturrevolution kam, war ich noch relativ jung. Größere Probleme hatte ich nicht, zwar wurde auch mir ein ›Hut‹ aufgesetzt, ich bekam das Etikett ›neutral‹ und wurde in einer Wandzeitung von den jungen Kollegen entsprechend kritisiert, aber nicht körperlich miss-

Xu Fen 1953, am Morgen des Tages, als die USA den Waffenstillstand unterzeichneten (27. Juli 1953) im koreanischen Kriegsgebiet.

Xu Fen im Frühjahr 1954 nach der Rückkehr aus dem Koreakrieg.

---

24   Nach einem politischen Dekret hießen alle Stücke, die nach der »4.-Mai-Bewegung« (1919) entstanden waren, *moderne* Stücke. Vgl. dazu: Gissenwehrer a.a.O. auf S. 85 ff. des vorliegenden Buches sowie Xie Xiezhang a.a. O., insbes. S. 107 ff.

Xu Fen heute.

handelt. Es herrschte Chaos, es ging drunter und drüber. Alle Vorgesetzten wurden vorgeführt, die gesamte Schule, alle Schauspieler. Ich wurde kritisiert, weil ich neutral war und weil ich niemanden kritisieren wollte. Aufgrund meiner Erziehung wusste ich, dass es falsch war, andere zu kritisieren. Den Vorwand für die öffentliche Kritik bildeten einige meiner damals sehr berühmten Stücke, weil in ihnen wie in allen neuen historischen Stücken eine bestimmte Kategorie hochgestellter Figuren vorkam (wieder: Kaiser und Generäle, Gelehrte und Schönheiten). Solche *Xiqu*-Stücke waren von Mao Zedong verboten worden. Acht Jahre lang schrieb ich keine Stücke mehr. Ich arbeitete als Journalistin, schrieb Reportagen über die Landverschickung der gebildeten Jugendlichen, machte Interviews. Ich war erfolgreich als Journalistin, aber für mich war das verlorene Zeit. Es war überall Wüste geworden. Die jungen Leute unserer Truppe vermieden beides: den Kampf und die Kunst. Sie nahmen am politischen Kampf nicht teil, aber sie probten auch nicht. Sie gründeten Familien. Eine Flucht ins Private.

Die Modelloper ist das Ergebnis einer politischen Verschwörung, sie stellte sich ganz in den Dienst der politischen Ziele, die sie propagierte. Der Plot ist komplett erfunden, nicht real. Sie hat aber eine hohe künstlerische Qualität. Jiang Qing hat zur Entwicklung der Modelloper die besten Musiker, Schauspieler, Regisseure zusammengeholt. Die Inhalte sind aber problematisch. Falsch. Die Figuren der Modellopern sind Helden: nobel, großmütig, ohne Fehl und Tadel. Sie haben keine Frauen, keine Familien. Nur die Arbeit ist ihnen wichtig. Sie sind einfach nicht menschlich. Es gibt nur ein Thema: die Bekämpfung der Feinde. Es gibt zwei Kategorien von Modellopern: die komplett nach dem Willen der Viererbande geschriebenen, z.B. *Am Hafen (Haigang)*, und populäre Werke, die bereits existierten und von Stückeschreibern durch Adaption im Sinne der Viererbande ›politischer‹ gemacht wurden.

Nicht wenige Künstler haben während der Kulturrevolution Selbstmord begangen. Aber niemand aus unserer Truppe. Die meisten waren depressiv. Sie trugen physische und psychische Verletzungen davon. Viele konnten später nicht mehr spielen. Auch Künstler, die Stars der Modelloper waren. Stimme und Körper waren kaputt. Die Kulturrevolution dauerte zehn Jahre!!! Manche überlebten in kleinen Rollen. Manche spielten die Helden. Man hatte nicht die Wahl. Wie viele Jahrzehnte hat denn ein Künstler? Die beste Lösung war, zu Hause zu bleiben, nichts zu tun. Solange man sich von der Politik fernhielt, wurde man in Ruhe gelassen. Spätestens nach 1968 wusste jeder, dass an dem politischen Klassenkampf nur die normalen Menschen litten, nicht die Politiker. 1978 kam Deng Xiaoping nach Sichuan und schaute sich die Opern an. Dann begannen alle Truppen, wieder zu spielen. Sie mussten nicht wiederaufgebaut werden, dem Namen nach existierten sie während der gesamten Kulturrevolution weiter. Die Mitarbeiter waren vom Staat weiter bezahlt worden, obwohl sie nicht arbeiteten. Die Künstler wurden zusammengetrommelt und spielten wieder. Das ging. Theaterstücke vergisst man nicht so einfach. Sie hatten die Opern seit dem 5./6. Lebensjahr immer wieder geübt, dann jahrzehntelang gespielt. Die Künstler hatten sowieso alles im Kopf. Die Stücke sind als Manuskripte, aber auch in privaten Haushalten aufbewahrt worden. Sie wurden natürlich versteckt.[25]

Die Kulturrevolution war die Katastrophe der chinesischen Nation, der größte Fehler der Kommunistischen Partei, der größte Fehler auch von Mao Zedong. Es war aber auch eine wertvolle Erfahrung für unsere Generation. Wir sind heute in der Lage, die Gesellschaft, die Menschlichkeit und die Schwachpunkte der chinesischen Nation besser zu verstehen, auch: echte Freunde von Feinden zu unterscheiden. Aus dieser Erfahrung heraus kann ich bessere Theaterstücke schreiben. Dengs Reise nach Sichuan hatte eine neue Politik zur Folge: Kunst darf nicht der Politik untergeordnet werden. Kunst hat immer auch mit Politik zu tun hat, sie dient aber nicht mehr der Politik. Ich versuche, meine Werke nach drei Prinzipien zu schaffen. 1. Einerseits beerbe ich die Tradition des *xiqu*, andererseits entwickle ich die Tradition weiter. 2. Ich verbinde die klassische Schönheit mit der Schönheit des modernen Menschen. 3. Der Inhalt muss mit der Form übereinstimmen.«

25 »Die Kulturrevolution ist schon auch recht mit Mythen beladen. Die Roten Garden konnten nicht alles zerstören, meines Wissens wurde im Archiv- und Bibliotheksbereich kaum Schaden angerichtet. Sicherlich sah es anders bei den Textsammlungen von Theatertruppen aus. Und hier trifft man leicht wieder auf den anderen Mythos des Alles-vergraben-Haben.« (Michael Gissenwehrer in einer Mail vom 14. Dezember 2015).

»Theaterkonzeption«, »Theater auf der Suche«, »Modernismus« – Schlüsselbegriffe zum Theater der achtziger Jahre

Von Tao Qingmei

In den achtziger Jahren erlebte das chinesische Theater lebendige und zugleich wechselhafte Jahre. In diesem Artikel werden drei Schlüsselbegriffe herausgearbeitet, die mit der Entwicklung des chinesischen Theaters in dieser Zeit untrennbar verwoben sind und einen Einblick in dessen Mannigfaltigkeit vermitteln.

1. Die Debatte über die »Theaterkonzeption« *(xijuguan)*

Die Debatte über die »Theaterkonzeption« hatte einen einfachen unmittelbaren Anlass. In den sechziger Jahren wurde im chinesischen Theater mittels professioneller Ausbildung durch Experten aus der Sowjetunion das Stanislawski-System eingeführt. Dadurch entwickelte sich der psychologische Realismus zum maßgeblichen Standard des chinesischen Sprechtheaters. Zur selben Zeit veröffentlichte der Regisseur Huang Zuolin den Artikel »Gespräch über die Theaterkonzeption« *(»Mantan xijuguan«)*, und erinnerte die Theaterwelt daran, dass es neben dem Stanislawski-System auch noch andere Formen der Schauspielkunst und Theorien des Theaters gibt. Ein »neues Verständnis« von Huangs Artikel gab der Theaterwelt in den achtziger Jahren den Anstoß, eine Diskussion über die »Theaterkonzeption« zu beginnen. Interessanterweise vollzog sich diese polemisch geführte Debatte weniger als »Diskussion« über die »Theaterkonzeption«, sondern vielmehr als eine Kritik am Stanislawski-System. So gut wie niemand vertrat dabei den Standpunkt von Stanislawskis Theorie.

Dabei hatte das Stanislawski-System, das in der Debatte angegriffen wurde, rein theoretisch betrachtet wenig mit dem ursprünglichen Stanislawski-System zu tun. Die öffentliche Kritik am Stanislawski-System entstand hauptsächlich aufgrund einer allgemeinen Verflachung des Theaters, die durch das sukzessive Verschwinden der »Gesellschaftsdramen« *(shehui wenti ju)* verursacht wurde. Zuvor hatte der Aufschwung dieser sogenannten »Gesellschaftsdramen« für das Wiederaufleben des Sprechtheaters nach der Öffnung Chinas (nach dem Ende der Kulturrevolution 1976, Anm. d. Hg.) gesorgt. Die Stücke rückten soziale Probleme von aktuellem öffentlichem Interesse in den Fokus und konstruierten davon ausgehend einen dramatischen Plot. So etwa die landesweite Aufführung des Erfolgsstückes *Aus der Stille (Yu wusheng chu)* von Zong Fuxian im Jahr 1978: In Zongs Drama geht es um den Aufstand der Massen im Zuge der »4.-Mai-Bewegung« von 1919, was als Protest gegen die »Viererbande« und als Kritik an der Kulturrevolution zu verstehen war.

Jin Yun, *Das Nirwana des Hundemannes*, Inszenierung: Lin Zhaohua, Volkskunsttheater Beijing 1986.

Weitere Stücke, die Themen von hoher gesellschaftlicher Relevanz behandeln, waren *Wenn Ahornblätter rot sind (Fengye hongle de shihou)* von Wang Jingyu und Jin Zhengjia oder *Primeln (Baochun hua)* von Cui Dezhi über die Frage, ob man zum Helden geboren sein muss. Sie stimulierten eine Welle der Veränderung, spiegelten die Trends der damaligen Gesellschaft und fanden in ganz China zu Beginn der Achtziger viel Publikum. Im Zuge des fortschreitenden wirtschaftlichen Booms ließ das Interesse an den Gesellschaftsdramen allerdings bald wieder nach, was sich in zurückgehenden Verkaufszahlen niederschlug.

Die Theaterwelt jener Zeit machte drei Faktoren für diese Krise verantwortlich. Der erste Faktor war das Auftauchen und die Verbreitung der Fernseh- und Filmproduktionen. Der zweite Faktor war die inhaltliche Beschränkung von Theaterstücken nach der Textbuchkonferenz 1982.[1] Auf diese beiden Faktoren hatte die Theaterwelt keinen Einfluss. Was diskutiert und auch verändert werden konnte, war vor allem die Art und Weise des Schauspielens, die nach Meinung der damaligen Theatertheoretiker durch die Einführung des Stanislawski-Systems gleichsam erstarrt war.

Während Huang Zuolin in den sechziger Jahren »das Schauspiel-System« von Mei Lanfang und Brecht als Ergänzung zu Stanislawski propagierte, reagierte die erneute Diskussion über die »Theaterkonzeption« in den achtziger Jahren nun konkret auf die verschiedenen Probleme, die nach der Durchsetzung des Stanislawski-Systems entstanden waren. In der Diskussion ging es um zwei Konzepte, die als gegensätzlich angesehen wurden: die realistische Vorstellung vom detailgetreuen Spiel hinter der vierten Wand im Gegensatz zur offenen Theaterkonzeption des *Xieyi*[2] *(xieyi)*, *Fiktionalität (jiading xing)* im Gegensatz zur *Illusion von Realität (shenghuo huanjue)*.

Die grundsätzliche Logik der Diskussion bezog sich auf den damaligen künstlerischen Mainstream: Die Kritik an der vierten Wand und an

---

1 Diese Konferenz wurde gemeinsam vom Verband der Chinesischen Bühnenautoren, dem Verband der Chinesischen Schriftsteller und dem Verband der Chinesischen Filmemacher organisiert. Sha Yexins Sprechtheaterstück *Falls es mich wirklich gäbe (Jiaru wo shi zhende)*, Li Keweis und Wang Jings Filmdrehbücher wie *In der Akte der Gesellschaft (Zai shehui de dang'an li)* und *Die Diebin (Nüzei)* sowie andere kontroverse Stücke standen dabei im Mittelpunkt der Diskussion. Anlass für diese Konferenz waren die wenig erbaulich konzipierten Hauptpersonen in all diesen Stücken, z.B. ein Betrüger oder eine Diebin, ebenso wie der inhaltliche Fokus auf die Schattenseiten der Gesellschaft.

2 Freie, das Wesentliche erfassende Inszenierung, die keine Details berücksichtigt.

der Illusion von Realität richtete sich zugleich an die Schaffensmethoden des sozialistischen Realismus. Das »realistische« Theater jener Zeit legte vor allem auf die Handlung Wert und nicht auf die Figuren. Meng Jinghui bezeichnete es später als »mit Lebensschlamm bespritzten Realismus«, was zwar nicht auf einer theoretischen Analyse basiert, aber doch mit bestechender Prägnanz ein instinktives Gefühl ausdrückt.

Vor diesem Hintergrund versuchten in den achtziger Jahren Huang Zuolin durch den Bezug auf Brecht und Mei Lanfang sowie Tong Daoming durch seine Auseinandersetzung mit Meyerhold Theaterkonzeptionen jenseits des »Stanislawski-Systems« zu etablieren, um dem Schauspielen neue Räume zu eröffnen. Grundsätzlich kann die Theaterkonzeption des *Xieyi* als Versuch verstanden werden, Abstand zu den immer seichter werdenden realistischen Ausdrucksweisen der Gesellschaftsdramen zu gewinnen. Die hier skizzierten theoretischen Diskussionen hingen eng mit der ebenfalls in den achtziger Jahren entstandenen Bewegung »Theater auf der Suche« zusammen.

2. Das »Theater auf der Suche« *(tansuo xiju)* und der Aufstieg des »Regisseurs«

1980 inszenierte die Hobby-Theatergruppe des Shanghai Worker's Cultural Palace *Draußen ist es warm (Wuwai you reliu)* von Ma Zhongjun, Jia Hongyuan und Qu Xinhua. In diesem »Einakter« wird die Bühne in zwei Teile geteilt. Eine unsichtbare Mauer trennt die Schlafzimmer des jüngeren Bruders und der jüngeren Schwester, während sich die Seele des älteren Bruders frei durch die Mauer bewegen kann. Kurze Zeit später, im Jahr 1981, entwickelten die gleichen Autoren mit dem Stück *Der Weg (Lu)* ihr Konzept weiter: eine Figur führt mit ihrem inneren Ich einen freien Dialog. Damit öffneten sie die »vierte Wand« – zumindest verstanden es damals viele so –, um auf anschauliche Art und Weise das Konzept der »Fiktionalität« zu erproben. Das Erscheinen von Gao Xingjians Experimentier-Theater-Stück *(xiao juchang) Das Notsignal (Juedui xinhao)* im Jahr 1982 beschleunigte diese Suche noch. Eine weitreichende Bewegung entstand.

Die Uraufführung von *Das Notsignal* gilt heute unumstritten als die Vorreiterinszenierung des modernen Experimentier-Theaters in China, nicht zuletzt weil sie in einem verkleinerten Bühnenraum ein anderes Verständnis von Räumlichkeit etablierte. Die Veränderung des Raumes führte gleichzeitig zu einer völlig neuen Dimension des künstlerischen

Ausdrucks. In den vorangegangenen Stücken wie *Draußen ist es warm*, *Der Weg* war die Suche nach einer anderen Ausdrucksweise vorerst nur undeutlich zu erkennen, doch in *Das Notsignal* ist das Tasten nach der neuen Form schon zu einem sehr instinktiven Streben geworden. Der kleine Bühnenraum, der zudem nicht wie die klassische Guckkastenbühne *(jingkuangshi wutai)* angelegt ist, stellte nicht nur für Regisseur und Schauspieler eine neuartige Herausforderung dar, sondern auch für das Publikum.

Gao Xingjian macht hier die »grauen Charaktere« zu Hauptrollen, die Einzelheiten und der Verlauf der Geschichte sind eher nebensächlich. Wichtig ist, wie Regisseur und Schauspieler eine nicht besonders komplizierte Geschichte darstellen. Der Regisseur Lin Zhaohua erklärt dies zu einem »Stück des neuen Genres«, in dem Licht, Ton und Requisiten mehr in den Mittelpunkt gerückt werden. In der Inszenierung von *Das Notsignal* wurde die Theorie der Fiktionalität und des *Xieyi*-Theaters beispielhaft in die Praxis umgesetzt. Auf einer Bühne, die nicht länger daran festhält, illusionistisch Realität darzustellen, wird der Wechsel von Raum und Zeit, die Veräußerlichung der psychischen Sphäre lebendig und natürlich.

Nach dem Erfolg von *Das Notsignal* wurde der Umgang mit dem Raum zum Hauptthema des Experimentier-Theaters: 1984 brachte das Harbin Sprechtheater das sogenannte »Kaffee-Theaterstück« mit dem Titel *Jeder kommt in die Nachtclubs (Renren dou lai yezonghui)* auf die Bühne; 1985 produzierte das Kanton-Sprechtheater in Guangzhou das Stück *Liebesdisko (Aiqing disike)*, und der Nachwuchsregisseur des Chinesischen Jugendkunsttheaters in Beijing Wang Xiaoying versetzte in *Der alte B an der Wand (Gua zai qiangshang de Lao B)* von Sun Huizhu und Zhang Mali die Bühne ins Zentrum des Raumes und ließ die Schauspieler aus dem Publikum heraus auftreten.

Natürlich bedeutet die Öffnung des Raumes nach wie vor einen Quell der Inspiration für die Fantasie der Theatermacher und bietet eine Vielzahl von Inszenierungsmöglichkeiten. Mitte der Achtziger begab man sich in vielen herausragenden Theaterarbeiten in verschiedene Richtungen auf die Suche, um »die Diskussion der Theaterkonzeption« zu vertiefen. Beispielsweise untersuchte Wang Peigongs Inszenierung der historischen Anekdote *Zhou Yu als General (Zhou Lang baishuai)* mit der Theatergruppe des Politischen Ministeriums der Luftstreitkräfte die Beziehung von Raum und Zeit in chinesischen Opern als Konstruktionsprinzip. Die Uraufführung Gao Xingjians *Der Wildmensch (Yeren)* am Volkskunsttheater Beijing

etablierte das »mehrstimmige« Theater *(duo sheng bu xiju)*. Die sparten-übergreifende Inszenierung von *Das Interview eines Toten mit einem Le-benden (Yige sizhe dui shengzhe de fangwen)* von Liu Shugang durch das Zentrale Experimentier-Theater Beijing *(Zhongyang shiyan huajuyuan)* integrierte nach und nach Gesang und Tanz, Skulpturen, Rap, Pantomime und andere Theatermittel in das Bühnengeschehen. Auch Huang Zuolin vom Volkskunsttheater Shanghai formulierte mit der Inszenierung von Sun Huizhu und Fei Chunfangs *Der chinesische Traum (Zhongguo meng)* seine Gedanken zur Konzeption des *Xieyi*.

Diese Vielfalt und Farbigkeit der Theaterwelt setzte sich fort bis zu den Arbeiten *Das Nirwana des Hundemannes (Gouer ye Niepan)* von Jin Yun in der Regie von Lin Zhaohua und *Die Chronik von Sangshu Ping (Sangshu ping jishi)* von Zhu Xiaoping, inszeniert von Xu Xiaozhong. In den Inszenierungen dieser beiden tiefgründigen realistischen Stücke finden viele Theatermittel Verwendung, die für die Suche des Theaters der achtziger Jahre kennzeichnend sind: Sei es die Darstellung des Be-wusstseinsstroms und die Symbolkraft des Torbogens in *Das Nirwana*

Das kleine Theater, die experimentelle Studiobühne des Volkskunsttheaters Beijing, wurde 1993 eingerichtet und ist mittlerweile abgeris-sen worden.

171

des Hundemannes, sei es der Einsatz der Drehbühne in *Die Chronik von Sangshu Ping*, die Raum und Zeit separiert und so die Inszenierung vorantreibt, oder sei es der gezielte Einsatz eines Chors, um Emotionen zu erzeugen. Bemerkenswert ist, dass die Erprobung all dieser Theatermittel den herausragenden Fähigkeiten der Regisseure zu verdanken ist.

Was wir heute noch vom »Theater auf der Suche« haben, sind vielleicht gar nicht die vielen verschiedenen Techniken und Theatermittel, die von den Regisseuren damals ausprobiert wurden. Es sind vielleicht auch nicht die sehr beachtlichen Inszenierungen, die uns im Gedächtnis geblieben sind. Die wichtigste vom Theater auf der Suche begründete Entwicklung ist der Aufstieg des Regisseurs im chinesischen Theater. Der Regisseur war im Bereich des Theaters immer ein wichtiger Beruf, doch in dieser Zeit wurde er zum »Generalarchitekten« einer Aufführung, der die Fundamente einer Inszenierung festlegte. Daher sprechen wir heute, wenn wir uns an eine bestimmte Inszenierung erinnern, normalerweise vom Regisseur und nicht vom Autor. Viele uns heute wohlbekannte oder sogar schon nicht mehr vertraute Regisseure wie Huang Zuolin, Lin Zhaohua, Wang Gui, Tian Chengren, Xu Xiaozhong usw. stellten damals ihr Talent unter Beweis und legten so den Grundstein für die Entwicklung der zentralen Rolle des Regisseurs im modernen Theater.

Der »Aufstieg des Regisseurs« in den achtziger Jahren unter dem Einfluss des »Theaters auf der Suche« leitete auch das Auftauchen einer Gruppe von Regisseuren ein, die für das moderne Theater prägend waren. Ganz gleich, ob man an den erst in den achtziger Jahren bekannt gewordenen Wang Xiaoying denkt, an den aus Russland zurückgekehrten Zha Mingzhe, an die Vertreter des Avantgarde-Theaters *(xianfeng xiju)* Mou Sen, Meng Jinghui und Tian Qinxin, die gleichermaßen Sinn für chinesische Oper und modernen Tanz hat, an Li Liuyi, der aus einer die Tradition der Chuan-Oper fortführenden Familie stammt, oder natürlich an den bejahrten und immer noch hervorragenden Lin Zhaohua und viele andere. Sie alle sind Regisseure von Beruf mit ganz eigenen, individuell unterschiedlich ausgeprägten Methoden und Arbeitsweisen, und sie bewegen sich in ihren Arbeiten mühelos zwischen verschiedenen Interessengruppen. Die Stellung der Regisseure und Künstler dieser Zeit steht außer Frage; ihre äußerst wandelbaren und vielfältigen künstlerischen Fähigkeiten verliehen dem Theater völlig neue Wesenszüge.

3. Das moderne Theater

»Modernismus« ist der dritte Schlüsselbegriff für das Theater der achtziger Jahre. Er ist eng verknüpft mit der Debatte über die »Theaterkonzeption« und dem »Theater auf der Suche«. Das moderne Drama entwickelte sich im Grunde parallel zum chinesischen Sprechtheater. Doch die leidenschaftliche Übersetzung und Einführung der modernen Werke in die Theaterwelt war das ausschlaggebendste Ereignis.

Das moderne Drama ist ein wirrer Begriff. Er ist schwer zu definieren. Es ist auch schwer zu unterscheiden, was zum Modernismus gehört und was nicht. Der Theaterübersetzer und -theoretiker Wang Yilun stellte den Modernismus 1987 in einer Reihe von vier Artikeln zur Theatertheorie folgendermaßen vor: »Reflexion der objektiven Welt – das realistische Theater« (*»Keguan shijie de guanzhao – Xianshizhuyi xiju«*), »Erwachen des subjektiven Bewusstseins – Über Sinnbilder im Theater und symbolisches Theater« (*»Zhuti yishi de juexing – Lun xiju zhong de xiangzheng yu xiangzhengzhuyi de xiju«*), »Kunst, die ins Herz geht – Über das expressionistische Theater« (*»Zouxiang xinling de yishu – Lun biaoxianzhuyi xiju«*) sowie »Erforschung des bitteren Lebens – Über das Absurde Theater« (*»Tongku rensheng de tansuo – Lun huangdanpai xiju«*). Der von Wang anschließend herausgegebene Sammelband *Ausgewählte Werke der westlichen Strömung des modernen Theaters (Xifang xiandai xiju liupai zuopin xuan)* stellte eine Auswahl von Texten aus den genannten fünf Kunstströmungen (einschließlich des Epischen Theater) vor. In der Folge bildeten der Realismus, der Symbolismus, der Expressionismus, das Absurde Theater sowie das Epische Theater grundlegende Bausteine für das Verständnis vom modernen Theater in den achtziger Jahren.

Unter den übersetzten modernen Werken wurden die absurden Stücke am intensivsten wahrgenommen und übten den größten Einfluss aus. Neben vereinzelt publizierten Einführungsartikeln über das moderne Drama fanden vor allem zwei Übersetzungssammelbände nachhaltige Resonanz. Der von Shi Xianrong herausgegebene Band *Ausgewählte Stücke des Theaters des Absurden (Huangdanpai xiju xuan)* umfasste Stücke wie *Warten auf Godot* von Samuel Beckett, *Amédée ou Comment s'en débarrasser* von Eugène Ionesco, *Die Zoogeschichte* von Edward Albee und *Der stumme Diener* von Harold Pinter. Der andere Sammelband wurde 1983 von Shi Xianrong und Gao Xingjian gemeinsam unter demselben Titel herausgegeben. Er enthielt unter anderem *Glückliche Tage* von Samuel Beckett, *Die kahle Sängerin*, *Die Stühle* und *Die Nashörner* von Eugène Ionesco sowie *Die Zofen* von Jean Genet. Die Stücke in den Sammelbänden eröffneten vor allem jungen Theatermachern einen Zugang zum absurden Theater und wurden häufig gespielt.

Doch obwohl das Absurde Theater in China einen Trend setzte, waren die Stücke für die chinesische Theaterwelt schwer zu verdauen. Die Übersetzer versuchten zwar ausführlich die Gedanken und den Inhalt der Stücke zu erläutern, es fehlte allerdings eine eingehende Darstellung und Aufarbeitung der theaterhistorischen Zusammenhänge, die zum Beispiel die Beziehung zwischen dem Absurden Theater und anderen westlichen modernen Theater-Strömungen verdeutlicht hätte. Ebenso wenig fanden sich anschauliche Hinweise darauf, wie scheinbar die Logik des Alltags sprengende Szenen auf der Bühne dargestellt werden könnten. Theatermacher und Publikum jener Zeit waren nicht darauf vorbereitet und in der Lage, diese scheinbar unerklärlichen absurden Stücke zu verstehen.

Aus diesem Grund hatte das Absurde Theater in den achtziger Jahren objektiv betrachtet zunächst keinen direkten Einfluss auf den Mainstream des Theaterschaffens. Obwohl das Absurde Theater weltweit wirkungsmächtig war und – wie man sagte – »das moderne Theater die Welt beherrschte«, entfaltete sich der »Modernismus« im chinesischen Theater hauptsächlich in der experimentellen Erprobung von neuen Darstellungsformen. Die Kenntnisse über das moderne Theater, mit dem Absurden Theater als Aushängeschild, blieben dagegen sehr oberflächlich. Selbst Gao Xingjian, der in den achtziger Jahren als einer der einflussreichsten Verfechter des modernen Theaters galt, richtete sein Augenmerk offenbar vor allem auf die Darstellungstechniken des modernen Theaters. Das zeigt sich beispielsweise an seinem vom Absurden am tiefsten beeinflussten Werk *Die Bushaltestelle (Chezhan)*. Das Stück hat ein ähnliches Thema wie *Warten auf Godot*, »das Warten«, und zwar das Warten auf ein Zeichen, das nie kommen wird. Dieses Werk des Experimentier-Theaters ist durchdrungen vom Gefühl der Absurdität und insofern mit *Warten auf Godot* vergleichbar: Eine Gruppe von Menschen wartet an einer Bushaltestelle auf einen Bus, der einfach nicht kommt. Manche geben dabei auf, manche nörgeln, manche fluchen… Doch beim Warten vergeht die Zeit Sekunde für Sekunde, Minute für Minute. Während Beckett einen Ausdruck für die große Verzweiflung am Leben und an der Welt formulierte, versuchte *Die Bushaltestelle* auf eine absurde Art und Weise deutlich Gesellschaftskritik zu artikulieren. Für die Chinesen war das Stück eine offensichtliche Kritik an der erst vor kurzem zu Ende gegangenen Kulturrevolution. Mit anderen Worten:

Die Bushaltestelle nutzte das Konzept des Absurden Theaters und schuf dabei ein Gesellschaftsdrama.

Natürlich lässt sich dennoch nicht bestreiten, dass das moderne Theater der achtziger Jahre mit dem Absurden Theater als wichtiger Stilrichtung schließlich einen enormen Einfluss auf das chinesische Theater gewann. Anfangs entwickelte sich das eher keimhaft und punktuell, spätestens für die Theaterarbeit seit den neunziger Jahren wurde der Einfluss des Absurden dann absolut ausschlaggebend – das Absurde Theater veränderte sogar direkt das ästhetische Empfinden und die Freizeitgestaltung der jungen Leute. So sagte Professorin Lin Yinyu von der Zentralen Theaterakademie in Beijing, die Stücke des Absurden Theaters wie *Der Liebhaber* von Harold Pinter oder *Die Stühle* von Eugène Ionesco inszeniert hat:

> »Die jungen Studenten dieser Akademie zeigen jeden Tag wachsendes Interesse am Absurden Theater. 1987 organisierten sie zur Präsentation ihrer Projektarbeiten zwei Galaabende, und fast alles Vorgetragene waren Auszüge aus Stücken des Absurden Theaters oder des Existentialismus. Die Reaktionen darauf waren sehr gemischt, sowohl positiv als auch negativ. Darunter hörte man vor allem unter älteren Dozenten Dinge wie ›völlig unverständlich‹, ›viel zu schmutzig, zu chaotisch, zu abstoßend auf der Bühne‹. Genauso gab es aber auch Leute, die sagten: ›Wenn es das Publikum nicht versteht, ist es grade richtig‹.«[3]

Unter diesen Umständen wird verständlich, wie Mou Sen 1987 aus einem Amateurtheater die »Experimentelle Theatertruppe Frösche« *(Wa shiyan jutuan)* gründen konnte, mit der er Eugène Ionescos *Die Nashörner* inszenierte und damit die Theaterwelt aufrüttelte; Meng Jinghui und seine Mitstreiter des Pionier-Theaters begannen ihre Karriere als Regisseure ebenfalls Ende der Achtziger, Anfang der neunziger Jahre auf dem Campus der Zentralen Theaterakademie mit ersten Versuchen mit dem Absurden Theater. In eben dieser Atmosphäre nahm der Weg des modernen Avantgarde-Theaters in China seinen Anfang. Sein weiterer Verlauf ist die Geschichte des Theaters der neunziger Jahre.

Aus dem Chinesischen von Sophia Zasche und Li Yinyin

---

3   Lin Yinyu [1992]: »Forschungen über ›das Absurde‹ – Inszenierungsnotizen zu Harold Pinters ›The Lover‹ und Eugene Ionescos ›Die Stühle‹«, in: Zeitschrift *Forschung des chinesischen Sprechtheaters (Zhongguo huaju yanjiu)* Nr. 4, Beijing: Kulturkunstverlag, S. 147.

Verändert das Theater die Welt?

Über *Das andere Ufer*

Von Mou Sen

Mitte Januar 2013 wurde ich zum »Zweiten Forum des Stadtsalons der chinesischen Medien« nach Hangzhou eingeladen, um über meine Inszenierung *Das andere Ufer (Bi'an)* zu sprechen. Gao Shiming, der Organisator des Forums, war der Ansicht, man könnte des zwanzigjährigen Jubiläums der Uraufführung, die für das chinesische Theater der Gegenwart ein wichtiger Moment gewesen sei, nicht besser gedenken. Bis dahin war ich mir dieses Jubiläums gar nicht bewusst gewesen, auch an die Produktion selbst hatte ich nur selten gedacht. Doch einmal angesprochen, sprangen bei mir die Schleusentore der Erinnerung wieder auf. Spontan hatte ich zwei Reaktionen: Erstens, ich spürte das Gewicht der Zeit; zweitens, ich entdeckte plötzlich, dass das Thema der Inszenierung auch heute, zwanzig Jahre später, nicht im Geringsten an Relevanz verloren hatte, im Gegenteil, seine Aktualität hatte sogar noch zugenommen.

Für die chinesische Kunst der Gegenwart war 1993 aus vielen Blickwinkeln ein sehr wichtiges Jahr, es war der Beginn der umfassenden Transformation Chinas von den achtziger zu den neunziger Jahren. Und genau in diesem Jahr 1993 wurde *Das andere Ufer* uraufgeführt. Die Inszenierung war aber auch für meine eigene Theaterarbeit ein Wendepunkt. Von heute aus betrachtet ist sie sogar dazu angetan, die Transformation im chinesischen Gegenwartstheater sichtbar zu machen. Zwanzig Jahre später möchte ich gern aus einer entwicklungsgeschichtlichen Perspektive darauf zurückblicken und kurz die Kette von Ursache und Wirkung darstellen. Warum habe ich vor zwanzig Jahren diese Produktion gemacht? Wie hat sich die Inszenierung entwickelt? Was waren die Folgen ihrer Aufführung?

Im Jahr 1993 hatte ich mich bereits neun Jahre lang mit Theater beschäftigt und fünf Produktionen gemacht. Dabei lassen sich zwei Etappen unterscheiden: 1984 inszenierte ich an der Universität mein erstes Stück: *Der Schulaufsatz (Ketang zuowen)*. Damals studierte ich an der Pädagogischen Hochschule Beijing *(Beijing Shifan Daxue)*. Im folgenden Jahr rief ich die »Theatertruppe der zukünftigen Menschen« *(Weilairen yanjutuan)* ins Leben und wir brachten das sowjetische Stück *Irkutsker Geschichte (Yierkucike de gushi)* heraus. 1987 gründete ich in Beijing die »Experimentelle Theatertruppe Frösche« *(Wa shiyan jutuan)*, mit der eine Reihe von Inszenierungen entstand: Wir begannen mit *Die Nashörner* von Ionesco, 1988 folgte *Die Geschichte vom Soldaten* von Strawinsky, 1989 *Der große Gott Brown* von O'Neill. 1993 inszenierte ich *Das andere Ufer/Diskussion über die Grammatik des Chinesischen des an-*

Mou Sen auf der Probe.

deren Ufers (Bi'an/Guanyu bi'an de Hanyu yufa taolun, von nun an kurz *Das andere Ufer* bezeichnet). Ich gründete eine neue Theatergruppe, die »Theaterwerkstatt neues Theater« *(Xin jutuan xiju chejian)*, mit der die dritte Etappe meiner Theaterarbeit begann. Unter dem Namen »Theaterwerkstatt« inszenierte ich später noch Yu Jians *Akte 0 (Ling dang'an*, 1994), *Über Aids (Yu aici you guan*, 1994), *Chrysanthemen (Huanghua*, 1995), *Der Hering (Hongfeiyu*, 1995), *Untersuchungsbericht über eine nächtliche Erinnerung (Yi ge yewan de jiyi de diaocha baogao*, 1995) und *Krankenhaus (Yiyuan*, 1996), zu denen ich die Texte selbst verfasste. In meiner persönlichen Theatergeschichte war *Das andere Ufer*, wie gesagt, ein Wendepunkt. Es öffnete mir auf der Suche nach meinem Theater in den neunziger Jahren den Weg.

1986 hatte ich die Universität verlassen und war für das Projekt *Aufbau der Grenzgebiete* nach Tibet gegangen. Bevor ich mich von der Universität verabschiedete, nahm ich an einer Umfrage von Gao Xiaoyan und Zhang Lifen von der Fudan Universität *(Fudan Daxue)* teil. Für ein Buch mit mündlichen Erzählungen von Universitätsstudenten machten

sie insgesamt einhundert Interviews. Im Gespräch mit Gao Xiaoyan kam ich auf meine Träume zu sprechen und erzählte von meiner Hoffnung, eines Tages eine eigene kleine Theatertruppe zu haben und auf Welttournee zu gehen. Die jungen Menschen von heute können das vielleicht nicht verstehen, aber für einen durchschnittlichen Studenten im China des Jahres 1986 war das der Traum eines absoluten Narren. Doch acht Jahre später, von 1994 an, ging ich mit meiner eigenen kleinen Theatertruppe tatsächlich auf Welttournee. Der Traum wurde wahr, das ist der geheimnisvollste Teil meines Lebens. Und das hatte direkt mit der Aufführung von *Das andere Ufer* zu tun.

An der Universität hatte ich chinesische Literatur studiert, und da ich das Theater liebte, gründete ich eine Gruppe und begann, Theater zu machen. Aber kein typisches Studententheater. Ich habe von Anfang an Theater als Kunst gemacht. In jener Zeit mussten wir neben der Abschlussarbeit auch einen gesellschaftlichen Untersuchungsbericht vorlegen. Ich machte eine Bestandsaufnahme der aktuellen Situation des Sprechtheatersystems im Nord- und Südwesten Chinas. In Xi'an begin-

Über Aids, Inszenierung: Mou Sen, Theaterwerkstatt, Beijing 1994.

nend, besuchte ich sämtliche Theaterhäuser in Lanzhou, Xining, Lhasa, Chengdu, Chongqing. Das war 1985, in genau jenem Jahr, in dem das chinesische Sprechtheater aus der Blüte, die es nach der Zerschlagung der Viererbande[1] entfaltet hatte, in eine tiefe Krise geriet. Außer der Tibetischen Schauspieltruppe *(Xizang huajutuan)* verpachteten nahezu alle Gruppen, die ich besuchte, ihre Theaterhäuser und verkauften die Einrichtung. Die Schlussfolgerung, die ich aus meinen Recherchen zog, dass die Krise nämlich nicht auf die Massenmedien, sondern auf das Theatersystem selbst zurückzuführen war, ist noch heute zutreffend. Dennoch ging ich im Jahr 1986 freiwillig zur Tibetischen Schauspieltruppe.

Ein Jahr später kündigte ich und gründete in Beijing die »Experimentelle Theatertruppe Frösche«, eine wichtige Etappe für mich. Im Sommer

---

1   Die Viererbande (auf Chinesisch *Sirenbang*) war eine Gruppe von Führungskräften aus der Kommunistischen Partei, die maßgeblichen Einfluss auf den Verlauf der Kulturrevolution hatte. Jiang Qing, Maos Ehefrau, die zu der Bande gehörte, brachte damals acht revolutionäre Modellopern heraus und verbot alle anderen theatralen Werke.

1987 spielten wir im Haidian Theater *(Haidian juyuan) Die Nashörner.*
Im Publikum saß Yu Yueqing, Dozent an der Zentralen Theaterakademie *(Zhongyang xiju xueyuan)*, der das Absurde Theater schätzte. Anschließend empfahl er dem damaligen Direktor der Zentralen Theaterakademie, Prof. Xu Xiaozhong, *Die Nashörner* zu einer Aufführung auf
die Kleine Experimentierbühne der Zentralen Theaterakademie einzula-
den, damals eine der besten Bühnen in Beijing. Saalmiete wurde nicht
verlangt, die einzige Bedingung war, die Hälfte der Eintrittskarten der
Theaterakademie zu überlassen.

Die nächste glückliche Verbindung entstand durch Daniel, einen
guten Freund aus England. Er lud den Schweizer Denis, der damals Dozent an der Beijinger Universität für Fremdsprachen *(Beijing Waiguoyu
Daxue)* war, zu einer Aufführung der *Nashörner* ein. Denis war gerade
damit beauftragt worden, die Dienststelle der Schweizerischen Kultur-
stiftung in Beijing aufzubauen. Die Inszenierung gefiel ihm sehr und er
entschloss sich schnell, mit mir zusammenzuarbeiten und ein neues
Stück zu machen: *Die Geschichte vom Soldaten* von Igor Strawinsky und

Charles-Ferdinand Ramuz. Unter den Hauptdarstellern war beide Male Meng Jinghui, heute ein bekannter Regisseur. Dirigent der *Geschichte vom Soldaten* war Lü Jia, der damals 24 Jahre alt war. Die Premiere war sein erster öffentlicher Auftritt.

Im Jahr 1988 plante der Chinesische Verband für Theaterschaffende *(Zhongguo xijujia xiehui)* zum hundertsten Geburtstag von O'Neill einige Aufführungen seiner Stücke in Nanjing und in Beijing. Schon als Student mochte ich *Der große Gott Brown* sehr, daher plante ich, das Stück zu dem Anlass zu inszenieren. Auch als die Initiative abgeblasen wurde, hielt ich an dem Vorhaben fest. Die Kulturabteilung der Amerikanischen Botschaft unterstützte uns ein wenig, und so kam es im Januar 1989 schließlich zur Premiere. Zur selben Zeit fand einige Straßen weiter, in der Chinesischen Nationalgalerie *(Zhongguo meishuguan)*, eine große Ausstellung chinesischer Gegenwartskunst statt. In meiner Erinnerung war das ein eisig kalter Wintertag.

Doch weiter mit der Kette der Ereignisse. Die Zusammenarbeit mit dem Kulturamt der Amerikanischen Botschaft eröffnete mir zwei Gelegenheiten, die für meine zukünftige Theaterarbeit entscheidend waren. Erstens organisierte das Kulturamt 1991 den Besuch des amerikanischen Regisseurs Robert Bundy in Beijing und dessen Zusammenarbeit mit der »Experimentellen Theatertruppe Frösche«: Wir brachten Ausschnitte aus fünf zeitgenössischen amerikanischen Stücken auf die Bühne. Ich stellte für Bundy eine Gruppe von Schauspielern zusammen und erwarb während der einmonatigen Probenzeit eine tiefe und unmittelbare Kenntnis von seiner Regie- und Schauspieltechnik. Dabei wurde auch mein späteres Interesse für Methoden und Theorien geweckt. Zweitens wurde ich im Rahmen des internationalen Besuchsprogramms der Nachrichtenabteilung des amerikanischen Außenministeriums eingeladen. Das war in der Übergangszeit zwischen den achtziger und neunziger Jahren. Insgesamt wurde ich drei Mal eingeladen, beim ersten und zweiten Mal waren wir eine kleine Gruppe von drei Personen. Als die dritte Einladung kam, begab ich mich schließlich allein auf die Reise.

Ich verbrachte einen Monat in den USA, reiste von Osten nach Westen, besuchte acht Städte, ging ins Theater und traf Menschen. Daneben versuchte ich, möglichst viel vom Schauspieltraining amerikanischer Schauspieler zu sehen. Gleichgültig ob an Theaterhäusern oder Universitäten, ich sah mir alles an. Das Besondere an dem internationalen Besuchsprogramm der Nachrichtenabteilung war, dass sie alle Wünsche erfüllten, man musste sie nur äußern. Über den Ertrag der Reise könnte ich ein ganzes Buch schreiben. Zum Beispiel wurde mir ausnahmsweise genehmigt, einen Nachmittag am Informationszentrum des Lincoln Center in New York zu verbringen und verschiedene Medien auszuleihen. Viele Jahre lang hatte ich Grotowski gelesen, nun sah ich zum ersten Mal eine Videoaufzeichnung von *Akropolis*; die Trainingsmethoden des Open Theatre, von denen ich nur gelesen hatte, konnte ich mir mehrfach anschauen; an der Universität in New York besuchte ich Richard Schechners Performance-Workshops; an der Universität von Arizona nahm ich an Bundys Kursen zu inneren Prozessen teil.

Damals konnte ich es gar nicht erwarten, wieder nach China zu zurückzukommen. Ich war erfüllt von der Idee, in Lhasa mit der Tibetischen Schauspieltruppe die Trainingsmethoden für Schauspieler in der Praxis zu erproben. Anfang 1992 folgte ich der Truppe nach Kunming, um dort am chinesischen Kunstfestival *(Zhongguo Yishujie)* teilzunehmen, danach ging es an ihre Alma Mater, die Theaterakademie Shanghai *(Shanghai xiju xueyuan)*, um Bericht zu erstatten. Ich versuchte, eine Vielzahl von Trainingsmethoden miteinander zu verknüpfen und tauschte mich intensiv mit den tibetischen Schauspielern darüber aus. Das Training erstreckte sich über nahezu zwei Monate, eine unvergessliche Zeit. Ursprünglich wollten wir *King Lear* inszenieren, doch dann sollte die Truppe aufs Land, um kleine Werke aufzuführen, und es war nicht möglich weiterzumachen. Ich kehrte nach Beijing zurück. Die Arbeit des körperlichen Trainings, die in Lhasa begonnen hatte, aber nicht abgeschlossen wurde, bildete eine wichtige Voraussetzung für die Produktion von *Das andere Ufer*.

Überall bin ich Menschen begegnet, denen ich zu tiefem Dank verpflichtet bin. Mein älterer Mitschüler Li Lei, Hauptdarsteller in den *Nashörnern* und der *Geschichte vom Soldaten*, arbeitete im Sekretariat des Instituts für Schauspiel an der Filmakademie. Er machte mich mit dem Direktor, Prof. Qian Xuege, bekannt. Prof. Qian gründete zu jener Zeit das Zentrum für Schauspielausbildung an der Filmakademie Beijing *(Beijing dianying xueyuan)* und war sehr interessiert an allem, was ich ihm von meinen Studien in Amerika und dem Training in Lhasa berichtete. Schließlich ließ er mich in seinem Grundkurs für Schauspiel für Studenten im Fach Trickfilm am Institut der Schönen Künste unterrichten und meine Trainingsmethoden ausprobieren. Diese zwei Wochen waren wie ein Wunder, die Schöpfungskraft der Studenten erwachte, sie waren unendlich kreativ. Prof. Qian und Prof. Wang Shuyuan luden mich ein, ein Semester lang eine experimentelle Trainingsgruppe für

Schauspielmethoden auf die Beine zu stellen. Ich arbeitete einen Lehrplan aus und fand weitere Lehrer. Prof. Qian und Prof. Wang schenkten mir ihr absolutes Vertrauen. Auch das ist ein einzigartiger Vorgang, der heutzutage undenkbar ist.

Mit dem Sommersemester 1993 begann die experimentelle Trainingsklasse für Schauspielmethoden am Zentrum für Schauspielausbildung der Filmakademie Beijing. Zum Abschluss des Semesters sollte ein Stück herausgebracht werden. Das war von Beginn an vereinbart und Teil des Lehrplans. Darin sollten die Ergebnisse der verschiedenen körperlichen Trainingsmethoden miteinander verknüpft werden. *Das andere Ufer* war also zunächst ein Unterrichtsprojekt, und zwar ein Projekt experimentellen Unterrichts zum Körpertraining. Im Umfeld der Filmakademie war so etwas möglich. Wieso wirkt das alles so irreal, wenn man heute, zwanzig Jahre später, darauf zurückblickt?

Wir arbeiteten von März bis Juli 1993, ein ganzes Sommersemester lang, fünf Monate, jeden Tag, morgens, nachmittags, abends. Ich selbst hatte ja an Schechners Kurs in Performance Studies teilgenommen und Yoga-Kurse, Kurse zu kombiniertem körperlichen Training und Theatertheorie-Kurse besucht. Ich lud eine Reihe von Kollegen ein, die ihre jeweils spezifischen Erfahrungen einbrachten: Feng Yuanzheng, der sich in Deutschland mit Grotowski beschäftigt hatte, gab einen Kurs in Bewegung und Stimme nach Grotowski. Ou Jianping bot Kurse zu Bewegungen des modernen Tanzes und Seminare zur Geschichte des modernen Tanzes an. Dabei sahen wir erstmals Videoaufzeichnungen vieler wichtiger Aufführungen moderner Tanztheater, darunter auch Pina Bausch. Die Geschwister Kong Yan von der Akademie für traditionelles Musiktheater *(Zhongguo Xiqu Xueyuan)* und Kong Xinyuan von der Peking-Opern-Kompanie China *(Zhongguo guojia Jingjuyuan)* vermittelten Grundlagen der Peking-Oper (Singen, Sprechen, Spielen, Schlagen). Prof. Kong Yan erläuterte das Stück *Die Geschichte einer roten Signallaterne (Hong deng ji)*, Prof. Kong Xinyuan *Herbstfluss (Qiujiang)*. Zwei weitere Lehrer der Peking-Opern-Kompanie China unterrichten Kampfkunst. Die Kurse waren immer voll. Ich nahm – neben meinem eigenen Unterricht – an all diesen Kursen teil. In diesen fünf Monaten war ich ständig mit den Studenten zusammen, wir verbrachten die gesamte Zeit gemeinsam im Klassenzimmer oder auf dem Trainingsplatz.

Ziel des Lehrplans war es, durch körperliches Training die Einheit von Körper und Geist zu erreichen. Ein wichtiger Bestandteil der Unterrichtsphilosophie war Yoga. In den Jahren in Lhasa hatte ich über hundert Yoga-Übungen gelernt. Im Sanskrit ist die ursprüngliche Bedeutung von Yoga »Vereinigung«. Die getrennten Einheiten Seele und Körper des Menschen sollen durch die Praxis des Yoga zusammengeführt werden. Dabei ist der Fleiß, den man aufbringt, noch wichtiger als die Tatsache, ob sie am Ende tatsächlich zusammenkommen oder nicht. Eine weitere wichtige Inspirationsquelle war Robert Alexander vom Living Stage Theatre, den ich in Washington besucht hatte. Ich hatte sein Training gesehen und andere gebeten, seine theoretischen Texte für mich zu übersetzen. Um ihn vorzustellen, habe ich einen Text geschrieben: »Das Theater verändert die Welt«.

Robert leitete ein kommerzielles Amphitheater. Das Living Stage Theatre dagegen war eine Art Community, dort trainierten nicht nur Schauspieler. Er war der Meinung, dass alle Menschen, die Theatertraining praktizierten, dem Leben gegenüber eine poetische Haltung entwickeln konnten. Als ich ihn darum bat, sein Theaterkonzept in einem Satz zu beschreiben, sagte er, ohne zu zögern: Das Theater verändert die Welt. Zu Beginn unterstellte ich ihm eine ideologische Haltung, doch als ich ihn besser verstand, überzeugte mich das, was er sagte. Grundlegend für die Veränderung der Welt ist die Veränderung der Menschen selbst, grundlegend für die Veränderung der Menschen ist die Veränderung ihrer Haltung bei der Betrachtung der Welt. Wenn du diese Haltung veränderst, veränderst du die Menschen selbst, und dann hast du die Welt verändert. In meinem Lehrplan verwendete ich alle möglichen amerikanischen, europäischen, chinesischen Trainingsmethoden und brachte sie schließlich in einer Inszenierung zusammen. Doch das Ziel des Unterrichts, das Prinzip des Trainings und der Ausgangspunkt blieb Roberts Idee: Das Theater verändert die Welt.

Während sich also die verschiedenen Formen des körperlichen Trainings gerade erst entwickelten, wählte ich Gao Xingjians Stück *Das andere Ufer* als Abschlussstück. *Das andere Ufer* war in der Literaturzeitschrift *Oktober (Shi Yue)* veröffentlicht worden, doch eigentlich hatte Gao es eigens für das körperliche Training von Schauspielern am Volkskunsttheater Beijing *(Beijing renmin yishu juyuan)* geschrieben, wo Gao damals als Dramatiker engagiert war. Das Theater hatte einen deutschen Experten eingeladen, um das Stück mit der Schauspielklasse, der auch Feng Yuanzheng angehörte, zu inszenieren. In *Das andere Ufer* zeichnet sich eine Ebene durch den spielerischen Zugriff auf Sprache, Körper und Gegenstand aus; eine andere Ebene ist die individuelle Erfahrung ei-

nes Menschen, der verschiedene Lebensphasen durchschreitet und stets unbeirrt nach dem anderen Ufer sucht. Die erste Ebene habe ich stärker herausgearbeitet, beide Ebenen habe ich in viele verschiedene Formen körperlichen Trainings aufgelöst. Training und Proben waren ineinandergedreht wie ein Seil, mit zwei offenen Enden.

In jenem Frühling war gerade Yu Jian, ein Dichter aus Kunming, in Beijing und wohnte im Haus seines Freundes Wu Wenguang. Wenguang hatte *Pekinger Vagabunden (Liulang Beijing)* gedreht, wir kannten uns gut. In der Zeit der Proben kamen er und die Choreografin Wen Hui oft, um sich den Unterricht anzuschauen, vor allem die Stunden, in denen wir Videos von modernem Tanz ansahen. Einmal kam Yu Jian zusammen mit ihnen. Der Unterricht erschütterte sie sehr. Von Gao Xingjians *Das andere Ufer* hatte ich nur die Hälfte übrig gelassen, da die Länge des Stücks problematisch war. Wir diskutierten über die von Gao entworfene Utopie und wie man sie erreichen könnte. Ich sprach sehr viel mit Yu Jian und bat ihn darum, eine andere Version des Stücks zu verfassen. Rasch schrieb Yu Jian daraufhin das lange Gedicht *Das andere Ufer/ Diskussion über die Grammatik des Chinesischen des anderen Ufers*. Er dekonstruierte die Utopie und diskutierte über das Handeln. Im Training ließ sich Yu Jians Teil sehr leicht mit den anderen Teilen verbinden.

Nach fünf Monaten Probenzeit nahmen am Ende von über dreißig angemeldeten Studenten vierzehn an der Aufführung von *Das andere Ufer* teil. Ganz gleich, ob man die Praxis des Yoga zum Maßstab nimmt oder Roberts Das-Theater-verändert-die-Welt-Haltung; in jenen fünf Monaten war ich mit eigenen Augen Zeuge geworden, wie sich Körper und Geist der jungen Menschen veränderten. Körper und Seele waren keine Alternative mehr, sie waren ein Ganzes geworden. Alle körperli-

chen Trainingsmethoden waren miteinander verbunden, die Darsteller bewegten sich im großen Probenraum wie in einem Zoo und verwandelten sich in alle möglichen Arten von Tigern, Leoparden, Löwen, mutig und zugleich flexibel. Das wichtigste war jedoch, dass ihre Augen leuchteten, klar und rein. Zwanzig Jahre später kann ich sagen, dass ich an Roberts Theorie »Das Theater verändert die Welt« glaube, denn ich habe sie damals in die Praxis umgesetzt und das Ergebnis gesehen.

Jiang Yue machte einen Dokumentarfilm über *Das andere Ufer*, über den gesamten Unterricht, das Training und die Aufführung. Das war Jiang Yues erster Dokumentarfilm. Durch ihn erfuhren die meisten Menschen von der Produktion *Das andere Ufer*. Seitdem denke ich immer wieder, dass das Zusammentreffen zwischen diesen jungen Menschen und mir eine schicksalhafte Begegnung war. Ich hatte nicht die Möglichkeit, sie auszuwählen, sie wählten mich. Sie schenkten mir ihr Vertrauen und ihre Jugend. Ich bin mir sicher, dass Proben und Aufführung von *Das andere Ufer* diesen vierzehn jungen Menschen als wichtiger Eindruck in Erinnerung geblieben sind. Vor zwanzig Jahren waren sie ungefähr zwanzig, jetzt sind sie ungefähr vierzig. Ich denke oft an sie und wüsste gern, was sie im Leben gemacht haben. Jiang Yues Dokumentarfilm hat ihr Leben selbst berührt, denn unmittelbar nach dem Abschluss jener Klasse, beinahe direkt nach dem Ende der Aufführungen, waren sie sofort mit der Frage der Existenz konfrontiert. Ich bin noch heute stolz darauf, dass ich sie nicht betrogen und ihnen keine falschen Illusionen gemacht habe.

Der Sommer 1993 war sehr heiß. Die Aufführung von *Das andere Ufer* fand im Proberaum Nr. 2 statt, wo die Studenten tagtäglich von morgens bis abends probten. Obwohl der Platz auf ein- bis zweihundert Zuschauer pro Aufführung beschränkt war, kamen sehr viele Menschen, um sich die Inszenierung anzusehen. Der Rockmusiker Zhang Chu[2] kam, nahm nach dem Ende der Vorstellung die Gitarre und sang für die Studenten sein berühmtes Lied *Große Schwester (Jiejie)*. Auch der Musiker Cui Jian[3] kam, er sah sich die Aufführung sogar zweimal an. Sie inspirierte ihn zu einem neuen Song mit dem Titel *Das andere Ufer*. Außerdem ging er auf die Straße und fragte viele Menschen, was »das andere Ufer« für sie bedeute. Einige Zeit später gab er im Workers Stadium *(Beijing gongren tiyuchang)* ein Konzert. Ich wurde Zeuge, als er sagte, er habe eine Theateraufführung von Freunden gesehen und daraufhin dieses Lied geschrieben, und dann ließ er es von allen gemeinsam singen. An einem gewissen Tag in einem gewissen Monat in einem gewissen Jahr waren wir an jenem Ort, alle sangen laut dasselbe Lied. Seit vielen Jahren habe ich dieses Lied nicht mehr gehört. Nachdem Gao Shiming mich auf *Das andere Ufer* ansprach, hörte ich noch einmal Cui Jians gleichnamigen Song, dabei flossen mir die Tränen über das Gesicht. Zwanzig Jahre sind vergangen, doch dieses Lied scheint für das heutige China geschrieben zu sein.

1993 besuchte uns die belgische Kuratorin Frie Leysen. Sie war schon oft nach China gekommen. 1994 sollte das von ihr gegründete Kunstenfestivaldesarts in Brüssel zum ersten Mal stattfinden. Dafür plante sie einen eigenen Teil, der »Beijing Hongkong Taibei« gewidmet sein sollte. Um Produktionen auszuwählen, reiste sie eifrig zwischen den beiden Ufern und den drei Ländern hin und her. Angeblich sollen die Leiter aller wichtigen Theaterhäuser in China sie zum Essen und zum Theaterbesuch eingeladen haben. Damals wusste noch niemand, was für ein wichtiges Ereignis dieses Kunstfestival in der europäischen Theaterwelt werden sollte. Mit einem Schlag erweckte es die bis dahin unscheinbare belgische Theaterkultur zum Leben. Ich traf Leysen in der Galerie Oktober *(Shi Yue Hualang)*, der Inhaber der Galerie, Ma Gaoming, machte uns bekannt. So entwickelt sich die Kette des Lebens, sie wird von einzelnen konkreten Menschen gemacht. Leysen besuchte zunächst unser Training und sah sich dann zweimal die Aufführung an. Sie wollte, dass ich an ihrem Theaterfestival teilnehme, aber *Das andere Ufer* wollte sie

---

2   Zhang Chu, geboren 1968 in Xian, gehört zu den Pionieren der chinesischen Rockmusik und wurde in den neunziger Jahren vor allem durch das Lied *Jiejie* landesweit bekannt.

3   Cui Jian ist ein chinesischer Rockmusiker koreanischer Abstammung. Er gilt als Pionier der chinesischen Rockmusik und wird als Vater des chinesischen Rocks bezeichnet.

nicht einladen. Sie schlug vor, ein neues Stück zu machen und bot an, die Finanzierung zu übernehmen. Zunächst wollte ich *Das Lied von Lei Feng (Lei Feng zhi ge)* inszenieren, ein Rock-Musical, dazu Cui Jian einladen, die Musik zu machen und Lei Feng[4] bitten mitzuspielen: Tiefer Schnee auf der Bühne, durch den die Lastwagen der Befreiung rollten, Soldaten in Winteruniformen, Maschinenpistolen usw. Dazu sollte es sehr viele Lieder geben. Nachdem ich einige Male mit Leysen darüber gesprochen hatte, meinte sie schließlich: Ich denke überhaupt nicht an Geld, aber könntest du auch eine Aufführung mit nur drei Personen machen? Ich sagte zu. Die Anzahl der Schauspieler war also die erste Entscheidung der neuen Inszenierung. Dann kam mir Yu Jians langes Gedicht *Akte o* in den Sinn. Im folgenden Jahr sorgte *Akte o* auf dem ersten internationalen Brüsseler Theaterfestival für eine Sensation. Ich hatte Leysen nicht enttäuscht.

Zurück zu meiner Kette. Durch *Das andere Ufer* erhielt ich die Gelegenheit, *Akte o* zu machen und an europäischen Kunstfestivals teilzunehmen. Durch den Erfolg von *Akte o* in Belgien und Frankreich wurde ich zu zahlreichen weiteren Gastspielen eingeladen. *Akte o* gastierte im Jahr 1995 auf nahezu allen wichtigen Theaterfestivals der Welt. Der Traum des Narren, von dem ich Gao Xiaoyan 1986 erzählt hatte, war wahr geworden. Nach *Das andere Ufer* gab ich die Ausbildungsprojekte auf und wandte mich ganz dem Theater zu. Vor zwanzig Jahren sah ich mit eigenen Augen, wie sich Roberts Überzeugung »Das Theater verändert die Welt« in die Praxis umsetzen ließ. Zwanzig Jahre später blicke ich auf all dies zurück, und mir drängt sich die Frage auf: Verändert das Theater die Welt?

Aus dem Chinesischen von Anna Stecher

---

4   Lei Feng war ein Soldat der chinesischen Volksbefreiungsarmee, der für seine Selbstlosigkeit und Bescheidenheit 1963 von Mao Zedong zum nationalen Vorbild Chinas erklärt wurde.

戏剧

Theater der Gegenwart

Die Struktur der heutigen chinesischen Theaterlandschaft

Von Li Yinan

Das traditionelle Musiktheater

传统戏曲 Bevor das westliche Sprechtheater *(huaju)* am Anfang des 20. Jahrhunderts in China eingeführt wurde, war das Musiktheater *(xiqu)* – im Westen als »Peking-Oper« bekannt – am Hof ebenso wie beim Volk vor allem als Unterhaltungsform beliebt. In den fünfziger Jahren erlebte das *xiqu* als Propagandamittel von Mao Zedongs Kulturpolitik durch die sogenannte »Theaterumformung« *(xigai)* eine Blütezeit. In den Regionen wurden zahlreiche staatlich unterstützte Theatertruppen gegründet. Während der Kulturrevolution allerdings wurde fast das gesamte traditionelle Repertoire verboten. Nur acht sogenannte Modellstücke *(yangbanxi)* wurden nach dem Geschmack von Maos Frau, Jiang Qing, produziert, poliert und immer wieder gespielt. Seit den achtziger Jahren ist das *xiqu* aufgrund der Konkurrenz von Film und Fernsehen vom Untergang bedroht. Zahlreiche Theatertruppen werden mangels Finanzmitteln aufgelöst. Manche werden zu umherreisenden Wandertruppen, weil die regionalen *Xiqu*-Traditionen, eng mit dem jeweiligen Dialekt und mit der jeweiligen regionalen Kultur verbunden, beim Volk sehr beliebt sind. Die wenigen durch staatliche Mittel unterstützten Theatertruppen haben keine andere Möglichkeit als halb kommerzielle (als Spektakel) und halb propagandistische Inszenierungen (also Kulturprodukte, die man ins Ausland liefern kann) zu produzieren. Bekannte Bühnenbildner und Regisseure aus Beijing und Shanghai werden für solche Produktionen eingeladen.

Die wichtigsten *Xiqu*-Truppen Chinas sind die Peking-Opern-Kompanie China *(Zhongguo guojia Jingjuyuan)*, die Yue-Oper Xiaobaihua der Provinz Zhejiang *(Zhejiang xiaobaihua jutuan)*, die Beifang-Kun-Opern-Kompanie *(Beifang Kunqu juyuan)*, die Chuan-Opern-Kompanie der Provinz Sichuan *(Sichuan sheng chuanjuyuan)*, die Hebei-Bangzi-Opern-Kompanie der Stadt Beijing *(Beijing Hebei bangzi jutuan)*.

Xiqu wurde seit der Einführung des westlichen Sprechtheaters als bloße Unterhaltung diskriminiert und nicht als Theater anerkannt. Erst vor wenigen Jahren wurde das *xiqu* in die Curricula der wichtigsten Theaterakademien Chinas – die Zentrale Theaterakademie *(Zhongyang xiju xueyuan)* in Beijing und die Shanghaier Theaterakademie – aufgenommen. Das sogenannte *shiyan* (experimentelle) *xiqu* ist in den letzten Jahren populär geworden. Ein Beispiel dafür ist *Der Gelehrte und der Henker (Xiucai yu guizishou)* von Huang Weiruo (Regie: Wang Yongqing, Premiere: Dezember 2012).

现代话剧 Das westliche Sprechtheater wurde seit seiner Einführung in China am Anfang des 20. Jahrhunderts als Propaganda- und Aufklärungsmittel benutzt. In den 1950er Jahren erlebte es eine Blütezeit. In fast allen Städten wurden Sprechtheatertruppen gegründet. Während der Kulturrevolution wurde das Sprechtheater verboten. Ende der 1970er Jahre erlebte es eine zweite Blütezeit: Das politische Theater, in dem man die Katastrophe der Kulturrevolution reflektierte, wurde landesweit populär. Doch seit das Fernsehen und der Film zu Massenmedien geworden sind, haben die staatlichen Sprechtheater eine schwierige Zeit. Zahlreiche Armeetheater und Provinztheater wurden aufgelöst. Die noch existierenden Theatergruppen machen meist nur eine Produktion pro Jahr. Nur in Beijing und Shanghai gibt es noch immer ein festes Sprechtheaterpublikum.

Das Volkskunsttheater Beijing *(Beijing renmin yishu juyuan)*, das Staatliche Sprechtheater China *(Zhongguo guojia huaju yuan)* und das Shanghaier Sprechtheaterzentrum *(Shanghai huaju yishu zhongxin)* sind die wichtigsten staatlichen Theatertruppen Chinas, die mit öffentlichen Geldern finanziert werden und über feste Theaterhäuser verfügen, die sie regelmäßig bespielen. Wegen des hohen Eintrittspreises (200–2000 RMB, das sind fast 25–250 Euro) ist der Sprechtheaterbesuch zum Prestige-Event der neu entstandenen vermögenden Mittelschicht geworden. Das chinesische Sprechtheater ist häufig Uraufführungstheater. Theaterautoren spielen meist eine wichtigere Rolle als die Regisseure – mit zwei wichtigen Ausnahmen: Lin Zhaohua und Meng Jinghui. Die wichtigsten Theaterautoren sind: Zou Jingzhi, Meng Bing (Hausautor des Schauspiels des Zentralen Politbüros der Volksbefreiungsarmee *[Jiefangjun zongzhengzhibu huajutuan]*), Guo Shixing, Liao Yimei (Hausautor und -autorin des Staatlichen Sprechtheaters China), Yao Yuan (Hausautor des Schauspiels des Armeesektors Nanjing, *[Nanjing junqu huajutuan]*).

Außerdem sind in vielen großen Städten Chinas in den letzten Jahren prestigeträchtige neue Theaterbauten entstanden, die jedoch nicht über ein eigenes Ensemble verfügen und als Gastspielhäuser betrieben werden, so etwa in Beijing das Poly-Theatre *(Baoli juyuan)* und das National Performing Arts Center *(Guojia dajuyuan)* am Platz des Himmlischen Friedens. Häufig werden hier auch teure Gastspiele aus dem Ausland eingeladen. Ein Großteil dieser Theater wird betrieben von einer kommerziellen Veranstaltungsfirma, der Poly Culture *(Baoli Wenhua Jituan)*, eine Tochtergesellschaft des ursprünglich auf Waffen- und Immobiliengeschäfte spezialisierten Staatsunternehmens China Poly Group Corporation *(Zhongguo baoli jituan gongsi)*.

Unabhängige Theaterszene

独立剧场 Seit Mitte der 1980er Jahre ist in den Großstädten (vor allem in Beijing und Shanghai) eine unabhängige Theaterszene entstanden. Inszenierungen wie Lin Zhaohuas *Das Notsignal (Juedui xinhao)* von Gao Xingjian, Meng Jinghuis *Ich liebe xxx (Wo ai xxx)* von Meng Jinghui und Huang Jingang und Mou Sens *Akte 0 (Ling dang'an)* von Yu Jian waren die wichtigsten unabhängigen Sprechtheaterproduktionen der 1980er und 1990er Jahre. Seit den 2000er Jahren kamen mehrere Tanztheater und Performance-Gruppen hinzu. Dazu gehören unter anderen Zhang Xians »Zuheniao«, Zhao Chuans »Grasbühne« *(Caotaiban)* in Shanghai und Wu Wenguang/Wen Huis »Living Dance Studio« *(Shenghuo wudao gongzuoshi)* und Tian Gebings »Paper Tiger Theater Studio« *(Zhilaohu gongzuoshi)* in Beijing. Auch eine jüngere Generation unabhängiger Theatermacher hat in den letzten Jahren von sich Reden gemacht, wie Li Ning in Ji'nan, Li Jianjun und Wang Chong in Beijing. Die unabhängigen Theatergruppen erhalten keine staatlichen Zuschüsse und werden oft durch die staatliche Zensur eingeschränkt.

Experimentelles Theater in China

Von Tao Qingmei

In den neunziger Jahren waren in China die Regisseure Mou Sen und Meng Jinghui tonangebend für das experimentelle Theater. Gleichzeitig zeugt die Arbeit von Regisseuren wie Lin Zhaohua, Tian Qinxin, Zhang Xian von der Bandbreite und Vielfalt des chinesischen Avantgarde-Theaters: Sie waren maßgeblich verantwortlich für den Durchbruch des experimentellen Theaters in eine neue Richtung. Im 21. Jahrhundert gibt es wieder neue Theatergruppen und jüngere Theaterregisseure, die auf vielen Wegen nach neuen Theaterformen suchen.

Das experimentelle Theater der neunziger Jahre

Der Ursprung des experimentellen Theaters in China ist in verschiedenen Strömungen der achtziger Jahre zu suchen, in dieser Zeit wurde ihm der theoretische Boden bereitet. Großen Einfluss hatte das Absurde Theater, großen Raum nahm das Theater ein, das die Kulturrevolution reflektierte, es entstand ein Bewusstsein über die Bedeutung des Regisseurs, dessen Rolle zunehmend an Relevanz gewann. Der wichtigste dieser Regisseure ist damals Lin Zhaohua gewesen. Von seiner Inszenierung *Das Notsignal (Juedui xinhao)* über *Der Wildmensch (Yeren)* bis zu *Feste der Freude, Feste der Trauer (Hongbai xishi)* entfaltete er unter Ausschöpfung aller Möglichkeiten der Bühne mehr und mehr seine spezifische Art der »Theatererzählung«. Lin Zhaohua war es auch, der in den neunziger Jahren mit seiner Inszenierung *Hamlet 1990* eine wunderbare Synthese des Theaters der achtziger Jahre kreierte und damit Mou Sen und Meng Jinghui den Boden für eine radikalere Ausrichtung des experimentellen Theaters bereitete.

Nach 1989 verblasste der aufklärerische Impetus des Theaters zunehmend. Das hatte auch damit zu tun, dass das Angebot auf dem Kulturmarkt größer wurde. Vor diesem Hintergrund unternahmen Regisseure wie Mou Sen, Meng Jinghui, Tian Qinxin und Zhang Xian, jeder in eigener Ausprägung, interessante Experimente mit den Ausdrucksmöglichkeiten des Theaters, sie entwickelten neue Darstellungsformen und gaben für die Ästhetik der folgenden zwei Jahrzehnte die Richtung vor. In Mou Sens Werken spiegelte sich die umfassende Auflehnung gegen das Theatersystem, von der Produktionsweise über die Ästhetik bis zur Ideologie. Meng Jinghui und Tian Qinxin dagegen gingen eher gemäßigt vor und beschäftigten sich eingehend mit theaterästhetischen Aspekten und Darstellungsweisen. Zhang Xian suchte in Shanghai einen anderen Weg: Mit feinem Gespür und tiefgehender Reflexion entwickelte er durch ge-

Gewitter 2.0 nach Cao Yu, Inszenierung: Wang Chong, Beijing 2012.

zielte Grenzüberschreitungen seine eigene Form des experimentellen Theaters.

1. Mou Sen – Experiment als Widerstand

In den neunziger Jahren stand Mou Sens Arbeit ganz im Zeichen des Widerstands gegen das System. Zwar erhielt er immer wieder Einladungen zu europäischen Festivals, in China aber befand er sich als »Amateurtheaterschaffender« außerhalb des Systems. »Amateure« wie Mou Sen galten im China der achtziger und neunziger Jahre als »frei«, mit der Kehrseite, dass sie keine Finanzierung erhielten und für sie schon das blanke Überleben schwierig wurde.[1] Mou Sen mit seiner Gruppe hat aber gerade nach 1989 in einer sehr problematischen Lebenslage darauf beharrt, weiter unabhängig Theater zu machen.

Die erfolgreichste seiner Inszenierungen dieser Zeit war *Akte 0 (Ling dang'an)*, eine Adaption von Yu Jians gleichnamigem Gedicht, die Mou Sen gemeinsam mit anderen zeitgenössischen Künstlern auf die Bühne gebracht hat. Die Arbeit konkretisierte den allumfassenden Aufklärungsgedanken der achtziger Jahre und zeigte das Erwachen des individuellen Bewusstseins. Sie handelte von der Auslöschung der individuellen Freiheit durch die totalitäre Macht, von dem Extrem, mit dem im sozialistischen System die Bedeutung des Individuellen durch die übermäßige Betonung des Kollektiven ignoriert wurde. Die Bühnenästhetik der *Akte 0* war von der zeitgenössischen Kunst geprägt. Bühnenbildner Yi Liming entwarf eine moderne Bühne mit technischem Gerät wie Gebläse, Schneidemaschine, Elektroschweißer, Moniereisen, Eisenbretter etc. und schaffte eine Atmosphäre des Industriellen. Dazu kamen die Auftritte des Dokumentarfilmmachers Wu Wenguang und der Performancekünstlerin Wen Hui, den sogenannten »Amateurdarstellern«. Die beiden Künstler erzählten auf der Bühne mittels Videofilm und Performance von der Zeit ihres Heranwachsens. Dabei war es nicht wichtig, ob das Publikum diese Geschichten nachvollziehen konnte. Wichtig war, dass die Moniereisen und Eisenbretter ein wildes Bühnengeschehen evozierten und am Ende überall der Saft von Äpfeln herumspritzte. Dies alles verlieh der Bühnenästhetik einen

---

[1] In den dokumentarischen Aufzeichnungen *Pekinger Vagabunden (Liulang Beijing)* beschreibt der Filmemacher Wu Wenguang, dass Menschen wie Mou Sen nach 1989 unter den Künstlern keine Identität hatten und in der Theaterszene in eine ausweglose Lage gerieten.

extrem umstürzlerischen, geradezu gewalttätigen Charakter. *Akte o* integrierte Kunstformen, die ihrer Zeit weit voraus waren, und nutzte zur Formulierung des ideologischen Widerstands gegen das System eine durch Gewaltdarstellung erzeugte »kalte« Theaterästhetik – Elemente, die in den neunziger Jahren in China weite Verbreitung fanden.

Akte o, nach dem gleichnamigen Gedicht von Yu Jian, Inszenierung: Mou Sen, 1994.

2. Meng Jinghui – Wie der Markt zu einer Triebkraft wird

Im Gegensatz zu Mou Sen, der eine klare ideologische Position vertrat, forderte Meng Jinghuis Avantgarde-Theater mit seiner neuen Theaterästhetik den staatlich verordneten Mainstream der Theaterszene heraus. Das Mainstream-Theater hatte in den fünfziger Jahren das Produktionssystem der Sowjetunion übernommen und die Stanislawski-Methode eingeführt. Dabei kam aber natürlich nur oberflächlich ein sozialistischer Realismus heraus! Meng Jinghui bezeichnete ihn verächtlich als »schlammbespritzten Realismus«.

Die Grundgedanken zu Meng Jinghuis Bühnenwerken entstammten den in den achtziger Jahren aus dem Westen importierten Theater-

Zufälliger Tod eines Anarchisten nach Dario Fo, Inszenierung: Meng Jing Hui, 1998.

theorien. Chinesische Theatermacher hatten zu der Zeit keine Möglichkeit, ins Ausland zu gehen und zeitgenössisches westliches Theater zu sehen. Konfrontiert mit den Theatertheorien des Modernismus, konnten sie in ihrer Auseinandersetzung damit also nur von eigener Kenntnis und eigenem Bedürfnis ausgehen. Meng Jinghuis »Modernismus« erweist sich auf der Bühne als Abkehr vom Realismus. Mit der Adaption des Absurden Theaters, das der realistischen Ästhetik sehr fremd ist, begeht er seinen »Verrat« an der Mainstream-Ästhetik. Exemplarisch dafür ist sein frühes Hauptwerk *Warten auf Godot,* 1991 an der Zentralen Theaterakademie Peking inszeniert, das alles andere als ein Werk des »Absurden« im existenzialistischen Sinne war. Meng Jinghui hatte nicht die Absicht, mittels »Absurdität« über die Trivialität des Lebens und die Sinnlosigkeit des Daseins zu reflektieren oder die Orientierungslosigkeit der Menschen angesichts des verloren gegangenen Glaubens zu erörtern. Sein »absurdes« Theaterstück war energiegeladen, es explodierte fast auf der Bühne. Am Ende des Stücks durften die Schauspieler im Klassenzimmer der Theaterakademie Fenster kaputtmachen, am nächsten Tag bauten sie neue ein, um sie am Abend erneut zu zerstören. Ein aufwändiges Verfahren, um die Unzufriedenheit mit dem erstarrten Produktionssystem des Theaters und der dazugehörigen Ästhetik auszudrücken.

In den frühen neunziger Jahren also begann Meng Jinghui sich gegen die herrschende Theaterästhetik aufzulehnen. Die chinesische Kulturindustrie, der Markt gewannen zunehmend an Bedeutung, die Staatstheater waren mittlerweile nicht mehr imstande, die Produktionen und den Markt weiter zu monopolisieren. Theatergruppen außerhalb des Systems und Regisseure wie Meng Jinghui, die sich zwar *im* System bewegten, aber als Regisseure selten Arbeitsmöglichkeiten erhielten, waren längst nicht mehr abhängig von den staatlichen Theatern. Durch internationale Theaterfestivals und eine gezielte Marktorientierung konnten Mou Sen, Meng Jinghui und andere gleichwohl ihre Theaterproduktionen realisieren. Der Markt hatte sich außerhalb der Staatstheater zu einer eigenständigen Kraft herausgebildet. Meng Jinghui wurde sich dieser Veränderungen zu einem recht frühen Zeitpunkt bewusst. 1997 war er zum Studium nach Japan gegangen, wo es eine sehr lebendige Szene des »Kleinen Theaters«[2] gab, was ihn zu einer völlig neuen Ansicht über die

Shen Lin, *Bootleg Faust*, Inszenierung: Meng Jinghui, 2000.

---

2   Der Ausdruck *xiao juchang (Kleines Theater)* bezieht sich auf die Kleine-Theater-Bewegung, die sich, inspiriert durch das Theater in den USA, in den sechziger Jahren vor allem auf Taiwan formierte. In den achtziger Jahren kam das experimentelle Theater in China auf, wodurch kleine Bühnen entstanden, die ein neues Publikum anzogen. (Vgl. Wang Yusheng et al. 1988: »Xiao juchang«, in: *Zhongguo xiju.*) (Anm. d. Ü.)

Liao Yimei, *Nashorn-liebe*, Inszenierung: Meng Jinghui, Chinesisches Jugendkunsttheater Beijing 1999.

kommerziellen Tendenzen brachte. In seinen Augen sollten die Triebkräfte des Marktes nicht nur die Mainstream-Theaterästhetik herausfordern, sondern deren Monopol sogar brechen.

Erstmals zeigte die Inszenierung des Stücks *Nashornliebe (Lian'ai de xiniu)* von 1999, wie sich dieser Richtungswechsel in Mengs Ästhetik niederschlug.[3] Das »Nashorn« symbolisierte die Unnachgiebigkeit, die Willensstärke und den Eigensinn – lauter offenkundig vom experimentellen Theater geprägte Eigenschaften. In der Inszenierung verwandelte sich die Engstirnigkeit des Protagonisten in die leidenschaftliche Liebe zu einer Frau. Mit *Nashornliebe* begann sich ein Stil herauszubilden, den wir heute als »Klamauk« bezeichnen, die Schauspieler machten ihre Figuren zu Karikaturen, die zur Schau gestellten Missstände wurden zur Groteske verzerrt. Daneben gab es in der Inszenierung einen »romantischen« Strang, der den weiteren Verlauf gleichsam infizierte. Seitdem hat sich auf dem chinesischen Markt ein vom Publikum sehr goutierter, auf individuelle Emotionen und Sinnesgenüsse ausgerichteter »Komödien«-Stil durchgesetzt.

Von *Warten auf Godot* bis zur *Nashornliebe* ist zu beobachten, wie es Meng Jinghui gelang, das Potenzial des Marktes mit seiner Avantgarde-Ästhetik zu verbinden. Er tauschte diese neue Theaterästhetik gegen die auf dem alten Produktionssystem basierende aus und hatte mit diesem Verfahren großen Einfluss auf die Entwicklung des zeitgenössischen Theaters in China. Einen Durchbruch dieses Ausmaßes hat es davor und danach nicht mehr gegeben. Die zunächst avantgardistische Theaterästhetik entwickelte sich zu einer immer einfacheren, immer populäreren Form. Kurz: Das experimentelle Theater bildete in heftigem Zusammenstoß mit der gesellschaftlichen Realität Chinas eine spezifische Ästhetik heraus, mit dem Nebeneffekt, dass es sich dann sehr schnell dem Zwang des Fastfood-Konsum-Marktes auslieferte.

---

3   *Nashornliebe* ist das erfolgreichste Stück des neuen Jahrtausends: Bis 2012 wurde es bereits über 1000 Mal aufgeführt.

3. Tian Qinxin: Experimentelle Ästhetik im Mainstream

Als Tian Qinxins erstes Stück *Gebrochenes Handgelenk (Duan wan)* 1997 in Beijing uraufgeführt wurde, erregte es auf Anhieb Aufsehen. Von der Theaterszene wurde es gut aufgenommen, weil es so besonders war: Tian benutzte eine sehr einfache, schlichte Bühnenausstattung und schuf mit ihrem einzigartigen Verständnis für das *xiqu* eine starke neue Theaterästhetik mit chinesischen Eigenheiten.

Gebrochenes Handgelenk erzählt das Leben der Kaiserin Xiao aus der Liao-Dynastie (916–1125). Das Werk bricht die narrative Tradition des realistischen Sprechtheaters, indem die Geschichte der Frau auseinandergenommen und der emotionalen Entwicklung der Figur entsprechend rekonstruiert wird. Tian Qinxin nutzte sehr kreativ filmische Montagetechniken, zum Beispiel indem sie zu Beginn der Aufführung Kaiserin Xiao in zwei verschiedenen Räumen, Zeit und Raum übergreifend, gleichzeitig einen Dialog mit ihrem Mann, Kaiser Taizu, und ihrem Enkelsohn führen ließ. Tian ließ die Modern-Dance-Tänzerin Jin Xing die Rolle der Kaiserin spielen. Jin Xing zeigte einen Körper, der bei allem Schmerz eine gewisse Unerschrockenheit an den Tag legte, mit Hingabe verkörperte sie eine Kaiserin Xiao, die in ihrem zerbrechlichen Leben eine große Kraft entfaltete.

Tian Qinxins Erfolg besteht darin, dass sie das Bildhafte und das Fließende der traditionellen chinesischen Oper auf eine moderne Bühne ge-

Gebrochenes Handgelenk, Inszenierung: Tian Qinxin, Beijing 1997.

bracht und mit zeitgenössischen Bühnenelementen verbunden hat. Das wurde durch den Körper der Tänzerin zur Vollendung gebracht. Beim Dialog mit dem Kaiser und dem Enkel nahm Jin Xings Körper keine »normale« Liegehaltung an, sondern eine schmerzhafte, aber dennoch dem Schmerz nicht unterworfene Körperhaltung. Das Fließende wurde von Tian Qinxin mittels filmischer Montage erreicht. In *Gebrochenes Handgelenk* erneuerte sie die chinesische *Xiqu*-Ästhetik mit Hilfe von äußerst modernen und zugleich sehr einfachen Methoden.

Tian Qinxin inszenierte danach im Zentralen Experimentellen Theater die Adaption des Stücks *Das Feld von Leben und Tod (Shengsi chang)* von Xiao Hong. Auch dieser Inszenierung gelang es, die Aura des chinesischen Stils durch moderne Technik zu evozieren. Weiterhin setzte Tian Qinxin ihr Theaterexperiment der neunziger Jahre – die Verbindung von traditioneller Oper mit Modern Dance – fort: ab 2003 mit *Das Waisenkind der Familie Zhao (Zhaoshi gu'er)* nach Ji Junxiang bis ins Jahr 2011 mit *Vier Generationen unter einem Dach (Si shi tong tang)* von Lao She. Damit versetzte sie dem Mainstream-Theater neue ästhetische Impulse.

4. Zhang Xian: Die Kraft der Grenzüberschreitung

Zhang Xian besitzt die Fähigkeit, die Gesellschaft und die Politik mit Ernst und Stringenz zu analysieren und zu reflektieren. Durch seine außergewöhnlich scharfe Urteilsfähigkeit gelang es ihm in der Theaterszene der neunziger Jahre, das experimentelle Theater in einen breiteren gesellschaftlichen Kontext zu stellen. Durch die Kraft der Grenzüberschreitung hat er das experimentelle Theater in Shanghai zu einem Höhepunkt gebracht. 1993 forderte Zhang Xian das vom Staat monopolisierte Theatersystem mit der Aufführung seines Stücks *Die Ehefrau aus Manhattan (Manhadun lai de qizi)* direkt heraus. Das Stück wurde im Shanghaier Volkskunsttheater aufgeführt und war von der Shanghaier Kultur- und Industriegesellschaft finanziert – zu dieser Zeit die erste nichtstaatliche Produktionsgesellschaft Chinas. Zhang Xian selbst bezeichnete es als »Theater des Volkes«, mit dem er beabsichtigte, gegen die komplett verstaatlichte Theaterproduktion anzugehen. Im Gegensatz zur überwiegenden Mehrheit der Künstler war er sich der Macht des Kulturmarkts von Anfang an bewusst. Im Bewusstsein dieser Macht lotete Zhang Xian die Grenzen des Produktionssystems in einem größeren Umfeld aus und testete, wie weit das umstürzlerische Potenzial des experimentellen Theaters reichen kann.

Der Traum der roten Kammer, Inszenierung:
Zhang Xian, Amsterdam 2010.

Bei seiner Auseinandersetzung mit der Kommerzialisierung des Theaters ging Zhang Xian ganz anders vor als Meng Jinghui. Zhang Xians »Theater des Volkes« hatte keinerlei Ambitionen, einen (neuen) Kulturmarkt zu schaffen, um damit die alten Produktionsmechanismen zu ersetzen. Mit den Mitteln eben dieses Kulturmarkts gegen das Produktionssystem des Staatstheaters anzukämpfen, verstand er auch als Herausforderung der gesellschaftlichen Mechanismen. Kraft seiner analytischen Schärfe legte er die Regeln des Kommerztheaters zwar offen, befolgte sie aber nicht. Er unterlief sie. Zhang Xian versteht sich als Künstler und als solcher nutzt er den künstlerischen Bereich ausschließlich für seine Experimente. 1995 führte er gemeinsam mit dem Modern-Dance-Tänzer Sang Jijia das Stück *Gedränge (Yongji)* auf und gastierte beim ersten chinesischen experimentellen Kunstfest in Guangzhou; 1998 nahm er am Zuni Icosahedron Theaterfestival in Hongkong »98 Chinas Reise« teil und zeigte das mit den Modern-Dance-Tänzern Shen Xiaohai und Ma Lingyan erarbeitete Stück *Muttersprache (Muyu)*.

Beiden Inszenierungen liegen Texte zugrunde, in beiden aber wurde die Sprachlogik dieser Texte zerstört und durch die Körper der Modern-Dance-Tänzer rekonstruiert. *Gedränge* bestand aus einer Folge von Monologen, in *Muttersprache* waren die Dialoge fragmentarisch und jedes einzelne Wort zerfiel in seine Bestandteile. Nach der Demontage von Text und Sprache verschmolzen Akrobatik, Tanz, Gymnastik und Pantomime ineinander, die Aufführung von *Muttersprache* wurde zu einer Art Kinderspiel, war aber zugleich außergewöhnlich ernst. *Gedränge* und *Muttersprache* können zweifellos als Pionier-Stücke des experi-

mentellen Theaters der neunziger Jahre angesehen werden. Zhang Xians Weitblick durchbrach alle »logischen« Paradigmen der Theaterkunst.
Mit dieser Zerstörung oder Demontage von Sprache übersetzte er seine
gesellschaftstheoretischen Überlegungen in die Kunst und forderte die
omnipräsenten Staatsmechanismen heraus. Als Künstler ist Zhang Xian
eher an den aus der Grenzüberschreitung entstehenden Anstößen interessiert. Seit 2004 verfolgte er mit noch größerem Interesse und noch
mehr Energie den »Performance Art Plan« (eine Art Programm): *Ich bin
verrückt, also bin ich (Wo feng gu wo zai)*. Zhang Xian, auch hier wieder
seiner Zeit voraus, erkannte frühzeitig die Möglichkeiten des Internets.
Er nutzte dieses Netzwerk ganz bewusst wie ein Improvisationsthea-
ter und machte es sich auf alle möglichen Arten zunutze, um dort seine
eigene Gesellschaftsperformance zu präsentieren.

Diese und nächste Seite: Theatercompagnie Zuheniao, *Tongue's Memory of Home*, Inszenierung: Zhang Xian, Shanghai 2005.

Das Experiment im neuen Jahrtausend

Im neuen Jahrtausend hat das Kommerztheater auf dem weiter-
entwickelten Kulturmarkt viel Staub aufgewirbelt. Auch unter diesen
Bedingungen bemühte sich das experimentelle Theater auf unterschiedliche Art weiter um seinen Durchbruch. Wu Wenguang und Tian Gebing entwickelten Mou Sens Kunstrichtung fort. Wu Wenguang und
Wen Hui hatten im Beijinger Kunstquartier Caochangdi[4] ihren Standort,

---

4   Ein Bezirk in Beijing, der »die Kunst mit der chinesischen Umgebung in Beziehung

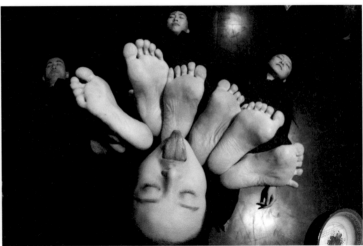

erforschten die Möglichkeiten des Tanztheaters und realisierten herausragende Inszenierungen, z. B. *Hunger (Ji'e)*. Zhao Lixin, Cao Kefei und andere versuchten, ihre Erfahrungen aus Europa nach Beijing zu bringen:
Zhao Lixin verlegte sich zunehmend auf bodenständige, kräftige, dabei
zugleich subtile Inszenierungen, die den »wahren« Sinn des Theaters
enthüllen (z. B. in Strindbergs *Der Vater*), während Cao Kefei ihren Fokus auf die Neu-Interpretation des zeitgenössischen europäischen Theaters (z. B. Thomas Bernhards *Die Macht der Gewohnheit*) richtete und
auf das grenzüberschreitende Theater, das sich mit Lyrik, Modern Dance
und bildender Kunst auseinandersetzt. Meng Jinghui ging immer ent-
schiedener in Richtung Kommerzialisierung, von wo aus er gleichzeitig
eine Neuorientierung des experimentellen Theaters versucht. 2006 produzierte er unter Verwendung verschiedener Kunstmittel das Stück *Blumen im Spiegel, der Mond im Wasser (Jing hua shui yue)*; 2008 erarbeitete
er mit seinen Schauspielern in einem kollektiven, auf Improvisationen
basierenden Probenprozess das mit humoristischen Dialogen gespickte
Stück *Lebensansichten zweier Hunde (Liang zhi gou de shenghuo yijian)*.

Vor dem Hintergrund der rasanten Verbreitung des Kommerztheaters in China hat sich das experimentelle Theater im 21. Jahrhundert

---

setzt« und der mittlerweile Galeristen und Künstler aus der ganzen Welt beher-
bergt. Vgl. dazu: Siemons, Mark (2009): »Weit und breit kein einziger Cappuccino«,
in: *Frankfurter Allgemeine Zeitung*, 22.9.2009, www.faz.net/aktuell/feuilleton/
kunstmarkt/galerien/peking-weit-und-breit-kein-einziger-cappuccino-1588559.
html [letzter Zugriff: 1.11.2015]. Im September 2014 müssen Wu Wenguang und
Wen Hui Caochangdi aufgeben, da die Miete nicht mehr zu bezahlen ist. (Anm. d. Ü.)

jedoch nicht mehr in dem Maße durchsetzen können wie in den neunziger Jahren. Dennoch hat es einige unverwechselbare Tendenzen hervorgebracht. Besonders das in Südkorea, Japan und auf Taiwan sehr lebendige »Volkstheater«, dessen Ideen nach und nach auf China übergriffen, hat das experimentelle Theater befruchtet. Infolgedessen haben sich auch in der chinesischen Gesellschaft Kräfte herausgebildet, die in Selbstorganisation Theatergruppen mit kritischem Bewusstsein etablieren und sich zunehmend direkter in gesellschaftliche Themen und Felder einmischen. In Beijing, Shanghai und Guangzhou entstanden beispielsweise die Gruppen »Zelttheater« *(Zhangpeng juchang)*, »Kapokblüte Theater« *(Mumianhua kai juchang)*, »Neues Arbeiter Ensemble« *(Xin gongren jutuan)*, »Grasbühne« *(Caotaiban)*.

Nehmen wir die Shanghaier Gruppe »Grasbühne« und das »Neue Arbeiter Ensemble« in Beijing als Beispiele: Die Kernmitglieder der 2005 gegründeten »Grasbühne« sind nur zum Teil Künstler, meist jedoch ganz normale junge Leute aus der Großstadt. Die Gruppe zeichnet sich in der Organisation und Operationsweise vor allem durch klare zivilgesellschaftliche Züge aus. Die Mitglieder nehmen an allen Proben und Aufführungen teil, ohne Bezahlung. Die Ausgaben werden untereinander aufgeteilt. Im Theater entstehen neuartige zwischenmenschliche Beziehungen. Seit der Gründung hat die Gruppe die Stücke *Das Spiel 38. Breitengrad (San ba xian youxi)*, *A Madman's Story (Kuangren gushi)* sowie *Little Society (Xiao Shehui)* (Teil 1 & 2) auf die Bühne gebracht, die auch ohne die Unterstützung von Festivals an vielen verschiedenen Orten in China, Taiwan und in Indien (Delhi) aufgeführt worden sind. Ihre Bühnenstücke beschäftigen sich ausnahmslos mit den gesellschaftlichen Verhältnissen – einige zeichnen sogar einen politischen Horizont und machen Probleme der chinesischen Gesellschaft zum Thema. Die dreiteilige Theater-Serie *Kleine Gesellschaft* (2009) etwa geht von Solo-Performances aus, wobei die Perspektive der einzelnen Figuren – es sind Bettler, Prostituierte, Wanderarbeiter, also Verstoßene – aber nicht etwa Mou Sens Idee vom »Individualbewusstsein« entspricht. Es geht nicht um das Individuum als solches. Zhao Chuans Figuren setzen ihre Identität ein, um sich mit den anderen Menschen in der Gesellschaft zu konfrontieren. So kann ein individuelles Leben in seiner Wahrhaftigkeit zum Ausdruck kommen.

Im Vergleich zu den Mitgliedern der »Grasbühne« – städtischen Angestellten, die eher diffuse Eigenarten aufweisen – verfolgt das aus den Wanderarbeitern bestehende »Neue Arbeiter Ensemble« eine klare politische Richtung: Der Kampf um die Gleichberechtigung von 200 Millionen ent-

wurzelten chinesischen Wanderarbeitern, die Stärkung ihres Selbstvertrauens und das Bekenntnis zu einer eigenen Identität. 2008 führte das Ensemble ein wichtiges Stück auf: *Unsere Welt, unser Traum (Women de shijie, women de mengxiang)*. Ganz offen und resolut wurde hier erzählt: »Unsere Kultur ist wie ein Messer – es soll die Halluzination des betäubenden Minderwertigkeitsgefühls dieser Menschen aufschlitzen.«

Nach der Jahrtausendwende ist noch eine weitere, neue Generation von jungen experimentellen Theaterschaffenden nach Meng Jinghui und Tian Qinxin zu beobachten. Zwei bemerkenswerte Bühnenwerke sind hier hervorzuheben: Zhou Shens *Der Esel geht Wasser holen (Lu de shui)* und Wang Chongs *Gewitter 2.0 (Leiyu 2.0)*. *Der Esel geht Wasser holen* verbindet absurdes, modernistisches Theater mit aktuellen chinesischen Themen und chinesischen Darstellungsformen. Zhou Shen sagt von sich selbst, er habe ursprünglich realistisches Theater machen wollen; bis er auf der Bühne entdeckte, dass die sprunghafte Transformation des menschlichen Charakters nur durch Surrealität gezeigt werden könne. So vermag das chinesische Publikum dessen komische Seite zu erfassen und zu verstehen. In *Der Esel geht Wasser holen* verschmelzen zwar Illusion und Wirklichkeit, eine in der chinesischen Oper gängige Besonderheit, andererseits ist eine tiefe Nachdenklichkeit darin zu beobachten.

Wang Chongs *Gewitter 2.0* verwendet Cao Yus berühmtes Stück *Gewitter (Leiyu)* als Vorlage. Die Aufführung verwendet ein Setting mit Videoaufnahmen und versucht, den Klassiker dadurch zu aktualisieren und zu beleben. Die Schauspieler haben zwei Funktionen: Auf der einen Seite spielen sie die Figuren, andererseits treten sie als Personal einer Filmcrew auf. In den meisten Fällen sind diese beiden Funktionen austauschbar. Es gibt immer drei bis vier Leute, die die Schauspieler mit einer Kamera filmen, während sie die Figuren spielen. Die live gefilmten Nahaufnahmen werden unmittelbar geschnitten und direkt auf die Leinwand projiziert. Obwohl diese postmoderne Form und das dekonstruktive Verfahren, das durch Zerschneiden und Wieder-Zusammenfügen dem Klassiker neuen Inhalt verleiht, nicht ganz vollendet ist, hat Wang Chong als junger Regisseur in *Gewitter 2.0* eine beachtliche Kreativität an den Tag gelegt.

5. Das experimentelle Theater bleibt auf der Suche

Das experimentelle Theater in China war in den letzten dreißig Jahren fortwährend extremen Veränderungen ausgesetzt, sowohl was die gesellschaftlichen Themen als auch die ästhetischen Richtungen betrifft. Darauf hat es mit unterschiedlichen Strategien reagiert, die von der kompletten Loslösung vom alten Produktionssystem bis zur produktiven Auseinandersetzung mit der neuen Kommerzialisierung reichen, von der unkritischen Rezeption des Modernismus bis zur Annäherung an dessen konkreten Sinn. Dazu gehört auch die Beschäftigung mit der herausragenden Bedeutung der Ästhetik des *xiqu*. Die Frage nach dem Stellenwert des experimentellen chinesischen Theaters auf der Weltbühne lässt sich nur schwer beantworten. Die Theatermacher in China aber haben auch bei Konflikten auf der Bühne Widerstand geleistet, sie haben die allenthalben spürbare Energie im Lande genutzt, sie haben sich mit Schwierigkeiten auseinandergesetzt, aus westlichen Theatertraditionen geschöpft und manchmal sogar Missverständnisse produktiv gemacht, neue Darstellungsformen geschaffen und zur Grundlage der eigenen Kultur gemacht. Wir sehen also hoffnungsvoll in die Zukunft: Dieses innovative, energiegeladene experimentelle Theater ist weiter unterwegs, es bewegt sich fort.

Aus dem Chinesischen von Rebecca Ehrenwirth

SIGHING

田蔓莎概念川剧
Tian Mansha Concept Chuanju

寻 找 另 一 种 表 达

»Vom Mund überliefert – im Herzen bewahrt«

Experimentelles *xiqu* heute

Die Sichuan-Operndarstellerin Tian Mansha im Gespräch mit
der Sinologin Anna Stecher

Transformationen: in China, im Theater

Anna Stecher: Wenn über China in den letzten Jahrzehnten diskutiert wird, dann dreht sich das Gespräch immer wieder vor allem um die großen politischen und gesellschaftlichen Umbrüche dieser Zeit. Was bedeuten diese Umbrüche für das xiqu, *das traditionelle chinesische Musiktheater?*

Tian Mansha: Die Dramatikerin Xu Fen[1] hat verschiedene Etappen der Entwicklung des chinesischen Musiktheaters herausgearbeitet, die zum Verständnis beitragen können. Xu Fen geht von den Begriffen »Veränderung« und »Transformation« aus, wobei sie unter »Veränderung« die kaum merkliche, kleine, kontinuierliche Veränderung im Laufe einer langen Zeitspanne meint, und mit »Transformation« die große Veränderung innerhalb einer kurzen Zeitspanne, den Umbruch. Auf dieser Basis definiert Xu Fen die erste Transformationsphase des chinesischen Musiktheaters so: »Als sich die Kunst der Geschichtenerzähler – in dritter Person, aus der Perspektive eines Betrachters – immer mehr mit individuellem Solo-Theater, mit Gesang, Tanz, Akrobatik und anderen Theaterformen verband und nach zahllosen ›Veränderungen‹ zum Theater wurde – in erster Person, in der eine Figur gespielt wird –, entwickelte sich das Theater von einem ersten Modell zu seiner vollständigen Form.[2] Das nenne ich die ›erste Transformation‹ des Musiktheaters.«

Nach der kurzen Blütezeit des Yuan-Dramas und den im ganzen Land verbreiteten Kun-Opern-Melodien entstanden die lokalen Theaterformen, der hohe Gesang, *bangzi*, *pihuang* und die anderen Gesangsstile, auch die Aufführungspraxis wurde immer reichhaltiger.[3] Das betrachte ich als die zweite Transformation des Musiktheaters. Mit der Geburt der Peking-Oper durchbrach das Musiktheater das Schema der »drei kleinen Theaterformen« und der »Legendenopern« und brachte eine große An-

---

1   Xu Fen, geb. 1933, ist Verfasserin zahlreicher Libretti für die Sichuan-Oper, u. a. *Leichte Wellen in stillem Wasser (Si shui wei lan)*, *Lady Macbeth (Makebai furen)*, *Mulian rettet seine Mutter (Mulian jiu mu)*, die von Tian Mansha inszeniert und aufgeführt wurden. Siehe auch den Beitrag »Revolution ist kein Galadiner...« in diesem Buch, insbes. S. 162–165. (Anm. d. Ü.)

2   Xu Fen spricht hier wohl die Entwicklungen des chinesischen Theaters bis zur Song-Dynastie an, vgl. Fu Jin (2012): *Chinese Theatre*. Cambridge: Cambridge University Press, S. 5–13. (Anm. d. Ü.)

3   Hier werden die Entwicklungen während der Dynastien Yuan und Ming angesprochen, vgl. Fu Jin: *Chinese Theatre*, S. 22–66. (Anm. d. Ü.)

Plakat der Aufführung von Tian Manshas Stück *Der Seufzer*.

zahl von historischen Stücken hervor.[4] Die formale Schönheit von Gesang, Sprechen, Schauspiel und Schlagen[5] wurde ins Extrem getrieben und bewirkte zahlreiche Veränderungen auch in den lokalen Theaterformen. Diese Phase betrachte ich als die dritte Transformation des Musiktheaters.

Lauter theater»immanente« Transformationen.

Ja, diese drei Transformationen ergaben sich aus existenziellen Bedürfnissen der Theaterkünstler und zeigten sich vor allem in der künstlerischen Form. Während der langen Zeit, in der China eine Agrargesellschaft war, waren die Veränderungen im Denken der Menschen nicht besonders groß. Dementsprechend waren innerhalb dieser drei Transformationen auch die inhaltlichen Veränderungen nicht groß. Die vierte Transformation hatte dagegen eine ganz andere Qualität. Ihr Vorbote war die Peking-Oper *Gezwungen, auf den Liang-Berg zu gehen (Bishang Liangshan)* und nach den »fünf Anweisungen« des Staatsrates 1952 wurde sie einige Jahre später für vollendet erklärt.[6] Das war das erste Mal in der Geschichte des chinesischen Musiktheaters, dass eine Transformation aufgrund staatlicher Verfügung vor sich ging. Unter dem Motto »Altes zugunsten des Neuen aufgeben«, »Altes im Dienst der Gegenwart« zielte sie insbesondere auf den Inhalt, der vor allem aus soziologischer Sicht neu interpretiert wurde. Zentrale Kriterien waren dabei moralische Werte und Klassenkonzepte. Künstlerisch gab es außer den Richtlinien »das Komplexe löschen und das Einfache bewahren«, »das Grobe entfernen, das Leichte erhalten« keine großen Veränderungen.

Mitte der 1980er Jahre fiel das Theater in ein tiefes Loch und trat in eine existenzielle Krise ein. In dieser Zeit kam das »Musiktheater auf der Suche« auf, wie die Gui-Oper *Die Tränen des Nilpferds (Nima lei)*, die

---

4   Die Geburt der Peking-Oper wird meist im Jahr 1790 angesetzt, vgl. Fu Jin (2012): *Chinese Theatre*, S. 74. (Anm. d. Ü.)

5   »Chang nian zuo da«, hier übersetzt mit »Gesang, Sprechen, Schauspiel und Schlagen« gelten als die vier Darstellungstechniken im traditionellen chinesischen Musiktheater. (Anm. d. Ü.)

6   *Bishang Liangshan* ist eine Peking-Oper, verfasst von Yang Shaoxuan und uraufgeführt in Yan'an im Jahr 1943. Mao Zedong soll sie dort gesehen und sehr gelobt haben, was zur Folge hatte, dass sie zahllose Male und in vielen verschiedenen Opernformen aufgeführt wurde, vgl.: Eberstein, Bernd (1983): *Das chinesische Theater im 20. Jahrhundert*, Wiesbaden: Harrassowitz, S. 225–226. (Anm. d. Ü.)

Gan-Oper *Der Traum von Handan (Handan meng)*, die Xiang-Oper *Die Berggeister (Shangui)* und die Sichuan-Opern *Pan Jinlian (Pan Jinlian)*, *Der unterbrochene Traum der Roten Kammer (Honglou jing meng)*, *Schwester Tian und Zhuangzi (Tian Jie yu Zhuang Zhou)*, *Meer der Begierden (Yuhai kuangchao)*, die ankündigten, dass das chinesische Theater dabei war, vom Inhalt bis zur Form in die Zeit der fünften Transformation einzutreten. Die wichtigsten Triebkräfte der fünften Transformation waren weder Schauspieler noch Politiker, sondern Dramatiker und Regisseure. Sie brachten das Theater in eine völlig neue Epoche. Heute, nach zwanzig Jahren emsiger Arbeit, sind aus vielen traditionellen Stücken moderne Kunstwerke geworden. Die fünfte Transformation kann somit im Wesentlichen als abgeschlossen betrachtet werden.

Und wie sieht das heute aus?

Die sechste Transformation müsste man eigentlich in den neunziger Jahren ansetzen. Sie hat einen großen Beitrag für die gegenwärtige Entwicklung des chinesischen Musiktheaters geleistet. Davor hatten die meisten Schauspieler lange Zeit nur traditionelle Stücke gespielt und keine Möglichkeit, neue Stücke zu schaffen. Üblicherweise warteten Schauspieler darauf, dass ihnen von der Truppe eine Rolle zugeteilt wurde. Manche Schauspieler hatten jahrelang nicht eine einzige Rolle, die sie künstlerisch befriedigte. Nun aber begannen die ersten Schauspieler, die nicht passiv auf Rollen warten wollten, aktiv und bewusst in die Theaterarbeit einzugreifen, selbst nach Stoffen und Gelegenheiten zu suchen, Kontakte zu Dramatikern zu knüpfen, neue Stücke zu finanzieren und zu produzieren. Viele Schauspieler fingen an, selbst Themen auszuwählen und sich Dramatiker und Regisseure zu suchen, die maßgeschneidert für sie arbeiteten. Diese neue Form der Zusammenarbeit eröffnete neue Möglichkeiten der künstlerischen Kommunikation. Viele wichtige Produktionen entstanden. Auch ich begann in dieser Zeit, aktiv meine eigenen Projekte zu entwickeln. Zu meinem Glück traf ich Xu Fen, die eigens für mich Stücke verfasste.

In den letzten zwanzig Jahren spielten die Künstler der verschiedenen Opernformen neben traditionellen und neuen historischen Stücken auch ganz moderne Stücke, zum Teil Adaptionen, zum Teil vollkommen neue Stücke. Einige noch mutigere und kreativere Künstler begannen in Zusammenarbeit mit anderen Künstlern, sich mit experimentellem Theater zu beschäftigen. Für mich kann ich sagen, dass ich in meinen

Experimenten die guten Dinge des traditionellen Theaters keinesfalls aufgegeben habe. Aber ich habe mich in alle Richtungen auf die Suche nach neuen Elementen gemacht. Im traditionellen Theater hoffte ich neben den ursprünglichsten auch neue Werte finden. Gleichzeitig versuchte ich, innovative Theaterelemente zu finden, die entwickelt werden können, um neue Darstellungsformen für die Zukunft zu entdecken. Ich arbeitete mit visuellen Künstlern, Musikern, modernen Tänzern, Regisseuren des experimentellen Theaters zusammen. Auch die Kun-Opern-Schauspieler Ke Jun, der Yue-Opern-Schauspieler Zhao Zhigang, die Peking-Opern-Schauspieler Zhou Long, Wu Hsing-kuo und andere unternahmen ähnliche Versuche.

Traditionelles Theater heute: Regeln, Weitergabe

Aus den Büchern über traditionelles chinesisches Musiktheater erfahren wir, dass es sehr stark reglementiert ist, dass es z. B. streng kodifizierte Bewegungsformen (chengshi) *gibt und Melodien* (qupai)*. Als ich aber 2010 in München Ihre Performance* Der Seufzer (Qingtan) *sah, da hatte ich das Gefühl: Obwohl es einige Regeln gibt, ist es eine sehr sehr individuelle, subjektive und freie Performance.*

Stimmt, im traditionellen chinesischen Musiktheater gibt es viele Regeln und es gibt auch kodifizierte Bewegungsformen. Diese wurden von früheren Künstlergenerationen geschaffen und von Generation zu Generation weitergegeben. Sie waren allgemein akzeptiert und gehörten zum Kern des Theaters. Diese von alters her überlieferten Reglementierungen bezeichnen wir als kodifizierte Bewegungsformen.

Als Künstler der Gegenwart müssen wir heute aber vor allem neue Dinge schaffen – auch indem wir alte Dinge weiterentwickeln. Nur so können wir eine neue Tradition für die Zukunft entwickeln. Wenn ich den schöpferischen Prozess mit einem Gegenstand zu beschreiben hätte, dann würde ich an einen Trichter denken. Wenn dir ein Lehrer 100 Prozent von seinem Wissen beibringen will, dann kann ich auch mit maximalem Fleiß nicht mehr als 70 oder 60 Prozent lernen. Wenn ich nicht selbst nachdenke und schöpferisch tätig bin, um die 30 oder 40 Prozent aufzufüllen, dann gebe ich später auch nur 70 oder 60 Prozent weiter, dann können meine Schüler von mir also höchstens 30 oder 20 Prozent lernen. Wenn jede Generation so arbeitet, bleibt am Ende nichts übrig.

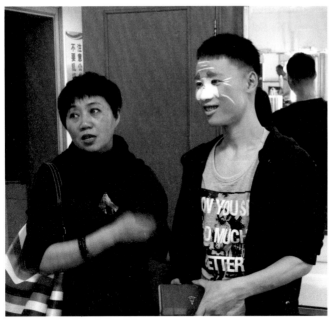

Dass das chinesische Musiktheater bis heute auf der Bühne gezeigt werden kann, ist untrennbar verbunden mit der Weitergabe des alten Wissens und den neuen Ideen einer jeden Generation. Nur dadurch existiert dieses jahrtausendealte Theater auch auf den heutigen Bühnen weiter. Natürlich gibt es im Laufe des Theaterstudiums verschiedene Lernetappen zu bewältigen. Die erste Phase heißt »totes Lernen und totes Verwenden«. D. h. ich spiele und singe so, wie es der Lehrer mir beibringt, und nehme keine Veränderungen vor. Das ist die imitierende Phase der Grundschüler, die gerade an die Theaterschule gekommen sind und weder die Fähigkeit noch die Basis haben, die gelernten Dinge zu verändern. Die zweite Phase heißt »totes Lernen und lebendiges Verwenden«. Nachdem der Lehrer etwas beigebracht hat, beginnen die Schüler, darüber nachzudenken, wie sie das Erlernte besser umsetzen können. Sie beginnen, eigene Ideen und Inspirationen zu haben. Die dritte Phase ist »lebendiges Lernen und lebendiges Verwenden«. Beim Lernen und Verwenden beginnen die Schüler zu denken. Warum versteht der Lehrer diese Bewegung so? Ist dieses Bewegungskonzept oder dieses Verständnis für eine Figur so, wie ich es akzeptiere und verstehe? Zugleich wird eigenes neues Verständnis, werden selbst geschaffene Dinge verwendet, in der Hoffnung, dass etwas Neues und Anderes daraus entstehen kann.

Tian Mansha mit einem ihrer Schüler.

Tian Mansha als Lady Macbeth 2001.

Die vierte Phase muss die Phase des »lebendigen Lernens und selektiven Verwendens« sein. Die Schauspieler müssen während des Lernens denken, während des Denkens lernen. Man muss selbst einschätzen, was man wählt und verwendet, um das, was das Spiel verlangt, am besten darzustellen. Man muss eine Auswahl treffen.

Von »konzeptioneller« Sichuan-Oper und experimentellem *xiqu*

Könnte man Der Seufzer *als experimentelles* xiqu *bezeichnen?*

Der Seufzer ist kein traditionelles Musiktheater mehr. Dieses Stück ist ganz mein eigenes Werk. Ich habe selbst Regie geführt, ich habe gespielt und versucht, traditionelle Regeln zu durchbrechen und neue Darstellungsformen zu schaffen. Ich habe bei der Suche nach mir selbst angesetzt, der Suche nach den Dingen, die mich am meisten berühren und bewegen. Ein sehr individueller Prozess.

Die meisten meiner Stücke davor gingen von einer Erzählung aus und wurden erst danach von Xu Fen für das Theater adaptiert. Man kann sagen, es war der Versuch, traditionelles Theater und gegenwärtige künstlerische Formen aufeinandertreffen zu lassen. Musiktheater, aber nicht altes Musiktheater. Ein neues Konzept, um eine neue Darstellungsform zu testen. Vielleicht kann man es als »konzeptionelle« Sichuan-Oper bezeichnen. Einerseits waren darin standardisierte traditionelle Formeln zu finden, gleichzeitig gab es sehr freie, aktuelle Darstellungen. Zugleich war es auch eine neue Art und Weise, mit dem Bühnenraum umzugehen.

Living Memories

2005 wurde ich mit vier weiteren Künstlern ans Haus der Kulturen der Welt nach Berlin eingeladen, Solo-Opern zu schaffen. Dabei verwendeten wir erstmals eine andere Methode, Theater zu machen. Wir begannen nicht mit der Suche nach einem Dramentext, sondern mit dem Gespräch, der Diskussion über unsere Situation. Wir begannen, uns gegenseitig Fragen zu stellen, alle möglichen Fragen. Wir suchten unser wahres Selbst, die Gedanken, die uns bewegten. Erst danach beschlossen wir die Inhalte und Formen. Zum Beispiel fand ich heraus, dass der Kun-Opern-Schauspieler Ke Jun sich außerhalb des Theaters mit Kalligrafie beschäftigte. Ich fragte ihn: »Glaubst du, es wäre möglich, dein augenblickliches Gefühl der Disharmonie zwischen dir und deiner Truppe bzw. der Gesellschaft aus der Perspektive der Kalligrafie auszudrücken?« Danach suchten wir nach entsprechenden kalligrafischen Zeichen. Am Ende fanden wir das Zeichen »同 tong«. Wenn du das Zeichen »tong 同« in Richtung auf das Publikum schreibst, sieht dieses ein verkehrt herum geschriebenes Zeichen. Obwohl du es von deiner Perspektive aus richtig schreibst... Dadurch kannst du sehen, wie andere dich sehen und wie du andere siehst. Alles, was in Ke Juns Stück *Verstecken und fliehen (Cang yu ben)* geschieht, hat mit diesem Sachverhalt zu tun. Er verwendete die Kalligrafietechnik des »versteckten Pinsels«, das ist ein Bild, sehr originell. Durch die Kalligrafie fand er eine Methode, um seine Fragen zu lösen.

Auch Wu Hsing-kuo sagte damals, sein Stück Lear *ist hier (Li'er zai ci) sei eigentlich eine Art »Autobiografie«.*

Ja, diese Arbeit von Wu Hsing-kuo hat sehr viel mit seinen eigenen Erfahrungen und Empfindungen zu tun. Als er den *Lear* adaptierte, nahm er die Figur des King Lear, um sein eigenes Unglück darzustellen. Er spielte nicht einfach den King Lear, sondern drückte durch King Lears Unglück seine eigene Situation aus.

Das Publikum

Sicher hat sich auch das Publikum sehr verändert. In seinen Bemerkungen zum chinesischen Theater äußert sich Brecht nicht nur über Mei Lanfang, sondern auch über das chinesische Musiktheater-Publikum, also die Zuschauer, die dieses Theater wirklich verstehen.

Zwischen einem Schauspieler und dem Publikum besteht in der Tat eine sehr enge Beziehung. Wenn sich das Theater wandelt, dann wandelt sich auch das Publikum. In alten Zeiten wurde das Auftreten der Theatertruppen an verschiedenen Orten oft als »über die Häfen laufen« bezeichnet, damals hatten sie noch keine festen Bühnen und wanderten von einem Ort zum anderen. Es gab Theatertruppen mit berühmten Schauspielern, die ihre Stücke in der Stadt aufführten; einige Truppen mit berühmten Schauspielern schafften es sogar bis in den kaiserlichen Palast, vor den

Kaiser und die Minister. Kleine Truppen der unteren Ebene konnten dafür nur auf dem Land und in kleinen Dörfern aufführen.

Das chinesische Theater kommt aus dem Volk. Die Künstler führen ein sehr hartes Leben, sie müssen fleißig, anpassungsfähig und kreativ sein, um zu überleben.

Früher sprach man in Teehäusern und Clubs übrigens von »Theater hören«, nicht von »Theater schauen«, weil sich die Zuschauer dort nicht nur trafen, um Theater zu erleben, sondern auch, um sich mit Freunden zu treffen und Tee zu trinken. Das »Schauen« war gar nicht der wichtigste Aspekt. Auf der Bühne spielten die Schauspieler, unten saß das Publikum, trank Tee, plauderte, »hörte« Theater. Wenn der Schauspieler zum besten Teil kam, riefen und klatschten die Zuschauer sofort Beifall. Ein Schauspieler brauchte noch gar nicht auf der Bühne zu sein, er musste hinter dem Vorhang nur einmal kurz »Ich komme!« rufen, schon riefen die Zuschauer »Bravo!« und klatschten. Das ist anders als im Ausland. Wenn dieser Schauspieler den Mund auftat und die erste Zeile sang, riefen die Zuschauer abermals »Bravo!« und klatschten. Während des Zuschauens, bei vielen wichtigen Gesangs- oder Bewegungspartien hält das Publikum den Atem an, der Atem des Publikums geht im Gleichschritt mit dem Rhythmus des Schauspielers. Beim letzten Trommelschlag oder Gesangston, bei der letzten Bewegung brausen die Bravorufe des Publikums und tosender Applaus auf, alles im selben Moment.

Individuelle Erfahrung und Erinnerung

Sind in Ihrer Figur aus Der Seufzer *in den* Living Memories *autobiografische Anteile enthalten?*

Das bin nicht ganz ich selbst, in dieser Figur ist aber ein Teil meiner eigenen Geschichte enthalten: wie ich zum Theater kam. Im ersten Abschnitt zeige ich, wie ich als Kleinkünstlerin zur Sichuan-Oper komme, wie ich Schritte, Handbewegungen, Augenbewegungen lerne, Theaterkleidung, Theaterschuhe anziehe und beginne, mich im Theater zu üben. Dann nähere ich mich der Sichuan-Opernfigur Jiao Guiying, werde eine berühmte Sichuan-Opern-Schauspielerin. Und dann erzähle ich, wie eine Schauspielerin während der Kulturrevolution – einer Zeit, in der sie sehr erfolgreich ist – mitten in der Aufführung von der Bühne gejagt wird. Hier habe ich das Schicksal einiger heute alter Künst-

ler während der Kulturrevolution als Ausgangsmaterial und Inspiration genommen.

Im zweiten Teil sieht man, wie dieselbe Künstlerin während der Kulturrevolution als Putzfrau in dem Theater arbeitet, in dem sie früher ihre großen Auftritte hatte. Die Kunst ist in ihrem Leben und in ihrem Körper mittlerweile nichts als Erinnerung. Die Künstlerin, die nun Putzfrau ist, vergisst aber niemals ihre Sichuan-Oper und die Figuren, die sie gespielt hat. Ihr Traum wird von der grausamen Wirklichkeit gebrochen.

Hier ist wiederum meine eigene Beziehung zur Kunst und das Wissen um menschliche Grausamkeit enthalten.

Ihre Figur wird sich plötzlich der Erinnerungskraft ihres Körpers bewusst. Haben Sie selbst einmal so eine Erfahrung gemacht?

Die Erinnerung des Körpers ist nicht erst da, wenn man sich dessen bewusst wird. Speziell die Erinnerung des Körpers von chinesischen Theaterschauspielern wird in einem langsamen Trainingsprozess, durch ständige Wiederholung tief eingegraben. Diese Erinnerung bleibt ein ganzes Leben lang und gerät nicht in Vergessenheit.

Als ich drei Jahre alt war, begann die chinesische Kulturrevolution. Da ich damals noch sehr klein war, erinnere ich mich nur, dass die Erwachsenen mich einmal an die Chongqing-Universität mitnahmen. Dort sah

Tian Mansha in *Der Seufzer* als berühmte Sichuan-Opern-Diva, die während der Kulturrevolution von der Bühne gejagt wird.

Die Künstlerin, die nun Putzfrau ist, vergisst niemals ihre Sichuan-Oper. Tian Mansha in *Der Seufzer*.

ich Studenten, die im Kampf getötet worden waren. Ihre toten Körper waren in ein Klassenzimmer gelegt worden. Als ich 1987 an die Sichuan-Opern-Schule kam, hörte ich meine Lehrer von ihrem Unglück während der Kulturrevolution erzählen. Da erst begann ich langsam, langsam alles zu verstehen.

Als ich an der Sichuan-Opern-Schule studierte, sah ich Lehrer, die sangen, wenn sie nach Hause kamen, oder eine Lehrerin, die die Treppe im Rhythmus der Trommel hinaufstieg. *Kang zei kang zei...* Und wenn sie daheim das Essen vorbereitete, sprach sie ebenfalls im Rhythmus der Trommel und schnitt zugleich das Gemüse tatatatatata...sie hatte Gesang, Sprechen, Schauspiel und Schlagen der Sichuan-Oper in ihren Körper und ihr Leben aufgenommen. – Übrigens tue ich das manchmal auch. Wenn ich ganz normal gehe, kommt es vor, dass ich, ohne es zu merken, in Bühnenschritte verfalle. Wenn ich an einen menschenleeren Ort komme, kann es passieren, dass ich unbewusst daran denke, etwas

darzustellen, es ist, als ginge in diesem Moment vom Inneren des Körpers ein Impuls zum Spielen aus, der sich dann nach und nach ausbreitet, so dass ganz spontan alle möglichen Theaterbewegungen und Gesänge herauskommen.

Die Kunst ist im Leben der Putzfrau nur noch Erinnerung. Tian Mansha in *Der Seufzer*.

Das Wichtigste für mich beim *Seufzer* war, die stärkste Erinnerung eines Künstlers zu erfassen.

Ich hatte von einer wahren Geschichte gehört: Ein alter Künstler, der nicht lesen und schreiben konnte, der seine Theaterpartien also nicht gelesen hatte, sondern nur auswendig konnte, hatte das auswendig gelernte Theater weitergegeben. Während der Kulturrevolution hatte er über zehn Jahre lang, Tag für Tag Partien gelernt.[7] Erst nachdem die Kulturrevolution vorbei war, hatte er die Gelegenheit, sie an andere weiterzugeben. Worauf stützte sich dieser alte Künstler? Ausschließlich auf

7   Wie in François Truffauts dystopischem Film *Fahrenheit 451*. (Anm. d. Ü.)

seine Erinnerung. Die traditionelle Weitergabe von Kunst ist nicht auf geschriebene Texte gestützt, auch nicht auf Noten, sondern auf die körperliche Erinnerung der Künstler, sie wird vom Mund überliefert und im Herzen bewahrt.

Forschungsarbeit

Sie haben in den letzten Jahren in Berlin auch Forschung betrieben,[8] Sie sagen, viele Dinge haben mit dem »Qi« zu tun, mit der Energie, mit dem Rhythmus.

Ein Jahr lang war ich am internationalen Kolleg »Verflechtungen von Theaterkulturen« (FU Berlin), das von Erika Fischer-Lichte geleitet wird. In dieses Kolleg werden Professoren, Forscher, Künstler aus vielen Ländern, mit verschiedenen kulturellen Hintergründen eingeladen, um Forschung zu betreiben. Es gibt dort gute Voraussetzungen, in Ruhe zu forschen und seine eigenen Projekte zu machen. Zunächst überlegte ich, was ich als Darsteller eigentlich erforschen sollte. Dann kam ich auf die Idee, dass ich mich selbst zum Forschungsgegenstand machen könnte: Tian Mansha, die Forscherin, betrachtet Tian Mansha, die Schauspielerin. Und als ich mich dann selbst betrachtete, fand ich auch ein Konzept. Was ist das Wichtigste in meinem individuellen künstlerischen Leben, in meiner künstlerischen Darstellung? Was ist die Quelle, die mir die Energie für die Darstellung gibt? Denn früher sagten viele Menschen, »Ah, Tian Mansha hat auf der Bühne so viel Passion, mit ihrem Auftritt kann sie die Augen der Zuschauer packen, Tian Mansha hat mich sehr schnell ins Spiel getragen« usw. Ich wusste aber nicht, warum. In Berlin las, überlegte ich, dann begann ich, auch von meinem Körper aus zu überlegen. Warum? Warum? Dann fand ich eine sehr wichtige Ursache: die Funktion von »Kraft, Energie und Geist« in der Schauspielkunst.[9] Denn während meines Studiums sagte uns der Lehrer oft, dass es uns an »Kraft, Energie, Geist« fehle. Was aber ist das, Kraft, Energie, Geist?

Wie sind Sie bei der Erforschung dieses schwierigen Gebiets vorgegangen?

---

8 Tian Mansha war 2011/12 Fellow des Internationalen Forschungskollegs der FU Berlin »Verflechtungen von Theaterkulturen«. (Anm. d. Ü.)

9 Mit »Kraft, Energie, Geist« wurde hier der chinesische Begriff *jing qi shen* wiedergegeben. (Anm. d. Ü.)

Ich befragte dazu sehr viele Künstler, die mir auch Antworten gaben. Diese Antworten waren aber nicht besonders klar. Es schien, als sei es eine Art Haltung. Doch was für eine Haltung? Woher kommt sie? Wie wird sie hergestellt? Ich begann, diesen Prozess zu untersuchen. Die »Kraft« kann in zwei Arten unterteilt werden, in die angeborene Kraft und die erworbene. Die angeborene übernimmt der Mensch von seinen Eltern, die erworbene ist die physische Qualität, die durch Getreide, Wasser, Nährstoffe und Körpertraining entsteht. Zusammen ergeben diese beiden Kraft. »Energie« teile ich ebenfalls auf. Die eine ist der natürliche Atem des Körpers, weil das Leben Energie braucht, um zu atmen. Die zweite »Energie« ist das bewusste Atmen: Zum Beispiel wenn man Atem holt, bevor man spricht. Oder wenn man bewusst mit dem Atmen umgeht, weil man einen bestimmten Ausdruck oder eine bestimmt Sache herstellen will. Man verwendet also diese »Energie« ganz bewusst. Auch wenn man singt, tanzt, Kampfsport macht, Qigong usw. Wenn man bewusst ein Ziel verfolgt, dann bewegt man bewusst diese Energie, um die angestrebte Emotion oder das Ziel zu erreichen, zugleich gibt man es auch an die Zuschauer weiter. Nun zum »Geist«. Der Geist ist sehr wichtig. Der Ausdruck der Augen z. B. ist nicht nur auf die Augen beschränkt, er ist mit den Gedanken verbunden. Der Geist umfasst die Aufmerksamkeit, die Gedanken, das Bewusstsein. Kraft, Energie, Geist: Wenn man sie verbindet, beschreibt man den Lebenszustand einer Rolle. Denn Rollen haben ein Leben. Wenn man eine Figur spielt, also diesen oder jenen Lebenszustand, dann zeigt das »Kraft, Energie, Geist« dieser Figur. Wenn ein Mensch beginnt, Schauspieler zu sein, dann ist es zunächst der Körper, dann geht es vom Körper zum Atem, dann zur Aufmerksamkeit. Die gesamte Darstellungskunst ist eng mit Atem, Gedanken, Aufmerksamkeit verbunden.

Das gilt übrigens nicht nur für die Darstellung im Musiktheater, sondern auch für Tanzperformance, Kalligrafie, Instrumente, Gesang. Sehr viele Bühnendarbietungen können nicht von diesen Vorgängen im Inneren des Körpers abgetrennt werden. Die Ergebnisse dieser Forschungen werde ich jetzt langsam ordnen und dann veröffentlichen. In der Hoffnung, die Erfahrung darüber mit vielen Schülern und Schauspielern auszutauschen und zu teilen.

Das Gespräch wurde am 14. Februar 2013 in Gießen geführt.
Aus dem Chinesischen von Anna Stecher

Von den »Müßiggängern« zur »Würde«

Der Theaterautor Guo Shixing
im Gespräch mit Cao Kefei

Cao Kefei: Du warst in den achtziger Jahren *des vergangenen Jahrhunderts Theaterkritiker bei der* Pekinger Abendzeitung (Beijing Wanbao). *Welche Stücke haben bei dir damals einen tieferen Eindruck hinterlassen?*

Guo Shixing: Ich hatte damals meine Karriere als Theaterreporter gerade begonnen und schrieb kurze Meldungen mit Rezensionscharakter, die ganz auf meinem Gefühl basierten. Wenn mich etwas berührte, fand ich, dass das ein gutes Stück war, mein theoretisches Niveau war dabei nicht gerade sehr hoch. Aber ich schrieb sehr prägnant und lebendig und konnte dem Leser die Besonderheit einer Aufführung schnell vermitteln. Ich entsinne mich jetzt wieder: Was mich wirklich beeinflusst hat, waren *Das Notsignal (Juedui xinhao)* von Gao Xingjian und Liu Huiyuan, *Der Wildmensch (Yeren)* von Gao Xingjian, beide Stücke in der Regie von Lin Zhaohua, Ibsens *Peer Gynt* in der Regie von Xu Xiaozhong und Dürrenmatts *Ein Engel kommt nach Babylon* in der Regie von Chen Yong.

Das Notsignal war eine Aufführung im kleinen Theater und stellte mit ganz einfachen Mitteln einen Bewusstseinsstrom dar. So etwas hatte es bislang noch nicht gegeben; das Stück gab uns das Gefühl, etwas völlig Neues zu erleben. Danach kam *Der Wildmensch*, wo es um Ränke zwischen rivalisierenden Gruppen und Staaten geht, eine dunkle Legende, die vom Beginn der Geschichte über die Suche der zivilisierten Menschheit nach dem unzivilisierten Wilden bis hin zu den Volksbräuchen voller Lebenskraft und zur Zerstörung der ursprünglichen Umwelt durch die moderne Zivilisation reicht, eine Legende von epischer Kraft.

Bei der *Peer Gynt*-Aufführung konnte ich Ibsen jenseits des Wohnzimmer-Dramas kennenlernen; eine so stürmische und mitreißende Gewalt hätte ich von ihm nicht erwartet. Auch das war – wie *Der Wildmensch* – ein Epos, und wonach es fragte, war nichts Geringeres als der Sinn des Menschenlebens.

Der theatrale Charakter von *Ein Engel kommt nach Babylon* und die paradoxen Überlegungen des Autors zur Politik überraschten mich. So hatte er das also gedacht, was war das doch für eine Vorstellungskraft!

Ab Anfang der achtziger Jahre hast du die einflussreiche Trilogie der Müßiggänger (Xianren sanbuqu) *geschrieben. Was hat dich dazu gebracht, mit dem Stückeschreiben anzufangen? Welche Eigenarten dieser dreierlei Müßiggänger, also* Vogelmensch (Niaoren), Schachmensch (Qiren) *und* Fischmensch (Yuren), *haben dich fasziniert?*

Guo Shixing, *Heimkehr*, Inszenierung: Lin Zhaohua, Volkskunsttheater Beijing 2010.

1985 fand in Beijing das »Shakespeare-Theaterfestival« statt, ich schaute mir über zwanzig Stücke von Shakespeare an, eines nach dem anderen. Da wollte ich – ich weiß nicht, wie es dazu kam – auf einmal Stücke schreiben. Wahrscheinlich enthalten Shakespeares Stücke gewisse Stimulanzien, die bei längerem Konsum zur Abhängigkeit führen können. Daraufhin sagte ich zu Lin Zhaohua, ich würde gerne ein Stück schreiben, und er ermunterte mich dazu. Ich sagte: »Aber ich habe doch gar kein Leben!«, womit ich sagen wollte, dass ich nicht das Leben eines Shakespeare oder eines Ibsen führte. Da sagte Lin etwas, was mich sehr inspirierte: »Schreib du über das, was dir vertraut ist.« Ich fragte ihn, ob es für das Stückeschreiben bestimmte Regeln gäbe. »Nein. Du musst es bloß aufschreiben können, dann kann ich es auf die Bühne bringen.« Das half tatsächlich meine Bedenken zu vertreiben. Trotzdem dachte ich, dass das, was ich schrieb, ein ordentliches Theaterstück sein sollte. Wenn es wie ein Roman oder wie Prosa aussähe, dann wäre das nicht richtig. Also las ich mit großer Sorgfalt ein paar Stücke von Shakespeare, Dürrenmatt und Cao Yu. Dabei erfuhr ich, wohin man die Rollennamen und wohin die Dialoge schrieb und wie man die Regieanweisungen behandelte.

Damals gab es in China keine PCs, alles wurde von Hand geschrieben. Ich habe keine gute Handschrift, und als ich dann die *Trilogie* an das Volkskunsttheater Beijing schickte, hat sie der dortige Intendant, ausgerechnet ein Kalligraf, abgelehnt. Daraufhin ließ ich sie drucken und reichte das gedruckte Manuskript noch einmal ein. Das nützte zwar zunächst noch nichts, es änderte aber die Einstellung der Leute mir gegenüber erheblich.

In allen drei Stücken habe ich über Entfremdung geschrieben: Der Mensch hat sich durch seine eigene Kultur entfremdet und gleicht gleichzeitig sein eigenes Verhalten mit dem gesellschaftlichen Wertesystem ab. Mit diesen Fragen an das Menschenleben befasst sich meine *Trilogie*. In *Vogelmensch* dressiert Sanye Schauspieler wie Vögel und Vögel wie Schauspieler, und Ding Baoluo dressiert seine eigenen Patienten genauso wie Saye seine Vögel. Ein Ornithologe macht aus einem kostbaren Braunen Ohrfasan, dem einzigen Überlebenden seiner Art, ein Präparat für den Vogelschutz. In *Fischmensch* kommt es zwischen den drei Protagonisten zu einer Debatte über ihre Einstellung zu Fischen, wobei es eigentlich um Lebensanschauungen geht. In *Schachmensch* hat sich ein alter Schachspieler ein Leben lang dem Schachspiel ergeben und dabei sein Liebesleben vernachlässigt. So hat er einige Jahrzehnte in Einsamkeit da-

Guo Shixing, *Vogel-
mensch*, Inszenierung:
Lin Zhaohua,
Volkskunsttheater
Beijing, 1993.

hingebracht, und an dem Tag, als er sechzig wird, beschließt er, mit dem
Schachspiel aufzuhören. Da wird ausgerechnet das Kind seiner Exfrau zu
ihm gebracht, um von ihm Schach zu lernen. Das Talent dieses Kindes
lässt die Schachleidenschaft des Alten aufs Neue entflammen und es beginnt eine gnadenlose Schlacht auf dem Schachbrett. In der *Trilogie* stelle
ich die Frage nach dem Sinn des Menschenlebens, die Hauptfiguren verfügen alle über jenes leidenschaftliche Temperament, das sich ganz und
gar einer einzigen Sache hingibt. Mit ihrem Lieblingsgegenstand sind sie
fast wie zu einem Körper verschmolzen.

*Du hast einmal gesagt, dass die Paradoxa des Schweizer Autors Dürren-
matt dein Werk in starkem Maße inspiriert haben. Kannst du darüber
etwas sagen?*

Paradoxa gibt es überall in Dürrenmatts Stücken. Anfangs verstand ich
sie als theatrales Phänomen. Später beschäftigte ich mich mit dem Zen-
Buddhismus und gelangte dabei zu einer Erleuchtung. Ich spürte, dass
das bei ihm eine Weltanschauung ist. Er spiegelt damit die innere Natur
der Welt wider. In Dürrenmatts unhistorischem Historienstück *Romulus der Große* geht es um die Haltungen des germanischen Eroberers und
des römischen Kaisers gegenüber dem Reich. Der Germane hat den Niedergang des Römischen Reichs gesehen, und um nicht in die Fußstap-
fen Roms treten zu müssen hofft er, dass der Kaiser Roms die Germanen
verlieren lassen würde. Der römische Kaiser wiederum hat alle Hoffnungen bezüglich des Reichs gründlich fahren lassen, hält mit umso größerer Hingabe Hühner und freut sich sehr darauf, dass die Germanen den

Römern die Verantwortung für das verfallende Reich abnehmen werden. Ich war damals voll tiefer Bewunderung für Dürrenmatts großartige Gedanken, ich hätte mich vor ihm niederwerfen können. Dabei hatte ich nicht erwartet, dass Gorbatschow es dem Romulus später nachmachen würde. Wie die Realität hier die Imagination nachahmte, ließ das Kunstwerk fast ein wenig verblassen. Später fragte ich den chinesischen Übersetzer dieses Stücks, Ye Tingfang, ob Gorbatschow es gelesen habe, und er sagte mir, Gorbatschow sei ein Dürrenmatt-Fan. »Oh Gott!«, rief ich erschrocken. Von Dürrenmatt gibt es auch noch das Stück *Der Besuch der alten Dame*, und das wurde dann von den Serben nachgemacht. Eine reiche alte Dame kehrt in ihr Dorf zurück, um Rache zu üben, sie besticht alle Leute aus dem Dorf mit Geld, damit sie den Menschen ausliefern, der ihr einst übel zugesetzt hat. Die Leute lehnen zunächst rundweg ab, dann aber erliegen sie doch dem Geld und verkaufen ihren Dorfgenossen. Milošević ist es genauso wie ihm ergangen.[1] Leider habe ich Ye Tingfang nicht gefragt, ob die Serben das Stück gelesen haben. Wir wissen durch diese beiden Stücke nur, dass Dürrenmatt eine prophetische Persönlichkeit war. Seine Größe wird sich in der Zukunft noch klarer manifestieren. Man kann sagen, hätte es Dürrenmatt nicht gegeben, dann wüsste ich nicht, worin die Spannkraft des Theaters besteht.

Über das Paradox habe ich einige Theorien gelesen. Eine davon bringt es meines Erachtens ziemlich auf den Punkt. Gemäß der formalen Logik ist von zwei Urteilen A und B das eine richtig und das andere falsch, sie können nicht beide zugleich richtig sein; im künstlerischen Urteil können jedoch beide richtig sein. Bei *Romulus dem Großen* ist es genau so, der Germane und der römische Kaiser denken beide für sich richtig, und von da an gerät das Stück ins Absurde. Mit meinem *Vogelmenschen* ist es auch so, der Vogelhalter, der Psychoanalytiker, der Ornithologe und der Spezialist der Vogelschutzorganisation, jeder ist im Besitz der Wahrheit, doch als sie zusammentreffen, kommt es zu unentwirrbaren Verstrickungen. Ich liebe solche Konstellationen.

Der Theaterkritiker Lin Kehuan ist der Meinung, dass unter deinen Arbeiten der neunziger Jahre Eine Straße der üblen Rede (Huaihua yi tiao jie) *am erfolgreichsten war. Kannst du sagen, was das Besondere an diesem Text ist?*

---

1   Slobodan Milošević wurde nach dem Jugoslawienkrieg im Gegenzug für eine versprochene Aufbauhilfe an den Internationalen Strafgerichtshof in Den Haag ausgeliefert. (Anm. d. Ü.)

Eine Straße der üblen Rede bildet einen Wendepunkt in meiner Arbeit, in der Entwicklung auf die Postmoderne zu. Mein Motiv für dieses Stück war zunächst die Tatsache, dass unsere Landsleute gerne schlecht über andere reden. Das kann man sehr gut daran sehen, wie sie im Zuge der Großen Kritik während der Kulturrevolution alle möglichen Beschuldigungen über die anderen aus der Luft griffen. Im Grunde hat die Große Kritik die üble Nachrede politisiert. Dass die Leute schlecht über andere reden, kommt im Alltag sehr häufig vor. Ich wollte all diese Menschen in einer Straße versammeln, und der Name dieser Straße lautet Schnurbaum-Blüten-Gasse; *huaihua* 槐花, die »Schnurbaum-Blüte« klingt ja wie *huaihua* 坏话, die »üble Rede«. Von dieser Homophonie ausgehend dachte ich, diese üble Rede sollte in dem Stück keine konkrete üble Rede sein, sie sollte parabelhafte Qualität besitzen. Und so wurde die üble Rede zu Volksliedern und Zungenbrechern, manche als Solo vorgetragen, manche als Dialog und manche in der Gruppe. Das war eine Anleihe von den volkstümlichen Darstellungsformen *(quyi)*, die ein starkes Rhythmusgefühl besitzen. Durch die Welle um Welle aufbrandenden Volkslieder und Zungenbrecher geraten die Figuren in Raserei, das hat eine Kraft, wie man sie vom Rap her kennt. Danach kommen zwei Volkslied-Sammler ins Spiel, die diese Volkslieder und Zungenbrecher ordnen, und sie bemerken dabei das Böse in ihnen. Dieses Stück wurde 1998 uraufgeführt und entfachte eine große Kontroverse. Sie betraf zum einen die implizite Aussage des Stücks. Die Leute fanden, es würde die Massen herabsetzen und die Chinesen diffamieren. Der andere Kritikpunkt war, dass die große Menge an Volksliedern und Zungenbrechern die Lebendigkeit des Dialogs zerstört habe. Der Kritiker, Herr Lin Kehuan, verstand überhaupt nicht, weshalb ich das Stück so geschrieben hatte, er sagte: »Dieses Stück besagt gar nichts, das ist ein reines Sprachspiel.« Damals hätte ich nicht gedacht, dass Herr Lin Kehuan nach so vielen Jahren seine eigene Meinung revidieren würde, er ist wirklich ein Gelehrter, der Respekt verdient.

Die Stücke Beijing Toilet (Cesuo) *und* Krematorium (Huozangchang)*, die du zu Anfang dieses Jahrhunderts geschriebenen hast, wenden sich dann ganz anders gearteten Stoffen zu. Sie machen Themen, die für die Chinesen stark tabuisiert sind, auf der Bühne groß. Zusammen mit* Heimkehr (Huijia) *bilden sie die* Trilogie der Würde (Zunyan sanbuqu)*. Kannst du etwas über diese Wende in deinem Werk sagen?*

Guo Shixing, *Krematorium*, Inszenierung: Lin Zhaohua, Staatliches Sprechtheater China, Beijing 2007.

Ich denke, kein Autor kann seiner aktuellen gesellschaftlichen Realität entkommen. Für jeden wird es im Leben immer wieder bestimmte Zeiten geben, wo er Fragen an die Gesellschaft richten will. Wie wir alle wissen, hinterlassen chinesische Touristen überall auf der Welt kein gutes Bild, es heißt zum Beispiel, dass sie laut reden, die Toilette nicht spülen und sich nicht in die Reihe stellen, dass bei ihnen am Buffet die Augen größer sind als der Magen und so weiter. Das sind alles oberflächliche Phänomene. In Wirklichkeit entstehen sie in einem Umfeld, in dem man von klein auf von den anderen übersehen wird. Wenn du dich anstellst, kannst du warten, bis du schwarz wirst. Die anderen sprechen so laut, und wenn du dann leise sprechen willst, kann dich keiner hören. Die Rechte des Individuums sind nicht garantiert, aus diesem Grund haben die Menschen ein übertriebenes Augenmerk auf die eigenen Interessen entwickelt. Es gibt aber noch einen weiteren Übergriff auf die Menschen, der noch schwerer wiegt. Ich führe ihn auf den Verlust an Würde zurück. Susan Sontag erzählt in ihren Memoiren davon, dass bei der Belagerung von Sarajevo oft die Wasserversorgung unterbrochen war. Doch kaum war für kurze Zeit das Wasser wieder da, haben die Leute nicht als ers-

tes Trinkwasser gesammelt, sondern das Klo gespült. Sie wollten nicht, dass sich der Gestank ausbreitet und den Unmut der Nachbarn erregt. Mit anderen Worten: Sie wollten den Menschen ihrer Umgebung mitteilen, dass hier Leute wohnen, die auf Hygiene achten und keine Tiere sind. Wenn sich dergleichen in China ereignete, würde es sich vielleicht anders verhalten. China ist ein von Pragmatismus geprägtes Land, die Menschen würden zuerst ihr Bedürfnis nach Trinken befriedigen und erst ganz am Schluss an das Klo denken. Die Menschen finden den Bauch wichtiger als die Würde, was auch dazu führt, dass in China der Umweltschutz so schlecht umgesetzt wird. *Krematorium* und *Heimkehr* fragen – jeweils aus einer anderen Perspektive – nach der Würde des Menschen.

Als Beijing Toilet *im Jahr 2005 auf die Bühne kam, wurde es sehr viel gespielt und erregte heftige gesellschaftliche Resonanz, gleichzeitig mischte sich aber auch das Kulturministerium ein und man schien die Aufführung fast absetzen zu wollen. Welche Abenteuer hat dieses Stück erlebt? Und an welchem Punkt hat es die Grenze überschritten?*

Guo Shixing, *Beijing Toilet*, Inszenierung: Lin Zhaohua, Volkskunsttheater Beijing 2002.

Genau gesagt zog es die Aufmerksamkeit der zuständigen Behörde für ideologische Angelegenheiten der Stadt Peking auf sich. Der Grund war, dass jemand den Leuten dort berichtet hatte, dass dieses Stück relativ reaktionär und dubios sei. Damals war Lin Zhaohua mit dem Volkskunsttheater Beijing auf einer Gastvorstellung in Taibei, er wurde mitten in der Nacht ans Telefon gerufen, um die Anweisungen von oben zu hören. Ich wurde am nächsten Tag frühmorgens ins Theater einbestellt, um dort einen Brief zu lesen. Er stammte vom Sachbearbeiter der Zuständigen Behörde, war relativ höflich verfasst und forderte uns dazu auf, den Bühnentext zu ändern. Ich gab zu einigen grundlosen Vorwürfen Erklärungen ab, kürzte ein paar sensible Stellen, und das Stück wurde wie zuvor weitergespielt. Aber es wurde verboten, Kritiken darüber zu veröffentlichen oder Werbung dafür zu machen. Das war für das Publikum natürlich nicht sehr praktisch, weil die Leute so nicht wussten, ob das Stück überhaupt noch aufgeführt und wo es gespielt wurde. Die Behörde warf uns vor allem vor, unseren Staat mit einem Klo zu vergleichen und dass im Text sehr viele Obszönitäten vorkämen. Worüber ich aber wirklich zu schreiben beabsichtigt hatte, das war die soziale Ökologie. In einem Dreiakter beschrieb ich die Veränderung der öffentlichen Toiletten in den siebziger, achtziger und neunziger Jahren des letzten Jahrhunderts. Ein Kloputzer und einige Bürger aus der näheren Umgebung, die bei ihm aufs Klo gehen, treten das ganze Stück hindurch immer wieder auf. Das Interessante dabei ist, dass das Klo immer besser wird, der Geist der Menschen aber immer wirrer. Die Menschen, die die Ziele des Kommunismus verloren haben, fühlen sich inmitten des Siegeszugs der kapitalistischen Marktwirtschaft hilflos. Hinter der Tatsache, dass dieses Stück die Aufmerksamkeit der zuständigen Behörde auf sich zog, verbarg sich aber auch eine von einem Kollegen ausgeführte Attacke. In China benutzen Kollegen häufig politische Mittel, um ihre künstlerischen Konflikte auszutragen. Die Kritik, der Gao Xingjian in China in seiner frühen Zeit begegnete, war von dieser Sorte.

Vor dem Jahr 2011 hast du endlich das Stück Heimkehr *fertig geschrieben, das du immer wieder beiseitegelegt hattest. Ein an Altersdemenz Erkrankter benutzt »die Sprache des Verrückten«, um die Gesellschaft gründlich auseinanderzunehmen. Insbesondere der lange Schlussmonolog steckt voller Verdruss über die Zeit, um die es geht. Was war das für eine innere Reise, die du erlebt hast, als du dieses Stück geschrieben hast?*

Es ist der letzte Teil der *Trilogie der Würde*, ich hatte so einige Jahre an seiner Konzeption gearbeitet und sie nicht fertiggebracht. Ich habe einmal mit Christoph Lepschy in Düsseldorf über das Stück geredet, und er hat mich ermuntert, es unbedingt zu schreiben. Damals dachte ich daran, über die Verstrickungen eines alten Mannes in eine falsche Anschuldigung während der Kulturrevolution zu schreiben, aber ich brachte den Aufbau nicht zustande, weil Richtig und Falsch dabei zu deutlich unterscheidbar waren. Danach legte ich den Fokus auf die Person eines Alten, der aufgrund seiner Altersdemenz von der Gesellschaft ausgeschlossen ist. Dieser alte Mann spricht mit einer Türsprechanlage, er will, dass man ihm aufmacht, und stellt fest, dass jemand drinnen ist. Daraufhin verwickelt er diesen Menschen in ein absurdes Gespräch. Dann erkennt er, dass dieser Mensch seine eigene Seele ist. Der Alte beginnt daraufhin, wild zu schimpfen und zu fluchen, er kann nicht klar unterscheiden, was richtig und was falsch ist, und so beschimpft er einfach alles, womit er in Berührung kommt. Am Schluss erst wird das Publikum bemerken, dass der Alte gar nicht mit einer Gegensprechanlage eines Wohnhauses spricht, sondern mit einem Ampelknopf an einem Fußgängerübergang. Der Alte weiß nun überhaupt nicht mehr, wo was ist und ruft einen Verkehrsstau hervor. Als die Polizei kommt, läuft er quer durch den Autoverkehr davon. Leider hat der Regisseur die doppelte Umgebung – den Wohnhauskomplex aus der Perspektive des Alten und die Straße aus

Guo Shixing, *Heimkehr*, Inszenierung: Lin Zhaohua, Volkskunsttheater Beijing 2010.

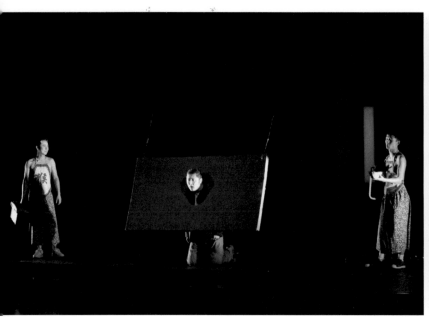

Guo Shixing, *Heim-kehr*, Inszenierung: Lin Zhaohua, Volkskunsttheater Beijing 2010.

der Sicht des Publikums – nicht klar vermittelt. Das Publikum wurde zusätzlich noch dadurch verwirrt, dass zwei unerfahrene Schauspieler gemeinsam die gleiche Rolle spielten. Zu den Flüchen des Alten hatte mich Peter Handke inspiriert. Zur Probenzeit dieses Stücks kam es zwischen den Schauspielern und Leuten aus der Nachbarschaft zu gegenseitigen Beschimpfungen, weil sich die Bewohner aus der Umgebung durch die Rollentexte provoziert fühlten.

Mit welchem deiner Stücke bist du selbst relativ zufrieden, und weshalb?

Früher war ich mit jedem einzelnen meiner Stücke zufrieden, und jetzt sieht es so aus, dass ich mit vielem nicht sehr zufrieden bin. Ich finde, die Rollentexte meiner Stücke sind zu voll, es wäre gut, wenn sie etwas Leere ließen, die Leere ist ja gerade der Ort, wo der Schauspieler wirken kann. Ich finde, das Erstlingswerk *Fischmensch* ist nicht ausreichend intelligent geschrieben, es hat relativ ungeschickte Stellen, aber es steckt voller Enthusiasmus. Die späteren Stücke wie *Heimkehr* sind relativ schlau geschrieben, aber es fehlt ihnen der frühere Enthusiasmus. Ob das wohl etwas mit dem Alter zu tun hat?

Deine Stücke wurden fast alle in der Regie von Lin Zhaohua aufgeführt.

Was für wortlose Übereinstimmungen und welche Konflikte hast du bei eurer Zusammenarbeit erlebt?

In den letzten zwanzig Jahren des vergangenen Jahrhunderts gab es fast keine privaten Theatergruppen, es gab nur staatlich geführte Ensembles. Wenn sich der Regisseur in dein Stück verguckt hatte, galtest du als Glückskind. Der Regisseur bestimmte über alles. Natürlich ist das bis heute auch bei privaten Theatergruppen so. Auf die Ansichten des Autors wird sehr wenig gehört, wenn er überhaupt angehört wird. Was der Autor sagt, ist völlig unwichtig, wichtig ist nur, was der Regisseur sagt. Meine wortlose Übereinstimmung mit Lin Zhaohua bestand darin, dass er, wenn er sich eines Stücks annahm, Lust dazu hatte, und er wollte proben. Und wenn er dann probte und mit irgendetwas so umging, dass ich damit nicht einverstanden war, dann war das allerdings nicht auschlaggebend, und ich konnte nur auf ihn hören. Am offensichtlichsten gingen unsere Meinungen bei *Schachmensch* auseinander. Mein Stück war in geschlossener Form geschrieben und hielt sich an die Einheit von Ort, Zeit und Handlung. Der Regisseur war damals unter dem Einfluss des Bühnenbildners geradezu vernarrt in die Installations- und Aktionskunst. Und so ließ er die Schauspieler auf der Bühne in Arbeitsmontur am Aufbau einer Installation arbeiten – was mit dem Stück überhaupt nichts zu tun hatte – und gleichzeitig ihren Text sprechen. Was sie sagten, wurde vom Lärm der Installation aus Eisen und Stahl völlig geschluckt. Dieses Stück wurde mit derselben Inszenierung auch einmal in Japan am Neuen Nationaltheater aufgeführt. Nach der Aufführung fragte mich ein japanischer Kollege nach meiner Meinung und ich sagte: »Lin Zhaohua hat aus meinen Schachspielern Arbeiter gemacht, ich würde ihn gerne fragen, ob er die Arbeiter auch als Schachspieler auftreten lassen könnte.« Der japanische Kollege verstand, was ich damit meinte, und lachte laut. Als ich später nach Hause kam, erwähnte ich Lin Zhaohua gegenüber dieses Gespräch, er lachte nicht, sondern sagte sehr ernsthaft: »Das kann ich.« Ich lachte. Verärgert.

Wie sollte die Beziehung zwischen Bühnenautor und Regisseur sein, damit dabei eine gute Aufführung herauskommt?

Eine gute Inszenierung entsteht, wenn sie zusammenarbeiten wie ein Architekt und ein Ingenieur. Vielleicht werden später einmal Bühnenautor und Regisseur ein und dieselbe Person sein. In Frankreich arbeiten viele Kollegen so.

Hast du in der letzten Zeit Werke von jungen Dramatikern gelesen?

Nur sehr wenige. Meine Zeit reicht nicht aus, ich bin schon 62 Jahre alt, und meinem eigenen Werk fehlt noch die Orientierung.

Gibt es Aufführungen, die du gesehen hast und ganz gut findest?

Da bin ich auch unsicher. Manchmal finde ich, ich kann anderen etwas empfehlen. Wenn die Leute es dann aber gesehen haben, schimpfen sie und sagen, ich hätte sie wohl auf den Arm genommen. Dir habe ich auch schon einmal etwas empfohlen und du fandest es auch nicht gut.

Da war die Regie das Problem, das war kaum zu ertragen. Aber im Jahr 2012 haben wir zusammen eine Aufführung gesehen, die damals relativ starke Reaktionen hervorrief: Der Esel geht Wasser holen (Lu de shui), der Autor und der Regisseur sind beide nach 1980 geboren. Und letztes Jahr war das Stück der Nanjing-Universität Das Gesicht des Chiang Kai-shek (Jiang Gong de mianzi) in sehr vielen Städten auf Tournee und löste ein heftiges Echo aus. Kannst du uns deine Ansicht zu diesen beiden Bühnenwerken sagen?

Das Gesicht des Chiang Kai-shek habe ich nicht gesehen, dazu kann ich schlecht etwas sagen. *Der Esel geht Wasser holen* habe ich gesehen, sehr interessant; dieser Dramatiker ist sehr intelligent, der einzige Schwachpunkt ist, dass ein bisschen zu viel Gewicht auf die Handlung gelegt worden ist, so liefert es zum Beispiel für das Ende jeder Figur ein Geständnis ab, das ist die Tradition des well-made plays. Ein Stück, dem es im Wesentlichen um eine geistige Analyse geht, könnte anders aussehen.

Wie siehst du den allgemeinen Zustand der chinesischen Gegenwartsdramatik?

Der ist eben genau so wie der Alltag in China: voller Leben und sehr chaotisch. Es gibt nicht viele Stücke mit Substanz und sehr viele Stücke, die der kommerziellen Kreativität zuzurechnen sind. Die Regisseure wollen viel sagen, mehr als die Dramatiker. Am erschreckendsten ist aber, dass die Schauspieler alle zum Film und zum Fernsehen gehen, im Sprechtheater spielen wohl nur Schauspieler, die sonst gerade nichts zu tun haben. Berühmte Schauspieler verlangen furchtbar hohe Gagen, für die die Produktionskosten offenbar nicht ausreichen. Die Mieten für die Theater sind erheblich höher als in den USA. Dabei gehen nicht wenige Leute ins Theater, die Leute schauen sich Sprechtheater als Kleinkunst-Amüsement an, keiner mag in die Tiefe gehen. Sie sagen, sie seien müde vom Tag und kämen, um sich zu entspannen.

Du warst schon in Japan, Deutschland und Frankreich und hast dort an Theateraustausch-Projekten teilgenommen, insbesondere an dem Autorenfestival »Neue Dramatik: China/Deutschland« in Düsseldorf und Beijing. Was hat dich dabei besonders beeindruckt?

Am tiefsten habe ich bei den Theaterkollegen den Geist des Respekts gegenüber ihrer Arbeit empfunden. Diese Menschen machen Theater einfach aus Liebe und Leidenschaft, dabei geht es ihnen nicht darum, reich zu werden. Viele junge Leute proben an einem Tag vier Stücke und spielen dann noch am Abend. Sie sind dann so müde, dass sie nicht einmal mehr mit dem anderen Geschlecht in Kontakt treten können, und trotzdem werden sie der Sache nicht überdrüssig.

Früher hat einmal ein Marxist gesagt, der Proletarier habe kein Vaterland und könne sich auf die vertraute Melodie der *Internationale* stützen, um Genossen zu finden; ich habe das noch nie probiert. Auch ein Prole-

Die drei Autoren Gao Xingjian, Guo Shixing und Duo Duo beim Festival Neue Dramatik: China/Deutschland am Düsseldorfer Schauspielhaus 2009.

tarier muss einen Pass haben und ein Visum beantragen. Was ich aber als Glück empfinde, ist, dass es zwischen den Theaterkollegen sehr oft eine gemeinsame Sprache gibt, dieses Gefühl, auf der gleichen Wellenlänge zu sein. Da gibt es keine Barrieren, es braucht nur eine Geste und schon hat man einander verstanden.

Bist du mit Stückeschreibern aus Hongkong und Taiwan in Berührung gekommen? Was hältst du von ihrer Arbeit?

Ich habe nicht viel gesehen, aber sie haben diesen Geist des Respekts der Arbeit gegenüber, genau wie die ausländischen Kollegen. Sie begegnen dem Theater voller Idealismus. Die taiwanesischen Kollegen geben das Geld, das sie in Film und Fernsehen verdienen, mit Begeisterung für Theaterproduktionen aus und sind dabei sehr guter Dinge. Poon Wai Sum aus Hongkong kann in dieser Gesellschaft, die wie ein Hochgeschwindigkeitszug getaktet ist, eine Spinne auf der Himmelsterrasse betrachten.[2] Das bewundere ich!

Du bist 2013 von dem Staatlichen Sprechtheater China pensioniert worden. Was hast du von jetzt an vor?

Ich habe vor, Kurzgeschichten zu schreiben. In China passieren im Augenblick Veränderungen, bei denen alles durcheinandergerät. Für das, was wir hier erleben, haben andere Länder Jahrhunderte gebraucht. Vielleicht ist es so, dass die Fallhöhe bei den Dingen, die man jahrhundertelang nicht erlebt hat, für die Leute ziemlich groß sein muss. Darüber gibt es dermaßen viel zu schreiben, ich möchte einfach einfangen, was die Menschen hier im Augenblick empfinden.

Außerdem hat man es, wenn man Prosa schreibt, nur mit einem Verleger zu tun, und man braucht sich über Etats, Regisseure, Schauspieler, Bühnenbilder oder die Produktion keine Gedanken zu machen. Ich möchte meine Tage etwas einfacher verbringen.

Das Gespräch wurde im Juni 2014 in Beijing geführt.
Aus dem Chinesischen von Irmgard Enzinger

---

2 Eine Anspielung auf Poon Wai Sums Stück *Meditierende Spinnen (Zai tiantai shang minxiang de zhizhu)*. (Anm. d. Ü.)

Warum wir das Theater brauchen – wegen des »Hungers«

Memory – ein Dokumentartheater-Projekt

Von Wu Wenguang

1. Wie ich zum Theater kam

Zuallererst muss ich gestehen, dass ich nicht als Theatermacher geboren wurde. Ich habe Literatur studiert und danach als Lehrer und als Reporter fürs Fernsehen gearbeitet. Bis zu meinem 32. Lebensjahr, 1988, lebte ich in Kunming, einer Stadt in Chinas südwestlicher Provinz Yunnan, weit entfernt vom kulturellen Zentrum Beijing, weit von Avantgarde- und Experimentalkunst, überhaupt weit weg von Theater und Bühne. Mein damaliges Theaterverständnis beruhte lediglich auf der Lektüre einiger Stücke wie *Gewitter (Leiyu)*, *Hamlet*, *Nora oder Ein Puppenheim*, *Tod eines Handlungsreisenden* oder *Drei Schwestern* und *Warten auf Godot*. Aber ich hatte nie Gelegenheit, Aufführungen dieser Stücke zu sehen, nicht mal im Fernsehen. Die einzigen Aufführungen, die ich sah, waren die revolutionären Propagandastücke während der Kulturrevolution in den siebziger Jahren. Ich kam also von der Literatur zum Theater.

1988 schließlich verließ ich den Fernsehsender in Kunming, bei dem ich arbeitete, weil ich nicht länger für ein propagandistisches Organ arbeiten wollte. Ich wollte nach Beijing, um etwas Neues zu machen. Was das aber sein sollte, wusste ich selbst nicht. Ich wollte nur diesen mich einengenden Fernsehsender und die uninspirierende Stadt verlassen.

Der heute in Shanghai lebende Regisseur Zhang Xian wohnte damals ebenfalls in Kunming und auch er beschloss, wegzugehen. Er ging nach Shanghai und schrieb avantgardistische Theaterstücke. Sein Drama *Owls in the house (Wuli de maotouying)* war eine Sensation. Kurz nachdem ich in Beijing angekommen war, begann ich, meinen ersten Dokumentarfilm *Pekinger Vagabunden (Liulang Beijing)* zu drehen. Der Film erzählt von ein paar unabhängigen Künstlern aus der Stadt. Während der Dreharbeiten lernte ich Tian Gebing kennen, der damals schon Theater machte. Zhang Xian und Tian Gebing, ich erwähne die beiden, weil sie von den Leuten, die Ende der achtziger Jahre experimentelles, unabhängiges Theater machten, die Einzigen sind, die bis heute dabeigeblieben sind.

Nicht geahnt hatte ich damals, dass ich beim Dreh einer freien Theatergruppe auch selbst in die Rolle des Schauspielers geraten könnte. Das Ganze war Zufall: Der Regisseur war mit einem Darsteller nicht zufrieden und fragte mich, ob ich einspringen könnte. Ich sollte nur von mir selbst erzählen. Natürlich war ich einverstanden, denn bis dahin war ich nur Zuschauer gewesen, der das Geschehen auf der Bühne von unten beobachtete. Ich gebe zu, dass ich mir immer, wenn ich andere Schauspieler auf der Bühne gesehen hatte, vorstellte, wie es sei, selbst dort zu stehen. Und schließlich

Living Dance Studio, *Memory II: Hunger*, Inszenierung: Kollektiv, Beijing 2010.

sollte ich keine Rolle spielen, sondern anderen von mir und meinen Erfahrungen erzählen. Das passierte 1994. Es war der Beginn meiner Beschäftigung mit dem Theater und auch der Grund, warum ich Theater mache.

Theater machte einfach Spaß und auf der Bühne sich selbst darzustellen war großartig! Außerdem konnte man das, was einem am Herzen lag, mit einbringen. Zum Beispiel brachte ich, wenn ich von persönlichen Erfahrungen berichtete, authentische Requisiten wie Fotos mit auf die Bühne. Im Jahr darauf, 1995, machte ich mit der Choreografin Wen Hui unter dem Titel *Living together/toilet (Tongju shenghuo/ Matong)* aus unserem gemeinsamen Leben ein Bühnenstück. Mit Hilfe einer kleinen Videokamera wurden Szenen direkt auf die Bühne projiziert und vermischten sich mit dem Spiel der Darsteller. Das Stück war der Beginn des »Living Dance Studios« *(Shenghuo wudao gongzuoshi)*. Später kamen *Report on Giving Birth (Shengyu baogao*, 1999), *Report on the Body (Shenti baogao*, 2002) und *Report on 37,8°C (37,8°C baogao*, 2005) hinzu. Diese drei »Bühnen-Berichte« prägten den Stil des Studios, d. h. authentische Materialien wie Interviews oder Dokumentaraufnahmen mit dem Spiel der Performer gemeinsam auf die Bühne zu bringen, um die Schnittstelle zwischen Realität und Theater auszuleuchten. In der Zeit zwischen 1999 und 2009 wurden diese »Bühnen-Berichte« von zahlreichen Theatern und Festivals in der ganzen Welt eingeladen. Ich selbst war dabei zugleich Mitinitiator, Produzent, Schauspieler sowie Verantwortlicher für die Videoaufnahmen und deren Projektion, also so etwas wie ein professioneller Theatermacher.

Diese zehn Jahre machten mich glücklich und zufrieden: Wir hatten ein sogenanntes Dokumentar-Theater geschaffen, ausländische Festivals luden uns ein, und das alles gab mir das Gefühl: Wir haben es geschafft. Und doch fühlte ich mich zunehmend erschöpft und müde. Das Problem war, dass diese Arbeiten unabhängige Produktionen waren und keine finanzielle Unterstützung aus China bekamen. Sie entstanden in Zusammenarbeit mit ausländischen Festivals und Theatern. Da sie für China keine Auftrittsgenehmigung besaßen, gab es auch keinen Kartenverkauf. Nach der Premiere in China, die zugleich der letzte Auftritt hier war, tourten die Produktionen durchs Ausland. Ja, meine künstlerischen Flugversuche waren erfolgreich, aber ich konnte nicht auf chinesischem Boden landen. Die Werke und unser Alltag hatten mit der Realität, die sie abbildeten, keinerlei Berührungspunkte. Es kam mir allmählich so vor, als machte ich Kunst nur zum Spaß, und erneut stellte ich mir die Frage, warum ich eigentlich Theater mache.

2. Die Caochangdi-Workstation *(Caochangdi gongzuozhan)*: Vom Aufbau eines unabhängigen Theaters bis zum Projekt *Memory (Huiyi)*

Die Idee, ein unabhängiges Theater zu errichten, nahm ab 2002 langsam Gestalt an. 2005 schließlich war es so weit und das »Living Dance Studio« eröffnete im Dorf Caochangdi, am Rand Beijings, sein eigenes Theater mit einer richtigen Bühne und einem Zuschauerraum. Jetzt mussten wir keine Auftrittsgenehmigungen mehr beantragen, nicht mehr über Kartenverkauf nachdenken und darüber, ob die Zuschauer auch mögen, was wir machen. Wir konnten uns einfach in die Arbeit stürzen. Von 2005 an wurden alle Stücke des »Living Dance Studios« im Theater der Workstation aufgeführt, außerdem traten Tian Gebings »Paper Tiger Theater Studio«, Zhang Xians »Zuheniao« und andere unabhängige Theatergruppen hier auf.

Ab 2005 arbeitete die Caochangdi-Workstation mit europäischen Kulturinstitutionen und Festivals zusammen.[1] Mit der niederländischen »Borneoco«, einer Agentur für Kunstfestivals v.a. aus dem nichtwestlichen Raum, organisierte sie beispielsweise das »Young Choreographer Project« (YCP), um die Arbeit und den Austausch junger Performance-Künstler zu fördern. Auf dem jährlich durchgeführten »May«- bzw. »Crossing-Festival« wurden die im YCP entstandenen Arbeiten vorgestellt.

2008 entstand eine Arbeit, die alles verändern sollte, und das war das Projekt *Memory*: Ausgangspunkt dieser Arbeit war die eigene Erinnerung. Die Form der Darstellung war hier anders als bei früheren Arbeiten, viel körperlicher, persönlicher. Wir suchten nach einer ganz natürlichen, alltäglichen Körpersprache und ihrer Darstellbarkeit auf der Bühne.

Am Anfang von *Memory* standen Wen Huis und meine Kindheitserinnerungen aus der Zeit der Kulturrevolution, 1966 bis 1976. Diese auf die Bühne zu übertragen, hieß die Erinnerung an Bewegungen und an Geschichten zusammenzuführen: Das taten wir unter einem riesigen Moskitonetz. Ein Moskitonetz gab es damals in jeder Familie, und es wurde nicht nur im Sommer aufgespannt, sondern hing das ganze Jahr über, denn die meisten Familien hatten nur ein Zimmer, in dem alle zusammenlebten. Außerdem gab es auf der Bühne eine Nähmaschine aus den sechziger/siebziger Jahren. Das war damals ein Luxusartikel, eines der »großen Dinge« im Leben. Es gab die berühmten »drei großen

---

[1] Im September 2014 musste das Studio aufgegeben werden, nachdem eine nicht mehr bezahlbare Mieterhöhung erfolgt war. Vgl. Einleitung S. 11.

Living Dance Studio,
Tanz mit Wander-
arbeitern, Inszenie-
rung: Wen Hui,
Beijing 2001.

Dinge«: die Nähmaschine, das Fahrrad und die Armbanduhr. Wenn eine Familie alle drei besaß, war das ein Zeichen für Glück und Reichtum, mit dem heutigen Besitz eines Autos oder eines Hauses vergleichbar. Moskitonetz und Nähmaschine waren also die zwei wichtigen Bühnenrequisiten, die während des Auftritts auch benutzt wurden. Mit Hilfe der Nähmaschine wurden während jeder Aufführung hundert Schuhsohlen hergestellt, und das Moskitonetz diente uns als Leinwand für die Filmprojektion. Hier lief mein 1993 gedrehter Dokumentarfilm *1966 – My time in the Red Guards (1966 – Wo de Hongweibing shidai)*, der in sieben Abschnitten gezeigt wurde, außerdem hatte ich extra für diese Arbeit ein paar Videosequenzen mit Aufnahmen von Wen Hui als Kind, alten Familienfotos aus den sechziger und siebziger Jahren sowie Propagandaplakaten, Slogans und Liedern der Kulturrevolution hergestellt. Schließlich lief noch der Trickfilm *Wind (Feng)*, die Abschlussarbeit des Künstlers Hao Zhiqiang. *Memory* hatte im Oktober 2008 auf dem »Crossing-Festival« Caochangdi Premiere und dauerte acht Stunden. Die Anfang der sechziger Jahre geborene Tänzerin Wen Hui sowie die Schriftstellerin Feng Dehua und ich, beide in den fünfziger Jahren geboren, präsentierten die Erinnerungen unserer Generation.

Für mich war dieser Auftritt etwas ganz Besonderes: Der Raum war riesengroß; das gab uns die Möglichkeit, uns frei zu bewegen; viele Dinge, die während der Proben eine Rolle spielten, konnten wir einfach für die Aufführung übernehmen. Es ging um Fragen des Erwachsenwerdens in der Zeit der Kulturrevolution, wie wir zu Revolutionären erzogen wurden, auf welche Weise wir von den Revolutionshelden lernten, wie wir zu loyalen Anhängern der Partei, Mao Zedongs und unseres Mutterlandes wurden, wie wir trotz Ansprüchen an uns selbst und Selbstkritik zu den revolutionären Jugendlichen werden konnten, die die Partei sich wünschte. Mein Dokumentarfilm *1966 – My time in the Red Guards* war, wie oben erwähnt, Teil der Aufführung. Dieser Film war nur auf einigen ausländischen Filmfestivals gelaufen und in China nie gezeigt worden, denn es ging darin ja um die Kulturrevolution. Erst jetzt, fünfzehn Jahre nach seiner Fertigstellung, lief er als Teil eines Theaterstücks. Die fünf ehemaligen Rotgardisten aus dem Film, die ihre Erinnerungen an die Zeit der Kulturrevolution erzählten, wurden so zu Darstellern in diesem Stück.

An jenem Tag kamen etwa 200 Leute nach Caochangdi ins Theater. Der größte Teil waren junge Leute, die in den siebziger und achtziger Jahren geboren waren, und sie hielten fast alle bis zum Ende der Aufführung durch. Im anschließenden Gespräch zeigten sie großes Interesse für diese ihnen im Großen und Ganzen fremden Geschichten, denn über die Zeit der Kulturrevolution wird offiziell nicht gesprochen, das Thema ist tabu und soll nicht wieder hervorgeholt werden. Die Erinnerung eines ganzen Volkes, die persönlichen Erinnerungen sollen dem Vergessen anheimfallen.

Ein Bühnenwerk kann vielleicht nicht die Menschheit verändern, aber es kann im besten Sinne provozieren, und die Aufgabe eines jeden künstlerischen Werkes liegt genau darin, die Gewohnheiten zu erschüttern. *Memory* ist der Versuch, Erinnerungen herauszufordern. Dieses besondere Werk regte mich wiederum zu einem Neubeginn an, und so entstand zwei Jahre später ein weiteres kollektives Erinnerungsprojekt.

3. *Memory II: Hunger (Huiyi er: ji'e)*

2010 begannen die Vorbereitungen von *Memory II*. Diesmal ging es um Erinnerungen an die Hungerkatastrophe von 1959 bis 1961. Nicht nur der Inhalt, die behandelte Zeit, war eine andere als im ersten *Memory*-Projekt, sondern auch der Entstehungsprozess. Am Anfang gab es zehn Leute, Dokumentarfilmer, Autoren, Studierende der Visuellen Künste; der älteste war 60 und der jüngste Teilnehmer 19 Jahre alt. Sie sollten in die Dörfer fahren, zu denen sie eine Beziehung hatten, weil sie dort geboren und aufgewachsen waren oder ihre Familie von dort stammte. In den Dörfern sollten sie Video-Interviews mit den Dorfbewohnern darüber machen, wie diese die Jahre des Hungers erlebt hatten.

Unsere anfängliche Idee erfuhr einige Veränderungen, nachdem im Sommer auch viele weitere Mitwirkende mit von ihnen selbst gedrehtem und Dokumentarmaterial zur Caochangdi-Workstation zurückkehrten:

Fast jeder hatte sehr bewegende persönliche Erfahrungen gemacht, mal wurden Interviews aus Angst abgelehnt, weil die Leute nichts Schlechtes über die Zeit des Hungers sagen wollten, mal machten sich Verwandte der Interviewer Sorgen, dass es ein Fehler sein könnte, diese Jahre wieder heraufzubeschwören, und machten nicht mit; dann wieder war einigen der Interviewer diese Zeit einfach völlig fremd und sie fanden keinen Faden für ihre Arbeit.

Die meisten der Mitwirkenden waren in den achtziger Jahren geboren und hatten enge familiäre Bindungen zu den Dörfern, in die sie zurückkehrten, führten aber jetzt ein ganz anderes Leben, weit entfernt davon. Sie machten sich nicht nur auf die Suche nach Spuren der Geschichte, die nicht vergessen werden sollte, sondern sie fanden auch etwas über sich selbst und ihre Identität heraus. Aus all diesen Erfahrungen und Geschichten entstand das neue *Memory*-Projekt. Im Zentrum stand der Prozess der Suche danach, wie die Geschichte unsere Realität beeinflusst hat.

Am Ende standen sechzehn Interviewer als Erzähler/Darsteller auf der Bühne. Unter ihnen war ein sechzigjähriger Dorfbewohner, die anderen waren alle nach 1985 geboren. Außer einem Tänzer waren die meisten Laien, die das erste Mal auf der Bühne standen. Es entstand eine Arbeit, bei der sie gemeinsam mit den von ihnen interviewten alten Menschen und deren Geschichten von vor über fünfzig Jahren auf der Bühne standen. Das Stück hatte am 1. Oktober 2010 Premiere und war ebenfalls acht Stunden lang.

Etwas Unvorhergesehenes passierte nach dem Auftritt, denn die Darsteller dieser Kollektivarbeit hatten noch mehr Materialien, die mit persönlichen Erinnerungen zusammenhingen, mit denen sie etwas machen wollten. Daraus entstand dann unter dem Thema »Erinnerung« eine weitere Arbeit, die das Ein-Mann-Theater als Form wählte.

Im Winter 2011 begannen die Vorbereitungen, im Frühjahr wurde geprobt und auf dem »May-Festival« in Caochangdi wurde das Projekt vorgestellt. Es gab insgesamt zehn neue Stücke, die von Hungersnot und Opposition erzählten, wie Zou Xuepings *Familien-Widerstand (Jiating fandui)*, Luo Bings *Ich und Ren Dingqi (Wo he Ren Dingqi)*, Tang Zhis *Betteln (Qitao zhi lu)* oder Wang Haians *Rückkehr ins Dorf (Huicun zhi lu)*. Es gab auch Erinnerungen an die Kulturrevolution: Jia Zhitan nahm sich in seinem Stück *Untersuchung des Falles Jia Zhixiu (Diaocha Jia Zhixiu)* noch einmal der als Konterrevolutionäre Verurteilten in seinem Dorf an, oder Väter und Großväter berichteten davon in Li Xinmins *Rückkehr nach Huamulin (Huidao Huamulin)*. Zum Schluss will ich noch einmal betonen, wie großartig es ist, dass *Memory* so viele weitere Erinnerungen anstiftete. Seit dem Jahr 2010 fahren jedes Jahr Leute in die Dörfer, die Basis der chinesischen Gesellschaft, und es entstehen immer neue Werke wie beispielsweise *Memory III: Grabsteine (Huiyi san: mubei)*. Spannend ist, dass es immer jüngere Menschen sind, die an diesen Projekten teilnehmen. Das zeigt auch, dass das Projekt längst über das Theater hinausgewachsen ist. Durch das Theater lernen immer jüngere Menschen Verantwortung für die Erinnerung zu übernehmen.

Yunnan im März 2014

Aus dem Chinesischen von Peggy Kames

Grenzpolitik von Körper und Raum

Gesellschaftstheater jenseits der Gesellschaft

Von Zhao Chuan

1.

In all den Jahren meines Lebens hat, ganz allgemein betrachtet, das Politische nur zwei Arten von Umständen mit sich gebracht: Entweder waren sie vulgär oder sie waren gefährlich. In den Gründungsjahren des neuen China, den fünfziger Jahren des letzten Jahrhunderts – ich war damals noch nicht geboren – mag das anders gewesen sein. Mit dem Beginn der Kulturrevolution jedoch war die Lage auf der einen Seite von einem nie dagewesenen Aufschwung des Idealismus bestimmt; dieser schien jedoch sehr leicht in Dogmatismus zu verfallen oder sogar zu einer Art Kapital zu werden, das sich in der Realität als nützlich erwies. Dieses Phänomen war weit verbreitet, es prägte als wesentliche Tendenz die Umgebung, in der ich aufwuchs und meine elementare Bildung erhielt. Auf der anderen Seite konnte es in der Gesellschaft jener Zeit, sobald man sich außerhalb des vorgeschriebenen Denkrahmens bewegte – und mochte es sich dabei um einen noch so randständigen freien Gedanken oder Diskurs handeln – immer passieren, dass man unversehens in eine Falle geriet, aus der es kaum noch ein Entrinnen gab. Es genügte ein Augenblick der Unvorsichtigkeit und schon hatte man für einen Einzelnen oder auch für ein weiteres Umfeld eine Katastrophe heraufbeschworen. Solch unglückselige Vorfälle ereigneten sich allenthalben und bildeten für mich den bitteren Lehrstoff jener Zeit.

Für diese beiden Aspekte der damaligen Situation lassen sich allenthalben Beispiele finden, sie gehörten zum realen Leben, wie es allen Menschen jener Zeit vertraut war. In den Jahrzehnten nach der Kulturrevolution verschwand jeglicher Idealismus, ob er nun neu entfacht war oder aus alten Zeiten überdauert hatte, in der massiven neuen Strömung einer halb echten, halb vorgetäuschten Marktwirtschaft. Übrig geblieben ist lediglich das rigide Beharren auf den einmal eingenommenen Positionen und auf der Macht, zu deren Aufgabe man nicht bereit ist. Und nachdem sich Macht und Kapital gepaart hatten, gebaren sie einen riesigen Profit, dessen Vermehrung die Gier noch weiter anschwellen ließ. Eine Politik, die sich auf einen solchen Weg begibt, die sich also entweder auf einen Dogmatismus reduziert oder selbst zu einem Kapital entwickelt, kann in dieser skrupellosen Paarung vulgärerer nicht sein. Diese Form von Heuchelei hat inzwischen ein solches Ausmaß erreicht, dass die ursprünglich bereits vorhandene Angst vor dem Umsturz noch größer geworden ist. Daher gibt es nun auf der einen Seite die normalen Leute, die es leid sind, über Politik zu reden, und auf der anderen Seite steht die

Kleine Gesellschaft – eine Aufführung der »Grasbühne« in Guangzhou 2009, auf dem Tisch stehend Zhao Chuan.

Politik – und hier stellt jede Grundlagendiskussion über die Gestaltung unseres Zusammenlebens ein Tabu dar und bleibt aus dem öffentlichen Leben ausgeschlossen.

Das Theater schafft vielfältige Konzepte und Erfahrungen menschlichen Zusammenlebens. Da es einen öffentlichen Raum organisiert, kann es sehr leicht ein politisches Motiv hervorbringen, so als wollte es zu einer anderen Art von Leben ermutigen. Und tatsächlich versuchen auch immer wieder einzelne Menschen hier solches zu bewirken.

Viele der linken Intellektuellen, die im Neuen China nach 1949 an der Macht waren, hatten vorher einmal mit dem Theater zu tun gehabt, einschließlich Maos Ehefrau Jiang Qing. Sie übte dann auch später hauptverantwortlich die Kontrolle über die chinesischen Theaterbühnen aus. Die Kontroversen über Theateraufführungen in den vielen aufeinanderfolgenden politischen Bewegungen wurden in den Machtkämpfen der Führungsschicht so etwas wie Signalmasten. Mit dem Beginn des postrevolutionären Zeitalters nach dem Ende der Kulturrevolution wurden die politischen Debatten aus dem Theater verbannt, und viele scheinbar neue Bedürfnisse, die tatsächlich aber neu und alt zugleich waren, mündeten im Theater nun in Unterhaltung und Konsum. Insgesamt hat sich in den letzten dreißig Jahren der politische Impetus des Theaters in einen vom Markt bestimmten Kampf verwandelt. Sämtliche Bedürfnisse haben der Logik des Marktes zu folgen. Selbst das chinesische Avantgarde-Theater, das einst dem Einzelnen im Kollektiv auf der Spur zu sein schien, läuft diesem Trend blind hinterher. Auch das sehr einflussreiche Stück *Che Guevara* von Huang Jisu, das Anklage gegen den Kapitalismus erhob, hat die Kommerzialisierung als einen unumgänglichen Weg betrachtet, um gesellschaftlichen Einfluss ausüben zu können, was in einer etwas verqueren Beziehung zu den linken Visionen steht, die im Stück selbst mit zutiefst kritischem Impetus vorgetragen werden. Mit dem Beginn des neuen Jahrtausends konnten sich die Vertreter des Avantgarde-Theaters auf dem Markt des Mainstreams Schritt für Schritt »ihren Becher Reisbrei sichern«. Im selben Zuge hat das Avantgarde-Theater seine Schärfe eingebüßt.

Aber natürlich ist das nicht die ganze Wahrheit. Unterhalb der Oberfläche aus Wandel, Auflösung und Unterdrückung und jenseits der Vulgarisierungen und Bedrohungen vonseiten der offiziellen Politik scheint es als Unterströmung ein Bedürfnis nach einer ernsthaften politischen Debatte zu geben, die jederzeit zum Durchbruch kommen könnte. Im heutigen China kann jeder soziale Konflikt, und mag er zunächst auch noch so unscheinbar sein, sobald er durch das Internet an Bedeutung gewinnt,

jederzeit den Charakter einer öffentlichen politischen Auseinandersetzung annehmen. Die große Mehrheit der solide gebauten, hoch empor-
ragenden Theater, die Teil des öffentlichen Raums sind, hängt komplett
von den Ansagen der Staatsbeamten ab und ist gleichzeitig in den meisten Fällen ein Raum der Profitsuche für Interessenskollektive. Wenn man
die Produktionen dieser Theater mit den unsteten und unberechenbaren
Verlautbarungen des Internets vergleicht, so stellt man fest, dass sie nichts
miteinander zu tun haben. Die Theater sind zu Orten degradiert, an denen
das Lächeln wohlfeil zu Markte getragen wird. Jenseits der Grenzen der Zivilgesellschaft aber haben sich andersgeartete Kräfte zu sammeln begonnen. Jenseits des Mainstream-Theaters gibt es andere Theater, sehr mar-
ginal und machtlos wirkende Theater, die den festgelegten Programmen
menschlichen Zusammenseins, das die Beteiligten zu Gefangenen des sie
umgebenden Umfelds macht, widerstehen und den damit einhergehen-
den deprimierenden Erfahrungen entgegentreten. Diese »marginalen«
Aktivitäten haben sich von vielen Konventionen gelöst und vom Mangel
an Ressourcen unabhängig gemacht. Sie sind mit größtem Enthusiasmus
dabei, ihren eigenen Weg zu finden. Ihren theatralen Aktivitäten wohnt
daher eine relativ offene Form des »Prozessualen« inne.

Diese Kräfte stammen im Wesentlichen aus dem Bereich außerhalb
des staatlichen und kommerziellen Theatersystems, sie gedeihen auf einem Boden jenseits des inzwischen vollständig kommerzialisierten professionellen Theaters. Seit dem Frühjahr 2005 motiviert und ermutigt die
Shanghaier »Grasbühne« (wörtlich: »Grasbühnen-Kollektiv«, Anm. d. Ü.)
gewöhnliche Menschen, die über keinerlei professionelle Bühnenausbil-
dung verfügen, zu kollektiven kreativen Prozessen und führt mit ihnen
Stücke auf, die sich mit gesellschaftlichen und historischen Fragen befassen.

Sie gibt das ganze Jahr über in Räumen, die meist keine öffentlichen
Theater sind, eintrittsfreie Vorstellungen, organisiert außerdem kostenlose Lesungen und Workshops und unternimmt darüber hinaus auch
noch große Tourneen. Die »Grasbühne« versucht, zu jedweder Form
von Institution Abstand zu halten, im Denken und Handeln unabhängig zu bleiben und bemüht sich um die Entwicklung einer neuen spannungsvollen Beziehung zwischen Gesellschaft und Theater. Im selben
Jahr 2005 begannen die CCD-Workstation des Dokumentarfilmers Wu
Wenguang, der das Avantgarde-Theater der neunziger Jahre selbst erlebt
hatte, und das »Living Dance Studio« *(Shenghuo wudao gongzuoshi)* von
Wen Hui in Beijing mit ihrer Arbeit. Sie verbanden Tanz, Theater und
Dokumentarfilm, um individuelle Erinnerungen aufzuzeichnen, die hin-

Kleine Gesellschaft,
Inszenierung: Zhao
Chuan, Shang-
hai 2009.

ter der offiziellen Geschichtsschreibung untergegangen waren. Im selben Jahr wurde unter dem Einfluss und der direkten Förderung der Madang-Theater-Bewegung[1] in Hongkong und Taiwan auch die kantonesische Theatergruppe »Kapokblüte« gegründet, die zur Entwicklung eines kommunalen Theaters Erfahrungen des lokalen Volkstheaters aufzugreifen versuchte. In einem Dorf bei Beijing errichtete die Ende 2008 gegründete »Neue Arbeiterkunst-Truppe« *(Xin gongren yishutuan)* das »Neue Arbeiter-Theater« *(Xin gongren juchang),* das von Wanderarbeitern betrieben wird, die aus dem Dorf in die Stadt gekommen sind und ihre eigene Lebenswirklichkeit zur Basis ihres Theaterschaffens machen, wobei sie sich aller möglicher theatraler Mittel bedienen. Darüber hinaus haben sie ihr eigenes Museum und ihr eigenes Kulturfestival. Ohne Umschweife klagen sie den Respekt gegenüber den Arbeitern ein und verleihen ihren Forderungen nach einer gerechten Gesellschaft Ausdruck. Noch früher, in den neunziger Jahren, hatte es in Kanton die »Watersidebar« *(Shuibianba)* gegeben, ein eher volkstümliches Laientheater, das in erster Linie

---

1 Zeitgenössische koreanische Form eines vor allem studentischen Protesttheaters mit ausgeprägten ästhetischen Charakteristika, das mit politischen Themen versucht, auch ein theaterfernes Publikum zu erreichen.

dem eigenen Vergnügen diente. Später siedelte es sich in einem Wohnviertel von Kanton an. Bei Proben und Aufführungen bediente man sich
einer ganz bescheidenen Graswurzel-Methodik, und doch gelang es auf
beharrliche Weise, das Theater aus den Händen der Mächtigen zurück-
zuerobern und in ein lustiges Gespräch über den eigenen Alltag zu verwandeln. Der vom Tanz kommende Li Ning aus der Stadt Ji'nan nennt
seine Theatergruppe »Physical Guerillas« *(Zhiti youjidui)*. Er interessiert
sich für tatsächliche, in der Realität vorkommende körperliche Zustände
und arbeitet sie in seine Theaterproduktionen ein.

Seit einigen Jahren verändern solche aus dem Volk entstandenen
Gruppen das Theater und wirken mit ganzer Kraft darauf hin, dass es aus
den großen, öffentlichen Häusern heraustritt. Mit großer Aufmerksamkeit verfolgen sie gesellschaftliche Themen, kämpfen für ihr Recht aufzutreten, hoffen darauf, sich durch die Versammlungsform einer Theateraufführung aus politischen Fesseln zu befreien und übernehmen
genau die gesellschaftliche Verantwortung, die nach der allgemeinen Be-
feuerung des Individualismus ihre Suspendierung erlebt hat. In Shanghai
entstand von 2005 bis 2013 mit der »Down-Stream Garage« *(Xiahe micang)* eine in China einzigartige Basis für Theateraktivitäten, in Eigenini-
itiative gegründet von dem Künstler Wang Jingguo. Die »Down-Stream

Unruhige Steine, 2013.
Inszenierung:
Zhao Chuan.

Szenisches Projekt an der Universität der Künste Berlin, 2013.

Garage« bot den Fringe-Theatermachern einen kostenfreien Raum, organisierte Theater- und Filmfestivals usw. Für die Fringe-Theaterszene in und um Shanghai wurde sie zu einer bedeutenden Impulsgeberin, die Maßstäbe für eine nichtkommerzielle Theaterkultur in China setzte. Der Shanghaier Avantgarde-Theaterautor der frühen Jahre Zhang Xian veränderte seinen Stil, wechselte zum nonverbalen Theater und gewann dabei erneut an Dynamik. Er wurde zu einer Art Don Quijote, der mit einer Lanze aus Worten Störangriffe gegen die Ideen und Methoden des Mainstreams führt.

Alle diese Aktivitäten, die ich in meinen Diskurs über das Gesellschaftstheater einbeziehe, sind offenkundig etwas grundlegend anderes als das gewöhnliche Theater, und gemessen an Chinas gewaltiger Größe ist ihre Zahl äußerst begrenzt. Vielleicht sind sie nur so etwas wie feine Risse in der Mauer, in denen sich das Recht auf Redefreiheit einzunisten versucht. Von solcher Zuversicht sollte das Gesellschaftstheater beseelt sein. Es sollte nicht wieder zu einem Produzenten oder Apologeten der Tradition oder einer Theaterästhetik im gewöhnlichen Sinne werden wollen. Diese Art von Theater, und zwar nicht nur das vom Mainstream ideologisierte Theater, sondern auch das kommerzielle Theater mit seinen klaren Normen des marktkompatiblen Auftritts, verfügt längst nicht mehr über die Fähigkeit, auf die wirklichen Probleme der Menschen zu reagieren. Das Gesellschaftstheater hingegen bewahrt sein »amateurhaftes« Wesen und versucht, eine innovative theaterästhetische Identität zu entwickeln.

In diesen Theaterproduktionen können alle Arten von Phänomenen des realen Lebens umstandslos auf der Bühne in Erscheinung treten. Bei aller Unterschiedlichkeit der Aufführungsstile scheinen sie den Leuten dasselbe zeigen zu wollen, nämlich den Körper der Gesellschaft, ohne jede falsche Verpackung, in seinem ursprünglichen Saft und Geschmack. Die Menschen, die diese Stücke aufführen, kommen den Menschen auf der Straße ganz nahe, sie bilden keine spezifische soziale Schicht von »Schauspielern«, die von der Theaterkasse oder einer Versorgung durch das System abhängig wären. Sie machen Identitäten, Körperhaltungen und Sprechweisen von ganz gewöhnlichen Leuten öffentlich und stehen zu dem von staatlicher Seite lange propagierten, völlig deformierten Realismus in einer zutiefst paradoxen, kritischen Beziehung. Was sie erreichen wollen, ist, dass Stücke oder Aufführungen die Möglichkeit haben, völlig ungeschminkt und unaffektiert zu einem Kettenglied in der gesellschaftlichen Öffentlichkeit zu werden. Die Probleme der Gesellschaft sind zu einer wichtigen theatralen Quelle des Gesellschaftstheaters geworden. Allenthalben versuchen die Aufführungen, die »Realität«, die nun mal so ist wie sie ist, in sich aufzunehmen und wenden sich damit gegen die Literatur und die Künste des Mainstreams, der das wahre Leben »heimlich gegen ein Fake-Produkt ausgetauscht« hat. Aber natürlich ganz anders als das im kommerziellen Theater geschieht, wo die Lust am Veralbern der Realität den Verkauf fördert, versuchen sie ganz schlicht, direkt und in aller gebotenen Schärfe Probleme zu entfalten. Seitdem sie mehr oder weniger bewusst alle möglichen Standards des Darstellens und Schaffens ignorieren, von denen die Bühnen bislang monopolisiert wurden, also durch die Abkehr von diesen Standards und den Bruch mit den technischen Nor-

mierungen und routinierten Abläufen, haben sie die gesellschaftliche Manipulation und das kapitalistische Joch gelockert, denen sie ausgeliefert waren. Erst dadurch kann sich die vom Gesellschaftstheater als so wichtig erachtete »Realität« des eigenen Lebens Luft verschaffen und zugleich auf der Bühne stehen. Zudem hat der räumliche Durchbruch des Gesellschaftstheaters ein neues Nachdenken über die Bedeutung des Theaters losgetreten. Die Aufführungen des Gesellschaftstheaters haben größtenteils nicht das Ziel, ins Staatstheater zu gelangen oder sich irgendwie zu einer kommerziellen Aufführung zu entwickeln. Sie stellen jeweils ihr eigenes Aufführungs-Schlachtfeld her, wollen das Theater zu den Lebensfragen der verschiedenen Menschengruppen zurückzubringen und machen es zu einem Ort der Diskussion. All diese Gruppen- oder Einzelaktivitäten können fast jeden erdenklichen Ort zu einem Spielort für ihre Aufführungen machen. Das rührt gleichzeitig an eine Reform dessen, was das vorhandene Verhältnis des Theaters zum Publikum betrifft.

Zhao Chuan bei seiner Lecture über »Unstete Körper« im Rahmen der Veranstaltungsreihe »Das Bild hinter dem Bild – zur Lage der Kunst in China« an der Universität der Künste Berlin, 2013.

Das Gesellschaftstheater macht aus dem Theater einen Ort des Aufbruchs, geprägt von einer der Realität ins Auge blickenden Haltung, die sich in die Gesellschaft einmischen und sie gestalten will und eine Vorstellung von einer besseren und vernünftigeren Lebensweise hat. Schon im Jahr 2008 habe ich geschrieben:

»Wir (i.e. die ›Grasbühne‹) hoffen, noch tiefer in die Verhältnisse einzudringen und uns im Zusammenprall mit der aktuellen Lage weiterzuentwickeln. Das heißt aber nicht unbedingt, dass wir keine ästhetischen Ansprüche hätten oder diese niedriger ansetzen würden. Die neue Ästhetik wird vielleicht nicht wie in der Epoche des Modernismus aus einer verbissenen Revolution der Form entstehen. (...) Das Theater will hier nicht zum Werkzeug der Politik werden, sondern zur Politik selbst, in der Hoffnung, ein Schauplatz der Selbstreflexion, der eindringlichen Befragung und der Konfrontation mit der Realität zu werden. Es geht nun wirklich nicht mehr nur darum, einfach ein Stück aufzuführen.« (»Theater-Notizen 2008«, in: *Yishushijie [Welt der Kunst]*, 2009)

»Ich stelle mir ein Theater vor mit einer Haltung wie die von Peter Brook, wenn er sagt: ›Ökonomische Engpässe sind allerdings nicht das Schlechteste.‹ Zunächst entsteht dieses Theater nicht aus dem Bedürfnis nach einer formalistischen künstlerischen Innovation, sondern es geht ihm um ein besseres Verständnis der Beziehung zwischen Theater und Mensch. Das Leben der Gesellschaft ist für diese Art von Theater das eigentliche Gegenüber. Und seine Art, sich damit zu befassen, ist nicht die Reflexion darüber, sondern die Anstrengung, es zu durchdringen und sich noch substantieller einzumischen, so wie bei einer genauen Befragung, ja sogar einem peinlichen Verhör. Das ist etwas völlig anderes als eine naturalistische Nachbildung, eine Annäherung oder Nachahmung. Ein solches Theater will den Tatsachen, die es selbst, das Individuum und die soziale Gemeinschaft betreffen, auf eine bestimmte Art zu Leibe rücken, und der Prozess der peinlichen Befragung ist dann eben das Theater. Das Theater wird zu einem Weg, das Leben und seine vielfältigen Probleme zu erforschen.« (»Theater des peinlichen Verhörs«, in: *Dushu [Lesen]*, 2006: 4)

2.

In den ersten Frühjahrsmonaten des Jahres 2005 erhielt ich eine Einladung zum »Asian Madang Theaterfestival« in Gwangjiu, Südkorea. Ich suchte ein paar Freunde zusammen, um ein neues Stück namens *38th Parallel Still (San ba xian youxi, Das Spiel 38. Breitengrad)* zu arrangieren und zu schreiben und damit an diesem Theaterfestival teilzunehmen. Nach jahrelangen Erfahrungen als Romanschriftsteller, als Herausgeber und als Gewinner von renommierten Preisen war ich damals der Ansicht: Besser man schreibt ein Stück und lässt dann alle miteinander proben, als diesem Prozess seinen freien Lauf zu lassen. Ich stellte dann jedoch fest, dass der Großteil der jugendlichen Teilnehmer in Bezug auf das Thema meines Stückes, dem Korea-Krieg und der Waffenstillstands-Linie auf dem 38. nördlichen Breitengrad der koreanischen Halbinsel, nur über ein äußerst begrenztes Schulbuch-Wissen verfügte. Dieser Abschnitt der Geschichte umfasste für sie höchstens zwei, drei Sätze nach der offiziellen Lesart. Ich bemühte mich also, von überall her alle möglichen Dokumentar- und Spielfilme aus verschiedenen Jahrzehnten sowie schriftliche Dokumente, Memoiren und Ähnliches zu sammeln, und stellte allen Teilnehmern diesen Apparat zur Information und Diskussion zur Verfügung. Wie in einer Theaterwerkstatt suchten wir nach Wahrnehmung und Verständnis und erkundeten die Beziehung dieser politischen Teilung zum gegenwärtigen Wir. Das Theater trug diesen Prozess und ließ uns zum Schluss die von allen gemeinsam entwickelten Erkenntnisse direkt zum Ausdruck bringen. Dieser Prozess gefiel den Beteiligten so sehr, dass alle der Meinung waren, man sollte ihn fortsetzen. Auf dieser Grundlage ist die »Grasbühne« entstanden.

Einige Besonderheiten und Grundhaltungen aus dieser Gründungszeit der »Grasbühne« setzten sich weiter fort, sie waren auch noch viele Jahre später kennzeichnend. Zum Beispiel die Verweigerung des finanziellen Profits, die Unabhängigkeit vom System, das überwiegende Spielen in nichtoffiziellen Theatern, die Betonung des gesellschaftlichen Problembewusstseins und vor allem die Zusammenarbeit von Menschen vorwiegend nichtprofessionellen Hintergrunds. Seit der Erstaufführung von 38th *Parallel Still* betrachteten die Mitglieder der »Grasbühne« Theaterarbeit als einen Weg des Lernens, der Erörterung von Problemen und der Suche nach dem Bezug dieser Probleme zu sich selbst. Damals war die Produktionsweise ganz und gar kollektiv. Später wurden zwar durchaus auch Werke von Einzelpersonen oder solche, in deren Zentrum ein Stückautor und ein Regisseur standen, gefördert und entwickelt, aber die kollektive Zusammenarbeit bildet nach wie vor die Arbeitsbasis der »Grasbühne«. Andere wichtige Faktoren dabei sind, dass die »Grasbühne« seit ihrer Anfangszeit Theaterproduktionen und -proben mit dem niedrigstmöglichen Kostenaufwand macht, dass diese nicht kommerziell sind und keinerlei Zensur oder Prüfungsverfahren durchlaufen. Das ist im aktuellen China, in dem Kapital und Profit die treibenden Kräfte für nahezu alles sind, keine einfache Sache. Die »Grasbühne« betreibt sehr dezidiert nichtkommerzielle kulturelle Aktivitäten, über all die Jahre war für fast alle in Shanghai stattfindenden Aufführungen und Aktionen der Eintritt kostenlos. Die Teilnehmer der »Grasbühne« haben in dieser Zeit ihr persönliches Einkommen größtenteils nicht aus den Theateraktivitäten bezogen.

Die »Grasbühne« steht allen Menschen offen, bis heute bringt sie auf ihre Weise ganz normale Leute dazu, sich in das Theater und die kreative Arbeit zu stürzen. Bei den Proben und in den Produktionen der »Grasbühne« liegt die Aufmerksamkeit auf den sozial bedingten Ausprägungen von Körperlichkeit. Wer an den Aktivitäten der »Grasbühne« teilnimmt, lernt wegweisende Übungen und Methoden, mit denen die Gewohnheiten des Körpers gebrochen werden, er erlangt das Selbstvertrauen und die Fähigkeit, sich auszudrücken, zudem wird durch Diskussion und Reflexion eine neue Anerkennung des konkreten Körpers und der konkreten Position gefördert. Den Inhalt dieser Diskussionen begreifen wir als ein wichtiges theatrales Quellenmaterial für das Gesellschaftstheater. Die Aufführungen der »Grasbühne« versuchen die als komplexer Dialog etablierte Beziehung zwischen Schauspieler und Rolle als solche unmittelbar sichtbar zu machen. In der Aufführung von *A Madman's Story (Kuangren gushi)* geschah das, indem das Stück nach der Hälfte der Aufführung abbrach. Die Schauspieler kamen auf die Bühne, schminkten sich vor den Augen des Publikums ab, nahmen wieder ihr alltägliches Aussehen an, erzählten von den kreativen Prozessen und ihrer eigenen Beziehung zu dem aufgeführten Stück. Dann räumten sie Schminktisch und -stuhl wieder weg und setzten die Aufführung fort.

> »Diese Menschen fordern, bevor sie die Bühne betreten, die Anerkennung ihres realen Erscheinungsbildes ein, und dabei gewinnen sie die Anerkennung ihres realen Lebens. Damit erlangen sie das Selbstvertrauen und die Energie, sich im öffentlichen Kontext zu positionieren. Durch die Arbeit in der ›Grasbühne‹ entwickeln sie relativ schnell ein klar definiertes Körperbewusstsein. Das unerwartete Resultat einer solchen Aufführung besteht darin, dass die Schauspieler, die gerade bis zu einem gewissen Grad eine Befreiung erlebt haben, sich in ihrer Körperhaltung, ihren Bewegungen und ihrem dialektal gefärbten Hochchinesisch mit dem Publikum fast auf derselben Realitätsebene befinden. Es kommt daher häufig vor, dass mich nach einer Aufführung Leute fragen, ob sie sich der ›Grasbühne‹ anschließen könnten.« (»Körper-Theater«, in: *Shucheng [Stadt der Bücher]* 2010: 7)

Das Gesellschaftliche, für das das Wort »Theater« hier steht, besteht schon allein darin, dass es dem Theater gar nicht möglich ist, anonym im Verborgenen zu handeln. Im Gegenteil, es ist darauf ausgerichtet, dass seine Aktionen manifest werden, und dabei gelingt es ihm, symbolische Zeichen zu setzen, die aus dem alltäglichen äußeren Schein herausspringen und zu einer Art von Vorschau werden, in der ein zukünftiges gesellschaftliches Handeln aufleuchtet. Die Solovorführung des »Grasbühne«-Mitglieds Fengzi (»Der Verrückte«, Anm. d. Ü.) im Jahr 2009 begann jener am Eingang des Aufführungsortes, wo er laut rufend und sich zu

Kotaus niederwerfend bettelte. Dann zog er in das Theater ein, benutzte seine Bettelschale immer wieder als Requisit, verdrehte seinen Körper, schuf verschiedene skulpturartige Figuren (statische Posen, die körperliche Ausdrucksfähigkeiten ausloten, Anm. d. Ü.) und stellte auf äußerst satirische Weise die Beziehung zwischen Staat und Individuum zur Debatte. Der Körper und die Diskussionen dieses Menschen auf der Bühne suchten aber gewiss nicht ihr Glück darin, eine gelehrte Debatte anzustoßen und sie führten auch nicht unbedingt zu einer profunden philosophischen Theorie. Vielmehr war dies ein Kampf nach Art des Theaters: Das Problem und die vorgeführten Mittel waren alle in höchstem Maße theatral, es ging darum, Herz und Verstand der Menschen wachzurütteln. Durch sein Anecken hat Fengzi den Respekt der Menge errungen. Dass er den Bettler spielte, deutete implizit ein Betteln um das Recht auf Diskussion an. Im Gesellschaftstheater entspringt der Widerstand des Körpers, der auf einer sehr niedrigen Position stattfindet, keiner kulturellen Imagination, sondern vielmehr einer so gearteten gesellschaftlichen Realität. Das Stück *Squat (Dun)*, eine Koproduktion der »Grasbühne« und der »Watersidebar«, erzählt von einem Menschen, der beschlossen hat, ein Leben lang hocken zu bleiben, von einer Gesellschaft aber diskriminiert und angegriffen wird, in der die Stehenden die Meinungsführer sind. 2008 fand in Peking unter dem Slogan »One World One Dream« die Olympiade statt. Aber eine große Anzahl der Arbeiter, die an ihrem Aufbau beteiligt gewesen waren, wurden vor der Eröffnung gezwungen, die Stadt zu verlassen, ob sie wollten oder nicht. Die »Neue Arbeiterkunst-Truppe« hatte damals mit dem Stück *Unsere Welt, unser Traum (Women de shijie, women de mengxiang)* Premiere. Es erzählt davon, dass es unter einem gemeinsamen Himmel nicht möglich ist, einen gemeinsamen Traum zu verwirklichen. Das Gesellschaftstheater, wie ich es verstehe, erklärt in aller Öffentlichkeit, dass der in der Gesellschaft unbeachtete, diskriminierte Körper in direkter Beziehung zu seiner politischen Bedeutung steht. Dass die Formen körperlicher Manifestation, denen der Zugang zu den Bühnen des Mainstreams verwehrt ist, im Gesellschaftstheater sichtbar gemacht werden, dass sie, indem man sie in den Blick nimmt, schließlich in Großaufnahme gezeigt und gewürdigt werden, das ist ein äußerst wichtiges Resultat.

Ich bin in Shanghai das ganze Jahr über damit beschäftigt, nach Orten zu suchen, welche die »Grasbühne« unentgeltlich nutzen kann. In diesen frei zur Verfügung stehenden Orten macht die »Grasbühne« kostenlose Aufführungen und nimmt nur freiwillige Spenden der Zuschauer entgegen.

 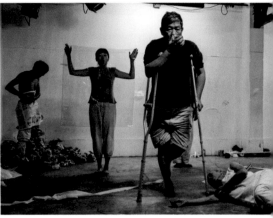

A Madman's Story, 2006 in Shanghai.

Vom Traum unerfüllter Hoffnung, Tokio 2012.

Seit vielen Jahren ziehen wir in der Stadt umher, nutzen die unterschiedlichsten Orte, um zu proben, Workshops durchzuführen, Vorträge zu halten und Aufführungen zu machen. Die Shanghaier »Down-Stream Garage« ist ein einfacher, schlichter Fringe-Theaterraum in einer umgebauten früheren Lagerhalle, die die Aktivitäten der »Grasbühne« seit langer Zeit unterstützt. Dass ein für China einzigartiger nichtkommerzieller Theaterraum wie die »Down-Stream Garage« überhaupt existieren kann, stellt für die lokalen Überwachungsorgane, die nach Maßgabe der politischen Richtlinien die behördlichen Vorschriften durchsetzen, freilich nur die Verkörperung ihrer eigenen Toleranz dar. Seine Existenz entspricht nicht den von der Stadtverwaltung festgelegten Rechtsprinzipien, begegnet daher natürlich häufig der Verachtung und dem Verstoß durch die Mainstream-Kontrolle und steht ständig kurz vor dem Verschwinden oder ist in »Gefahr«.

Im Herbst 2008 führte die »Grasbühne« gemeinsam mit Freunden aus Taibei, Hongkong und Tokio auf einer Baustelle das Stück *Lu Xun 2008 (Lu Xun Erlinglingba)* auf. An diesem Ort, der so aussah, als seien die Arbeiten dort unterbrochen worden, was sie aber eigentlich gar nicht waren, mussten wir uns die ganze Zeit über den Kopf darüber zerbrechen, wie wir die Aufführung trotz der Arbeiten, die rundherum in Gang waren, managen konnten. Für abends um 19:30 Uhr war eine Vorstellung angekündigt, aber noch um 17:50 Uhr lud ein LKW-Transporter auf dem offen stehenden Gelände Gebäudeschutt ab, wobei er einen ungeheuren Lärm machte und die ganze Luft mit Staub füllte. Trotzdem verlief die Vorstellung, staubgeschwängert, einigermaßen glücklich, das Publikumsgespräch nach der Vorstellung musste aber auf halbem Wege abgebrochen werden, weil die Polizei kam. Der Polizist fragte mich: »Haben Sie eine Genehmigung?« Ich sagte: »Hier unterhalten sich alle miteinander, ohne Genehmigung.« Er fragte: »Wenn sich zum Beispiel in einem Park einige Leute versammeln wollen, dürfen sie sich dann versammeln?« Und dann beantwortete er mit großer Bestimmtheit seine eigene Frage selbst: »Das geht nicht, ihr habt diese Freiheit nicht.«

Auch wenn der Durchbruch zur individuellen Freiheit ein Ziel des Gesellschaftstheaters oder der »Grasbühne« sein mag, so glaube ich doch, dass er hier nicht die Hauptsache ist. Der Begriff der Freiheit bedeutet auch keineswegs eine Form von Verwilderung; Freiheit beinhaltet bestimmte Werte und daher vermag sie alle möglichen Einschränkungen in Kauf zu nehmen. Das Gesellschaftstheater will das Individuum vielmehr dazu provozieren, sich für die öffentliche Umgebung einzusetzen. Vielleicht ist diese Schwierigkeit, uns zu versammeln, der Grund, warum wir das Theater brauchen und den Raum des Theaters ausdehnen müssen. Wir müssen aus jeder einzelnen gewöhnlichen Situation Theater machen, eine politische Szene, die jeweils für sich auf die Realität antwortet. Schon das allein bedeutet ein großes Maß an Theatralität. Auf den »Marschtraining« *(Field Manoevers)* genannten großen Tourneen der »Grasbühne« fahren wir mit dem Zug viele tausend Meilen durch das Land und überall, wo wir hinkommen, sind die Aufführungsorte ganz verschieden. Das sind Buchläden, Unterrichtsräume, Bars, Bibliotheken oder Ausstellungshallen, Vortragssäle und zu Restaurants gehörende Hochzeitsbankett-Säle. Häufig gestalten wir sie innerhalb von wenigen Stunden zu einem Theater um und passen das mitgebrachte Stück seiner Umgebung an. Nach der Vorstellung nehmen diese Orte wieder ihr ursprüngliches Aussehen und ihre ursprüngliche Funktion an. Während der Aktion des Gesellschaftstheaters werden diese Räume vorübergehend besetzt, sie verändern ihre Gestalt. Für einen Moment werden sie zu einem Ort, an dem öffentliche Fragestellungen im Fokus stehen. Wie Seifenblasen hängen sie zwischen äußerem Druck und innerer Spannung vom Theater als einer dünnen Membran ab und bilden so einen einzigartigen Raum. Wenn sich der Druck auch nur ein kleines bisschen verändert, zerplatzen sie vielleicht und existieren nicht mehr. Ein solcher öffentlicher Raum trifft aber im Gesellschaftstheater am nächsten Ort wieder auf neue Spannung und fährt in seiner Entfaltung fort. Die »Marschtrainings« der »Grasbühne« sind eigentlich Ausbruchs- und Suchbewegungen, die mit dieser Spannung zu tun haben.

Das Gesellschaftstheater versucht, alle möglichen Arten von Identitäten und Räumen zu involvieren. Nach Tradition der »Grasbühne« gibt es nach jeder Aufführung ein Publikumsgespräch, das heißt, man tauscht sich über den Inhalt des gerade Gezeigten direkt mit dem Publikum aus.

Unruhige Steine,
Shanghai 2013.

Manchmal treten in einem unendlichen Strom Fragen auf, dann können die Publikumsgespräche fast so lang werden wie die Vorstellung selbst. Das trägt vielleicht dazu bei, eine noch gemeinschaftlichere Beziehung zwischen den Schauspielern und dem Publikum zu stiften, das Innen und Außen des Stückes miteinander zu verbinden und im Raum des Gesellschaftstheaters das Öffentliche herauszustellen. Das unterscheidet sich natürlich grundlegend von einer Theaterlogik, die das Publikum als Verbraucher betrachtet. Als uns im Jahr 2011 das »Zweite Marschtraining« in die Stadt Huaihua in der Provinz Hunan führte, war für die »Grasbühne« eine Aufführung in der Banketthalle eines Vier-Sterne-Hotels arrangiert worden. Unglücklicherweise stellten wir fest, dass sie Teil des zehnjährigen Jubiläums der größten ortsansässigen Werbefirma sein sollte. Vom Publikum jenes Abends hatten nicht wenige nach Herzenslust gegessen und dem Alkohol zugesprochen, einschließlich prominenter Persönlichkeiten aus der lokalen Politik und Wirtschaft, die ihrerseits betrunken waren. Die Aufführung *Little Society, volume I and II (Xiao Shehui)* schleuderte ihnen das harte Leben von Bettlern, Prostituierten und Behinderten direkt ins Gesicht, was dazu führte, dass die Atmosphäre des anschließenden Publikumsgesprächs absolut aufgeheizt war. Natürlich erhoben sich nicht wenige, mit vom Alkohol verursach-

tem Schluckauf, um selbst einmal Theater zu spielen, bezeichneten uns als Verlierer dieser Gesellschaft und sagten, es sei eine Tragödie, ein solches Stück zu machen. Oder sie versuchten, diese »Verlierer« in eine Geschichte von Entschlossenheit zum Erfolg einzubauen, wie sie sie eben gerne hörten und sahen. Diese Geschichte mussten wir natürlich vor Ort widerlegen. In dieser scheinbar sehr unpassenden Aufführungssituation trat auf theatralische Weise genau die politische Kontroverse, die das Gesellschaftstheater anzuregen hofft, auf den Plan. An jenem Abend ist das »Spiel« *(ju)* in diesem »Ort« *(chang)*[2] tatsächlich auf eine Mauer getroffen und mit ihr zusammengeprallt und ließ dabei die scharfe Klinge eines unter immenser Spannung stehenden Gegenwartstheaters hervortreten.

Kleine Gesellschaft 2011.

Aus dem Chinesischen von Irmgard Enzinger

---

2   »Theater« heißt auf Chinesisch »Spiel-Ort« *(juchang* 剧场*)*. (Anm. d. Ü.)

Mit dem Körper Grenzen überschreiten

Ein Gespräch zwischen den Choreografinnen Wen Hui und Xiao Ke über Feminismus, den weiblichen Körper und das »Living Dance Studio«

Xiao Ke: Die Lektion über Frauenrechte, *die du zurzeit besuchst, wie könnte man die ausweiten? Indem alle gemeinsam etwas unternehmen?*

Wen Hui: Jeder tut etwas auf seinem Gebiet. Wenn ich früher das Wort »Frauenrechte« hörte, hatte ich die Befürchtung, dass Menschen wie ich die angeborenen Männerrechte zu sehr verinnerlicht haben könnten.

Warum das?

Innerlich bin ich sehr traditionell, mein Genderbewusstsein ist nicht stark ausgeprägt. In der traditionellen chinesischen Erziehung ist die Würdigung des Männlichen das Wichtigste. Ein Mann kann sieben oder mehr Frauen heiraten, die Frauen dagegen müssen keusch sein. Eine Doppelmoral.

Bist du selbst noch von solchen Vorstellungen beeinflusst?

In meiner Generation[1] sind wir in dieser Tradition aufgewachsen.

Wahrscheinlich muss so etwas erst einmal tief in dein Leben eingedrungen sein, bevor du imstande bist, das wahrzunehmen. Du wirkst wie eine sehr starke Frau. Dann ist da natürlich die Zusammenarbeit mit Wu Wenguang[2]. Er ist vielleicht sogar noch stärker. Aber im Vergleich zu den Rollen, die die traditionellen Chinesinnen in der Familie und in der Gesellschaft einnehmen, bist du wirklich sehr stark.

Wenn man sich auf die Dinge bezieht, die man selbst vollbringen kann, so glaube ich, dass man alles machen kann, was es zu machen gibt. Das ist das Selbstbewusstsein. Nach dem Unterricht über Frauenrechte in der Schule habe ich allerdings entdeckt, dass es im weiblichen Bewusstsein sehr viele Dinge gibt, die ich zunächst nicht realisiert habe. Erst später ist mir klar geworden, dass meine Anschauungen eins zu eins von meiner Mutter übernommen waren.

---

1 Wen Hui ist Jahrgang 1960.
2 Siehe den Beitrag »Warum wir das Theater brauchen – Wegen des »Hungers«. *Memory* – ein Dokumentartheater-Projekt« auf S. 242 und das Porträt von Wu Wenguang auf S. 401 des vorliegenden Buches.

Living Dance Studio, *Listening to Third Grandmother's Stories,* Inszenierung: Wen Hui, Beijing 2012.

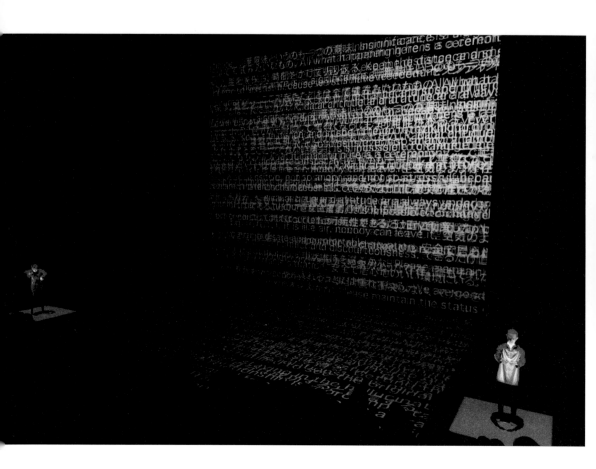

Xiao Ke, *Miniascape*,
Japan 2015.

Kannst du ein Beispiel nennen?

In meiner Generation geben wir dazu ja eher verschämte Antworten. Bis
jetzt traue ich mich nicht einmal zu sagen, dass ich eine Feministin bin,
weil ich den Eindruck habe, ich genüge diesem Anspruch nicht. Wenn
man den Feminismus zu Gleichberechtigung und Verantwortung in Beziehung setzt, dann ist er eine kraftvolle Bewegung. Man kann dadurch
selbständig werden. Frauenrechte sind also Menschenrechte. Außerdem führen sie dazu, die Männer zu befreien. Bei der Lektion über Frauenrechte habe ich viele Dinge verstanden. Als ich 1995 die Tanzperformance *Skirt (Qunzi)* machte, hatte ich noch ein »weibliches Bewusstsein«.
Damals fühlte sich mein Körper an wie ein Feuerklumpen. Dieses Feuer
wollte brennen. Gleichzeitig glaubte ich, eine »formlose Hand« zu besitzen, die es auslöschen wollte. Tatsächlich spielte sich das alles in meinem
Innersten ab. Inzwischen weiß ich, dass dies ein Ausdruck verinnerlich-
ter Männerrechte war sowie einer Selbstzensur. In dem Moment fragt
man sich, wie Frauen denn eigentlich sein sollten. Die Gesellschaft bietet

einem dafür festgelegte Rollen. Als ich später die Performanceserie *Reports* machte und dazu laufend Frauen interviewte, entstand in mir der starke Drang, über diese weibliche Zwickmühle zu diskutieren, die chinesische weibliche Zwickmühle. Das Genderbewusstsein war zwar noch nicht klar. Ich habe aber begonnen, meine Werke nur noch von weiblichen Themen aus zu erarbeiten. So auch 1994 bei meiner ersten Arbeit *100 Verbs (Yibai ge dongci)* mit dem »Living Dance Studio« *(Shenghuo wudao gongzuoshi)*. *100 Verbs* beinhaltete die realen, alltäglichen Bewegungen einer Frau während eines Tages. Damals waren das alles Freunde, die zusammen Spaß haben wollten. Ich war die einzige Tänzerin, die übrigen Mitwirkenden kamen von überall her: Universitätsdozenten, Dokumentarfilmregisseure, Tennistrainer, Arbeiter. Alles Freunde, die helfen wollten. Keiner hatte Bühnenerfahrung. Um zu proben, schlichen wir uns heimlich in den Probenraum des »Oriental Song and Dance Ensembles« *(Dongfang gewutuan)*. Hinterher wurden dann alle zu einer Mahlzeit eingeladen. Wir alle wollten etwas zusammen machen, etwas Spannendes. An etwas anderes dachten wir nicht.

Du hast die Performanceserie Reports *erwähnt. Das Thema Weiblichkeit scheint da wie ein heimlicher Fluss, wie ein roter Faden, der sich kontinuierlich durch alle deine Werke zieht.*

So ist es. Mit den Interviews habe ich 1994 begonnen. Das ging bis 1999. Dann erst beendete ich den *Report on Giving Birth (Shengyue baogao)*.

Dafür gab es eine Förderung, wodurch Report on Giving Birth *unter ziemlich idealen Bedingungen realisiert werden konnte. Damals schien das einen Wendepunkt darzustellen. Euer Studio begann, seinen eigenen Weg zu gehen.*

Vorher hatten wir alles privat zu Hause gemacht. Das Büro war dieser riesige Tisch. Für die Kommunikation zwischen dem Studio und der Außenwelt gab es ein Faxgerät. Wenn ich morgens aufstand und mich auf die Dielenbretter legte, war das hier der Probenraum.

Da unterscheidet sich meine Generation[3] von der der Neunziger doch grundlegend.

---

3   Xiao Ke ist Jahrgang 1979.

Living Dance Studio,
Report on Giving Birth,
Inszenierung: Wen
Hui, Beijing 1999.

Stimmt. Deshalb fragen mich auch sehr viele Leute, wie wir es damals geschafft haben durchzuhalten. Dazu sage ich: »Was heißt durchhalten?« In meinem Hirn existiert das Wort »durchhalten« nicht.

Du hast einfach gelebt.

Ja, ich habe gelebt und war sehr glücklich und froh zu leben. Wenn man heute so etwas macht, glauben die Leute, das sei eine armselige Sache. Eure Einstellung heute ist wirklich ganz anders. Wenn ich mich in eure Situation hineinversetze, finde ich das schwieriger.

Das ist auch schwieriger. Es kommt darauf an, was man eigentlich will. Weil ich ziemlich optimistisch bin, denke ich, sobald ich in einem kreativen Zustand bin, kann ich fortwährend mit neuen Mitteln arbeiten, egal wie die Umwelt sich verändert.

Beim »Living Dance Studio« war es so, dass wir fast immer zuerst mit der

Erarbeitung der Werke begonnen haben, dann erst kam das Geld. Für *Report on Giving Birth* hatte ich schon fünf Jahre lang Interviews gemacht, also bis 1999, dann kam das erste Geld.

Xiao Ke (2. v. l. im Bild oben rechts) in *Jitiwu*, Inszenierung: Zhang Xian, Dresden 2012.

Und Report on the Body (Shenti baogao)? *Wo wir schon beim Thema Weiblichkeit sind* . . .

Das Konzept zu *Report on the Body* stammt von Wu Wenguang.

Ihr habt also plötzlich auch hier dieses Konzept des Reports *verwendet?*

Nein, die *Reports* waren die Fortsetzung des *Report on Giving Birth*. Darauf habe ich bestanden. Damals hatte ich so viele Frauen interviewt, dass ich das Gefühl hatte, das Material sei für einen Report geeignet. Die ursprüngliche Idee hinter »Living Dance« war ja das Bestehen auf einen Dialog mit der Gesellschaft. Später entstand aus der Weiterführung der *Reports*-Serie der *Report on the Body*.

Living Dance Studio,
Report on 37,8 °C,
Inszenierung: Wen
Hui, Beijing 2005.

Dann kam der 37,8 °C-Report (37,8 °C baogao), das waren drei Reports.

Ja. *Report on the Body* erzählt von der menschlichen Begierde nach dem wirtschaftlichen Aufschwung des Jahres 2000. Die Arbeit des »Living Dance Studios« basiert auf dem kollektiven Arbeiten. Wenguang fungierte vor allem als Dramaturg. Er war gewissermaßen das »Auge« von außen. Er kam auch nicht jeden Tag mit uns zur Probe. In der Anfangsphase machten wir dort Übungen und produzierten eine große Menge Material. Die Mitglieder des Studios sind alle sehr starke Persönlichkeiten. Jeder hatte seinen eigenen Standpunkt, schaffte sich seinen eigenen Raum, um damit eigene Dinge zu entwickeln. Außerdem haben wir bei *Report on Giving Birth* für die Bühne keine Requisiten, sondern Materialien der realen Welt verwendet. Es war wichtig, dass sie den Geruch und die Temperatur von Dingen behielten, die von Menschen benutzt worden waren. Wir benutzten z. B. Bettlaken, die wir von den Leuten ergattert hatten.

Lauter alte Sachen?

Ja, die haben der alte Su und ich für zehn Yuan pro Stück erworben und dafür an jedem Haus in der Gasse angeklopft. Wir haben viele wattierte Baumwolldecken verwendet, auch alte, schon benutzte. Das unterstreicht die menschliche Seite. Auch die Kleider z. B. im anschließenden *Report on the Body* sind von Leuten gespendet worden.

Kannst du etwas über das achtstündige Werk Memory (Huiyi) *erzählen?*

Seit 1994 und bis heute gibt es im »Living Dance Studio« alle fünf Jahre eine grundlegende Veränderung. In der ersten Phase von 1994 bis 1999, also bei der Probe von der Performance *Living together/toilet (Tongju shenghuo/Matong)* habe ich mit Wenguang jeden Tag Taxis genommen, wir sind heimlich in die verschiedenen Probenräume geschlichen; die Toilettenschüssel haben wir auf dem Rücken mit uns getragen, wie im Guerillakrieg. Von 1999 bis 2005 haben wir eine kreative Gemeinschaft

Living Dance Studio, *Report on the Body*, Inszenierung: Wen Hui, Beijing 2002.

gebildet. Andere Künstler, Schauspieler kamen dazu. Dafür mieteten wir uns für wenig Geld einen Probenraum. 2005 bis 2010 war wieder so eine Phase, damals hatten wir in Cao Chang Di (CCD) einen Probenraum, der von Mao Ran und Yan Lifang zur Verfügung gestellt wurde. Das war einerseits ein privates Studio, andererseits ein gemeinschaftlicher Nonprofit-Raum. Wir konnten 24 Stunden proben. In dieser Zeit, 2008, entstand *Memory*.

Abgesehen vom formalen Minimalismus spielte bei Memory *das Video auch inhaltlich eine immer stärkere Rolle.*

Bei *Memory* war es wichtig, mit der Reflexion über die Geschichte anzufangen. Zu der Zeit waren wir drei Leute, ein Autor, ein Dokumentarfilmregisseur und eine Choreografin, und nach unseren Regeln konnte bei der Arbeit jeder seine eigenen Methoden nutzen. Man kümmerte sich nicht umeinander. So hatte ich etwa eine Linie, eine Bewegung ausgewählt und die beiden anderen fielen über mich her, weil sie das Gefühl hatten, dass ich mich nicht verantwortlich verhielte, indem ich im gesamten Prozess nur eine einzige Bewegung von Anfang bis zum Ende machte.

Ich erinnere mich, dass ihr zunächst eine einstündige Performance gemacht hattet. Danach erst habt ihr die achtstündige Version gemacht, was mich damals sehr aufgewühlt hat. Wenguang sagte, das sei eben deine Idee gewesen, ich sagte, das ist einfach klasse, das Thema von Memory *und diese acht Stunden passen super zusammen.*

Die Aufführung sah aber nicht mehr so bunt aus wie die Serie *Report,* die war damals noch ein wenig . . .

. . . überladen?

Genau. *Report* sollte Wendungen haben, eine sogenannte künstlerische Struktur. Darauf wurde zu Zeiten von *Memory* verzichtet. Es war uns tatsächlich wichtig, auf die »Kunst« zu verzichten. Das sogenannte Künstlerische interessierte uns nicht mehr. So war das.

Was hat dich zu einem solchen Wandel angespornt?

Nichts Konkretes, eher das Alter oder die Erfahrung. Ich habe eine Phase erreicht, in der ich nicht mehr so sein wollte wie früher.

Früher warst du nicht so essentiell, du hast sehr viel mehr in deine Choreografien hineingepackt …

Genau. Eine kurze Performance habe ich besonders gemocht, bei der ich mich ins Tanzen gewissermaßen »hineingeworfen« habe. Besonders mochte ich den Körper, meine Körperbewegungen sind ja extrem schnell. Bei *Memory* wurde das Körpergedächtnis erforscht, also welche Verbindung haben der Körper und die Sozialgeschichte miteinander, welche Brandmale hat sie auf dem Körper hinterlassen. Nach *Memory* wusste ich, dass der Körper eines jeden Menschen Brandmale besitzt. Selbst nimmt man das gar nicht wahr, aber diese Brandmale sind da. Leute aus meiner Generation können, wenn sie ausgehen, egal wohin, gar nicht umhin, stets reichlich zu essen mitzunehmen. Man ist sich dessen gar nicht bewusst, aber offenbar geschieht das aus Angst vor Hunger.

Unsere Eltern sind alle so.

Du tust das aber nicht, oder?

Ich finde das umständlich. Warum nimmt man überall Instantnoodles oder Kekse mit? Man kann sie ja überall kaufen.

So sind wir eben. Wir können es bis heute nicht kontrollieren. Unser Großhirn kann es nicht kontrollieren. Der Körper sagt einem, dass dies notwendig ist. Der Körper kann also Kontrolle ausüben.

Man weiß ja jetzt auch, dass all die Menschen, die die dreijährige Hungersnot durchgemacht haben, die Gewohnheit haben, Lebensmittel zu horten, obwohl die Lebensumstände inzwischen sehr gut sind. Trotzdem: Getreide speichern gibt ein Gefühl von Sicherheit.

Genau. Etwas anderes: Als wir klein waren, wurde uns eingebläut, die Brust aufrecht zu halten, den Kopf zu heben, beim Gehen eine heldenhafte Haltung anzunehmen. Gelegentlich kann ich das noch heute an meinem Körper erkennen. Das sind die Erinnerungen des Körpers. Die Erfahrungen haben sich in den Körper eingeprägt.

Living Dance Studio, *Red – A Documentary Performance*, Beijing/Shanghai 2015.

In Memory *geht es also um die Beziehung zwischen dem Körper und den Erfahrungen jedes Menschen?*

Drei reale Menschen, jeder aus seiner Perspektive auf der Suche. Auf der Bühne stelle ich an mir selbst Nachforschungen über das Gedächtnis des Körpers an. Wie viel von deinen sozialen Erfahrungen, von deiner Geschichte hat Brandmale auf deinem Körper hinterlassen?

Was ist damals in dir vorgegangen, als du acht Stunden lang mit dieser einen Bewegung auf der Bühne gingst?

Die Bewegung nach vorne, nach hinten, atmen, wieder nach vorne, nach hinten... Es hat wirklich sehr viel Spaß gemacht. Ich habe ja viel ausprobiert, bis ich die richtige Bewegung gefunden habe. Als Teenager hatte ich eine besonders große Brust und musste sie deshalb ständig...

... halten?

Ja, und ich schämte mich. Es war eine Art Gesichtsverlust. Ich versuchte dann, meine Brust nach hinten zu halten. Später konnten von anderen Blickwinkeln aus sehr viele Leute diese Bewegung verstehen. Das finde ich gut.

Hast du dich auf diese eine Bewegung über so lange Zeit beschränkt, weil du die anderen Dinge als überflüssig empfandest?

Richtig. Damals dachte ich, wenn eine Bewegung das Ganze erzählen kann, warum dann noch andere Bewegungen machen.

Das ist ein ziemlich großer Wandel.

Zweifellos war das eine große Herausforderung. Für sich genommen habe ich einen schnellen Körper, schnell und kurz. Deshalb hatte ich von Anfang an überlegt, wenn ich mich von hinten nach vorne bewege, könnte ich dafür eine ganze Stunde verwenden. Als ich zu probieren begann, merkte ich, dass Langsamgehen viel ermüdender ist als Schnellgehen. Es fühlt sich an, als bewege man sich schon ganz langsam über eine lange Zeit hin. Als ich auf die Uhr schaute, waren es gerade mal fünfzehn Minuten gewesen. Dann hat sich das Gehen langsam in eine Art von Zen gewandelt, wie praktizierte Askese. Nach und nach wurde es länger. Dann war ich bei einer Stunde angekommen usw. Ich bekam das Gefühl, der Körper würde grenzenlos. Durch diesen Prozess kannst du viel entdecken. In Wirklichkeit will man es ja nicht um des Werkes willen machen, sondern um zu lernen und zu entdecken. Vor der ersten achtstündigen Aufführung hatten wir nie am Stück acht Stunden lang geprobt. Ich hatte nur eine Struktur. Ich wusste nicht, was geschehen würde. Ich wusste auch nicht, was man seinem Körper zumuten kann. Sobald man aber auf die Bühne kam, war das ganz vergessen, und die Zeit verging. In der siebten Stunde ging Wenguang vor mir vorbei und fragte mich mit dem Rücken zum Publikum lautlos, ob ich noch könnte. Es war die siebte Stunde, aber ich hatte das gar nicht wahrgenommen. Das war so eine Art von Verschwinden.

So, als würdest du Marihuana inhalieren, dich in einer ganz anderen Zeit befinden?

Genau. Die Zeit ist nicht dieselbe. Dein Körper fühlt sich an, als könne er schweben. Wenn man vorher hört: acht Stunden, ohne Essen, ohne Trinken, ohne auf die Toilette zu gehen. Wie soll man das wohl machen? Aber in der Realität geht es dann. Der menschliche Körper kann wirklich über sich hinauswachsen. Mit deinem Körper gehst du weiter als mit deinem Hirn.

Kreationen brauchen eine Methode. Wie entstehen deine Choreografien?

Anscheinend habe ich keine choreografische Methode. Ich unterteile meine Arbeiten. Beim »Oriental Song and Dance Ensemble« choreografiere ich wirklich. Beim »Living Dance Studio« gilt mein Interesse dem Körper. Dabei verlasse ich mich auf die sinnliche Wahrnehmung. Ich will etwas vom Körper der Darsteller entdecken, nicht etwas erfinden. Ich bin nur eine Entdeckerin. Ich erforsche, was die Dinge, die die Darsteller zum Vorschein kommen lassen, eigentlich sein sollen.

So gleicht das »Living Dance Studio« einem fruchtbaren Boden, auf dem sehr viele Menschen herangewachsen sind.

Man kann gar nicht sagen, wer eigentlich der Regisseur ist. Zwar stellen Wenguang und ich ein allgemeines Konzept voran, wir organisieren die Proben und alles andere. Das Wichtigste ist aber, dass alle Leute gemeinsam schöpferisch sind, gemeinsam wachsen.

Du hast gesagt, in eurem Studio gab es seit 1994 alle fünf Jahre eine Veränderung. Was war für 2010 bis jetzt der Fünfjahresplan?

Seit 2010 ist das der »Volkserinnerungsplan«. *Listening to Third Grandmother's Stories (Ting Sannainai jiang guoqu de shiqing)* ist eine Arbeit daraus. *Memory in the Street (Jiyi zai lu shang)* gehört auch dazu. Zurzeit ist der Plan das wesentliche, jeder junge Teilnehmer arbeitet selbständig. Außerdem habe ich vor, die Choreografen der Modelloper *Das Rote Frauenbataillon (Hongse Niangzijun)* zu interviewen, denn mit dessen Tanz bin ich ja aufgewachsen. Zu jener Zeit war für viele chinesische Schuljungen *Das Rote Frauenbataillon* ihre sexuelle Aufklärung. Dort sahen sie zum ersten Mal weibliche Oberschenkel. Ich werde es zuerst dokumentieren und natürlich vieles aufzeichnen. Dann entsteht möglicherweise ein Dokumentarfilm daraus und dann vielleicht ein Bühnenwerk.

Das Gespräch wurde im Juli 2013 in Beijing geführt.
Aus dem Chinesischen von Irene Wegner

Vom Selbst so viel wie von anderen: Der Körper im Gegenwartstheater

Von Tian Gebing

Als ich 2006 das Stück *Cool (Ku)* vorbereitete, las ich zum ersten Mal Michel Foucaults *Überwachen und Strafen*. Dieses Buch beginnt mit einer sorgfältigen, geduldigen und vollständigen Beschreibung von der Zerstückelung eines Menschen durch fünf Pferde am 2. März 1757 in Paris vor einer großen Kirche. Mit kaltem Blick wird hier beschrieben, wie eine ganze Reihe von Disziplinierungstechniken von allen Seiten auf den Körper zugreift, und dabei erlebt man Zeit, Ort, Figuren, Requisiten, Farben, Klänge und Atmosphäre ganz lebensnah. Meiner Meinung nach ist Foucaults Werk über die »Macht der Körpertechnologien« ein hervorragender Theatertext. Das darin enthaltene Reglement »für das Haus der jungen Gefangenen in Paris«[1] habe ich später auf einer Probe von *Cool* verwendet, und die Anzahl der Punkte dieses Reglements, die Zahl 12, bildete schließlich die Struktur der Inszenierung.

Zunächst war die Motivation für *Cool* die gewalttätige Erziehung gewesen, unter der wir selbst aufgewachsen waren. Diese Art von Erziehung setzte in unserer Kindheit schon früh ein. Tag und Nacht ergossen sich staatstragende Worte über uns, löschten unser Gefühl für den eigenen Körper aus und machten uns allzeit bereit, »Nachfolger der revolutionären Sache« zu werden. Der Drill zum Einheitsdenken musste zwingend über die Beschränkung und Überwachung des Körpers erfolgen. So wurde es möglich, dass sämtliche Körper zu einer Einheit wurden: zu einem einzigen Körper, mit *einer* Art von Kleidung, *einem* Haarschnitt und *ein und demselben* Gefühlsausdruck. So bildeten sie ein fühlloses Wesen, das schließlich geopfert werden konnte.

Zu Beginn der Öffnungspolitik in den achtziger Jahren unternahmen die unterdrückten Körper ihre ersten unbeholfenen Ausbruchsversuche und zahlten auch gleich den Preis dafür. Viele Menschen wurden zu Verbrechern erklärt, manche sogar exekutiert, weil sie sich ungewöhnlich kleideten, eng miteinander tanzten oder menschliche Körper fotografierten. Einmal hörte ich einen Vortrag des Schriftstellers Ma Jian über die Literatur nach den achtziger Jahren. Er verstörte die anwesenden jungen Leute mit den Worten: »Für die Freiheit, mit der ihr euch heute kleidet, ist ein blutiger Preis bezahlt worden.« Das jugendliche Publikum reagierte irritiert. Und doch lag die Zeit des Blutvergießens, von der Ma Jian sprach, noch gar nicht so lange zurück. Vor dem Hintergrund des »Sex«-Tabus zirkulierte noch in den achtziger Jahren überall illustriertes populärwissenschaftliches Propagandamaterial unter dem Feigen-

Paper Tiger Theater Studio, *Cool*, Inszenierung: Tian Gebing, Beijing 2007.

---

[1] Foucault, Michel (1991): *Überwachen und Strafen*, Frankfurt/Main, S. 12.

blatt der Geburtenplanung. Es gab alle möglichen Ausstellungen über das Wunder des menschlichen Körpers, die man aber lieber »Geheimnis des Lebens« nannte. Die sexuelle Unterdrückung der Gesellschaft suchte sich viele kompensatorische Kanäle. In der Nationalen Kunstgalerie Beijing verursachte später eine Ausstellung mit Ölgemälden von menschlichen Körpern große Aufregung. Es war wie ein kollektiver epileptischer Anfall, in dem sich die Körper entluden, die über einen so langen Zeitraum gefesselt waren.

Das staatliche System registrierte den Angriff, der von der »Körper-Frage« ausging, und begann, den Körper neu zu definieren. Vor diesem Hintergrund gelangten in China in den neunziger Jahren auf einmal zwei weltberühmte Skulpturen zu höchster Berühmtheit: Die Venus von Milo und der David von Michelangelo wurden zu Ikonen der Liebe, Kraft und Schönheit. Diese beiden gleichsam vergöttlichten Körper bildeten eine neue machtvolle Norm. Das heißt, ein Körper gilt erst dann als schön, wenn er nach den Definitionsprinzipien der Macht Kunst geworden ist, während sich die vielen profanen Körper der Individuen minderwertig fühlen und sich anderen Menschen nicht zu zeigen wagen. Entweder wahr, gut und schön oder falsch, hässlich und schlecht, so konstruiert sich in einem dualistischen Gegensatz die nationale Körperästhetik und -Ideologie. Diese beiden höchsten Insignien der Ästhetik kommen aus dem alten Griechenland und der europäischen Renaissance und haben sich durch den Diskurs des westlichen Bürgertums hindurch-

geschlängelt. Sie sind daher von universaler Wirkung und verfügen über Machtprestige.

In einer sehr langen Phase nach den neunziger Jahren machten sich die totalitär gewordene Ästhetik des Erhabenen und der allmählich einsetzende kommerzielle Konsumismus gemeinsam daran, für die Chinesen einen neuen Körperraum und neue Körpermechaniken zu konstruieren. Dies war im Wesentlichen der Kontext der chaotischen Zustände, die in den darauffolgenden zehn Jahren in der chinesischen Kunst herrschten und aus denen heraus sich die Gegenwartskunst entwickelte.

In den späten neunziger Jahren traten Poesie und Literatur für einen alltäglichen, redundanten Gebrauch der Sprache und für ein Schreiben auch »unterhalb der Gürtellinie« ein, Konzeptfotografie und Malerei brachten den alltäglichen, »hässlichen« Körper zum Vorschein. Insbesondere in der Aktionskunst, wo der Körper des Künstlers selbst zum Material wird, um in gewaltsamen Experimenten verletzt zu werden und extreme Erfahrungen zu machen, kann alles als Spott, Gegenmaßnahme, Widerstand und Durchbruch der Rechte des Individuums gegenüber einer gigantischen Bürokratie betrachtet werden. Das ist ein historischer Augenblick von großer Tragweite, er fördert eine Fülle von Auflösungserscheinungen zu Tage und steckt voll Ironie. Bis heute zieht, wo auch immer er auftritt, der beleibte Körper des berühmten Ai Weiwei alle Blicke auf sich. Großzügig und in allen möglichen Variationen stellt er sein eigenes Fleisch aus und hat dabei dem abwertenden Ausdruck des »Fet-

ten« erfolgreich eine neue Macht verliehen. Er ist eben einfach genau so ein Fetter, und doch hat der weitaus berühmtere Mao so was nicht hinbekommen: Maos Fettleibigkeit war nicht vorzeigbar, Maos Körper ist auf ewig seine zur »erhabenen und großen Erscheinung« gefilterte Form.

Der Körper kehrt ins Theater zurück

Vor diesem Hintergrund basiert auch die »Verfassungsgeschichte« des chinesischen Theaters auf der Tradition des westlichen Theaters, die ihre Wurzeln in der griechischen Antike hat. In seiner konkreten Ausprägung jedoch erweist sich das chinesische Theater als ein anderes System. Denn hier sind Fragestellungen von einst öffentlicher Relevanz, wie die nach der Ethik der Macht und der Ethik des Körpers – Fragestellungen also, die mit dem antiken griechischen Theater am Ursprung der westlichen Kultur stehen –, aus ihrem historischen und zeitlich-räumlichen Zusammenhang gerissen und in die erstarrte Form einer Stücksammlung von Tragödien und Komödien transformiert worden. So haben die Texte die Rolle von Symbolen und ehrwürdigen Gottheiten eingenommen, ganz so wie das bei Venus und David der Fall war. In der chinesischen Tradition lassen sich solche Symbole nicht finden. In seinem dringenden Legitimationsbedürfnis orientiert sich das System gewohnheitsmäßig an der westlichen Kultur, um dort nach einer wahren Lehre und einem ursprünglichen Geist zu suchen. Nicht ohne Grund besteht die Wissensordnung dieses Systems aus Kategorien wie Realismus, Romantizismus, kritischem Realismus, Symbolismus und Expressionismus, Kategorien also, die aus einer nach den Mustern der westlichen Literatur entworfenen Kunstgeschichte stammen. Hinzu kommt das geschlossene, selbstzufriedene Experten-System von Theaterautoren, Regisseuren und Schauspielern. Derivat eines in höchstem Maße monopolistischen Systems, ist das Theater als Gewerbe instrumentalisiert worden, das über spezifische Körpertechniken verfügt. In diesem einen System bilden die Theater, nach der Beobachtung von Zhang Xian[2] in all ihrer wie hundert Blumen blühenden Vielfalt lediglich ein einziges Theater, das aus vielgestaltigen Projektionen und Reproduktionen eines einzigen, von der Supermacht verfassten Skripts besteht.

Nach dem Einzug des westlichen Modernismus in den achtziger Jahren geriet die vom System adaptierte Wissensordnung des Theaters kurzzeitig in Verwirrung. Wie sollte man diese »dekadenten« kapitalistischen Kulturformen wie das Absurde Theater oder den magischen Realismus integrieren? Zumindest in der wörtlichen Bedeutung waren Begriffe wie »absurd« und »magisch« mit der Behördensprache unvereinbar. Aber diese scheinbar so radikalen, vom Behördenwissen noch nicht vereinnahmten Begriffe boten jungen Theaterleuten, die auf Distanz zur staatlichen Ideologie zu gehen suchten, eine Möglichkeit zur Herausbildung eines neuen Selbstverständnisses. Diese Auseinandersetzung folgt einer Logik, die sich in einer endlosen Schleife um die Regeln und Vorschriften des Systems und den individuellen Protest gegen dieses System dreht. Bizarrerweise bezieht sie sich dabei ausschließlich auf ein westliches Referenzsystem.

Die außerhalb des Systems stattfindenden Theateraktivitäten nannten sich damals Experimentelles Theater oder Avantgarde-Theater, wo-

---

2   Vgl. dazu den Beitrag »Scheintot. Menschliche Bomben und Jesus als Zimmermann« auf S. 44 und das Porträt von Zhang Xian auf S. 405 in diesem Band.

bei für »Avantgarde« die Begriffe *qianwei* (wörtlich: vordere Wache) und *xianfeng* (wörtlich: vorderste Front) in Umlauf waren. *Xianfeng* war der prominenteste Ausdruck, vielleicht weil er ein besonders machtvolles Auftreten impliziert. Er hat den Geschmack von Sturm nach vorn und revolutionärem Aufruhr. Im Grunde steht die Prominenz dieses Wortes in einem ursächlichen Zusammenhang mit dem kurz darauf folgenden Zeitalter des Kommerzes. Doch das ist ein anderes Thema. Obwohl sich die Avantgarde-Theater in ihren Produktionen absurdistischer Begriffe oder Texte bedienten, orientierten sie sich in ihrer Darstellungsweise immer noch an den verstaatlichten Körpern. Schon damals redete man von »nichtprofessionellen« Schauspielern, diese hatten aber vielfach Minderwertigkeitsgefühle. Sie gaben sich alle Mühe, die »professionellen Schauspieler« in Haltung und Tonfall nachzuahmen, und verschanzten sich hinter ihren Theatertexten und Rollenkonzepten.

Im Winter 1994 trat der Dokumentarfilmer Wu Wenguang[3] zum ersten Mal als Schauspieler im Theater auf. In dem Stück *Akte o (Lindang'an)* spielte Wu Wenguang sich selbst und erzählte, wie er sich nach dem Tod seines Vaters mit dessen Lebensgeschichte befasst hatte. Das Theater stellt hier also eine Erzählung ins Zentrum. Ein individualisierter Alltagskörper mit einem starken Yunnan-Akzent redet wortreich und ausufernd, dabei versteckt sich seine Mimik hinter einer Brille ... All das geschieht »live auf der Bühne«. Es war eine der ersten Aufführungen im chinesischen Theater, die einen realen individuellen Körper als Subjekt begriffen. Dieser individuelle Körper war einfach der Mensch aus Yunnan namens Wu Wenguang, und der verschwand nicht hinter der Maskerade einer Theaterrolle. Der Auftritt dieses Körpers hat das chinesische Theater ein für alle Mal von seiner Standard-Spieleröffnung mit falschen Bauern, falschen Arbeitern, falschen ausländischen Teufeln und von staatlich propagierten Symbolen im Stil von Venus- oder David-Statuen befreit.

Wu Wenguang ist durch Zufall zum Theater gekommen. Und obwohl er weiterhin Dokumentarfilme macht, hat er seine Theateraktivitäten nie eingestellt. Inzwischen bilden sie eine ganz eigene Theatergeschichte. Vielleicht könnte man aber sagen, dass er nicht zufällig in einen beruflichen Zusammenhang namens Theater geraten war. Vielmehr war das der Ort, wohin sein Körper von Anfang an wollte. Nicht allzu lange

---

3   Vgl. dazu den Beitrag »Warum wir das Theater brauchen – Wegen des ›Hungers‹. *Memory* – ein Dokumentartheater-Projekt« auf S. 242 und das Porträt von Wu Wenguang auf S. 401 in diesem Band.

Zeit nach *Akte o* gründeten Wu Wenguang und Wen Hui das »Living Dance Studio« *(Shenghuo wudao gongzuoshi)*.

Der damals aufbrandenden Kommerzialisierungswelle den Rücken kehrend, setzten die beiden ihr privates Theaterschaffen fort. Die Stücke dieser Zeit wie *Living together/toilet (Tongju shenghuo/Matong)* legen den Fokus auf das Selbst, d. h. auf die Position des eigenen Körpers. Die Rede von der »Position des Köpers« *(shenti de weizhi)* hat bei Wu Wenguang bis heute den Charakter eines Manifests.

Angefangen mit dem *Report on Giving Birth (Shengyu baogao)* von 1999 veranstalteten Wu Wenguang und Wen Hui eine dreiteilige »Report«-Reihe, die aus theatralen Reportagen rund um den Körper bestand. Sie handeln von Geburt, Begehren und dem Gefühl der Angst, lauter Themen, die in der gegenwärtigen gesellschaftlichen Realität Chinas eine große Rolle spielen. Sie arbeiteten mit Körpern technisch versierter professioneller Tänzer und nutzten die Sprache des »Tanztheaters«. So schufen sie eine unverwechselbare Theaterästhetik aus Körpern, Objekten und Dokumentarfilmen. Das Format behielten sie bis nach 2010 bei. Es fand sein Ende in der Ära des Studios in Caochangdi, womit dann eine völlig neue Phase begann: Das »Living Dance Studio« verabschiedete sich vollständig vom professionellen Körper des Tänzers und kehrte zum reinen Dokumentartheater zurück. Die neue Reihe *Memory – Hunger (Huiyi – Ji'e)* lässt die Ästhetik des »Tanztheaters« hinter sich. Im Rahmen der Theaterprojekte unternehmen die Darsteller nun selbst Oral-History-Recherchen und bringen ihre persönlichen Erfahrungen in den Probenprozess ein. In einem Zeitraum von fast zwanzig Jahren vollzieht sich in diesen beiden Phasen – von der Auseinandersetzung mit den Methoden des »Tanztheaters« bis hin zu deren Aufgabe – ein Wandel, der eine Evolution im Verständnis des theatralen Körpers impliziert. Voraussetzung dafür war die Arbeit mit dokumentarischen Bildern, die immer wieder die gefilmte Realität in das Bühnengeschehen einbrechen ließen. Im Laufe dieses Prozesses ließ der Druck der Realität die Körper der professionellen Schauspieler und ihre Fertigkeiten zunehmend zu einem Hindernis werden. Deshalb musste man sie loswerden und unmittelbar die Schauplätze des wirklichen Lebens aufsuchen. Seitdem dürfen die Darsteller dieses Theaters nur noch reale Körper aus Fleisch und Blut sein, die im Zuge ihrer Recherchen Erfahrungen an realen Lebensschauplätzen gesammelt haben.

Reale Körper treten im Theater auf oder der Theatertext wird von Körpern geschrieben: Darin besteht die bemerkenswerteste Neuerung im chinesischen Gegenwartstheater seit Ende der neunziger Jahre. Dem Körper ist es zu verdanken, dass sich das Gefühl für die Realität von Raum und Zeit nachdrücklich zurückmeldete, befreit von den Wirklichkeits-Imitationen und der Fälschungskunst des »Als-ob«. Diese Veränderung gründet in der realen Verfassung des Körpers in einem Zeitalter, das von Zusammenbruch und Zerfall, von großem Chaos und wilder Lebendigkeit geprägt ist. Das betrifft nicht nur das Theater. Die Bereiche der Kunst und der Gesellschaft greifen seitdem fortwährend ineinander und verändern sich wechselseitig. Hieraus ist eine Vielfalt von Theaterkonzeptionen entstanden, wie das Gesellschaftstheater *(shehui juchang)*, das Volkstheater *(minzhong juchang)* und das Pädagogische Theater *(jiaoyu juchang)*. Das Theater mischte sich immer nachdrücklicher und selbstverständlicher in die Verfassung der Körper und der Gesellschaft ein.

So könnte man zum Beispiel die »Watersidebar« *(Shuibianba)* in Guangzhou als eine ganz besonders ungewöhnliche Blüte des Gegenwartstheaters bezeichnen. Dieses Theater findet in einem Vier-Zimmer-Apartment statt, das versteckt in einem Wohnviertel liegt. Es hat die Grenzen zwischen theatralem und alltäglichem Körper völlig verwischt. Über zehn Jahre lang hat der Besitzer der »Watersidebar« Jiangnan Liguo sich selbst in ein aus Leben und Theater bestehendes, tagein, tagaus laufendes Rührgerät gesteckt. Bei diesem Rührvorgang verquirlten sich der eigene Körper und das eigene Leben zu einer völlig neuen Bedeutung. Hier war ich zweimal während dieser zehn Jahre, nicht um Vorstellungen zu sehen, sondern um die Einsamkeit zwischen Leben und Theater aufzusuchen. Die »Watersidebar« wahrt diese Einsamkeit wie ein Hausbewohner, der sich der Räumung widersetzt, und bildet einen Fremdkörper in Guangzhou, dieser unermesslichen Stadt.

Dann gibt es noch die Shanghaier »Grasbühne« *(Caotaiban)*, eine freie Theatergruppe, die sich als Volkstheater versteht.

»Weg mit dem Sprechtheater, es braucht keine Schauspieler und es gibt keine Rollen. Was übrig bleibt, ist der kollektive Körper der Masse. Geht nicht mit ökonomischen Maßstäben an Theateraufführungen heran, lasst die kommerziellen Auftritte sein und achtet nicht auf die herrschenden Marktnormen des Show-Business. Umso mehr werden gewöhnliche Menschen ihre körperliche Ausdrucksfähigkeit entdecken, die sonst unablässig unterdrückt wird. Wenn diese Menschen auf die Bühne treten, führt das zur Anerkennung ihrer realen Gestalt und diese Anerkennung erweist sich als Respekt vor ihrem tatsächlichen Menschen-Leben. Das gibt ihnen Selbstvertrauen und Energie für ihre eigene Positionierung in der Öffentlichkeit.« (Zhao Chuan)

Im Jahr 2012 hat die Shanghaierin Xiao Ke in der Performance-Serie *Playing the Fool (Zhuang sha)* im Paper Tiger Theater Studio *(Zhilaohu gongzuoshi)* ihr neues Werk *Crush* (»Plattfahren«, *Nianya*) gezeigt. Diese Aufführung geht von einem realen Ereignis mit großer Breitenwirkung aus, dem Fall »Qian Yunhui«[4]. Xiao Ke breitete hundert weiße T-Shirts auf der Straße aus und ließ sie von den Wagenrädern der darüberfahrenden Autos plattfahren. Kurz darauf wurden diese T-Shirts auf der Bühne ausgebreitet, dann legte sie ihren eigenen Körper darauf. Wird einem hier ein Schmerz vor Augen geführt, der aus der gesellschaftlichen Realität kommt? Ist es ein Theater-Schmerz oder der Schmerz eines echten Körpers? Vor dem Hintergrund des realen Falls eines niedergewalzten Körpers entwirft Xiao Ke vielleicht ein Bild der tatsächlichen Lage der Körper in diesen Zeiten. Ende letzten Jahres bekam ich von ihr eines der hundert plattgewalzten T-Shirts zugeschickt. Als ich das T-Shirt auseinanderfaltete, hatte ich im Herzen nochmals das Gefühl, plattgewalzt zu werden. Ich weiß, dass über hundert Menschen ein solches T-Shirt erhalten haben, und dass dieses Gefühl von Ergriffenheit sich auf diese unsichtbare Weise wohl mindestens hundert Mal übertragen hat. Die vom Tanz herkommende Xiao Ke hat in ihren letzten Stücken wie *Dar-*

Paper Tiger Theater Studio & Arts Network Asia (ANA), *Marriage Collaboration & Related Scenes*, Inszenierung: Tian Gebing, Beijing 2000.

---

4 Qian Yunhui war ein chinesischer Bauer, der gegen die lokale Regierung Einspruch erhob und der daraufhin von einem Lastwagen überrollt wurde. Seitens der chinesischen Regierung wurde dieser Vorfall als Unfall deklariert. (Anm. d. Ü.)

Xiao Ke, *Darling Hurt*, Shanghai 2012.

ling Hurt (Dali shanghai) und *Wer wird mit mir die Nacht verbringen? (Shui lai pei wo guoye?)* den Körper besonderen Situationen ausgesetzt. Die unmittelbare Erfahrung des Tänzerkörpers tritt hier an die Stelle der Aufführung von Tanzbewegungen hypothetischer Natur. So eröffnet sie auf der Suche nach der eigenen Darstellungskraft einen Raum zwischen Theateraufführung und Aktionskunst.

In der Praxis, in die sich die genannten unabhängigen Performer und Performance-Gruppen unmerklich hineinbegeben haben, sind die Körper-Referenzen zwar unterschiedlich, aber offenbar stets ein essentielles Thema. Sie bilden die grundlegende Struktur des Gegenwartstheaters. Interessanterweise wird zwar auch im systemkonformen Theaterdiskurs viel vom Körper gesprochen. Doch geht es dabei lediglich um quantitative Fragen, etwa bezogen auf die Bewegung von Gliedmaßen oder die Entscheidung, wie viel Tanz zum Einsatz kommt.

Zuletzt ein paar Anmerkungen über »Paper Tiger«

Im Jahr 1998 startete Paper Tiger mit dem Stück *Mörder 1 (Shashou 1)* und begegnete dabei dem gesellschaftlichen Chaos mit künstlerischem Chaos, wie in einem großen Eintopf. Wir verbanden vieles miteinander: den Einsatz von nichtprofessionellen Körpern, Aktionskunst, Fragen privater Natur und öffentliche Symbole, dazu nationale Zeremonien, die Popkultur ebenso wie die abendliche Fernsehunterhaltung. All dieses Material kam wie in einem Varieté auf die Bühne. Paper Tiger bediente sich damals extremster maximalistischer Methoden und versuchte so auf die Erfahrung einer äußerst verworrenen Wirklichkeit zu reagieren. Die frühen Werke von Paper Tiger sind sehr schwer zu beschreiben, weil sie viel zu chaotisch und inhomogen sind. Deutlich zeigen sie aber die ursprüngliche Intention, die gegenwärtige Realität als Material zu begreifen und von Readymades Gebrauch zu machen. Das Material und das Readymade können sowohl individuellen Charakter haben als auch dem staatlichen Mechanismus selbst entstammen. Dabei bin ich der Auffassung, dass es nicht ausreicht, einen alltäglichen Körper auf die Bühne zu stellen. Ich denke, im individuellen Körper selbst steckt weiterhin nationale Ideologie in Hülle und Fülle. So, wie es um unsere Realität bestellt ist, kann sich der Leib nicht isolieren, und man kann den bloßen fleischlichen Körper nicht einfach wiedererstehen lassen. Der Körper entsteht also immer in Abhängigkeit von realen, authentischen Umständen. Dabei macht Paper Tiger gerade von dem Gefühl für diese Umstände Gebrauch, vom Nicht-möglich-Sein des Körpers jenseits dieser Umstände. Oder, anders gesagt: von den Umständen, die durch das Nicht-möglich-Sein geschaffen wurden.

Ein Paper Tiger-Schauspieler konnte schon immer aus allen möglichen Lebensbereichen kommen. Aber im Theater ist er weder er selbst noch irgendeine Figur. Gleichzeitig aber ist er definitiv er selbst und muss zugleich eine Rolle einnehmen. Das ist ein Paradox aus permanenter Fragmentierung und immer wieder neuer Zusammenfügung. Zu welchen Teilen ist man »ein Selbst«, zu welchen ein Anderer? Im Theater musst du dein Selbst zerschlagen, und doch darf dein Selbst dabei nicht zerschlagen werden. Das erzeugt alle möglichen Widersprüche gegenüber der Institution oder dem Individuum. Widersprüche sind ebenfalls »Umstände«. Deshalb braucht Paper Tiger Körperstärke, und die Körperstärke ist dafür da, diese innere Wahrheit des Körpers zu bekräftigen, ein Gefühl von Zerschlagenheit zu schaffen und nicht seinen zweifelhaften individuellen Charakter aufrechtzuerhalten.

Paper Tiger
Theater Studio:
1–4: *The Killer is not
cool & High Art*, Insze-
nierung: Tian Gebing,
Guangzhou 1998.

5: *The Killer is not cool
& Hamlet Virus Muta-
tion*, Inszenierung:
Tian Gebing,
Beijing 2003.

In der Frühphase hatte Paper Tiger Schauspieler, die aus allen möglichen unterschiedlichen Berufen kamen, da gab es Angestellte, Schriftsteller, Designer, Aktionskünstler, Anzugträger aus Firmen, Fernsehregis-
seure sowie junge Erotiktänzerinnen und Prostituierte aus Karaoke-Bars
usw. In der Zeit von *Cool (Ku)* waren zunehmend Tänzer beteiligt, bei
Reading (Langsong) 2011 bestand das Ensemble fast ausschließlich aus
Tänzern. Wenn man das Theater als ein Werkzeug betrachtet, ist es eigentlich ein sehr langweiliges Werkzeug. Man muss es daher stärker machen, und zwar einschließlich der in ihm enthaltenen Körper. Wir haben sie so viel stärker gemacht, dass zu einem bestimmten Zeitpunkt die
nichtprofessionellen Körper ihre Grenzen überschreiten konnten.

Auf einer Probe des Projekts zum Thema »Masse« *(qunzhong)* mein-
ten kürzlich einige Leute, wenn es um eine »Masse« gehe, sollten möglichst unterschiedliche Körper zusammenkommen. Nur so lasse sich
die Idee des »Massenhaften« verkörpern, und eben nicht, so wie jetzt auf
dieser Probe, mit einem Haufen gleichstrukturierter Tänzerkörper. Das

machte mir bewusst, dass das Körperverständnis von Paper Tiger wohl inzwischen an einem anderen Extrem angelangt ist. Und dass sich Paper Tiger schon lange nicht mehr in jenen Freiräumen bewegt, die sich durch die Verschiedenheit der Körper aufgetan haben, sondern vielmehr in einer weiteren Wendung zur Homogenität der Körper zurückgekehrt ist.

Unter einer mächtigen Staatsideologie zu existieren, bedeutet für sämtliche Körper dasselbe Los. Deshalb sage ich immer, ich richte keine Schauspieler ab, denn der Staat hat sie bereits fertig abgerichtet. Ich schreibe keine Bühnentexte, denn die reale Welt hat schon sehr viele Bühnentexte fabriziert. Was Paper Tiger tun will, ist bloß, sie an einen angemessenen Ort zu bringen.

Jetzt bin ich gleich bei der verabredeten Menge von fünftausend Schriftzeichen angelangt und kann diesen zur Publikation bestimmten Text zu Ende bringen. Zum Schluss schreibe ich noch einen prätentiösen Titel darüber: »Vom Selbst so viel wie von anderen«.

Aus dem Chinesischen von Irmgard Enzinger und Rebecca Ehrenwirth

1: Paper Tiger Theater Studio & Le Se Dance Studio, *Dialogue 2005 Upgraded Version*, Inszenierung: Tian Gebing, Beijing 2005.

Paper Tiger Theater Studio:
2–3: *Reading*, Inszenierung: Tian Gebing, Beijing 2010.
4: *Extremely unclear*, Inszenierung: Tian Gebing, Beijing 2011.
5: *Le Se*, Choreografie: Wang Mei, Wang Ya'nan, Beijing 2003.

Über
die Grenze hinaus

*Die Theaterregisseurin Cao Kefei im Gespräch
mit der Autorin und Kulturjournalistin Sun Min*

Sun Min: 1987 bist du in die Schweiz gegangen, 1997 nach Beijing gezogen. Seit wir uns 1998 kennengelernt haben, verfolge ich deine Theaterarbeit und habe fast alle Stücke gesehen, die du in China inszeniert hast. Wie bist du zum Theater gekommen?

Cao Kefei: Als ich in die Schweiz ging, übernahm ich zunächst Übersetzungsarbeiten und studierte zwei Jahre Betriebswirtschaft, aber das Studium langweilte mich. 1991 dann scharte ein Schweizer Regisseur, der als Theaterpädagoge tätig war, ein Dutzend Menschen mit unterschiedlichem kulturellen Hintergrund um sich, um von ihren jeweiligen persönlichen Erfahrungen aus die Schweizer Realität zu erkunden. Das war damals ein ganz neuer Ansatz. In dieser (noch heute existierenden) Laienspielgruppe blieb ich etwa eineinhalb Jahre. Im ersten Jahr improvisierten wir auf der Grundlage der thematischen und szenischen Vorgaben des Regisseurs. So entwickelten wir viele interessante Szenen. Wir übten uns darin, szenische Dialoge zu schreiben und zu spielen. Der Regisseur »häutete« uns Schicht um Schicht, bis wir völlig »nackt« waren und alles »Schauspielernde« abgelegt hatten. Am Ende setzte er die einzelnen Szenen wie Puzzlesteine zu einem Bild zusammen. Dieser Prozess weckte in mir wieder die Sehnsucht nach einer anderen Welt, die ich als Kind empfunden hatte; er eröffnete mir ein Medium, mich selbst auszudrücken.

Du hast rund zehn Jahre im Ausland verbracht. Was empfandest du bei deiner Rückkehr nach China anders im Leben und in der Arbeit?

Ich stamme aus Shanghai. Mit meiner Arbeit als freie Theaterschaffende habe ich 1998 in Beijing begonnen. Beijing war für mich damals eine fremde Stadt. Die Menschen hier sind ungezwungen und können endlos drauflosschwatzen; sie lassen sich von ihren Gefühlen leiten und legen keinen so großen Wert auf Ordnung und Sorgfalt wie die Shanghaier. Noch weniger ähneln sie den Schweizern mit ihrem an Pedanterie grenzenden Sinn für Organisation und Planung. Bei der Theaterarbeit äußert sich diese Nachlässigkeit in einem Mangel an Verantwortungsbewusstsein, fehlender Konzentration, verspätetem Erscheinen zu den Proben, ungeniertem Handygebrauch während der Proben. In solchen Momenten sehne ich mich nach Disziplin und Genauigkeit.

Im Jahr 2001 hast du in China Thomas Bernhards Die Macht der Gewohnheit *auf die Bühne gebracht. Aus welchem Grund gerade dieses Stück?*

Duo Duo, *In die Mitte des Himmels*, Inszenierung: Cao Kefei, Düsseldorfer Schauspielhaus 2009.

Thomas Bernhard, *Die Macht der Gewohnheit,* Inszenierung: Cao Kefei, Beijinger Kinderkunsttheater 2001.

Bernhards Prosa hat mich gleich bei der ersten Lektüre tief bewegt. Er schreibt gern Schachtelsätze: Ein einziger Satz füllt leicht eine ganze Seite, es ist, als wollte seine Sprache über das Papier quellen. Seine Sätze ziehen den Leser in einen unergründlich tiefen Keller hinab, aber dieses Hinabsinken vermittelt ein Gefühl von Kraft. Im Rahmen eines Symposiums zu Bernhards Werken von der Universität Wien und der Universität Beijing wurde ich gefragt, ob ich ein Stück von Bernhard inszenieren wollte. Damals kannte ich schon einige seiner Stücke. Dann las ich *Die Macht der Gewohnheit*; das Stück schien mir genau richtig, und so beschloss ich, es zu übersetzen.

Was hat dich dazu gebracht, ein solches Stück auf eine chinesische Bühne zu bringen? Was hat es mit der gesellschaftlichen und zwischenmenschlichen Realität in China zu tun?

Das deutschsprachige Original handelt von allerlei Konflikten, die zwischen einem Zirkusdirektor und seinen Artisten im Spannungsfeld von

Alltagsrealität und dem Streben nach dem Ideal entstehen. Bei meiner Bearbeitung des Stücks betonte ich die darin angelegte Beziehung von Macht
und Kollektiv, also von Herrschen und Beherrschtwerden, Zähmen und
Bezähmtwerden. Ich ließ Akrobaten an der Aufführung mitwirken und
inszenierte fortlaufend bestimmte ritualisierte Abläufe, etwa kollektiven körperlichen Drill, Handstand, Seiltanz und Schlagworte skandieren.
Diese Mechanismen riefen im chinesischen Publikum auf Anhieb Erinnerungen an die Kulturrevolution wach. Die ideologische Zähmung beginnt mit der Zähmung des Körpers. Die extrem akrobatischen Einlagen
verliehen der Aufführung etwas Surreales und Voyeuristisches.

Zur Premiere Ende 2001 schrieb ich Folgendes: »Unsere Nation ist
allzu sehr ans Jonglieren gewöhnt; allzu sehr an Seiltanz gewöhnt; allzu
sehr an Tierdressur gewöhnt; allzu sehr an Clownerie gewöhnt. Schon
in unserer Jugend haben wir uns an die Heuchelei gewöhnt, die Anpassung, die Kompromisse, den Selbst- und Fremdbetrug.« Ich glaube, diese
Worte haben nichts von ihrer Gültigkeit verloren, und alles, was die Figuren des Stücks in ihrem Wesen ausmacht, geht uns etwas an.

*Du hast dieses Stück selbst übersetzt, bearbeitet und inszeniert – kannst du
etwas über diesen kreativen Prozess erzählen?*

Übersetzen heißt die Bedeutung der Wörter ausloten. Zum Beispiel
bietet das Chinesische für das deutche Wort »Macht« im Originaltitel
Die Macht der Gewohnheit mehrere Übersetzungsmöglichkeiten: *quanli*
[staatliche oder amtliche Macht], *liliang* [Kraft, Stärke], *shili* [Einfluss,
Stärke]. Bei der Entscheidung für ein Wort muss man sich nach dem
Kontext und dem Inhalt des Stücks insgesamt richten. In diesem Fall
habe ich das negativ konnotierte *shili* gewählt. Beim Übersetzen trans-
portiere ich so viel wie möglich von den stilistischen und sonstigen Eigenarten des Originals; egal, ob Klang, Interpunktion oder Satzbau, alles
muss in der Übersetzung bewahrt bleiben. Zum Beispiel dürfen die ron-
doartigen Wiederholungen, die Bernhards Werke kennzeichnen, in der
Übersetzung nicht verlorengehen. Bei der Behandlung bestimmter Details sollte man sich allerdings nach den chinesischen Ausdruckskonven-
tionen richten, damit sich die Übersetzung nicht holprig liest. Erst bei
der Bearbeitung des Textes für die Inszenierung lasse ich die Vorstellungen mit einfließen, die ich mir von den einzelnen Szenen gemacht habe.

Das Stück wurde im Beijinger Kinderkunsttheater (Beijing ertong yishu
juyuan) *aufgeführt. Ich erinnere mich, dass die Bühne sehr groß und mit
schweren eisernen Baugerüsten vollgestellt war. Das Bühnenbild hatte etwas Bedrückendes an sich; es ließ die Schauspieler maschinenhaft und win-
zig wirken. War das der Effekt, den du erreichen wolltest?*

Eigentlich hatte ich mir ein anderes Bühnenbild vorgestellt. Ich hatte ein
Baugerüst im Kopf, das abbaubar sein sollte wie die provisorische Bühne
eines kleinen Wanderzirkus. An einem bestimmten Wendepunkt der
Aufführung hätte man es demontieren können, so dass die Bühne ganz
leer zurückgeblieben wäre. Weil aber die Schauspieler für ihre akrobatischen Einlagen und Seiltänze an dem Gerüst auf und ab klettern mussten,
brauchten wir aus Sicherheitsgründen leider ein fest im Boden veranker-
tes Eisengerüst. Dass aber die Figuren auf der weiten Bühne wie Mario-
netten dieses großen Eisengerüsts wirkten, passt meiner Meinung nach
zur Inszenierung.

*2003 veranstalteten das Goethe-Institut Beijing und das Lin Zhaohua Stu-
dio gemeinsam eine Theaterwoche der deutschsprachigen Länder. Bei die-*

ser Gelegenheit hast du Marius von Mayenburgs Feuergesicht *inszeniert. Das Stück erzählt eine wahre Geschichte über die Grausamkeit des Erwachsenwerdens. Die Aufführung am Experimentellen Volkskunsttheater Beijing (Beijing renyi shiyan juchang) erregte damals große Aufmerksamkeit. Kannst du etwas von der Arbeit an diesem Stück erzählen?*

Feuergesicht beruht angeblich auf einer wahren Begebenheit. Ein achtzehnjähriger Junge, der in seiner eigenen geistigen Welt lebt, spielt gern mit Feuer. Er liebt seine ältere Schwester. Voller Abscheu vor einer Welt, in der es von abgedroschenen Phrasen nur so wimmelt, meidet er seine Eltern, mit denen er nicht kommunizieren kann. Als seine Schwester einen Freund hat, distanziert sie sich von ihrem Bruder, der immer verschlossener wird. Um sich zu befreien, legt er einen Brand in der Kirche und im eigenen Klassenzimmer und tötet schließlich im Affekt seine Eltern. Ich habe oft das Gefühl: Einmal erwachsen geworden, ermattet die Welt der Fantasie, die uns einst Flügel verlieh. Das Stück erinnert uns an unser eigenes Heranwachsen und führt uns in der Lebensmitte unser gegenwärtiges Ich neu vor Augen. Während der Proben hatte ich voller Erschütterung einen handgeschriebenen Abschiedsbrief in der *Pekinger Abendzeitung* gelesen. Der Briefschreiber war ein Junge, der immer wieder den Bestrafungen und Misshandlungen seiner alleinerziehenden Mutter ausgesetzt gewesen war. Eines Morgens ertrug er es nicht länger, erstach seine Mutter und brachte sich anschließend um, nachdem er jenen Brief geschrieben hatte. Dass manche Zuschauer der Aufführung übermäßige Brutalität vorwarfen, liegt an unserer Neigung, vor der nackten Realität die Augen zu verschließen.

Die Aufführung hat damals viele sehr bewegt, ihr wohnte eine große Kraft inne. Eine besondere Rolle spielte dabei die Tatsache, dass die Eltern des Jungen nie die Bühne betraten, dass ihr triviales Leben und ihr nichtssagendes autoritäres Gerede nur in schwarz-weißen Multimedia-Installationen Gestalt annahm. Auch das Bühnenbild war außergewöhnlich und voller Symbolkraft: mehrere Kühltruhen, gefüllt mit Gebrauchsgegenständen.

Seit dieser Zeit benutze ich für die Bühne gern Alltagsgegenstände – erstens sind sie billig, was für uns Freischaffende nicht unwichtig ist, und zweitens möchte ich herausfinden, wie sich Gegenstände, die uns aus dem Alltag vertraut sind, im Theaterraum verwandeln, wie sie ihre besonderen Eigenschaften entfalten.

Ladybird Theatre, *Far Away* nach Caryl Churchill, Inszenierung: Cao Kefei, Nine Theatre Beijing 2009.

Du hast in den letzten Jahren immer wieder Stücke in Zusammenarbeit mit europäischen Theatern inszeniert und auch an der Konzeption von Festivals mitgewirkt. Welchen Einfluss hat das europäische Theater auf deine Arbeit?

Ich schätze dessen nie erlahmende Entdeckerfreude. Die Theaterkultur spielt im kulturellen Leben der europäischen Städte eine bedeutende Rolle, sie stellt für ganz unterschiedliche Menschen ein Forum der Begegnung, des gemeinsamen Vergnügens und der Diskussion dar. Die Intendanten wechseln alle vier oder fünf Jahre; sie müssen all ihr Können aufbieten, um die Leute von ihren Fernsehern und aus ihren Häusern in die Theaterräume zu locken.

In der zeitgenössischen Theaterszene ergreifen mich die Poesie, die Wahrhaftigkeit und die grenzübergreifende Im- oder Explosion, die beispielsweise den Werken der Choreografen Pina Bausch und Alain Platel oder des Regisseurs Luk Perceval eigen ist. In letzter Zeit hat das Dokumentartheater der Gruppen Rimini Protokoll und She She Pop in mir einige Fragen angestoßen: Was ist Theater? Wozu Theater? Was für ein Verhältnis besteht zwischen Leben und Kunst?

Welche Dramatiker hast du bislang übersetzt? Inwiefern ergänzt sich das Inszenieren mit dem Übersetzen?

Die von mir übersetzten Stücke stammen alle von modernen oder zeitgenössischen deutschsprachigen Dramatikern – z.B. Friedrich Dürrenmatt, Max Frisch und Thomas Bernhard. Meine jüngste Übersetzung ist

Dea Lohers *Das letzte Feuer*. Wenn ich ein Stück selbst übersetzt und bearbeitet habe, kann ich vielleicht seine Essenz besser erfassen, ich weiß dann, was ich bei der theatralen Umsetzung versuchen will.

Wie bewältigst du beim Übersetzen den Transfer zwischen zwei so unterschiedlichen Sprachen?

Das ist ein weites Feld. In *Das letzte Feuer* beispielsweise ist die Sprache kontrolliert, poetisch, fragmentarisch, und die Gesamtstruktur zeichnet sich dadurch aus, dass interpunktionslose Schilderungen aus der Lyrik und szenische Dialoge aus dem Alltag einander in einem freien Wechsel voll innerer Musikalität folgen. Das durch die Sprache vermittelte Gefühl des Fragmentarischen verstärkt sich im Verlauf des Stücks immer mehr. All das muss ich in der chinesischen Übersetzung transportieren. Nur beim Satzbau nehme ich Rücksicht auf chinesische Lesegewohnheiten. Im Deutschen steht oft der Hauptsatz vor dem Nebensatz; in der Übersetzung kehre ich diese Reihenfolge manchmal um, damit es sich flüssiger liest. Wenn das deutsche Original aber zwischen den einzelnen Wörtern oder Sätzen bewusst Lücken oder Brüche schafft – das gilt insbesondere bei lyrischer Sprache –, darf der Übersetzer nicht um der leichteren Lesbarkeit willen den Text glätten. Das würde die poetische Wirkung wesentlich verringern.

2007 hast du deine Zusammenarbeit mit dem Lyriker Duo Duo begonnen und Together (Zai yiqi) *inszeniert, ein Stück, das die Institution der Ehe und weibliche Befindlichkeiten thematisiert und in Berlin uraufgeführt wurde.*

Ladybird Theatre, *Raped* nach Zhang Xian, Performerin: Li Xinmo, Kubrick Beijing 2013.

2006 traf ich Carena Schlewitt, die für das Theater Hebbel am Ufer (HAU) das Festival »Umweg über China« kuratierte. Das war eine Zeit, in der ich ziemlich frustriert war von der Theaterszene in China. Damals filmte ich mit einer Videokamera eine Freundin, die gerade ihren gewalttätigen Freund verlassen hatte und großen Stimmungsschwankungen ausgesetzt war; meinen Film wollte ich ihr zur Erinnerung an diese Zeit des Umbruchs schenken. Von ihren Erzählungen war ich zutiefst erschüttert; bei professionellen Schauspielern habe ich derart authentische Gefühlsausbrüche nur selten erlebt. Das inspirierte mich zu der Idee, Frauen unterschiedlichen Alters über ihre Liebesbeziehungen zu befragen. Die Erzählungen dieser Frauen habe ich mit Ibsens *Nora* in ein Spannungsfeld von Vergangenheit und Gegenwart, West und Ost, Fiktion und Realität gebracht, wobei sich die Figur der Nora als roter Faden durch den Aufbau der Aufführung zog. Carena fand das interessant, dann redete ich mit Duo Duo darüber, und nachdem er *Ein Puppenheim* gelesen hatte, war er sehr bewegt und schrieb eine Fortsetzung, in der er Noras Gemütszustand und Bewusstseinsstrom nach ihrem Fortgang auf poetische Weise thematisierte. Diese Fortsetzung verfasste er aus einem weiblichen Blickwinkel heraus und brachte darin die tiefe Sehnsucht und das starke Zaudern einer Frau zum Ausdruck, die an einem existenziellen Scheideweg steht. An der Performance waren fünf Chinesinnen und zwei professionelle Schauspielerinnen – eine chinesische und eine deutsche – beteiligt. Die fünf Frauen erzählten ihre persönlichen Geschichten, während die beiden Schauspielerinnen – die eine auf Chinesisch, die andere auf Deutsch – den lyrischen Text von Duo Duo darboten und auf diese Weise ein mit dem anderen Teil verschränktes Spiegelbild schufen.

Together markierte den Beginn deiner Zusammenarbeit mit Duo Duo. Später habt ihr gemeinsam das Stück In die Mitte des Himmels (Tiankong shenchu) *erarbeitet, das 2009 am Düsseldorfer Schauspielhaus uraufgeführt wurde.*

Christoph Lepschy, der damals Dramaturg am Düsseldorfer Schauspielhaus war, und ich verbrachten fast drei Jahre damit, für das Schauspielhaus ein Festival »Neue Dramatik: China/Deutschland« zu konzipieren. Dabei wurde ich eingeladen, für die Einweihung des »Central« – einer neuen Spielstätte des Schauspielhauses – das Stück eines chinesischen Dramatikers zu inszenieren. Dafür suchte ich einen Text, der das heutige China spiegelte, ohne allzu chinesisch zu sein. *Beijing Toilet (Cesuo)* zum

Wenn ich Nora wäre, würde ich nicht
von zu Hause weggehen,

Ich glaube wirklich, dass Männer in vielen Bereichen
eine angeborene Überlegenheit gegenüber Frauen haben.

Beispiel, ein Stück des Beijinger Dramatikers Guo Shixing, hatte seine Stärke im Zeit- und Lokalkolorit und war eben deshalb wenig geeignet. Später dachte ich an *Endstation Beijing (Zhongdian zhan Beijing)*, ein vergleichsweise internationales Stück meines jüngeren Bruders. Nachdem Duo Duo dieses Stück gelesen hatte, kam ihm unversehens eine Idee für ein neues Ende. Sein Konzept öffnete die ursprünglich relativ geschlossene Struktur von *Endstation Beijing* und ich ermunterte ihn, seinen Gedanken weiterzuverfolgen. Daraus entstand ein neues Stück – *In die Mitte des Himmels* –, das voller Absurdität, Humor und Fantasie war.

Duo Duos Text ist voller Poesie und Spannung. Kannst du ein wenig über den Inhalt und die Aufführung erzählen?

In die Mitte des Himmels handelt von einem Geschäftsmann, einem Müßiggänger, einer Angestellten, einer schreibenden Schönheit und einem von zu Hause ausgerissenen Mädchen, die alle in einem Flugzeug sitzen, das von Beijing nach New York fliegen soll. Zunächst kann das Flugzeug aus unerfindlichen Gründen nicht abheben, und als es das doch endlich tut, kann es unerklärlicherweise seinen Bestimmungsort nicht erreichen. Eine reale Reise entwickelt sich nach und nach zu einem surrealen Trip, der die Habgier und Heuchelei des Einzelnen und die Absurdität und Verlorenheit des Kollektivs entblößt. Wir haben den gesamten Theaterraum in einen riesigen Container »Made in China« umgestaltet. Schauspieler und Zuschauer saßen allesamt in der Mitte des Theaters wie in einer Kabine. Auf diese Weise wurden auch die Zuschauer zu Passagieren, während die Schauspieler zwischen realen und seelischen Räumen und

Together, Inszenierung: Cao Kefei, HAU Berlin 2007.

Duo Duo, *In die Mitte des Himmels*, Inszenierung: Cao Kefei, Düsseldorfer Schauspielhaus 2009.

Zeiten hin- und herpendelten und sich das ganze Theater in eine Inszenierungsstätte verwandelte. Ein Videokünstler bewegte sich frei im ganzen Raum und fing an Ort und Stelle die verborgenen Momente ein, die live auf eine große Fläche projiziert wurden.

Was ist anders an Theaterproben in Deutschland?

Wir hatten rund sechs Wochen Zeit für die Proben. Das bedeutete eine große Hektik, vor allem weil es sich um ein so interkulturelles Projekt und Team handelte. Schon rein sprachlich brauchten wir einige Zeit, um uns zu verständigen, da vieles über einen Dolmetscher lief – vom gegenseitigen Verstehensprozess zweier unterschiedlicher Kulturen ganz zu schweigen. Im Verlauf der Proben las und diskutierte ich mit den Schauspielern, wärmte mich mit ihnen auf und sah mit ihnen Filme an, die mit dem Stück in Zusammenhang standen. Die Proben waren nicht einfach, es war meine erste Zusammenarbeit mit deutschen Schauspielern, wir waren einander ziemlich fremd. Duo Duos Stück war zu diesem Zeitpunkt noch nicht ganz fertig und wurde im Laufe der Proben immer wieder umgeschrieben. Darin überlagern sich Fiktion und Realität, und die Sprache ist reich an Symbolik. Die Schauspieler gingen mit einer unterschiedlichen Einstellung an neue, unfertige Dinge heran: Einige waren kooperativ, andere eher eigensinnig. Die Kommunikation gestaltete sich manchmal reibungslos und manchmal schwierig, aber das ist bei jeder Theaterarbeit so – als Regisseur muss man damit umgehen können. Ich stieß dabei richtig an meine Grenzen. Aber die enge Zusammenarbeit mit dem Dramaturgen Christoph Lepschy, ohne

die das alles nicht zustandegekommen wäre, war sehr konstruktiv und bereichernd.

Auf der Probe zu: Duo Duo, *In die Mitte des Himmels*, Inszenierung: Cao Kefei, Düsseldorfer Schauspielhaus 2009.

Was die Proben im Allgemeinen angeht, gibt es zwei wesentliche Unterschiede zu China: Erstens arbeitet der Regisseur eng mit dem Dramaturgen zusammen, der an einem deutschen Theater eine sehr wichtige Stellung einnimmt; zweitens muss an deutschen Theatern schon vor Beginn der Proben ein Entwurf für ein Bühnenbild vor Ort festgelegt werden.

Der rundere Mond ist ein weiteres dokumentarisches Stück, das du in der Schweiz inszeniert hast. Es handelt vom Alltag und den Liebesbeziehungen von Chinesinnen, die ihren Schweizer Ehemännern – gespielt von einem einzigen professionellen deutschsprachigen Schauspieler – in die Schweiz gefolgt sind. Wie hast du das Konzept zu diesem Stück entwickelt?

Der rundere Mond wurde von der Schweizer Stiftung Pro Helvetia in Auftrag gegeben. Der zugrunde liegende Gedanke war: Wie leben mit Schweizer Männern verheiratete Frauen aus der Volksrepublik China in einem fremden Land, das sich in jeder Hinsicht so sehr von ihrem Herkunftsland unterscheidet? Wie bauen sie sich eine neue Existenz auf? Welche Konflikte und Herausforderungen erfahren sie am eigenen Leib? Welche Erkenntnisse gewinnen sie? Nach *Together* setzte ich mich hier erneut mit dieser Frauenthematik auseinander. Dafür habe ich viele chinesische Frauen getroffen und mir ihre Geschichten angehört. Fünf von ihnen traten dann in der Performance auf. Eine war eine professionelle Darstellerin der Peking-Oper; erst dank ihrer Mitwirkung nahm

Der rundere Mond, Inszenierung: Cao Kefei, Schlachthaus Bern 2010.

das Konzept von der Mondgöttin Chang'e wirklich Gestalt an. Die mythische Figur Chang'e – eine Rolle, die auch Mei Lanfang, der berühmte Meister der Peking-Oper, gespielt hat – scheint mir eine passende Metapher für die Lebenssituation dieser Frauen.[1]

Die Performance verwendet fünf Sprachen: Chinesisch, Deutsch, Englisch,

1 Entsprechend heißt das Stück im Chinesischen – in Anspielung auf eine alte Legende, die in China Allgemeingut ist – kurzerhand *Chang'e*. Chang'e war die Gattin des mythischen Helden Houyi. Als eines Tages zehn Sonnen am Himmel brannten und die Erde zu versengen drohten, schoss Houyi mit Pfeil und Bogen neun von ihnen herunter. Zur Belohnung schenkte die Königinmutter des Westens, die Feengöttin aus dem sagenumwobenen Kunlun-Gebirge, ihm eine Pille der Unsterblichkeit (oder nach anderen Überlieferungen mehrere Pillen, ein Elixier oder ein Kraut). Chang'e stahl die Pille und schluckte sie selbst. Auf der Flucht vor Houyis Zorn stieg sie auf in die Lüfte und nahm auf dem Mond Zuflucht. Dort, im Mondpalast, umgeben nur von ihren Mondfeen, führt sie als Mondgöttin bis heute ein einsames Leben, und vor allem am Mondfest – am 15. Tag des achten Monats nach dem Mondkalender, wenn der Mond besonders hell und voll ist – blickt sie voll Gram und Reue auf die Erde. – In der Peking-Oper *Chang'es Flug zum Mond* fällt die Titelrolle in das Rollenfach der *Qingyi* – das ist eine sanftmütige, tugendhafte Frau. (Anm. d. Ü.)

Schweizerdeutsch und Shanghainesisch. Die Verschränkung dieser Spra-
chen und Dialekte vermittelt eine Ahnung von den Schwierigkeiten einer
Ehe in der Fremde. Warum bezieht sich die Performance nur auf die Ebene
der Tatsachen, ohne die tieferen Ursachen zu ergründen?

Eine Ehe zwischen den Kulturen erlebt jeder anders. Ich habe auch glückliche Ehen dieser Art kennengelernt. Generell sind solche Ehen allerdings nicht einfach – aber welche Ehe ist das schon? –, wofür es viele
Gründe gibt. Ich wollte nicht einzelne Gründe herausgreifen und als
repräsentativ hinstellen; das wäre allzu vereinfachend gewesen. Stattdessen wollte ich den Zuschauern Raum lassen für ihre eigenen Vorstellungen und Gedanken.

Die Peking-Oper-Darstellerin bringt nicht nur Gesang zu Gehör, sondern
führt auch einen für diese Oper charakteristischen traditionellen Tanz auf.
Auch das minimalistische Bühnenbild, das sich auf einen langen Tisch und
ein paar Stühle beschränkt, erinnert an die Peking-Oper. Hattest du dir
eine Synthese der unterschiedlichen Theaterstile zum Ziel gesetzt?

Ausgehend von den Themen, den Mitwirkenden und dem Spielraum ergab sich eine Suche nach der passenden theatralen Form, gleichgültig ob
man das nun als traditionell oder zeitgenössisch, chinesisch oder abend-
ländisch bezeichnen will. Dabei hielt ich mich an keine Grenzen.

Du sagtest vorhin, Chang'e sei eine Metapher – eine Metapher wofür?

Für die Einsamkeit und die Sehnsucht dieser Frauen. Für ihre innere Zer-
rissenheit. Egal ob Hausfrau, Zitherspielerin, Chinesischlehrerin oder
Besitzerin eines Antiquitätenladens, egal ob über fünfzigjährig oder Anfang zwanzig, sie alle treibt ein unauslöschliches Heimweh um.

Das Gespräch wurde im August 2013 in Beijing geführt.
Aus dem Chinesischen von Marc Hermann

跨文

4

化相遇

Transkulturelle
Begegnungen

青草——源头

多多

听我们声音中铜的痛苦
留下山谷一样的形式

什么在生活里
掩哩开阔听力的金耳朵

什么走出来
告诉残酷世界的垂泪的悬崖

什么是人 为什么是人
介入了流浪的山河。。。。

Gras – die Quelle
von Duo Duo

Hört den bronzenen Schmerz in unseren Stimmen
was von ihm bleibt, nimmt die Gestalt eines Tals an

Was im Leben
begräbt das Gehör goldener Ohren, die lauschten ins Offene

Was tritt hervor
zu berichten dem weinenden Abgrund einer fühllosen Welt

Was ist der Mensch und warum
mischt er sich ein in die wandernden Berge und Flüsse

(aus dem Chinesischen von Marc Hermann)

»Ohren,
die lauschten ins Offene«

Anmerkungen zum Übersetzen aus dem Chinesischen

Von Marc Hermann

Wie übersetzt man aus dem Chinesischen? Welche besonderen Schwierigkeiten, welche Herausforderungen gilt es zu bewältigen? Bevor ich konkret auf das Übersetzen aus dem Chinesischen eingehe, möchte ich einige allgemeine Bemerkungen vorwegschicken. Gibt es die *eine* richtige Übersetzung eines Ausgangstextes? Nein. Es gibt immer mehrere mögliche und legitime Übersetzungen, und ihre Zahl erhöht sich noch, wenn man die unterschiedlichen *Funktionen* bedenkt, die eine Übersetzung erfüllen kann. Für eine wissenschaftlich-kritische Klassikeredition wird man anders übersetzen als für einen Werbespot. Die »richtige« Übersetzung ist die funktionsgerechte Übersetzung.

Das naive Ideal der »Treue« hat die Übersetzungstheorie längst hinterfragt. Der Begriff der »Treue« oder – in der Übersetzungswissenschaft – der »Äquivalenz« bleibt solange nichtssagend, wie er nicht mit Inhalt gefüllt wird. Heute sind sich die meisten Übersetzungstheoretiker – sofern sie denn überhaupt noch an dem »Äquivalenz«-Begriff festhalten – einig, dass »Äquivalenz« in der Regel keine statische, sondern eine *dynamische, funktionale* Äquivalenz (oder: Adäquatheit) meint.

Was heißt das? Die meisten der unzähligen Texte, die Tag für Tag in aller Welt übersetzt werden, zielen darauf ab, nicht den Wortlaut, sondern die *kommunikative Funktion*, die *Wirkung* des Originals zu erhalten. Die Übersetzer verstehen, ob bewusst oder unbewusst, ihre Übersetzungen als Instrument einer neuen Kommunikationshandlung. Sie denken nicht nur retrospektiv – dem Original verpflichtet –, sondern zugleich auch prospektiv – dem Adressaten verpflichtet.

Die Übersetzung eines Theaterstücks – wohlgemerkt für eine Bühnenaufführung und nicht als Lesetext – illustriert dies auf anschauliche Weise.[1] Das Theaterpublikum als Adressat kann und will die Übersetzung nicht mit dem Original vergleichen. Mehr noch: Das Publikum hat keinerlei Zugang zu Fußnoten oder sonstigen Erläuterungen. Es rezipiert das Stück als neues »Original«, und es hegt die berechtigte Erwartung, dass sich ihm das Stück genauso direkt und spontan erschließt wie dem Publikum des Ausgangstextes. Der Erwartungs- und

---

[1] Zur Übersetzung von (Sprech-)Theaterstücken siehe die Überblicksartikel von Weber, Markus (1999): *»Sprechtheater«*, in: Mary Snell-Hornby/Hans G. Hönig/Paul Kußmaul/Peter H. Schmitt (Hg.): *Handbuch Translation*, 2. verbesserte Auflage, Tübingen: Stauffenburg, S. 253–258 (hier: S. 256 f.) und – mit Bezug zum Chinesischen – von Chun, Jane Lai Chui (2001): *»Drama Translation«*, in: Chan Sin-wai/David E. Pollard (Hg.): *An Encyclopedia of Translation. Chinese-English, English-Chinese*, Hongkong: The Chinese University Press, S. 159–171 (hier: S. 254).

Verständnishorizont des Publikums als konstitutiver Faktor fließt deshalb von vornherein – mehr noch als bei einem Lesetext – in die Übersetzung mit ein.[2] Die *Wirkung*, die Bühnenwirksamkeit, also der »prospektive Aspekt« der Übersetzung, drängt sich bei einer Theaterübersetzung geradezu auf.[3]

Wirkungsäquivalenz freilich ist ein Ideal, das sich in der Wirklichkeit allenfalls näherungsweise erfüllen lässt. Ein Beispiel, das besonders für die Theaterpraxis von Bedeutung ist, ist die *Länge* einer Übersetzung als eine wichtige Größe für die Bühnenwirkung eines Textes.[4] Nun fallen aber Übersetzungen für gewöhnlich immer länger aus als die Originale – erst recht, wenn es sich um Übersetzungen aus einer so kompakten Sprache wie dem Chinesischen handelt. Ins Deutsche übersetzte Bücher schwellen hier leicht auf das Doppelte an – auch, aber nicht nur aufgrund der Kompaktheit der chinesischen Schrift. Was aber ist »treuer«: eine komplette Übersetzung eines chinesischen Theaterstücks, die in der Aufführung nicht mehr zwei, sondern drei Stunden beansprucht? Oder eine gekürzte Fassung, die die Gesamtdauer wahrt? Wie immer kann es hier keinen absoluten »Treue«-Begriff geben, sondern nur eine »Treue« relativ zu einer vorher festgelegten Hierarchie von Werten. (Das elementarste Beispiel einer solchen Hierarchisierung wäre die Frage: Was ist wichtiger: der Inhalt oder die Form?)

Worin nun bestehen die speziellen Schwierigkeiten einer Übersetzung aus dem Chinesischen? Sie bestehen, allgemein gesagt, in einer doppelten, nämlich *sprachlichen* und *kulturellen* Distanz.

Die *kulturelle* Distanz ist offensichtlich und braucht hier kaum weiter erläutert zu werden. Für den Übersetzer gilt es, sich ständig den Verständnishorizont des Zielpublikums gegenwärtig zu halten. Wo nötig, wird er erklärende Einschübe in den Text einfügen – und zwar in der Regel in den Haupttext und nicht etwa in Form einer Fußnote –, um so zumindest näherungsweise ähnliche Verständnisvoraussetzungen bei den Adressaten von Ziel- und Ausgangstext zu schaffen. Meistens sind diese Einschübe kurz, unspektakulär und streng funktional. Wenn etwa im Ausgangstext eine Stadt wie Dali 大理 erwähnt wird, die der chinesische Leser kennt, nicht aber der durchschnittli-

---

2   Vgl. Weber (Anm. 1), S. 256.

3   Vgl. ebd., S. 254.

4   Vgl. ebd., S. 256.

che deutsche Leser, reicht es oft schon, Letzterem eine grobe geografische Orientierung (»im Südwesten von China«) an die Hand zu geben. Und wenn im chinesischen Text die Farbe Weiß (*baise* 白色) in ihrer Funktion als Trauerfarbe auftaucht, genügt ein kurzer Hinweis (etwa: »weiße Trauerkleidung« statt »weiße Kleidung«), um dem deutschen Leser diese ihm unbekannte Farbsymbolik zu vermitteln.

Schwieriger wird es, wenn die zugrunde liegenden geistigen Konzepte in der Zielkultur überhaupt nicht bekannt sind. Das scheinbar so einfache Wort *xin* 心 z. B. – »Herz« – verweist nicht nur auf das Organ und auch nicht nur auf den Sitz der Gefühle, sondern zugleich auf Geist und Bewusstsein. In der westlichen Sinologie hat sich deshalb die – treffende, aber sperrige – Übersetzung »Herz-Geist« (englisch: *heart-mind*) eingebürgert.

Noch schwieriger zu übersetzen ist ein Konzept wie *dan* 淡 – »fade« –, das geradewegs ins Zentrum der klassischen chinesischen Ästhetik, ja des chinesischen (vor allem daoistischen) Denkens überhaupt führt.[5] Dieses Denken schätzt die »Leere« (*xu* 虚) als Ausdruck unendlicher Potenzialität höher als die »Fülle« (*shi* 实). Wasser ist »fade« und eben deshalb so reich: Es birgt alle Geschmäcke in sich. Für den Übersetzer fangen die Schwierigkeiten hier schon damit an, dass sich im Deutschen kaum ein positives Wort für das Gemeinte finden lässt. »Bland«? »Schmacklos«?[6]

Das oben schon gestreifte Wortfeld der Farben kann nicht nur die *kulturelle*, sondern auch die *sprachliche* Distanz illustrieren. Das eindrücklichste Beispiel ist hier das Wort *qing* 青, das im klassischen Chinesisch auf die Farben Blau, Grün, Türkis, aber auch Schwarz und (Dunkel-)Grau[7] verweisen kann. Hier hilft nur ein Blick auf den Kontext, der freilich nicht immer so eindeutig ist wie im Fall von *qing cao*

---

5   Das beste Buch dazu ist nach wie vor Jullien, François (1999): *Über das Fade – eine Eloge. Zu Denken und Ästhetik in China*, aus dem Französischen von Andreas Hiepko und Joachim Kurtz, Berlin: Merve-Verlag (= Internationaler Merve-Diskurs 219).

6   Wolfgang Kubin hat denn auch immer neue Anläufe unternommen, ein geeignetes Äquivalent für *dan* im Deutschen zu finden. Die beiden oben genannten Vorschläge scheinen mir noch die gelungensten. Vgl. Kubin, Wolfgang (2001): *Die Stimme des Schattens. Kunst und Handwerk des Übersetzens*, München: edition global, S. 23–26, 29–32 und Kubin, Wolfgang (2005): *Die chinesische Literatur im 20. Jahrhundert*, München: K. G. Saur (= Geschichte der chinesischen Literatur, hg. von Wolfgang Kubin, Bd. 7), S. 179.

7   Dass in zweisprachigen, also chinesisch-deutschen Wörterbüchern »grau« in der Regel unerwähnt bleibt, liegt auch wiederum an einem – kleineren – Übersetzungs-

青草 – »grünes Gras« – oder *qing tian* 青天 – »blauer Himmel«. Vieles ist pure Konvention: Die Berge etwa – *shan* 山 – sind da, wo sie *qing* sind, nicht etwa »blau«, sondern »grün«. Manches kann nur eine Recherche klären: Welche Farbe mag die *qing*-farbene Jacke eines südchinesischen Bauern gegen Ende der Qing-Dynastie gehabt haben? (Vermutlich schwarz.) Und manchmal – *horribile dictu* – bleibt dem Übersetzer schlicht nichts anderes übrig als zu raten.

Das Beispiel *qing* wirft ein Licht auf eine der wichtigsten Leistungen des Übersetzers: das *Desambiguieren* oder, weniger fachsprachlich gesagt, das Vereindeutigen. Dass ein Wort mehrere Bedeutungen hat, ist nämlich nicht die Ausnahme, sondern die Regel, und das ist einer der Gründe dafür, dass der Übersetzer ständig in seiner interpretatorischen Kompetenz gefordert ist – und zwar besonders der Übersetzer aus dem Chinesischen. Das Chinesische – vor allem, aber nicht nur das *klassische* Chinesisch – zeichnet sich nämlich durch eine für den deutschen Muttersprachler frappierende *Vagheit* aus. So poetisch die Aura ist, die dieses Vermögen zu sprachlichen Schwebezuständen namentlich in der klassischen Lyrik zu schaffen vermag, so frustrierend ist diese Vagheit für den Übersetzer. Sie nimmt gleich doppelt Gestalt an: auf semantisch-lexikalischer und auf grammatischer Ebene.

Die lexikalische Vagheit einzelner Wörter hat schon das Beispiel *qing* illustriert. Andere Beispiele, diesmal aus dem Tierreich: Das Chinesische kennt nur *ein* Wort (*laoshu* 老鼠) für »Maus« und »Ratte«, *ein* Wort (*wuya* 乌鸦) für »Rabe« und »Krähe«, *ein* Wort (*tuzi* 兔子) für »Hase« und »Kaninchen«.[8] Der Übersetzer ist hier nicht nur als Zoologe gefordert, sondern er muss auch die jeweiligen kulturellen und emotionalen Konnotationen in *beiden* Sprachen und Kulturen in Betracht ziehen.

Die *grammatische* Vagheit rührt wesentlich daher, dass das Chinesische keinerlei Flexion kennt. Bei einer häufigen Wendung wie *you ren* 有人 – wörtlich: »geben Mensch« – z. B. ist es deshalb sprachlich (und oft genug auch kontextuell) völlig unentscheidbar, ob es sich um »jemand« (Singular) oder »manche« (Plural) handelt.

---

problem: Denn das als »schwarz« übersetzte *heise* 黑色 kann eben auch »dunkel« – v. a. dunkelgrau – bedeuten.

8 Genauer gesagt: Wenn es doch Möglichkeiten zur Differenzierung gibt, so werden sie in der Regel nicht genutzt. Ein *jiatu* 家兔 (»Haus-tu«) etwa ist ein (Haus-)Kaninchen (oder: Stallhase), ein *yetu* 野兔 (»Wild-tu«) ein Hase. Allerdings kann Letzteres auch ein Wildkaninchen bezeichnen.

Die Vagheit auf wortgrammatischer, also morphologischer Ebene setzt sich auf satzgrammatischer, also syntaktischer Ebene fort. Das Subjekt z. B. kann unausgesprochen und mehrdeutig bleiben genauso wie die logischen Verbindungen zwischen einzelnen Satzteilen oder Sätzen. Das folgende Beispiel, das rein grammatisch betrachtet eigentlich keinerlei Probleme bereitet, stammt aus dem Buch *Zhuangzi* 庄子, einem der großen Klassiker des Daoismus. Das Beispiel ist dem Abschnitt II.2 (nach Zählung von Richard Wilhelm) entnommen, einem Abschnitt, der demonstriert, wie Sprache und Vernunft mit ihren kosmologischen Spekulationen ins Leere laufen.

»有始也者，有未始有始也者，有未始有夫未始有始也者。有有也者，有无也者，有未始有无也者，有未始有夫未始有无也者。«[9]

Nachfolgend seien drei Übersetzungen, die allesamt als Standardübersetzungen gelten können, nebeneinandergestellt: eine englische von Burton Watson, eine deutsche von Stephan Schuhmacher (die wiederum auf der Grundlage der englischen Übersetzung von Victor Mair entstanden ist) und schließlich die klassische deutsche Übersetzung von Richard Wilhelm.

»There is a beginning. There is a not yet beginning to be a beginning. There is a not yet beginning to be a not yet beginning to be a beginning. There is being. There is nonbeing. There is a not yet beginning to be nonbeing. There is a not yet beginning to be a not yet beginning to be nonbeing.«[10]

»Es gibt einen Anfang. Es gibt eine Zeit vor dem Anfang. Es gibt eine Zeit vor der Zeit vor dem Anfang. Es gibt Sein. Es gibt Nichtsein. Es gibt einen Zustand vor dem Nichtsein. Es gibt einen Zustand vor dem Zustand vor dem Nichtsein.«[11]

»Gibt es einen Anfang, so gibt es auch eine Zeit, da dieser Anfang noch nicht war, und weiterhin eine Zeit, die der Zeit, da dieser Anfang noch nicht war, vorangeht. Gibt es Sein, so geht ihm das Nicht-Sein voran, und diesem Nicht-

---

9 Zhuangzi ji shi 庄子集释 [Gesammelte Kommentare zum »Zhuangzi«] (1961), hg. von Guo Qingfan 郭庆藩, 3 Bde., Peking: Zhonghua Shuju 中华书局, Bd. I, S. 79.

10 Watson, Burton (Übers.) (1968): *The Complete Works of Chuang Tzu*, New York: Columbia University Press, S. 43.

11 Schuhmacher, Stephan (Übers. aus dem Amerikan.) (1998): *Zhuangzi. Das klassische Buch daoistischer Weisheit*, hrsg. und kommentiert von Victor H. Mair, Frankfurt/Main: Krüger, S. 78 f.

Sein geht eine Zeit voran, da auch das Nicht-Sein noch nicht angefangen hatte, und weiterhin eine Zeit, da der Nicht-Anfang des Nicht-Seins noch nicht angefangen hatte.«[12]

Die erste Übersetzung von Watson ist die philologischste. Sie hält sich so eng wie möglich an das Original. Die zweite Übersetzung erlaubt sich zumindest einzelne interpretierende Variationen gegenüber dem Original, nämlich »Zeit« und »Zustand«, wo im Chinesischen in ermüdender Monotonie immer nur von »Anfang« (*shi* 始) oder »Nicht-Anfang« (*wei shi* 未始) die Rede ist. Syntaktisch allerdings bleibt auch die zweite Übersetzung der Kargheit des Originals treu. Die dritte Übersetzung dagegen überführt die simplen parataktischen Parallelismen des Originals in komplexe hypotaktische Satzgefüge, denen eine explizit schlussfolgernde Logik des »Wenn … dann« zugrunde liegt.

Und welche dieser drei Übersetzungen ist nun die beste? Das ist wie so oft Geschmackssache. Wer einen Eindruck vom Wortlaut des Originals gewinnen will, der ist bei der ersten Übersetzung am besten aufgehoben – zumal wenn er sich nicht an deren sprachlicher Monotonie stört. Freilich dürfte selbst der altchinesische Leser des Originals diese Stelle als Zumutung empfunden haben. Und vermutlich handelt es sich sogar um eine *gewollte* Zumutung des brillanten Stilisten Zhuang Zi – gewollt, um die Absurdität sprach- und vernunftgläubigen Räsonierens zu karikieren.

Glätten also die anderen Übersetzungen womöglich gar über Gebühr? Oder stellt namentlich die dritte Übersetzung eine legitime Anpassung an ein anderes Sprachsystem und eine andere Kultur dar? Eine Kultur, in der ein anderer Stil logischen Argumentierens herrscht? Und ein Sprachsystem, das eine komplexere und in der Wortstellung flexiblere Syntax und eine größere Neigung zur Variation beinhaltet?

Übersetzen ist immer auch ein *System*transfer: vom einen sprachlichen und kulturellen System zum anderen. Was ist im einen System konventionell, was im anderen? Das Ideal der Wirkungsäquivalenz verlangt, dass die Übersetzung genauso konventionell sein soll, wie es das Original für seine Leser gewesen ist. Aber wie realistisch ist dieses Ideal? Und kann Fremdheit, solange sie noch nicht abschreckend oder verstörend wirkt, nicht auch bereichernd sein? Jeder Übersetzer wird hier – je nach Übersetzungsauftrag, aber auch je nach eigenem Temperament – andere Antworten finden.

---

12   Wilhelm, Richard (Übers.) (1982): *Dschuang Dsi. Das wahre Buch vom südlichen Blütenland*, Düsseldorf/Köln: Diederichs, S. 46.

Das obige Beispiel zeigt, wie tief das Übersetzen gerade aus einer so fremden Sprache und Kultur wie der chinesischen zwangsläufig in Fragen der *Interpretation* und des *Stils* hineinführt. Beide Fragen lassen sich nicht objektiv und letztgültig entscheiden. Das Stilempfinden beispielsweise ist in einem ständigen Wandel begriffen. Deutsches und chinesisches Stilempfinden bewegen sich, grob gesagt, seit mindestens einem guten Jahrhundert aufeinander zu. ›Gute‹ deutsche Sätze sind, auch unter dem Einfluss des Englischen, immer kürzer, immer parataktischer geworden (und können zunehmend unverbunden nebeneinanderstehen), während gleichzeitig das moderne Chinesisch sich in seiner Grammatik und in seinem Bedürfnis nach Klarheit den westlichen Sprachen angenähert hat. Noch dürften die meisten Leser – jedenfalls die gebildeten älteren Leser – die Wilhelm'sche Übersetzung als die geschmeidigere, elegantere der Schuhmacher'schen Übersetzung vorziehen – aber wird das auch in zwanzig, dreißig, fünfzig Jahren noch so sein?

In jedem Fall sind die Interpretation und, mehr noch, der Stil die eigentlichen Herausforderungen an den Übersetzer. Gerade der Übersetzer chinesischer Literatur kann sich nicht hinter dem Wortlaut des Originals verstecken, er muss Farbe bekennen, muss sein eigenes Verständnis, sein eigenes Stilempfinden in die Waagschale werfen, und das in jedem Satz. Der Stil ist die eigentliche »Botschaft« eines literarischen Kunstwerks – und eben diese »Botschaft« droht beständig verlorenzugehen.[13]

Ein letztes Beispiel mag dies illustrieren, diesmal aus dem Theaterstück *In die Mitte des Himmels* (*Tiankong shenchu* 天空深处) von Duo Duo 多多.[14] Es handelt sich dabei um die ersten Verse eines Gedichts aus dem Off. Das Stück endet mit diesem Gedicht, die Verse stehen also an besonders exponierter Stelle und müssen mehr noch als sonst dem Gebot der Bühnenwirksamkeit genügen.

»听我们声音中铜的痛苦
留下山谷一样的形式

---

13   Dies belegt sehr schön das von Urs Widmer und Dieter E. Zimmer dokumentierte Experiment einer Kettenübersetzung durch fünf Sprachen. Vgl. Zimmer, Dieter E. und Widmer, Urs (1998): »*Kettenübersetzung*«, in: ders.: *Deutsch und anders – die Sprache im Modernisierungsfieber*, Reinbek bei Hamburg: Rowohlt Taschenbuch (= rororo Sachbuch 60525), S. 344–354.

14   Meine Übersetzung dieses Stücks entstand für die Uraufführung am 12. 3. 2009 am Düsseldorfer Schauspielhaus (Regie: Cao Kefei 曹克非). Die Übersetzung erfolgte auf der Grundlage eines Manuskripts von Duo Duo und ist bislang unpubliziert.

什么在生活里
掩埋开阔听力的金耳朵«¹⁵

Eine *wörtliche* Übersetzung wäre:

> »Hört den bronzenen Schmerz in unseren Stimmen
> eine Form wie ein Tal hinterlassen
> Was im Leben
> begräbt **das weite Gehör** goldener Ohren«

Den zweiten Vers empfand ich beim Übersetzen als stilistisch blass. Vor
allem aber bereitete mir »das weite Gehör« Bauchschmerzen: Was war
damit gemeint? Und wie konnte ich es klangvoller und poetisch wirk-
samer ins Deutsche übersetzen? Ich entschied mich schließlich für die
folgende Lösung:

> »Hört den bronzenen Schmerz in unseren Stimmen
> was von ihm bleibt, nimmt die Gestalt eines Tals an
> Was im Leben
> begräbt das Gehör goldener Ohren, **die lauschten ins Offene**«

Dass hier im Deutschen, anders als im Chinesischen, ein Anklang an
Hölderlin mitschwingt – die Wendung »ins Offene« geht auf Hölderlins
Gedicht *Der Gang aufs Land*¹⁶ zurück –, stört mich nicht. Im Gegenteil:
Wenn eine Übersetzung, die sonst immer eine Verarmung an Konnota-
tionen und Assoziationen, an Ober- und Untertönen zu sein droht, auch
einmal einen neuen Unterton zum Klingen bringt (der nicht quer zum
Sinn des Originals steht), so ist das ein höchst willkommener Zugewinn.

Seitdem begleiten mich die »Ohren, die lauschten ins Offene« als eine
Art Maxime meines Tuns: Der Übersetzer darf sich nicht zum Papageien
machen, der (als ginge das überhaupt) bloß den Wortlaut des Originals
nachplappert. Er muss auch »ins Offene« der *eigenen* Sprache und Kultur
hineinlauschen – auf dass deren Reichtum auch seine Übersetzung bereichert.

---

15   Alle Hervorhebungen hier und ff. sind von mir.
16   Hölderlin, Friedrich (1992): *Sämtliche Werke und Briefe in drei Bänden*, hg. von
     Jochen Schmidt, Band 1: *Gedichte*, Frankfurt/Main: Deutscher Klassiker-Verlag,
     S. 276 f.

Literatur

Chun, Jane Lai Chui (2001): »Drama Translation«, in: Chan Sin-wai/David E. Pollard (Hg.): *An Encyclopedia of Translation. Chinese-English, English-Chinese*, Hongkong: The Chinese University Press, S. 159–171.

Hölderlin, Friedrich (1992): *Sämtliche Werke und Briefe in drei Bänden*, hg. von Jochen Schmidt, Band 1: *Gedichte*, Frankfurt/Main: Deutscher Klassiker-Verlag.

Jullien, François (1999): *Über das Fade – eine Eloge. Zu Denken und Ästhetik in China*, aus dem Französischen von Andreas Hiepko und Joachim Kurtz, Berlin: Merve-Verlag (= Internationaler Merve-Diskurs 219).

Kubin, Wolfgang (2001): *Die Stimme des Schattens. Kunst und Handwerk des Übersetzens*, München: edition global.

Kubin, Wolfgang (2005): *Die chinesische Literatur im 20. Jahrhundert*, München: K. G. Saur (= Geschichte der chinesischen Literatur, hg. von Wolfgang Kubin, Bd. 7).

Schuhmacher, Stephan (Übers. aus dem Amerikan.) (1998): *Zhuangzi. Das klassische Buch daoistischer Weisheit*, hrsg. und kommentiert von Victor H. Mair, Frankfurt/Main: Krüger.

Watson, Burton (Übers.) (1968): *The Complete Works of Chuang Tzu*, New York: Columbia University Press.

Weber, Markus (1999): »Sprechtheater«, in: Mary Snell-Hornby/Hans G. Hönig/Paul Kußmaul/Peter H. Schmitt (Hg.): *Handbuch Translation*, 2. verbesserte Auflage, Tübingen: Stauffenburg, S. 253–258.

Wilhelm, Richard (Übers.) (1982): *Dschuang Dsi. Das wahre Buch vom südlichen Blütenland*, Düsseldorf/Köln: Diederichs.

Zhuangzi ji shi 庄子集释 [Gesammelte Kommentare zum »Zhuangzi«] (1961), hg. von Guo Qingfan 郭庆藩, 3 Bde., Peking: Zhonghua Shuju 中华书局.

Zimmer, Dieter E. [und Widmer, Urs] (1998): »Kettenübersetzung«, in: ders.: *Deutsch und anders – die Sprache im Modernisierungsfieber*, Reinbek bei Hamburg: Rowohlt Taschenbuch (= rororo Sachbuch 60525), S. 344–354.

Y 9105 E

HEFT 10 OKTOBER 1987

THEATER HEUTE

Eine Zelebration der »Menschlichkeit«

Jürgen Flimms Inszenierung des *Woyzeck* am Volkskunsttheater Beijing

Von Li Yinan

Mit dem Ende der Kulturrevolution (1966–1976) betrat China eine neue Ära. Die chinesische Kunst und Literatur der achtziger Jahre versuchte, sich aus der Kontrolle des staatlichen ideologischen Apparats und besonders dem Personenkult des einst vergötterten Mao Zedong[1] zu befreien, um »zur Menschheit zurückzukehren *(renxing fugui)*«[2]. »Die Aufklärung als Ausgang des Menschen aus seiner selbst verschuldeten Unmündigkeit – das alles konzentriert sich um das Thema der Befreiung des Individuums vom Zertreten- und Gepeinigtwerden durch den einen Gott [Mao Zedong, Anm. d. Autorin] als der entfremdeten Rationalität.«[3] Mit dem liberalen Zeitgeist des *Xin Qimeng* (der Neo-Aufklärung)[4] öffnete sich die lange Zeit geschlossene Gesellschaft die Tür zur abendländischen Welt. Das Verlangen nach einer Modernisierung der Gesellschaft wurde wegen des Mangels an theoretischen Diskursen mit der Nachahmung des westlichen »fortgeschrittenen« *(xianjin)* Modells verwechselt. »Die westliche Modernität wurde als das einzige Vorbild verehrt.«[5] Wie Wang Hui in seinem Aufsatz »Der Status quo des zeitgenössischen chinesischen Denkens und das Problem der Modernität« behauptet, bedeutet

> »die Modernisierung die gesamten 1980er Jahre hindurch für die chinesischen Intellektuellen einerseits das Verlangen nach Wohlstand und der Kraft zum Aufbau eines nationalen Staates; andererseits die Kritik an der eigenen Gesellschaft und der eigenen Tradition mit dem Standard der westlichen modernen Gesellschaft und der westlichen Werte. Der Modernisierungsdiskurs der chinesischen Modernität ist dadurch gekennzeichnet, dass man die

---

1   Zum Personenkult des Mao Zedong vgl. Zhu Shubin (2007): *Mao Zedong Geren Chongbai Xianxiang de Lishi Kaocha (Eine historische Untersuchung des Phänomens des Personenkults des Mao Zedong)*, Dissertation am Zhonggong Zhongyang Dangxiao, Dangshi Bu, S. 109 ff.

2   Vgl. Li Zehou (1987): »Ershi Shiji Zhongguo Wenyi: Zhi Yi« (»Die Kunst und Literatur des 20. Jahrhunderts in China«), in: Zhongguo Xiandai Sixiang Shilun, Beijing: Dongfang chuban she, S. 209.

3   Ebd., S. 209.

4   »Die 1980er Jahre werden als die zweite Vierte-Mai-Bewegung betrachtet, sie haben die Bewegung der Neo-Aufklärung eröffnet.« Vgl. He Guimei (2004): *Nuoyong yu Chonggou, Bashi Niandai Wenxue yu Wusi Yundong (Appropriation und Rekonstruktion. Die Literatur der achtziger Jahre und die Vierte-Mai-Bewegung)*, Shanghai Wenxue, Nr. 5, S. 71.

5   Nan Fan (2011): Bashi Niandai: *Huayu Changyu yu Xushi de Zhuanhuan (Die 1980er Jahre: Der Wechsel in Diskurs und Narration)*, Wenxue Pinglun, Nr. 2, S. 76.

Jürgen Flimm inszeniert Büchner in China: *Woyzeck* war 1987 erstmals auf einer chinesischen Bühne zu sehen.

Probenfoto der *Woyzeck*-Inszenierung.

chinesischen Probleme mit der Grammatik des Gegensatzes China/West, Tradition/Modernität zu analysieren versucht.«[6]

In diesem Zeitgeist wurde eine Reihe abendländischer Theaterstücke übersetzt, publiziert und auf den chinesischen Bühnen aufgeführt. Am bekanntesten war Arthur Millers 1983er Inszenierung seines eigenen Theaterstücks *Tod eines Handlungsreisenden* (Übersetzung: Ying Ruocheng) am Volkskunsttheater Beijing. Als erster abendländischer Regisseur verbrachte Miller drei Monate in Beijing und arbeitete eng mit chinesischen Theaterkünstlern zusammen.[7] Sein »experimenteller mo-

---

6   Wang Hui (1997): »Dangdai Zhongguode Sixiang Zhuangkuang yu Xiandaixing Wenti« (»Der Status quo des zeitgenössischen chinesischen Denkens und das Problem der Modernität«), in: Tianya, S. 134.

7   Vgl. Miller, Arthur (1984): *Salesman in Beijing*, London: Viking Press.

derner Stil, der der Stanislawski-Doktrin widerspricht«,[8] hat das chinesische Theater der 1980er Jahre stark beeinflusst.[9]

1987 kam als erster Regisseur aus der Bundesrepublik Deutschland Jürgen Flimm zum Inszenieren nach Beijing. Für das Symposium über Georg Büchner zu dessen 150. Todesjahr (organisiert durch das Institut für Ausländische Literatur der Chinesischen Akademie für Sozialwissenschaften) hat Flimm einen Workshop für die Schauspieler des Volkskunsttheaters Beijing geleitet und am Hauptstadttheater in Beijing gemeinsam mit dessen Leiter Lin Zhaohua Büchners *Woyzeck* inszeniert. Die Premiere war am 12. Mai 1987. Die ursprüngliche Anregung für das Symposium und für die Inszenierung gab der Übersetzer des Stücks Li Shixun. Li Shixun hatte Anfang der 1960er Jahre am Institut für Internationale Beziehungen *(Guoji Guanxi Xueyuan)* Germanistik studiert, bevor er während der Kulturrevolution aufs Land, in die Innere Mongolei zwangsumgesiedelt wurde. Erst 1972, kurz vor Richard Nixons Besuch in China, wurde Li nach Beijing zurückberufen, um dort als Übersetzer an der Botschaft der DDR zu arbeiten. »An einem Nationalfeiertag der Bundesrepublik Deutschland«[10] (1973/1974) hat Li Shixun »eine Verfilmung von Alban Bergs *Wozzeck* am Capital Club[11] angeschaut und war von der literarischen Begabung des jung verstorbenen Dramatikers höchst beeindruckt«[12]. Das ist der Grund, warum sich Li Shixun für Büchner als Thema seiner Magisterarbeit am Institut für Ausländische Literatur der Akademie für Sozialwissenschaften entschied. Büchner war damals ein bahnbrechendes Forschungsthema, weil es »vor meiner Büchner-Übersetzung nur Fu Weicis Übersetzung von *Dantons Tod* gab. Das war noch vor der Kulturrevolution. Fu Weici wurde während der Kulturrevolution für seine Übersetzung kritisiert.«[13]

In den 1980er Jahren wurden zahlreiche westliche Dramatiker, da-

---

8 Vgl. Wu Wenquan (2003), *Tuixiaoyuan zhi Si zai Zhongguo (Tod eines Handlungs-reisenden in China)*, Yishu Baijia, Nr. 3, S. 64.

9 Jin Yuns *Gou'er Ye Niepan* und andere chinesische Stücke und Inszenierungen sind durch Millers *Tod eines Handlungsreisenden* beeinflusst, vgl. Wu Wenquan (2003): *Tuixiaoyuan zhi Si zai Zhongguo*, S. 63 ff.

10 Vgl. Li Yinans Interview mit Li Shixun, 18. Juni 2013.

11 Beiname für das St. Regis Hotel in Beijing. Das Hotel hat die Tradition, westliche Prominente zu Gast zu haben und war in den Zeiten der politischen Abschottung Chinas (z. B. während der Kulturrevolution) ein Fenster zur westlichen Welt.

12 Vgl. Li Yinans Interview mit Li Shixun.

13 Ebd.

runter auch die »modernistischen« *(xiandai zhuyi)* Autoren, die während der Kulturrevolution verboten waren, ins Chinesische übersetzt. »Während der achtziger Jahre, besonders zu Beginn der achtziger Jahre, kehrten die meisten Theateraufführungen zurück zum realistischen Drama; im Gegensatz dazu wurde bei der Übersetzung der dramatischen Literatur sowohl Realismus als auch Modernismus beachtet.«[14] Stile, die der sozialistisch-realistischen Doktrin nicht entsprachen, zum Beispiel »Symbolismus, Expressionismus, Existenzialismus, Absurdes Theater, Episches Theater«[15] wurden in China vor allem durch die literarische Übersetzung, nicht durch Bühnenpraxis eingeführt. Die Unterschiede zwischen diesen sehr unterschiedlichen Tendenzen wurden während der achtziger Jahre in China nicht beachtet, sondern »diese Theorien ließen die Menschen mehr auf den Menschen selbst achten. (...) Humanismus und Menschlichkeit (...) wurden im breiten Umfang hochgeschätzt.«[16] Durch die Brücke des »Humanismus« *(renben zhuyi)* wurde der literarische Modernismus *(xiandai zhuyi)* mit der Modernisierung der chinesischen Gesellschaft fest verbunden. Als er gefragt wurde, warum er gerade das Stück *Woyzeck* für die Übersetzung ausgesucht habe, erwähnte Li Shixun interessanterweise sofort sein Erlebnis mit der Filmversion von Alban Bergs Opernbearbeitung und nannte dabei explizit den Veranstalter des Filmabends – die Botschaft der Bundesrepublik – und auch das Lokal, in dem er die Verfilmung gesehen hatte: den Capital Club. Der luxuriöse westliche Lebensstil und die Avantgarde-Kunst vereinigten sich im Widerstand gegen den proletarisch-revolutionären Diskurs und wurden zur Attraktion für die Generation der Achtziger-Jahre-Chinesen.

Li Shixun hat das Theaterstück *Woyzeck* (Version Taschenbuch Verlag, München 1980) in der Bibliothek des Instituts für Ausländische Literatur der Akademie für Sozialwissenschaften gelesen und ins Chinesische übersetzt. 1986 wurde seine Übersetzung des *Woyzeck*, zusammen mit seiner Übersetzung von *Leonce und Lena*, *Lenz*, Büchners Briefen und Fu Weicis Übersetzung von *Dantons Tod* in einem Band durch den Verlag der Volksliteratur *(Renmin Wenxue Chubanshe)* publiziert. Bei der Publikation des Büchner-Bands ergriff Li Shixun die Initiative für ein

14 Xu Ting (2012): *Waiguo Xiju yu Bashi Niandai Zhongguo Xiju (Das ausländische Drama und das chinesische Drama in der 1980er Jahren)*, Magisterarbeit an der Shanghai Theaterakademie, S. 9.

15 Ebd.

16 Ebd., S. 8.

Büchner-Symposium. Im Interview mit der Autorin dieses Aufsatzes beschrieb er diesen Vorgang so:

> »1986 wechselte ich die Arbeitsstelle von der Redaktion des *Shijie Wenxue (Die Weltliteratur)* an die Chinesische Botschaft der Bundesrepublik Deutschland. Ende März oder Anfang April, bevor ich die neue Stelle übernahm, schrieb ich jeweils an Feng Zhi, damals Präsident des Instituts für Ausländische Literatur der Akademie für Sozialwissenschaften Chinas, an Zhang Desheng, Direktor der Abteilung für Ausländischen Kontakte *(Wailianju)* des chinesischen Kulturministeriums, und an Per Fischer, Botschafter der Bundesrepublik Deutschland in Beijing, und schlug vor, zum 150. Todesjahr Büchners ein Büchner-Symposium zu veranstalten. Ein Manuskript meiner Übersetzung (damals noch nicht veröffentlicht) von *Woyzeck* habe ich direkt an Yu Shizhi, damals Intendant des Volkskunsttheaters Peking geschickt, auf eine Inszenierung hoffend, die das Symposium begleiten sollte.«[17]

Nach der Publikation von Li Shixuns Übersetzungsband las Per Fischer im *Guangming Ribao* dessen Vorwort und schrieb ihm einen Brief als Gratulation. In meinem Interview mit Albrecht von der Heyden, damals verantwortlich für Kulturangelegenheiten an der Beijinger Botschaft der Bundesrepublik Deutschland, erinnerte dieser sich an den Hintergrund, das Symposium und die Inszenierung zu realisieren:

> »Als ich 1984 in Peking ankam, wurde ein großer Teil des Kulturaustauschs zwischen der Bundesrepublik Deutschland und der Volksrepublik China noch über staatliche Institutionen abgewickelt, in der Regel im Rahmen von jährlichen Kulturprogrammen. Ein solches Theaterprojekt zu organisieren bedurfte deswegen einer längerfristigen, zielgerichteten Vorbereitung. Aber das ist uns durch eine umfassende Zusammenarbeit auf verschiedenen Ebenen, von Künstlern und staatlichen Stellen, schließlich gelungen. Flimms Besuch in Peking zur gemeinsamen Inszenierung von Büchners *Woyzeck* wurde, auch im Rückblick, zu einem Markstein im deutsch-chinesischen Kulturaustausch. Das gilt umso mehr, als durch diesen Besuch eine entsprechende Inszenierung eines chinesischen Stückes durch Jürgen Flimm und Lin Zhaohua im folgenden Jahr in Hamburg inspiriert wurde.«[18]

Jürgen Flimm war damals seit zwei Jahren Intendant des Thalia-Theaters in Hamburg. Als Regieassistent an den Münchner Kammerspielen hatte

17 Li Yinans Interview mit Li Shixun.
18 Li Yinans Interview mit Albrecht von der Heyden, 23. Februar 2013.

er die Studentenproteste 1968 erlebt. In einem Interview mit der *Süddeutschen Zeitung* äußerte er sich über seine Beziehung zur 68er Bewegung: »Bloch, Marcuse, Böll – Adornos *Minima Moralia* habe ich sogar stets griffbereit, um darin zu lesen. (...) Es enthält für mich den zentralen 68er-Text. Sinngemäß heißt es darin, wir müssen die Widersprüche und die Ausbeutung, die in der Welt geschehen, offenlegen, zugeben. Nur so kann die Welt erlöst werden.«[19] Flimm war unzufrieden mit dem in den westlichen Massenmedien vermittelten Bild Chinas und neugierig auf dieses »rote« Gebiet: »China schien für uns Westdeutsche ein böses Land zu sein, dass sie zu uns kämen und uns erobern möchten. Das ist völlig idiotisch. Es gab den Koreakrieg, damals fand man die Chinesen enorm gefährlich und aggressiv. Als ich zum ersten Mal nach Peking fuhr, war ich sehr neugierig. Ein tolles Land. Wir hatten einen Bundeskanzler Kiesinger. Der hat den berühmten Satz gesagt: ›Ich sage nur China, China, China‹. Völlig idiotisch.«[20]

Flimm lernte China zum ersten Mal 1986 kennen. Im Dezember 1986 beteiligte er sich auf Einladung des Goethe-Instituts am 7. Symposium der *International Brecht Society* zum Thema »Brecht in Asia and Africa« in Hongkong und hielt dort einen Vortrag. Zu diesem Symposium war auch der chinesische Theaterregisseur Lin Zhaohua eingeladen. Auf dem Symposium wurde die Verfilmung von Lins Inszenierung von Brechts *Schweyk im Zweiten Weltkrieg* gezeigt, mit Liang Guanhua als Schweyk. Flimm und Lin lernten sich kennen. Nach dem Symposium reiste Flimm nach Shanghai. In meinem Interview mit ihm erinnerte er sich an eine Anekdote während seiner Shanghai-Reise: »Ich habe noch eine Geschichte im Kopf. Als ich zum ersten Mal da war, bei einem Brecht-Kongress in Hongkong, bin ich sehr krank geworden. Ich bin von Hongkong nach Shanghai gereist, war total erkältet. Damals wurde kaum geheizt. Ich lag im Hotel in Shanghai. Dann ging die Tür auf. Zwei Damen vom Theaterverband kamen herein, wie zwei Engel, mit einer Schüssel voller Mandarinen. Die haben sie vor mich hingestellt und sagten: ›Du musst das essen, wenn du wieder gesund werden willst.‹ Das war wunderbar und hat gewirkt.«[21] »Mitten in einem total fremden Land, ohne Sprach-

---

19 Christine Zerwes' Interview mit Jürgen Flimm in: *Süddeutsche Zeitung Magazin*, Heft 08/2008: http://sz-magazin.sueddeutsche.de/texte/anzeigen/4517 [letzter Zugriff: 1.11.2015].

20 Li Yinans Interview mit Jürgen Flimm, 25. Februar 2013.

21 Ebd.

kenntnis (...) menschliche Wärme«, und er nennt diese Anekdote sein »sentimentalstes Erlebnis«.[22]

Am 12. Mai 1987 kam Flimm nach Beijing, um einen Workshop mit den Schauspielern des Volkskunsttheaters Beijing zu leiten und für das Büchner-Symposium Szenen aus *Woyzeck* zu inszenieren. Jürgen Bertram, damals ARD-Journalist in China, beobachtete Flimms Besuch und drehte eine Reportage für den *Kulturweltspiegel* der ARD. Bertrams Reportage beginnt mit einer Probenszene. Song Dandan, schon damals eine bekannte Theater- und Fernsehschauspielerin, erschien als Marie, ihr »Kind« (eine Puppe mit blondem Haar) streichelnd singt sie das Lied in der Zweiten Szene des originalen Stücks:

> »Mädel, was fangst du jetzt an
> Hast ein klein Kind und kein Mann.
> Ey was frag ich danach
> Sing ich die ganze Nacht
> Heyo popeio mein Bu. Juchhe!
> Giebt mir kein Mensch nix dazu.«[23]

Das Lied deutet sowohl Maries sozialen Status als verachtete unverheiratete Mutter an als auch ihre Bereitschaft, sich auf den Tambourmajor einzulassen. Es greift auf ein historisches Volkslied, das »Fuhrmannslied«, zurück. In Flimms Inszenierung allerdings singt Song Dandan das Lied in der Melodie eines chinesischen Volkslieds *Der kleine China-Kohl (Xiao Baicai)*. Das volkstümliche Lied, welches das Schicksal eines Waisenmädchens beschreibt, wird in der Provinz Hebei überliefert.[24] Der Text des Liedes lautet:

> »Kleiner China-Kohl, wird gelb im Felde,
> Ich habe die Mutter verloren, mit drei oder zwei Jahren,
> Ich wollte mit dem Papa gut weiterleben,
> Fürchtete aber, der Vater heiratet eine Stiefmutter.
> Mein Papa heiratete die Stiefmutter, vor gut drei Jahren;
> Ein Bruder ist geboren. Ihm geht es besser als mir.
> Mein Bruder trägt Kleider aus Seiden und Satin;

---

22 Ebd.

23 Büchner, Georg (1999): *Woyzeck*, Stuttgart: Reclam 1999, S. 10.

24 Zheng Nan/Hao Xue (2013): »Qianxi Chuangzuo Gequ Xiao Baicai«, in: Keji Feng, Nr. 7, S. 64–65.

Ich trage Kleider aus groben Stoffen.
Mein Bruder isst Nudeln, ich esse nur die Suppe.
Ich hebe die Schüssel, meine Augen voller Tränen,
Ob meine liebe Mama an mich denkt, wer weiß?
Ich denke an meine Mama, in meinem Traum
Pfirsichblüten welken, Aprikosenblüten verfallen,
Denke an meine leibliche Mama, in dem Wind.«[25]

Der Ursprung des Lieds ist unklar. Der Titel erinnert aber an einen bekannten Kriminalfall der Qing-Dynastie, der als Material in verschiedenen chinesischen *Xiqu*-Genres (zum Beispiel *Suzhou Pingtan*, *Qinqiang*, *Qu Ju*) immer wieder auftaucht. Ge Bi Shi (1856–1930), Beiname Xiao Baicai, Ehefrau eines Tofu-Herstellers, war angeklagt worden, Unzucht mit Yang Naiwu (1840–1914), ihrem Lehrer, begangen und ihren Ehemann vergiftet zu haben. Unter Folter gestanden Xiao Baicai und Yang Naiwu die in Wahrheit von ihnen nicht begangene kriminelle Tat. Erst nach mehrjährigen Untersuchungen wurden die beiden rehabilitiert. Xiao Baicai lebte nach der Freilassung bis zu ihrem Lebensende in einem Nonnentempel.[26]

Der Regisseur hat die Melodie des chinesischen Volkslieds *Xiao Baicai* offensichtlich aus mehreren Gründen für Maries Lied verwendet. Erstens entspricht die traurige Melodie dem bemitleidenswerten Schicksal Maries; zweitens erinnert die ungerechtfertigte Anklage gegen Xiao Baicai wegen Unzucht an Maries Unzucht als unverheiratete Mutter; drittens haben beide Lieder die überlieferte Volkstümlichkeit gemeinsam. Es war ein Versuch, für bestimmte Details im originalen deutschen Stück Pendants in der chinesischen Kultur zu finden. In den chinesischen Inszenierungen westlicher Dramen war es während der achtziger Jahre noch üblich, westliche Aufführungen äußerlich (Mimik, Kostüm, Ton der Sprache, Bühnenbild und Musik) zu kopieren, um »wahrhaftig« *(yuanzhi yuanwei)* zu sein.[27] Erst durch Arthur Millers Regieanweisungen bei seiner Inszenierung des *Tods eines Handlungsreisenden* verzichteten die Schauspieler des Volkskunsttheaters Beijing darauf, »Nase durch Polster zu vergrößern oder blonde Perücke zu tragen«, weil Miller als

25   Li Maixin (1994): *Minge Xiao Baicai Tanxi (Eine Untersuchung des Volkslieds Xiao Baicai)*, Yinyue Xie xi yu Yanjiu, Nr. 11.

26   Liu Gengsheng: *Lishi Dang'an Zhong de Yang Naiwu yu Xiao Baicai (Yang Naiwu und Xiao Baicai in den historischen Dokumentationen)*, S. 77–82.

27   Sun Huizhu (2011): *Bainian Huaju de Shishang Fengjing (Der Trend von 100 Jahren Sprechtheater)*, Hu Jing, Rang Huaju Jiang Hanyu, Ju Zuojia, Nr. 3, S. 65.

»einer der amerikanischen Linken gegen all das Cross-racial-Schminken war. Die Künstler des Volkskunsttheaters Beijing waren insgeheim nicht Millers Meinung: ›Was hat der amerikanische Rassismus mit uns zu tun? Unser Sprechtheater fing doch an, als wir uns schwarz schminkten und die Schwarzen auf der Bühne darstellten.‹[28] Aber wer kann zu diesem großen Meister ›Nein‹ sagen, der sein eigenes Theaterstück inszeniert?«[29] Wie Sun Huizhu hier feststellt, wurde Miller, ohne hinterfragt zu werden, als ein »großer Meister« und Vertreter der hochgeschätzten vorbildlichen westlichen Kultur von den chinesischen Schauspielern geachtet.

Flimms Regiekonzeption war ähnlich wie die Millers: Er versuchte,

Probenfoto der *Woyzeck*-Inszenierung.

---

28 In der ersten chinesischsprachigen Sprechtheateraufführung 1907 in Tokio, einer Adaption von *Uncle Tom's Cabin* (s. S. 81 des vorliegenden Buchs), waren die Schauspieler schwarz geschminkt. (Anm. d. Hg.)

29 Sun Huizhu (2007): *Bainian Huaju de Shishang Fengjing (Der Trend von 100 Jahren Sprechtheater)*, Shehui Guancha, Nr. 5.

Gemeinsamkeiten zwischen den beiden Kulturen zu finden und die kulturelle Distanz zu überwinden. »Menschlichkeit« *(renxing)* wurde zur Brücke, die die deutsche mit der chinesischen Kultur verband. Im Interview erklärt Flimm, warum er das Stück *Woyzeck* überhaupt für seine Inszenierung ausgesucht hat: »Das ist ein Stück, das versteht man auf der ganzen Welt. Die Handlung von *Woyzeck* kann man sich sehr gut vorstellen. Eifersucht kennt jeder, Mord aus Eifersucht gibt es nahezu überall. Man muss also nicht lange suchen, um die Figuren zu finden. Das ist ganz einfach, eigentlich ganz simpel.«[30]

Um mit einer komplett fremden Kultur in Verbindung zu treten, gab Flimm eine »ganz einfache« Interpretation des *Woyzeck*. Marie wurde zur tragischen Hauptfigur des Stücks. Song Dandans äußerst sentimentale Darstellungsweise macht Marie bemitleidenswert, sogar unschuldig trotz ihrer Unkeuschheit. Man sieht hier auch die Verbindung des *huaju* (Sprechtheater) zur chinesischen *Xiqu*-Tradition, die erotische Frauen häufig als tragische Hauptrollen darstellt.[31] Erotik, Unzucht und Eifersucht waren als Gefühle und Taten wegen ihres Verstoßes gegen die revolutionären Prinzipien im chinesischen Theater der Kulturrevolution verboten. Der Klassenkampf sollte in allen Werken zum einzigen Thema der chinesischen Literatur und Kunst werden. Erst in den achtziger Jahren erschienen die Gefühle und Taten, die dem Leitprinzip des Klassenkampfs *(Jieji douzheng wei gang)* nicht entsprachen und als Stimmung des Petit-Bourgeois *(xiaozi qingdiao)* oder gar als »kapitalistische Demoralisation« kritisiert wurden, wieder auf der chinesischen Bühne und wurden als »Rückkehr der Menschlichkeit« zelebriert. Das war der Grund, warum Flimms Regiekonzeption von den chinesischen Schauspielern mit Begeisterung akzeptiert wurde. Jürgen Flimm, nach Arthur Miller wieder ein abendländischer »großer Meister«, brachte den Chinesen genau das, was sie in jenen Jahren »voller mehrdeutiger Manifeste, berauschter Gefühle, überheizter Ideale und aufgeregter Rebellen«[32] als Bestätigung und Vorbild brauchten.

---

30 Li Yinans Interview mit Jürgen Flimm.

31 Vgl. Yang Zaihong (2006): *Zhongguo Gudian Xiqu Beiju Xing Yanjiu (Eine Untersuchung der tragischen Charaktere des klassischen chinesischen Musiktheaters)*, Dissertation am Huadong Shifan Daxue.

32 Huang Ping (2012): *Wenben yu ren de qitu (Der Irrweg des Texts und des Menschen)*, *Zhe Jiu shi women de wenxue shenghuo, Dangdai wentan sanshinian ping lun jing xuan (Das ist unser literarisches Leben. Eine Auslese aus der zeitgenössischen chinesischen Literatur)*, Bd. 2, S. 1036.

In der Liebesszene zwischen Marie und dem Tambourmajor (Darsteller: Pu Cunxin) mussten die beiden chinesischen Schauspieler das gesellschaftliche Tabu (sowohl in der Tradition als auch in der Kulturrevolution) des *Nannü shou shou bu qin* (Berührungsverbot zwischen Mann und Frau)[33] überwinden. Die beiden fingen an, Walzer zu tanzen. Es war eine heitere Szene. Pu Cunxins stellte den Tambourmajor als attraktiven jungen Mann dar – den idealen Partner für Marie. Die Unzucht wurde als Romantik oder sogar wahre Liebe dargestellt. Der Walzer war Anfang des 20. Jahrhundert in China eingeführt worden. »Als eine neue Unterhaltungsform hielt man die Gesellschaftstänze für einen Verstoß gegen traditionelle Moral und Lebensstil. Die meisten Chinesen konnten den Stil der Gesellschaftstänze nicht akzeptieren. In verschiedenen Gegenden wurden die Gesellschaftstänze verboten.«[34] In den 1980er Jahren wurde der Walzer in den großen Städten wieder getanzt. Beteiligte sind meist »Auslandschinesen, die nach China zurückkamen« und »oft die Händler, die mit Abendländern Umgang hatten«.[35] In der Inszenierung hat der Walzer zwischen Marie und dem Tambourmajor eine symbolische Bedeutung: das menschliche Leben mit Liebesgefühlen nach dem abendländischen Vorbild, jenseits der traditionellen chinesischen Moral.

In der Diskussion für die Symposiumsbeteiligten nach der Aufführung sagte Song Dandan: »Ich wusste gar nicht, wie ich die Heldin darstellen sollte, als ich den Text zum ersten Mal las. In dem Workshop habe ich vor allem viel darüber gelernt, wie man so eine Heldin darstellen soll.«[36] Aus Song Dandans Mimik wird klar, was »so eine Heldin« bedeutet. Flimm interpretiert Marie als eine junge schöne Frau voller Liebessehnsucht. Ihre Affäre mit dem Tambourmajor wird als menschliches Liebesgefühl dargestellt. *Woyzeck* wird zu Maries Liebestragödie, »Eifersucht kennt jeder, Mord aus Eifersucht gibt es nahezu überall«.[37]

In der Videoaufzeichnung des *Kulturweltspiegels* ist es für die Autorin dieses Aufsatzes auffällig, dass die Spielweise der chinesischen Schauspieler stark durch die des traditionellen Musiktheaters – Sentimentali-

---

33 Vgl. Li Hengmei (1993): *Nannü shou shou bu qin de shenceng hanyi, wie zaoqi rujia bian wu zhiyi (Die Bedeutung des Spruchs »Nannü shou shou bu qin«. Eine Verteidigung des frühen Konfuzianismus. Teil I)*, Yantai daxue xuebao. 2, S. 43–50.

34 Vgl. Song Jinmei/Zhang Fantao (2012): »Shi lun huaerzi zai woguo de lishi zanbian«, in: Da wutai, S. 100 f.

35 Ebd.

36 Vgl. Jürgen Bertram, ARD-*Kulturweltspiegel* vom 26. Mai 1987.

37 Li Yinans Interview mit Jürgen Flimm.

tät und Schauspielkonventionen *(chengshi)* – beeinflusst ist. *Xieyi* (vgl. Fußnote 2 auf S. 168) und *shenyun* (Esprit), die durch Jiao Juyins (1905–1975) Zusammenfassung und Lehre zu den signifikanten Schauspielstilen am Volkskunsttheater Beijing wurden,[38] kann man im Spiel der chinesischen Schauspieler, besonders dem von Song Dandan und Liang Guanhua (als Woyzeck) klar erkennen. Jürgen Flimm aber betont ganz im Gegenteil die Gemeinsamkeiten, nicht die Unterschiede zwischen den chinesischen und den westlichen Schauspielern:

> »Die Schauspieler sind auf der ganzen Welt gleich. Die Gestensprache ist doch international verbindlich. Man hebt die Schultern, wenn man nicht weiß, was man tun soll. Wenn man Kopfweh hat, macht man so. Wir kommen von denselben Ahnen her, es gab kein Problem. Das war eine Erfahrung. Wut ist gleich. Im chinesischen Theater gibt es sie wie bei uns – unten die Hölle, oben den Himmel. Es ist wunderschön, dass es eine verbindliche Körpersprache gibt.«[39]

Offensichtlich ist Flimms Betonung der Gemeinsamkeiten zwischen chinesischen und westlichen Schauspielern nicht durch Nachlässigkeit zu erklären, sondern durch seine Bereitschaft, die kulturelle Kluft zwischen Deutschland und China zu überbrücken.[40]

Als erster Regisseur aus der Bundesrepublik, der in China Theaterregie führen durfte, versuchte Jürgen Flimm, eine »ganz einfache« menschliche Geschichte zu erzählen, um sich mit dem chinesischen Publikum – einem für ihn fremden Volk – zu verständigen. Über seine Regiekonzeption befragt, antwortete er: »Nein, das Stück braucht kein Konzept. Wir haben die Bühne flach und viereckig gemacht, und das Publikum saß auf allen Seiten rundherum.«[41]

Bei seinem Aufenthalt in Beijing wurde Flimm vor allem durch die Gemeinsamkeiten zwischen den Chinesen und den Europäern beeindruckt: »Mir wurde erzählt von den ›blauen Ameisen‹. Das stimmt gar nicht. Das war nur Propaganda gewesen. Die Schauspieler waren wie Italiener. Temperamentvoll, herzlich, dankbar, überschwänglich, sehr

---

38 Bao Jianqiang (2009): »Zhongguo Xiqu dui Huaju yishu de Yingxiang. Xiju«, in: Zhongyang Xiju Xueyuan Xuebao, Nr. 3, S. 27–36.

39 Li Yinans Interview mit Jürgen Flimm.

40 Im Interview mit Jürgen Bertram erwähnt Jürgen Flimm die Besonderheiten der chinesischen Schauspieler und meint, dass die durch den Einfluss des chinesischen Musiktheaters zu erklären seien, vgl. Jürgen Bertram, ARD-*Kulturweltspiegel*, a. a. O.

41 Li Yinans Interview mit Jürgen Flimm.

freundlich, zugeneigt, überall, wo ich auch hingekommen bin. Das war unvergesslich.«[42] Seine Inszenierung von *Woyzeck* wurde deswegen zu einer Zelebration der »Menschlichkeit«, nicht eine Auseinandersetzung mit der Ideologie und der Revolution. Als einer der 68er hatte Flimm vor seiner China-Reise Illusionen über China, die durch seine Erlebnisse in China zerstört wurden: »Ich fand die Kulturrevolution toll – bis ich dann mal in China gearbeitet habe und mir chinesische Theater-Freunde erzählten, was da wirklich passiert ist. Ich fragte mich: Warum hast du dich nicht besser informiert? Wie konnte ich diese pompösen Sätze aus der Mao-Bibel so bewundern und glauben? Mao hat Millionen Menschen getötet, er war ein Verbrecher.«[43]

Flimms Erlebnisse in China und seine Regie-Entscheidungen in der Inszenierung von *Woyzeck* sind durch den Zeitgeist der achtziger Jahre in China zu erklären. »Alle Diskurse vereinigten sich unter dem Banner der Befreiung *(jiefang)* und wurden zu einer Ganzheit (...). Der Zeitgeist der achtziger Jahre war mehrdeutig, es zeigt sich, dass es auch monotone achtziger Jahre gab. Die Unterschiede zwischen dem ästhetischen Denken Hegels, Humanismus, Existenzialismus und Strukturalismus sind nicht mehr wichtig. Die Narration der Befreiung ließ die vielfältigen Diskurse sich zu einer Struktur vereinigen, um gegen die Macht der traditionellen Konzeptionen anzugehen. Die westliche Modernität wurde zum einzigen Vorbild.«[44]

---

42 Ebd.

43 Christine Zerwes, a. a. O.

44 Nan Fan (2011): »Baishi Niandai: Huayu Changyu yu Xushi de Zhuanhuan« (»Der Wechsel im Feld und in der Narration des Sprechtheaters in den achtziger Jahren«), in: Wenxuepinglun, 2, S. 76.

Die Gefühle der Masse

Notizen zu einer chinesisch-deutschen Theater-expedition des Paper Tiger Theater Studios Beijing und der Münchner Kammerspiele

Von Christoph Lepschy

Gefühlsintensitäten

»Das Gefühl suchen!«, fordert Regisseur und Choreograf Tian Gebing immer wieder auf den Proben zur Inszenierung *Totally Happy* an den Münchner Kammerspielen, einer Koproduktion mit seinem Paper Tiger Theater Studio Beijing und dem Goethe-Institut China, die am 2. Oktober 2014 in München zur Uraufführung kam.[1] Zum Beispiel wenn die Schauspieler und Tänzer gemeinsam die Geschichte eines kollektiven Selbstmords einer Familie erzählen. Die Situation ist einfach: Eine Tänzerin, Wang Ya'nan, figuriert als Erzählerin, sie organisiert ein Familienbild, das am Ende zerfallen wird. Ein Darsteller nach dem anderen übernimmt den Part eines Familienmitglieds und wird Teil des Bildes. Jeder spricht vor dem Sprung aus dem Fenster einen letzten Satz. »Wenn ihr Ya'nan folgt, nähert euch der Emotion der Erzählerin«, merkt der Regisseur an. Diese »Suche nach dem Gefühl« bezieht sich auf eine kollektive Situation, es geht um ein gemeinsames Gefühl, manchmal auch um ein Gemeinschaftsgefühl, weniger um Individuelles. In einem Ensemble mit chinesischen Tänzern und europäischen Schauspielern führt das leicht zu Irritationen. Die Europäer verstehen den Hinweis zunächst als Aufforderung zur Darstellung größerer individueller Gefühlsintensität, sie vergrößern also den jeweils eigenen emotionalen Ausdruck. Damit erhöhen sie die emotionale Unausgewogenheit der Gruppe, sie »dramatisieren« die Situation, und das Ergebnis ist folglich das Gegenteil dessen, was gesucht war. Solche Missverständnisse sind ein wichtiger Bestandteil transkultureller Produktionen und häufig erweisen sie sich als Produktivkraft. Denn sie öffnen einen Raum, in dem es möglich wird, nicht nur über die Bedingungen des eigenen, oft als selbstverständlich genommenen Tuns nachzudenken, sondern auch eine andere kulturelle Gemengelage körperlich zu erleben und an anderen Gefühlswelten teilzuhaben.

---

[1] Die Inszenierung erlebte anschließend eine erfolgreiche Aufführungsserie an den Münchner Kammerspielen und reiste im März 2015 noch einmal nach Beijing, wo die Proben zum Teil öffentlich fortgesetzt und die Inszenierung im chinesischen Kontext neu erprobt wurde. Der Artikel entstand rückblickend im Juni 2015.

Paper Tiger Theater Studio/Münchner Kammerspiele, *Totally Happy*, Inszenierung: Tian Gebing, München 2014.

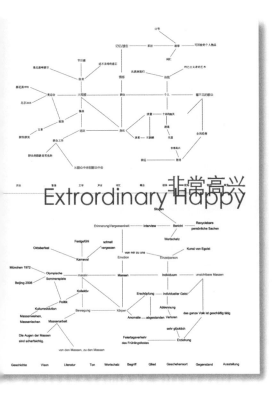

Mindmap aus der Recherchearbeit für die Inszenierung *Totally Happy*.

Anfänge

Im Zentrum der Arbeit an *Totally Happy* stand denn auch die Suche nach einem Gefühl: dem Gefühl der Masse. Wie entsteht es? Wie zerfällt es? Was macht es mit dem Individuum? Was ist Masse? Wie lässt sich die Masse kontrollieren? Welcher Form von verborgener Gewalt wird sie unterworfen? Wie verhalten sich Masse und Individuum zueinander? Diese und ähnliche Fragen wirft Tian Gebing bereits in der Vorbereitungsphase im Dezember 2011 in einer E-Mail auf, in der er mich einlädt, an der Inszenierung mitzuarbeiten. Begeistert sage ich zu. Wir fragen uns nach den Assoziationen, die der Begriff im kollektiven Gedächtnis unserer jeweiligen Kulturen auslöst. Wir beschäftigen uns mit den großen politischen Massenbewegungen des 20. Jahrhunderts ebenso wie mit den Massenerfahrungen in unseren Biografien: Für Tian sind es die Massenbewegungen der Kulturrevolution, die einen prägenden Eindruck hinterlassen haben. Für mich sind es eher Erinnerungen an Rockkonzerte oder die Demos der Friedensbewegung in den achtziger Jahren. Wir lesen die einschlägigen soziologischen und philosophischen Texte, etwa von Gustave Le Bon und Elias Canetti, die auch ins Chinesische übersetzt sind. Immer wieder kommen wir auf die körperliche Erfahrung in der Masse zu sprechen: Wie wird aus einer Anzahl individueller Körper ein kollektiver Massenkörper? Wie entsteht ein kollektives Körpergefühl? Ist die körperliche Ansprechbarkeit für die Synchronisierung von Bewegungsabläufen auch kulturell bedingt? Anders gefragt: Führt die Allgegenwart von gemeinschaftlichen Ritualen wie dem morgendlichen Fahnenhissen vor Kaufhäusern oder in Schulen zu einer körperlichen Sozialisation, die für das Dasein in der Masse vorbereitet? Während der (zunehmend vermeintliche) Imperativ des Individualismus in Europa die Körper tendenziell eher separiert als Erfahrungen eines gemeinsamen Körpergefühls zu vermitteln? Was nicht zuletzt vor dem Hintergrund der traumatischen Massenerfahrungen in den Zeiten des Nationalsozialismus zu verstehen wäre. Oder sind das alles nur überkommene Ost-West-Klischees?

Theorie und Praxis

Das helle, geräumige, in einem mit Bäumen bestandenen Hinterhof ganz am Rande im Nordosten Beijings gelegene Studio von Paper Tiger wird im Lauf der folgenden zwei Jahre immer wieder auch zu einem Diskursort. Gesprächsforen finden statt, an denen Filmemacher, Fotografen, Architekten, Schriftsteller und Theaterleute teilnehmen, erfahrene Profis ebenso wie Studierende. Sie widmen sich unterschiedlichen Aspekten des Themas und stellen ihre Rechercheergebnisse zur Diskussion. Für Tian Gebing sind dies keinesfalls »nur« die Vorbereitungsarbeiten für eine Inszenierung, nein, diese Begegnungen selbst stellen schon einen Teil des Projektes dar. In diesen Diskursveranstaltungen geht es um die unsichtbaren Massen des Internets ebenso wie um das Gedächtnis der Masse, um Erinnern und Vergessen, um konkrete Massenereignisse wie

Das (inzwischen nicht mehr existierende) Studio in Chaoyang, Beijing.

das chinesische Frühlingsfest (an dem sich ganz China auf der Reise in die Heimat befindet, für die meisten der einzige Moment im Jahr, an dem sich die ganze Familie zu Hause versammelt) oder das Münchner Oktoberfest. Es geht um Insektenstaaten und Schwarmintelligenz, um Massenobjekte, Massenbewegungen und immer wieder um Massengefühle. Recherchen in Beijing und in München führen uns in Bibliotheken ebenso wie zu den architektonischen Zeugen der Massenbewegungen: auf den Platz des Himmlischen Friedens und den Königsplatz.

Um die Materialmassen aus den Recherchen in einen performativen Zusammenhang zu bringen, veranstaltet Paper Tiger eine Reihe von offenen Performance-Workshops, zum Teil von Tian Gebing, zum Teil von Gästen wie dem australischen Performer und Choreografen Tim Darbyshire oder dem belgischen Theaterkünstler Jan Lauwers geleitet. Darbyshire befasst sich mit dem Phänomen »Stampede«, einer rätselhaften Fluchtbewegung, die eine Tierherde unvermittelt erfassen kann und unkontrollierbar macht. Ein anderer Workshop steht unter dem Motto »I swear there would be no nude, definitely!« und verknüpft Fragen nach dem Tabu, der Nacktheit und dem Schwur.

Mit der Zeit konzentriert sich das Interesse auf zwei entscheidende Momente: den Augenblick, in dem der oder die Einzelne Teil der Masse wird, sein/ihr Ich überschreitet und sich »auflöst«, und den Augenblick, in dem er oder sie sich separiert, von der Masse absondert, in dem der Zweifel keimt.

Jenseits der Sprache

Im Juni 2013 begegnet sich die Gruppe von den Kammerspielen und die von Paper Tiger erstmals bei einem Workshop in München. Dabei

ist der Ansatz nicht, die kulturelle Differenz explizit zum Thema zu machen. Tian Gebing geht davon aus, dass »die Differenz zwischen den einzelnen Individuen größer ist als die Differenz zwischen den Gruppen«. Der kulturelle Abstand ist ohnehin sehr präsent, schon weil keine gemeinsame Sprache zur Verfügung steht. Alles muss übersetzt werden. Nonverbale Formen der Kommunikation sind daher mindestens so wichtig wie die Sprache. Der Workshop beginnt daher mit einer physischen Begegnung der Darsteller, die Diskussion von konzeptionellen Überlegungen findet erst am Ende der ersten Arbeitstage statt. Improvisationen auf der Grundlage von Assoziationen zu einschlägigen Filmausschnitten von Massenphänomenen stehen am Anfang. Ein gemeinsamer Erfahrungsraum entsteht, in dem die Darsteller schnell zueinander finden. Wir experimentieren mit den Sprachen, Chinesisch und Deutsch. Ein Paper-Tiger-Spieler und ein MK-Spieler erzählen in ihrer jeweiligen Sprache gemeinsam eine Geschichte, ohne zu wissen, was der andere sagt. Die Herausforderung besteht darin, aus den nonverbalen Elementen des Erzählaktes auf dessen Inhalt zu schließen und diesen in der eigenen Sprache weiterzuentwickeln, wobei die beiden Darsteller gleichzeitig dem Publikum gegenüber eine maximale Souveränität und Selbstverständlichkeit der Situation behaupten. Es entstehen kuriose und groteske Szenen, in denen sich zwei Geschichten wechselseitig beleuchten. Bemerkenswert ist wie die Spieler im Verlauf der vermeintlich gemeinsamen Erzählung ihre Bewegungen mehr und mehr synchronisieren. Sie übernehmen die Gesten des Anderen, als liege darin der Schlüssel zum Verstehen. Und während die sprachlichen Ebenen komplett unvermittelt nebeneinanderher laufen, entsteht eine starke körperliche und emotionale Verbindung, deren Bild die Situation dominiert.

Probenarbeit zu *Totally Happy* in München, Dezember 2013.

»Einander Geschichte sein«

Probenarbeit zu *Totally Happy* in Beijing, September 2014.

Manchmal kommt es allerdings auch zu beklemmenden Momenten misslingender Verständigung. Immer wieder stellt uns die Sprachbarriere vor Herausforderungen. Das Übersetzen erfordert Zeit und Geduld. Diese aufzubringen ist nicht immer einfach, da das Proben eine bestimmte energetische Temperatur erfordert und das Warten auf die Übersetzung stets ein Abkühlen der Energieverhältnisse nach sich zieht. Auch ist die spezifische Emotionalität, mit der eine Aussage gemacht wird, häufig schwer übersetzbar. Gerade Regieanweisungen aber sind Sprechakte, die nicht zuletzt über ihre Emotionalität funktionieren – und natürlich auch über das Timing. Beides wird durch den Übersetzungsvorgang ausgebremst.

Tian Gebing entwickelt aus diesen Schwierigkeiten ein Arbeitsprinzip der konsequenten Verschiebung von Kontexten. Wenn eine Geschichte (oder auch nur eine gewohnte Bewegung) in einem anderen Zusammenhang erscheint, zeigt er sie in einem anderen Licht, in einer anderen Perspektive. Eine Sprache wird aus ihrem Bedeutungsumfeld gelöst, das Hemmnis des Nichtverstehens entfaltet ein ungeahntes Potenzial; es stiftet Verbindungen, die innerhalb ein und derselben Sprache (oder Kultur) gar nicht denkbar sind. Dieses Prinzip wird sich als Programm, als Versuchsanordnung für die ganze Produktion erweisen. Die Frage war, inwieweit sich Erfahrungen, Gefühle und Geschichten, die sich mit dem Thema Masse im Verhältnis zum Individuum verbinden, in dieser kulturübergreifenden Konstellation ganz konkret neu beleuchten lassen. Im Chinesischen verwendet Tian dafür den Ausdruck *hu wei gushi* (互为故事), was soviel bedeutet wie *einander Geschichte sein.*

Die abschließende Probenarbeit beginnt im September 2014. Die Schauspielerinnen und Schauspieler der Kammerspiele und der Münchner Teil des Regieteams reisen für eine zweiwöchige Probenphase ins Paper Tiger Studio nach Beijing. Die Endproben finden wieder in München statt, wo die Inszenierung Anfang Oktober zur Uraufführung kommt. Die Erfahrung des Arbeitens im jeweils fremden Kontext bereichert die Proben enorm. Es ist etwas völlig anderes, ob man im Studio einer freien Theatergruppe am Stadtrand Beijings probt oder im luxuriös ausgestatteten neuen Probengebäude der Kammerspiele im Zentrum Münchens. Schnell entsteht ein sehr besonderes Ensemble. Natürlich kommt es auch zu Konflikten und Irritationen, beispielsweise über Tians Art und Weise, mit Text zu arbeiten: Er entwickelt mit den Performern eine Bewegungssequenz, ein Bild. Dann gibt er plötzlich die Anweisung: »Und jetzt sagt mal irgendwas!« Es ist ihm zu diesem Zeitpunkt nicht wichtig, *was* die Darsteller sagen, er will erst einmal überprüfen, ob an der Stelle überhaupt Text zum Einsatz kommen kann. Für die Schauspielerinnen und Schauspieler aus dem Westen dagegen ist der inhaltlich begründete Gebrauch von Texten selbstverständlich. Dazu Tian: »Es ist vielleicht wie der Unterschied zwischen der klassischen Malerei in China und im Westen. Im Westen beginnt man mit dem Stamm und malt dann die Äste und schließlich die Blätter. In China malt man erst einmal die Umrisse des ganzen Baums.«

Was ist ein *qichang*?

Gleichzeitig erweisen sich der kulturelle Abstand und die Differenz der Sprachen auch als kreative Kräfte. Damit sie zur Entfaltung kommen können, bedarf es häufig neben der Übersetzung von Worten und Sätzen der Erläuterung des kulturellen Horizonts. So fällt auf den Proben immer

Paper Tiger Theater Studio/Münchner Kammerspiele, *Totally Happy*, Inszenierung: Tian Gebing, München 2014.

wieder der Begriff des *qichang*, und er meint offenbar etwas Erstrebenswertes. Das lässt sich aber offenbar nicht durch individuelle Anstrengung »herstellen«. Die die Proben begleitende Sinologin Irmgard Enzinger erläutert, was es damit auf sich hat: Der Begriff setzt sich aus den zwei chinesischen Zeichen *qi* und *chang* zusammen. Qi ist ein jahrtausendealtes Konzept der chinesischen Kultur. Es bezeichnet die individuelle Lebenskraft ebenso wie eine gewisse energetische Qualität der Umgebung, etwa das Wetter oder allgemein die Atmosphäre. Die Sammlung von Qi bedeutet erhöhte Lebenskraft, die Zerstreuung von Qi demgemäß das Schwinden derselben. Das Qi kann vom Bewusstsein beeinflusst werden, etwa in der Praxis des Qigong, wo der Qi-Fluss im Körper reguliert wird. Eine zentrale Rolle spielt es auch in der chinesischen Theaterkultur: Die körperlich-musikalischen Bewegungsverläufe des *xiqu* erzeugen eine intensive kollektive emotionale Erfahrung, vermittelt durch die Steuerung des Qi in einem gemeinsamen Raum, dem sogenannten *qichang*, wobei *chang* Ort/Platz in einem konkreten räumlichen Sinn bedeutet. Gemeint ist damit also ein gemeinsam geschaffener Raum verdichteter Atmosphäre. Dieses traditionelle Verständnis von der Bühne bzw. dem Theater als einem *qichang* hat sich offenbar auch im zeitgenössischen modernen Theater erhalten und bildet hier ebenfalls einen fun-

damentalen Bezugsrahmen: Was immer man tut, es geht darum, einen
wirkungsvollen *qichang* zu erzeugen, der stets auch den Zuschauerraum
mit einbezieht und als ein Ort der Teilhabe aller Anwesenden, Darsteller
und Publikum, gedacht wird. Die Probenarbeit ist demgemäß darauf ausgerichtet, die Voraussetzungen für das Entstehen und das Ereignis des
qichang zu schaffen.

In diesem Sinn geht es Tian Gebing hier um das Erzeugen eines
qichangs, in dem Darsteller und Zuschauer die Gefühle der Masse gleichermaßen erfahren und reflektieren können. In den folgenden Wochen der Probenzeit untersucht er daher gemeinsam mit dem Ensemble
vor allem die emotionalen Verhältnisse, die Kollektive formen, und das
Wechselbad der Gefühle. Wie wird aus einem Gefühl totalen Glücks totale Trauer? Es geht ihm nunmehr um »den emotionalen Kreislauf von
Glück und Trauer«. Der Mechanismus der Masse erzeugt diese Kreisbe-
wegung wieder und wieder, in beständiger Wiederholung. Tian möchte
starke Gefühle entstehen lassen, natürlich im Kollektiv, wobei sich emotionale Szenen schließlich in etwas Rationales verwandeln sollen. Auch
das könnte ja ein Moment des »totalen Glücks« sein. Das Glück der Erkenntnis in einem gemeinsam geschaffenen Raum.

Ist es das, was wir meinen, wenn wir von Theater reden?

Von Gesine Danckwart

2011. Und dann proben wir in Chengdu in einem Staatstheater mit Intendantin im solidarischen Soldaten-Tarn-Dress. Ein Theater, das gar kein Haus mehr hat, sondern die oberste Etage einer Shopping-Mall besetzt, ein Theater, in das man durch die verdreckte Hintertür von unten hinter dem Parkhaus, hinter den schicken Fassaden der Gucci- und Calvin-Klein-Läden oder was auch immer kommt. Wir sitzen hier oben über der Welt und haben uns endlich von unserem ZK-Kontrollgremium diverser Dramaturgen-Organisatoren (Exschauspielern und damit lebenslang engagiert-gefangenen Ensemblemitgliedern) befreit, und diese jungen Schauspieler spielen mit unseren wie auch immer übersetzten Texten: Das machen sie artifiziell, klug, erfinderisch und berührend – großartig. Nach nicht nur interkulturell zermürbenden tagelangen Disputationen, ob und was das denn für ein Theatertext sei und um was es ginge und wie China da drin vorkomme, erspielen die Schauspieler eine sich fast von selbst choreografierende Morgen-Arbeits-Angst-Aufsteh-Ellenbogen-Theater-Welt.

Ah Bulaixite, Bulechte – es geht um das, was draußen JETZT passiert? Ja, verstehen wir recht? Endlich verstehen wir und das Ensemble uns über das Stichwort Bulechte. Ja, ja, JA – wir machen Brecht!

Ein paar Jahre früher sitze ich als einzige Zuschauerin auf einer Tribüne in Shanghai in einer riesigen Sportarena und starre auf einen winzigen Punkt in der Massenchoreografie, die gerade auf dem Rasen geprobt wird. Der weit entfernte Regieassistent, der die Probe per Megaphon dirigiert, ist mein Schauspielerkandidat. Angeblich spricht er auch englisch und angeblich ist er auch Schauspieler oder hat schon mal gespielt oder kann es sich vorstellen oder kannte jemanden, der ihn uns weiterempfohlen hat, der dachte, er könnte etwas für uns tun, was auch immer das wäre, aber auf jeden Fall irgendwas für das, was wir tun, was auch immer das ist. Hello, hello! Was meinen wir mit Theater und was denken die, was wir meinen, wenn wir von Theater reden? Und natürlich umgekehrt.

Mein Kandidat reiht sich in eine lange Reihe von anderen ebenso dringend empfohlenen, aber ungeeigneten Kandidaten ein, die wir auf der Suche nach Schauspielern in Shanghai und Beijing treffen. Keiner spielt eigentlich, aber das Vertrauen in uns und sich, dass das nichts ausmachen wird, ist groß.

Das ist jetzt schon einige Jahre her, ca. 2008, als wir uns für das Projekt

Ping Tan Tales,
Inszenierung:
Gesine Danckwart.

Ping Tan Tales,
Inszenierung:
Gesine Danckwart.

Ping Tan Tales[1] auf inhaltliche und personelle Recherche entlang der Ostküste machen. Für dieses Theater-Performance- und Publikationsprojekt um Angst und Sehnsucht und wechselseitige Kopierlust zwischen Ost und West führen wir eine Vielzahl von Interviews, treffen Architekten, die ganze Städte konzipieren, entwurzelte Anwohner, die eben noch wie im letzten Jahrtausend hausten, Händler und Handelsleute, Manager und alle anderen Arten von Machern. Künstler und Beamte und Kunstbeamte. Bereisen Wunderlandkopien in China und ihre gespiegelten Pendants in Europa. »China ist groß« – China ist unfassbar und so sind auch unsere Erfahrungen: So ist es. Und anders eben auch. Das Riesenland hat diese (Tanz/Theater-)Szene, die ganz schnell ganz überschaubar wird und deren Protagonisten man überall wieder zu treffen scheint, um dann doch

[1] Die Aufführungen *Ping Tan Tales* entstanden in Zusammenarbeit mit Susanne Vincenz, Anja Goette. Schauspielerinnen und Schauspieler: Tina Brons, Huzi, Marcus Reinhardt, Mariel Supka und Xiao Ke. Isabel Robson (Video). Bei Blumenbar ist in gemeinsamer Herausgeberschaft Danckwart/Goette/Vincenz der Band *Chinaland* erschienen.

wieder ungeheuer komplex und vielschichtig zu werden. Zu diesem Zeitpunkt scheint es für unser Anliegen eigentlich nur die auch im Westen bekannten und genau darum auch überhaupt existierenden Tanzgruppen, Tänzer und Choreografen zu geben – aber keine für uns gewinnbaren Schauspieler. Das weniger global-kompatibel transportfähige Theater existiert in einem komplett anderen ästhetisch-organisatorischen Kontext. Und ganz sicher nicht auf dem freien Performance-Markt.

Wen sucht man in einem neuen fremden Land, wer kann Partner sein? Kann man etwas suchen und finden, das außerhalb der eigenen Denke und Ästhetik liegt? Reproduzieren wir immer wieder die eigenen Kunstbegrifflichkeiten? In den schicken Galerien und Spielstätten von Shanghai und Beijing geben sich die europäischen Kuratoren die Klinke in die Hand. China Art ist in. Am besten geht alles mit Mao-Ästhetik, aber bitte im Factory Loft Design. Hell. Hello! Wir suchen einen Schauspieler, und wir suchen zunächst noch für die Minimalkommunikation jemanden mit ein paar Brocken Englisch. Und meinen damit auch das angloeuropäische Denken.

In einer Konferenz lerne ich Theaterleiter kennen, die mich gerne in ihren Häusern treffen würden – da ich scheinbar europäisches Theater verticke. Visitenkartenaustausch und all das. Viel später sehe ich in ihren gigantischen Theaterpalästen eine Art von kommunistischem Musical. Fremde Theaterplaneten. Im Sprechtheater Shanghais in mehreren Etagen Theatershow. Ionesco – Tschechow-Kunst in der ersten Etage, im Fahrstuhl geht's in die nächste Show, Sitcom im dritten Stock, Sitcom im fünften Stock und dazwischen auch. Werden diese Lacher eigentlich eingespielt? Diese Schauspieler sind echte Schauspieler, bei denen ich arrogant, wer kopiert hier eigentlich was?, immer nur an Kopie von schlechtem Theater oder noch schlechterem amerikanischen Achtziger-Jahre-TV-Acting denke.

Endlich landen wir auch da, wo das Original zu finden wäre, und wo wir eigentlich nicht hinwollten, weil scheinbar zu naheliegend: Im *xiqu* (bei uns als Peking-Oper bekannt) und dem *Ping Tan*. Den klassischen chinesischen Originalformaten, so sie noch vorhanden sind bzw. als teure Eigenkopie für den gehobenen Touristengebrauch in hoher Qualität reproduziert werden – und nicht als entleerte Hintergrundbeschallung in diversen Entertainment-Schuppen abgespielt werden.

In Suzhou gibt es ein staatlich bezahltes achtzigköpfiges hochspezialisiertes Opernensemble, das nur noch ausschließlich vor Schulklassen spielt. Stars ihrer Zunft, die ein Leben lang im Ensemble von einer Rolle zur nächsten wechseln, um schließlich in der Organisation hinter der Bühne zu landen.

Eine Ahnung dieser im Turbokapitalismus nicht mehr kapitalisierbaren Kunstfertigkeit – wer hat denn in einer Millionenstadt Zeit, ernsthaft ins THEATER zu gehen? –, die in der Manieriertheit, im elaborierten Symbol ihren wahren Ausdruck findet, bekommen wir jedoch bei einer Veranstaltung ganz anderer Art: Von einem sehr kundigen und hilfsbereiten Theaterwissenschaftsprofessor werden wir zu einer Konferenz über die Kun-Oper mitgenommen als eindringliche Untermalung seiner Thesen zum östlichen Kunstbegriff, in dem das Weitertragen, das Nichtverändern einen hohen Wert habe.

Im riesigen dunklen Veranstaltungssaal eines Museums treffen sich um einen großen Tisch die letzten ihrer Art, die Kun-Spezialisten, um das Orkanauge herum die Studenten, darum Leere. Das Gros sind zierliche Greise, zarte Professorinnen und Professoren, die irgendwo in der Kulturrevolution mit ihrem Wissen überwintert haben müssen. Und das Wunderbarste ist das Konferenz-Format: Die Diskussionsbeiträge bestehen vor allem aus musikalischen Darbietungen der Wissenschaftler. Mit zart zirkulierenden Händen, eleganter Minimalchoreografie von Fingern und Fingernägeln, fein rhythmisch, melodisch und zurückhaltend zugleich, Liebessehnsucht durch die Form gehalten, vergangen und greifbar.

Später führen die Studenten und Professoren noch einen Sängerwettstreit auf. Ein Geschenk. Achtzehnjährige, die sich auf einen lebenslangen Weg zu einer Kunst begeben, die hier in ihrer Reinform als Antithese zu all dem Turbo da draußen steht. Sicher sehen wir den einen wunderbaren jungen Kun-Sänger dieser Truppe in einem Solo. Wir versuchen Kontakt aufzunehmen, lassen anfragen, ob eine Zusammenarbeit möglich wäre und kriegen die Kosmen nicht zusammen.

Jeden Nachmittag von exakt 14 bis 16 Uhr mit Pause treffen sich die Alten des Viertels zum *Ping-Tan*-Gucken. Ein vierhundertjähriges Theaterformat, das so gegenwärtig erscheint, als unmittelbarer Vorläufer von Live Art und Storytelling. Zwei Schauspieler, ein Bühnenset aus Tisch/Stühlen und Paravent, ein Saiteninstrument, mit dem eine Art Country-Gesang begleitet wird. Einer gibt die Stichworte, der andere spielt dramatisch ausgestellt alle Rollen und erzählt dazwischen noch die um politische Einlagen aktualisierte Story. Die Schauspieler reisen mit einer Rolle ein Leben lang durch die Region. Das Format ist formal bestechend einfach, scheint sehr unterhaltsam zu sein – und mit seinem Publikum im Aussterben begriffen.

Eine Studentengruppe probt irgendwo auf dem Campus weit außerhalb des Zentrums einer Millionenstadt, deren Namen Sie und ich nicht kennen. Sie machen THEATER! – ist uns gesagt worden. In den weitläufigen Fluren wird überall gemalt oder gesprayt, junge Mädchen tanzen Pop-Choreografien, und irgendwo dazwischen eine sehr disziplinierte Gruppe um einen Laptop. Im Zehnminutenrhythmus schaut sich das Ensemble den Videoabschnitt einer, wie sie sagen, sehr berühmten Aufführung eines Stücks aus Hongkong an, um es dann möglichst exakt nachzuspielen. Genauestens dirigiert und korrigiert von einem studentischen Regiepaar. Sie und er. Ob es auch um einen eigenen Ausdruck ginge? Ja, sicher, aber sie seien eben keine Profis und würden also das Gute erst mal übernehmen, um es dann mit sich zu füllen. In der Kopie irgendwann individuell zu werden. Ob wir Bulaixite kennen?

Vielleicht ist das das »brechteste« Theater, das ich je gemacht habe, und allmählich lerne ich auch einen äußerst produktiven Umgang mit der kreativen Neukopie der eigenen Arbeit:

2010 spielen wir unsere *Tales* wieder in China, diesmal in einer neuen Fassung im deutschen Pavillon auf der Shanghaier Expo. Die chinesi-

Ping Tan Tales,
Inszenierung:
Gesine Danckwart.

schen Massen werden in der mehrstündigen Warteschlange zum Pavillon eingezäunt und mit Wasserduschen aufrecht gehalten. Wir unterhalten das Publikum in direktester Theatermanier und heizen es für unsere Show vor: Foto hin und Fotoposing her, bis vier einzählen, ar sun sieze … das macht ein Lächeln und Fotogewitter.

Es gibt in ein paar Metern Entfernung um das Gebäude eine gemaltgedachte Grenze zwischen quasi deutschem Hoheitsgebiet und China. Da wir vom chinesischen Trottoir sichtbar Videoleinwände positioniert haben, fallen einige Szenen der Zensur zum Opfer. Das ist sehr einfach zu verstehen, was geht und was nicht geht. Als Porno zu Deutendes und improvisiert geht nicht. Viel schwerer ist die Zensur im Kopf. Hier und anderswo. Es ist das Ding im Kopf.

Von oben schauen deutsche Wirtschaftsmenschen kopfschüttelnd auf unsere Performance runter. Tausende Chinesen von wo auch immer strömen an ihrem einen Tag auf der Expo an unserer Bühne vorbei. Am Ende wird die Show immer musikalischer, das funktioniert am besten. Bei denen da oben auf der Terrasse übrigens auch.

Cha Ban heißt Anfangen und Cha Ban heißt Feierabend, je nach der

Betonung – und für dieses Theatermachen mit den für die *Tales* gefundenen Xiao Ke, einer wunderbaren Tänzerin, Choreografin, Schauspielerin und Mitdenkerin, Huzi, Musiker, Popstar, der aber auch noch kommunistische Tänze und viel mehr kann, und den deutschen Schauspielern gelingt eine äußerst leichte, produktive Zusammenarbeit, die sich fast nur so anfühlt. Improvisieren, entwickeln, diskutieren, zeigen, erklären, was man denn meinen könne, und natürlich viel und gut chinesisch essen. Anfang und Ende. Eine Annäherung der Sprache und Mittel – und des Sozialen, die westliche Ironie verstehen oder chinesischen Humor –, ansatzweise und natürlich nie komplett.

Im Sommer 2014 sitze ich in Avignon im Festival in Leilah Rabihs Inszenierung von *Täglich Brot* und des in Chengdu entstandenen Materials. Chinesische Schauspieler in einer konzentrierten Erzählung heutiger Arbeitswelten.

2011 Chengdu, tief im Osten, kurz vor Tibet. Wir haben schwierige Probentage hinter uns, in denen wir fassungslos vor einem ständig wechselnden Ensemble mit dem ZK-Kommando zu disputieren glauben, über das, was wir meinen, wenn wir das, was wir da machen wollen, machen

Ping Tan Tales, Inszenierung: Gesine Danckwart, Expo Shanghai 2010.

könnten oder machen können wollten. Am freien Sonntag stehen wir morgens in Hitze und Verzweiflung auf dem Gehsteig zur Abholung bereit. Man hat uns einen Zeitpunkt, nicht aber wozu oder warum genannt. Unfassbar sitzen wir etwas später in einer dieser zehn Meter langen Riesen-Limousinen mit TV und Minibar. Die aus Jim Knopfs Traum entsprungene leibhaftige Prinzessin Li, Eins-a-Starschauspielerin, die ganz selbstverständlich nicht nur sehr begabt, sondern auch sehr sehr reich zu sein scheint – nein ist, lädt das gesamte Ensemble ebenso selbstverständlich zu einem Landausflug ein. Irgendwo zwischen Sehenswürdigkeiten und ausführlichen Köstlichkeiten (ja, es gibt sie, diese Knusper-Käfer, an diesem Abend) entwickelt sich eine vielsprachige Theaterfreundschaftsliebe zwischen uns allen. Der jetzt ZK – früher Schauspieler – steckt sich Kotzen-mimend den Finger in den Hals, als er über seine Vergangenheit spricht. Schnippelt sich gestisch die Zunge ab. Wir reden über Kunst und Bilderschönheit, und was diese Farben im Tempel bedeuten und wie die Farben der Bühne sein könnten. Wir haben allerunzensurierteste Proben. Es wird eine Aufführung geben, die ein deutsch-französisch-chinesischer Erfolg ist, und immer noch mit dem Theater durch die Region tourt, vor Hunderten von vor allem Studenten.

2014. Ich erkenne meine ZK-Dramaturgen nicht wieder. Die Leitung elegant gekleidet, Ensemble und Mitarbeiter im extra für Avignon designten CI-T-Shirt. Die Schauspieler sind teils ausgewechselt, die, die von Anfang an dabei waren, spielen besonders überzeugend und genau. Es gelingt uns nicht wirklich zu kommunizieren – aber es ist ein gutes Wiedererkennen. Des gemeinsamen Arbeitens. Die Intendantin des Sichuan People's Art Theatre hat einen immensen Aufwand getrieben, drei Aufführungen, inklusive unserer, mit dreißigköpfigem Ensemble hat sie mit mehrjähriger Vorbereitung und Recherche des Wie und Wo nach Europa verschifft und zeigt sie in Avignon – und vielleicht, hoffentlich auch anderswo.

2 x *Kapital*

Die *Kapital*-Inszenierungen von Nick Rongjun Yu (Shanghai 2011) und Rimini Protokoll (Düsseldorf 2006) im Dialog

Von Philipp Schulte und Zhang Weiyi

Begegnung in Chongqing

Zwei unterschiedliche Kulturen, zwei unterschiedliche Theatertraditionen, derselbe Stoff: Karl Marx' weltberühmtes Werk *Das Kapital* diente zwei sehr verschiedenen zeitgenössischen Theaterinszenierungen aus China und aus Deutschland als Basismaterial – einmal dem Shanghaier Dramatiker und Regisseur Nick Yu[1], einmal dem deutsch-schweizerischen Regiekollektiv Rimini Protokoll. Beide beschäftigen sich auf je eigene – radikal andere – Weise mit Marx' Erörterung ökonomischer Logik, und beide entwickeln dabei je eigene – radikal andere – ästhetische Formen der Repräsentationskritik, die wir im Folgenden kurz gegenüberstellen möchten. Ausgangspunkt dieser vergleichenden Überlegungen ist das Gespräch einer Arbeitsgruppe im Rahmen des 3. Deutsch-Chinesischen Theaterforums 2011 in Chongqing,[2] an der sowohl Nick Yu für die Shanghaier Produktion als auch Martin Bayerlein, Dramaturg der Düsseldorfer Inszenierung, teilgenommen haben und das ein weiteres Mal verdeutlicht hat, wie fruchtbar und bereichernd ein interkultureller Dialog sein kann, der eine offene Auseinandersetzung mit unterschiedlichen ästhetischen Praktiken nicht scheut.

2 x *Kapital* – 2 x Kritik

Das, was beide Inszenierungen auf je andere Weise verbindet, möchten wir im Folgenden eine Absage an die eine große Erzählung nennen. Beide Ansätze suchen einen Weg, Narration – jemand auf einer Bühne erzählt vielen im Zuschauerraum eine Geschichte mit Anfang, Mitte, Ende (Aristoteles) – nicht unhinterfragt und unhinterfragbar zu lassen. Beide versuchen das nicht, indem sie Narration zu vermeiden versuchen, nicht mehr erzählen würden und stattdessen beispielsweise ein Theater der Situation, der sinnlichen Erfahrung, inszenieren, oder indem sie auf Sprache und zusammenhängenden Text als *materia prima* des Theaters verzichten wür-

---

1   Yu Rongjun ist im Ausland und in der internationalen Community in China unter dem Namen Nick Yu bekannt. Die Wahl des englischen Vornamens Nick ist eine Hommage an Nick Nolte. Für die Publikationen seiner Texte außerhalb Chinas benutzt er seinen vollständigen Namen Nick Rongjun Yu.

2   3. Deutsch-Chinesisches Theaterforum in Chongqing (Veranstalter: Goethe-Institut Shanghai im Rahmen des Projektes DuC –Deutschland und China. Gemeinsam in Bewegung) vom 16. bis 18. Oktober 2011.

Plakat der Aufführung von Nick Rongjun Yu, *Das Kapital.*

Karl Marx: Das Kapital, Erster Band von Rimini Protokoll (Haug/Wetzel), Düsseldorfer Schauspielhaus 2006.

den. Nein: Sie suchen einen Weg gegen die alternativlos erscheinende Alleinstellung einer Erzählung durch die Etablierung narrativer Alternativen.

In Nick Yus *Das Kapital*, das am 8. 12. 2011 am Shanghai Dramatic Arts Centre unter der Regie von He Nian Premiere hatte, ist das genau *eine* Alternative, und mit der überrascht er seine Zuschauer bereits im ersten Akt seines insgesamt siebenaktigen Stücks. Die Aufführung beginnt mit einem opulenten, musicalartigen Song, einem Lied über Geld, welches das Publikum darauf einstimmt, in den folgenden zweieinhalb Stunden eben das zu erwarten: ein Stück über Geld und seine gesellschaftliche Bedeutung. Doch jemand fehlt: »Hauptdarsteller Wang Yong« (der Protagonist innerhalb der erzählten Fiktion, gespielt von Xu Zheng) verspätet sich und unterbricht den Song und somit die zunächst etablierte Fiktionsebene mit einer Ankündigung, die er direkt ans Publikum adressiert: »Sorry, I wasn't late. I have something to say to all. Dear audience, usually you see glamour on stage; today, I'll reveal to you things that happen backstage.« (Yu o.J.: *Über das Kapital*, unveröffentlichtes Stückmanuskript: 5) Er beklagt den Sparzwang, unter dem er das Shanghai Dramatic Arts Centre, an dem die Aufführung stattfindet, stehen sieht, und stellt

fest, dass viele Produktionen wie auch *Das Kapital* selbst unter diesem leiden. Daraus zieht er Konsequenzen: »I *am* on strike (…).« (Ebd.) Mit einer Arbeitsniederlegung im üblichen Sinne hat seine Vorstellung von Streik allerdings nichts zu tun. Im Gegenteil, Wang verfolgt einen ganz anderen Plan: Er bittet das Publikum darum, den gezahlten Eintrittspreis als Investition in »Kapital«-Produktion zu betrachten – »If you agree to this, you will become our initial shareholder. I guarantee that in six months I will invite you back to watch a ten million mega production of ›Das Kapital‹ for free.« (Ebd., 6) In unmittelbarer Zusammenarbeit mit dem »Publikum« (in Anführungsstrichen, denn dessen Repräsentanten sind ebenfalls Schauspieler, die sich als Zuschauer ausgeben und deren Text schon im Skript vorgegeben ist) lässt Nick Yu so einen performativen Akt nachspielen, indem er die Umwandlung seiner Show in ein Spekulationsobjekt behauptet. Diese fortan das Stück dominierende Handlungsebene von Wang auf seinem Karriereweg zum kapitalorientierten CEO ist die narrative Metaebene von Nick Yus *Über das Kapital*,[3] die Ge-

Nick Yu, *Das Kapital*, Inszenierung: He Nian, Shanghai 2011.

---

3   Im gemeinsamen Gespräch in Chongqing teilte Nick Yu mit, dass der Titel seines

Nick Yu, *Das Kapital*,
Inszenierung: He Nian,
Shanghai 2011.

generzählung, welche sich immer wieder abwechselt mit der dominant
ablaufenden Musicalhandlung.

Auf die eine große Geschichte verzichtet auch das *Kapital*-Projekt
von Rimini Protokoll, welches am 4. 11. 2006 am Düsseldorfer Schauspielhaus Premiere feiert, und bringt stattdessen viele unterschiedliche,
autobiografisch motivierte Geschichten auf die Bühne. Wie üblich für
ihre dokumentarische Arbeitsweise, holen sich Helgard Haug und Daniel
Wetzel dafür nicht professionelle Schauspieler ins Team, sondern theater-
ungeübte Akteure, sogenannte »Experten des Alltags«, deren Biografien
in Zusammenhang mit dem gewählten Thema der Inszenierung stehen.
So lernen die Besucher der Düsseldorfer Aufführung innerhalb von etwa
zwei Stunden VertreterInnen gleich dreier Generationen kennen, für die
Marx' Schrift – mal ganz unmittelbar und materiell, mal eher indirekt und
abstrakt – eine prägende Rolle gespielt hat: so den Wirtschaftshistoriker

Stücks ursprünglich *Das Kapital* lautete, und auf politischen Wunsch in *Über das
Kapital* umgewandelt wurde, um deutlich zu machen, dass es sich lediglich um eine
Perspektive auf den Stoff handelt.

und Marx-Exegeten Thomas Kuczynski, den Unternehmensberater und Aktivisten Jochen Noth, den Elektroniker und ehemaligen Spielsüchtigen Ralph Warnholz oder die in der DDR aufgewachsene Übersetzerin Franziska Zwerg. *Das Kapital, Erster Band* von Rimini Protokoll setzt sich zusammen aus den Erzählungen ihrer Erinnerungen, ihrem je persönlichen Zugang auf Marx' Werk, der Entwicklung, die es beschreibt, und den Konsequenzen, die es zur Folge hatte. Der private, biografische Zugang auf den Text, mal intellektuell, mal intuitiv, ersetzt bei Rimini Protokoll die überindividuelle Ideologie, die Anekdote ersetzt die große Erzählung. Und die Inszenierung offenbart popkulturelle Züge, wenn auch tendenziell unvereinbare Aspekte in ihrem Rahmen zusammengeführt werden, die Geschichte des Spielers neben die des Marxisten gestellt wird, die des jungen Aktivisten neben die des Finanzbetrügers, bei gleichzeitigem strengen Verbergen einer eigenen politischen Position seitens des Regiekollektivs. Diese größtmögliche Wahrung eines souveränen Empfindens bei den Akteuren in der freien Wahl dessen, *was* dargestellt wird, prägt viele Arbeiten von Rimini Protokoll, in denen ihrem Stil entsprechend konsequent kaum mehr als das verwendet wird, was die ausgewählten

Karl Marx: Das Kapital, Erster Band von Rimini Protokoll (Haug/Wetzel), Brüssel 2008.

»Experten des Alltags« anbieten können in Bezug auf ihre eigenen Erzählungen, ihre eigenen Identitätsrepräsentationen und die Form der Selbstdarstellung, die ihnen dabei möglich und angenehm ist.

2 x Kritik der Kritik

Interessant bei der Gegenüberstellung beider Arbeiten sind nun vor allem die jeweiligen blinden Flecken, die jede Inszenierung zwangsläufig haben muss, denn jede ist ästhetisches Produkt und Zeugnis eines je eigenen kulturellen Umfelds, was automatisch zu unterschiedlichen Zugängen zum gewählten Ausgangsmaterial führt. So erhält man in der chinesischen Version des *Kapitals* weit eher den Eindruck, es bei der Fragestellung prinzipiell mit einer symbolisch beherrschbaren zu tun zu haben, da sie ja offenbar in einem Theaterstück fast brechtisch-lehrstückhaft verhandelt werden kann. Wang Yongs Projekt der totalen Kapitalisierung der darstellenden Kunst scheitert tragisch und greift zudem auf alle anderen Lebensbereiche über: »Money has become the only measurement of success. From now on, we will have no medical care, no education, no industries: because everyone is clapping.« (Yu o. J.: 33) Nick Yus Stück präsentiert uns einen engagierten Schauspieler, der seinem Theater zu mehr Kapital verhelfen wollte und ihm dabei zugleich jeglichen künstlerischen Mehrwert genommen hat, da nur noch Erfolg und Gewinnmaximierung zählen. Indem Nick Yu dieses *Worst Case Scenario* zeichnet, zeigt er aber auch in klassisch kritischer Manier: Eine Abwandlung des Gegebenen ist möglich – denkt nur mal darüber nach! Doch Nick Yu arbeitet – wenn auch zweifellos reflektierter – mit denselben Mitteln wie jenes System, welches er kritisiert; das Wüten des Turbokapitalismus wird zwar hinterfragt, das System als solches indes nicht angezweifelt. Nicht ein radikaler Bruch – mit seiner Sprache, mit seinen Regeln – ist es, was er in seiner *Kapital*-Version empfiehlt, sondern ein vorsichtigerer Umgang damit: Er ergänzt eine dominante Ideologie durch eine nachdenkliche Gegenerzählung. Nick Yus komische Tragödie versucht sich an einer parodistischen Kritik des Systems *innerhalb* des Systems, will die Gefahren eines blindwütigen Turbokapitalismus aufzeigen und die Notwendigkeit, sich dazu eine kritische Gegenposition einzurichten – und sucht diese ausgerechnet in der wenn auch immer wieder unterbrochenen Spektakelästhetik einer ebenso aufwändigen wie erfolgreichen Theaterproduktion. Er hinterfragt die eine dominante

Erzählung, aber nicht das Erzählen schlechthin; denn er sucht nach einer alternativen Erzählung: Etwas soll mit etwas Ähnlichem bekämpft, durch etwas Ähnliches kritisiert werden. Rimini Protokoll hingegen erkennt die Uneinholbarkeit der Thematik mit Hilfe der einen großen Geschichte und unternimmt stattdessen eine Art Flucht ins Individualbiografische, ja mitunter fast Verharmlosend-Nostalgische. Ihre Akteure und Zeitzeugen *dokumentieren* den Rückzug ins Private und die Unsicherheit der eigenen Position, die mit Aufgabe jener großen Erzählungen eingetreten ist, und zugleich die Sehnsucht nach dieser unmöglichen Möglichkeit einer Position. Hier wird nicht gekämpft und kritisiert, sondern bezeugt. *Das Kapital, Erster Band* von Rimini Protokoll zeigt eher, wie sympathisch, aber auch hilflos diese biografisch-persönlichen Perspektiven sind angesichts einer offenbar unhintergehbaren Macht der marktökonomischen Systemlogik.

Der Vergleich beider Theaterprojekte lenkt somit die Aufmerksamkeit auf die blinden Flecken, die aus unterschiedlichen kulturellen Blickwinkeln in beiden Produktionen zwangsläufig entstanden sind – der Glaube an die generelle symbolisch-sprachliche Beherrschbarkeit turbokapitalistischer Auswüchse auf der einen Seite, der popkulturell genährte Rückzug ins Individualbiografische bei gleichzeitiger Enthaltung einer eigenen Positionierung seitens der Regisseure auf der anderen. Diese blinden Flecken sind keineswegs »Schwachstellen« – vielmehr erlauben sie, einmal erkannt, höchst aufschlussreiche Einblicke in das Netz kulturell geformter Vorannahmen, das sie bedingt. Was hier nur in gebotener Kürze grob skizziert werden konnte, soll den Reiz solcher Begegnungen wie jene im Rahmen des Chongqinger Theaterforums herausstellen: Eben indem Produktionsbeteiligten und ZuschauerInnen unterschiedlicher künstlerischer Projekte mit dennoch ähnlichem Themenschwerpunkt ein Austausch ermöglicht wird – wenn schon nicht auf einem Festival, so doch zumindest auf einem solchen Symposium –, kann der Blick auf die je eigene Arbeit und Arbeitsweise noch einmal produktiv um eine neue, unverhoffte Perspektive erweitert werden. Kurz gefasst: Über zwei *Kapital*-Inszenierungen lässt sich besser nachdenken als über eine.[4]

---

4   Und dass es offenbar in besonderem Maße Marx' *Kapital* ist, welches ein solches Nachdenken im deutsch-chinesischen Austausch anregt, zeigt auch das Interesse, welches Alexander Kluges 2008 gedrehter Marx-Film seit seiner Untertitelung durch das Goethe-Institut in chinesischen Intellektuellenkreisen zu wecken scheint.

Volksrepublik Volkswagen

Ein Theaterprojekt von Stefan Kaegi am
Schauspielhaus Hannover

Von Cao Kefei

Wir fahren unentwegt
kommen nirgends an
Was sagte sie, die alte Frau?
Geh langsam – »man zou!«
(Textauszug aus *Volksrepublik Volkswagen,*
[Renmin gongheguo Dazhong qiche])

Xinjiang, Volkswagen, Karaoke, das Rote Frauenbataillon, Kopie, kleine Schwalbe, die Kunst des Krieges, die Hauptversammlung der Aktionäre, der Nationalkongress … Was haben diese zusammengewürfelten Worte miteinander zu tun? Wir sehen eine große Bühne, die einer Werkstatt nachgebaut ist. Vier deutsche Volkswagen-Expats und die deutsche Ehefrau eines Expats, dargestellt von Schauspielern, erzählen ihren Landsleuten in E-Mails von ihren Alltagserfahrungen und -erlebnissen in China. Unter ihnen eine chinesische Arbeiterin, von einer Tänzerin verkörpert, die sich wortlos über die gesamte Bühne bewegt, tanzt und am Schluss still ins Publikum blickt. Ein Musiker, der live Ambient-Sounds produziert, ist als Portier in einer kleinen Kabine zu sehen und tritt später überraschend als Sänger auf. Noch überraschender ist der chorische Auftritt von elf deutschen Schulkindern: Sie sagen die VW-Geschichte auf, lernen Chinesisch, machen akrobatische Übungen und kopieren revolutionäre Tanzbewegungen nach chinesischen Fernsehbildern. Dazu bewegen sich imposant simulierte Maschinen auf und ab. Auf einer LED-Anzeige – ein wichtiger Bestandteil der Werkstatt – laufen deutsche und chinesische Texte. Auf zwei Flächen werden Videosequenzen projiziert, die (überwiegend) von Regisseur Stefan Kaegi auf seiner Recherchereise durch China aufgenommen wurden. Das Text- und Videomaterial basiert auf zahlreichen Begegnungen und Gesprächen in China und Deutschland, die das Dokumentartheaterstück *Volksrepublik Volkswagen* unter Einsatz komplexer theatraler Mittel im Oktober 2014 am Schauspielhaus Hannover zu einer Polyphonie verwoben hat.

Als mir der Regisseur Stefan Kaegi (Rimini Protokoll) in der Vorbereitungsphase von dem Projekt erzählte, hat es sofort meine Neugierde geweckt. VW und das Thema Auto sind mit meinem Leben auf gewisse Art verbunden. Als ich in Shanghai mein Deutschstudium abschloss, lief das VW-Joint Venture dort gerade auf Hochtouren. Wir Absolventen waren als künftige Dolmetscher gefragt wie heiße Semmeln. In den folgenden Jahrzehnten habe ich miterlebt, wie die (deutsche) Autoindustrie in ganz

Schauspiel Hannover,
Volksrepublik Volks-
wagen, Inszenierung:
Stefan Kaegi,
Hannover 2014.

China rasant expandierte, wie wir in Beijing stundenlang im Stau von sich stetig vermehrenden Autos steckten, wie ein Freund wegen der vielen Käufer auf der Warteliste monatelang sehnlichst auf einen VW SUV wartete, wie unser Himmel immer öfter von Smog heimgesucht wurde und man ohne Atemschutzmasken nicht mehr vor die Tür gehen konnte. VW ist ein fantastisches Brennglas zur Reflexion der Facetten einer komplexen Realität. Ich sagte Kaegi auf seine Anfrage natürlich zu und stieg als Co-Dramaturgin ins Projekt ein.

Meine erste Aufgabe bestand darin, dem Regisseur für seine zweite Recherchereise nach China aus meinem Bekanntenkreis hochrangige Repräsentanten aus Justiz und Wirtschaft als Gesprächspartner zu vermitteln. Zwei meiner Bekannten haben nach langem Hin und Her das Treffen abgesagt, die Themen waren ihnen schlicht zu unberechenbar – noch dazu mit einem ihnen unbekannten Ausländer. Einfach zu viel Risiko! Ich war enttäuscht, konnte ihre Haltung aber nachvollziehen. Wieder einmal wurde mir bewusst, wie vorsichtig wir dabei sind, fremden

Menschen offen zu begegnen. Im geschützten privaten Kreis reden wir offenherzig. Sobald wir aber den vertrauten Zirkel verlassen, zeigen wir ein anderes Gesicht. Ich weiß nicht, ob ich mich an der Stelle meiner Bekannten anders verhalten hätte.

Kaegi kam von der Reise dennoch mit sehr viel Material zurück. Ich begann, mich damit zu beschäftigen, das war kurz vor Probenbeginn. Auf der großen Probebühne in Hannover traf ich ein buntes Team aus unterschiedlichen Nationen, von Asien über Europa bis nach Südamerika. Wenn ich die Kinder mitrechne, waren es fast dreißig Leute. Ein solches Szenario möchte ich gerne einmal in China erleben! Auf einem langen Tisch lagen die mit dem Projekt zusammenhängenden Bücher und Dokumente herum, damit jeder Mitwirkende hineinlesen konnte. Die Proben liefen auf unterschiedlichen Ebenen ab. VW-Mitarbeiter kamen zu uns, denen wir viele Fragen stellten, der Regisseur führte ein Skype-Gespräch mit einem Menschenrechtsaktivisten, an dem wir teilnahmen, wir besuchten die VW-Werkstatt, schauten die Videofilme aus China an.

Die japanische Choreografin Miki Shoji trainierte hart mit den Schauspielern und arbeitete mit der Tänzerin an der Choreografie, der Musiker probierte mit neu komponierten Sounds, ich brachte den Kindern
mit Freude die chinesischen Kinderlieder bei. Im Verlauf der Proben hat
Stefan Kaegi in Zusammenarbeit mit den Dramaturgen den Text immer
wieder gestrafft und ergänzt, umgestellt. Bis kurz vor der Premiere weiter daran gefeilt. Entsprechend wurde das mit dem Text eng verbundene
Videomaterial von der Videokünstlerin angepasst. Wenn nicht die Premiere näher gerückt wäre, hätte es ein nicht endender Prozess werden
können.

Der wesentliche Teil der Proben bestand in der Arbeit mit den Schauspielern. Anders als bei den Projekten von Rimini Protokoll wurden die
Expats diesmal von Schauspielern gespielt. Eine Probebühne wurde auf-
gebaut, die eine Anmutung des endgültigen Bühnenbildes gab, alle technischen Einrichtungen standen vor Ort bereit. Die Schauspieler trainierten und übten tänzerische Bewegungen ein, auch Taiji und Gongfu. Sie

probierten, chinesisches Karaoke nachzusingen, was allen großen Spaß machte. Sie lernten mit mir, chinesische Namen auszusprechen, was von nicht zu unterschätzender Schwierigkeit war, von beiden Seiten war viel Geduld erforderlich. Ich wunderte mich immer, wie schnell die deutschen Schauspieler den Text und die Figur einstudierten. Abends spielten sie im Repertoire dann wieder eine andere Figur, mussten also ständig zwischen den Identitäten hin- und herschalten. Die Schauspieler betrieben einen großen Aufwand, um sich der neuen Identität anzunähern, probierten unterschiedliche Spielweisen aus, um eine Szene nach der anderen entstehen zu lassen.

Zwei Wochen vor der Premiere zogen wir auf die große Bühne des Theaters um. Es war aufregend zu beobachten, wie der dokumentarische Charakter des ursprünglichen Materials auf der großen Bühne seine künstlerische Wirkung entfaltete und damit einen Raum eröffnete, der weit über die persönlichen Erzählungen hinausreichte. Gleichzeitig merkte ich aber, wie die Intimität, die auf der Probebühne geherrscht

will mehr.

hatte, hier ein wenig verlorenging. Besonders wenn die Schauspieler frontal zum Publikum erzählten und zu großen, forcierten Gesten tendierten, eine Spielweise, die an großes »Mimentheater« erinnerte. Dann kam mir unwillkürlich der Gedanke zur (unnötigen) Frage: Was hat er oder sie gestern Abend gespielt? Ich fühlte mich immer dann angesprochen, wenn ein(e) Schauspieler(in) nah am Publikum, nah am Leben, undramatisch erzählte.

In der letzten Probenphase nahm ich mich selbst als skypende Ingenieurin auf Video auf. Diese Videoclips bildeten einen Bestandteil der Aufführung und bereicherten sie um die Perspektive einer im deutschen VW-Werk tätigen Chinesin. Was ich zunächst eher trivial fand, hat das deutsche Publikum sehr aufgeheitert. Die Verschiebung der Wahrnehmmung erzeugte Komik, weil dadurch das Selbstverständliche in Frage gestellt wird, z. B. wenn die chinesische Ingenieurin im Video sagt: »in Hannover sieht man fast nur kleine Häuser, alles ist ruhig, fast nie Stau und sehr gute Luft. Eine Kleinstadt eben. Nur eine halbe Million Einwohner!«

Das fand das deutsche Publikum sehr lustig. Die Aufführung würde ich gerne in China erleben und sehen, wie das Publikum dort auf die Expats reagiert. Das Spannende an dem Probenprozess war die Vielschichtigkeit und die Offenheit, mit der sich die verschiedensten Menschen mitsamt den Bühnenmaschinen und die unterschiedlichen Stimmen mit dem Publikumslachen zu einer einzigartigen Polyphonie zusammenfügten.

Im Dezember 2014 las ich folgenden Bericht in einer deutschen Zeitung: »Fast 40 Prozent aller Autos der Konzernmarken VW, Audi, Škoda, Seat, Porsche, Bugatti, Bentley und Lamborghini werden mittlerweile in China abgesetzt... Volkwagen verdient in diesem Jahr rund 60 Prozent des Konzern-Nettoergebnisses in China.« Wenn sich Volkswagen mit der Volksrepublik zusammenschließt, wenn die Wirtschaftsmacht Hand in Hand mit der politischen Macht geht, wenn das Kapital der neu erfundene Gott ist, was bedeutet das alles fürs »Volk«? Wer ist das Volk? Wie kann sich das Individuum angesichts dieser Realität verhalten? Was für eine Welt werden wir den Nachkommen hinterlassen? Viele drängende Fragen hat die Aufführung *Volksrepublik Volkswagen* aufgeworfen.

Auch in meiner Wahrnehmung hat sich etwas verschoben. Als ich Anfang 2015 in Beijing war, stand ich auf der Straße und sah die Autos an mir vorbeisausen. Diesmal schien es noch mehr große und teure Jeeps und SUVs zu geben als ein halbes Jahr zuvor. Ein Bild war mir immer gegenwärtig: Kinder mit Atemschutzmasken, die in einer riesigen leeren Fabrik wie elektronisch gesteuerte Roboter arbeiten – schnell, immer schneller... Die Welt mit breiteren Straßen und höheren Wolkenkratzern ringsum schien mir viel irrealer als das Bild. Das Bild ist die Schlussszene der Aufführung. Es hat mich nicht mehr losgelassen.

桂花糕桂

EXPATS. Eidgenossen in Shanghai

Eine interkulturelle Spurensuche im Reich der Mitte für
ein dokumentarisches Theaterstück am Theater Basel[1]

VERENA, Projektmanagerin: Die Geschäftsverhandlungen hier sind EXTREM langwierig. Das treibt mich fast in den Wahnsinn. Gestern haben die Gespräche über die Pfahlkonstruktion vier Stunden gedauert. Man hat das vorbereitet, am Anfang sieht alles sehr strukturiert aus und dann redet man auf einmal über eine Frage oder ein technisches Detail in Zirkeln. Bis man dann wirklich rausfindet, wo jetzt bei denen der Knackpunkt liegt, warum sie auf etwas nicht eingegangen sind, das kann Stunden dauern. Und wenn man nicht genau die richtige Frage stellt, dann wird einfach nur genickt. Und dann muss man die Frage wieder aus einem anderen Gesichtspunkt stellen. Es dauert und dauert, sie schmücken alles aus, und die sind ja auch sehr passionate, die Chinesen. Die werden dann laut. Und auch die Translators, das sind oft technische Leute, die translaten dann gar nicht mehr, sondern die sind drin, in der Diskussion. Die sind schon weiter als wir. Der Translator hat gar nicht mehr übersetzt, sondern selber schon seine Meinung eingebracht, und dann geht's auf einmal hoch her. EIN TOHUWABOHU. Und dann muss man erst mal wieder sagen: Hey, Ruhe bitte! Wieder zum Punkt A zurück! Was war jetzt wirklich der Verlauf der Diskussion? (Auszug aus EXPATS)

Im April 2012 machte ich eine vierwöchige Recherchereise nach China. In der boomenden Wirtschaftsmetropole Shanghai, in der sich über 173.000 Expatriates aufhalten, wollte ich die kulturellen Unterschiede zwischen China und der Schweiz anhand der interkulturellen Wirtschaftsbeziehungen näher untersuchen. Selbst der chinesische Regimekritiker und Künstler Ai Weiwei beschwerte sich in der *New York Times*, dass es »gewaltige Voreingenommenheiten und naive Urteile im Verständnis der Welt von China gäbe, als Ergebnis einer historischen ideologisch-politischen Entfremdung«. Die interkulturellen Differenzen zwischen China und Europa lassen sich meiner Meinung nach am deutlichsten in den Geschäftsbeziehungen aufzeigen. Denn hier muss eine Begegnung und eine Kommunikation zwangsläufig stattfinden. Und diese ist gleichzeitig verbunden mit starken Eigeninteressen und der

Gesine Schmidt, *EXPATS*, Inszenierung: Antje Schupp, Theater Basel 2013.

1   Die Uraufführung fand am 16. März 2013 am Theater Basel statt (Regie: Antje Schupp).

Notwendigkeit, eine Einigung zu erzielen. Die Verständnisgräben zwischen West und Ost müssen hierbei immer wieder analysiert, überwunden und überbrückt werden.

> *KONSUL: Es gibt auch Gemeinsamkeiten gerade zwischen der Schweiz und China. Wir sind ziemlich pragmatisch veranlagt, und die Wirtschaft ist uns wichtig. Das ist bei den Chinesen auch der Fall. Wir sind businessorientiert, wie die Chinesen auch. Natürlich, die Werte sind anders in China, oder? Aber diejenigen, die sagen, dass nur wir Werte hätten und die Chinesen nicht, da würde ich doch ein Fragezeichen dahintersetzen. Sie haben ihre Wertordnung nur ein bisschen anders angeordnet als wir. Aber es stimmt schon, gewisse Dinge, die bei uns als skrupellos oder gewissenlos gelten würden, gehen hier durch. Wenn man Chinas Geschichte des 20. Jahrhunderts anschaut: Die Chinesen haben Jahrzehnte eigentlich ums nackte Überleben kämpfen müssen. Und da wird man wahrscheinlich auch ein bisschen rücksichtsloser in gewisser Hinsicht. (Auszug aus EXPATS)*

Auf der Basis biografischer Interviews mit Schweizer Firmenentsandten und mit chinesischen Geschäftspartnern in Shanghai wollte ich ein Stück entwickeln, das sich über die individuellen Biografien hinaus mit Konzepten kultureller und nationaler Identitäten auseinandersetzt. Wie genau sieht der Zusammenprall der verschiedenen Kulturkreise aus? Was passiert, wenn schweizerische und chinesische Kulturstandards aufeinandertreffen? Und verschwimmen in einer globalisierten Wirtschaft die kulturellen Differenzen oder werden sie eher verstärkt?

> *FLORIAN, Projektmanager: Ich möchte nicht wissen, was die Chinesen am Nachmittag machen. Das ist ziemlich sicher was völlig anderes als wir machen. Wenn du die Chinesen anguckst, was ist ihr Hobby? Shoppen, shoppen, shoppen.*
> *NIKI, Ärztin: Ich frage auch immer: Was habt ihr denn am Wochenende gemacht? – Geschlafen, gegessen, dann war ich noch einkaufen. – Jedes Wochenende immer das Gleiche. Und auch meine Arztkolleginnen, die sind nicht an Politik interessiert, nicht an Literatur, auch nicht an Weiterbildung. Es geht immer nur ums Essen und um die Familie. Was hast du denn gegessen am Wochenende? Und das weiß ich am Montag schon gar nicht mehr.*

FLORIAN: Wenn wir frei haben, ist das hier schon schwierig. Du kannst nicht in den Wald gehen, ein bisschen spazieren oder einen Ausflug ins Grüne machen.
NIKI: Man trifft sich halt mit anderen Expats, unterhält sich und geht dann shoppen und essen. (Auszug aus EXPATS)

Bereits die Reiseplanung und der Versuch einer genauen Terminabsprache für die Interviews in China stellten mich vor die Herausforderung, selber die erste Hürde interkultureller Differenz zu nehmen. Die Erlösung kam schließlich in Form einer Mail der Beraterin und Chinaexpertin Daniela Fehring: »Liebe Frau Schmidt, ich kann Ihre Bedenken verstehen. Sie werden jedoch erstaunt sein, wie plötzlich Sie Termine in Shanghai bekommen werden. In China plant man nicht wie wir drei bis sechs Monate voraus, sondern wenn Sie da sind, glaubt man daran, dass Sie jetzt da sind und wird einen Termin für Sie finden. Durchaus auch abends oder am Wochenende. Interessanterweise haben sich die Expats in dieser Hinsicht voll an China angepasst. Es geht auch gar nicht anders: Der chinesische Markt ist ein sehr spontaner. Kunden schauen plötzlich vorbei und erwarten natürlich entsprechende Termine. Auch Lieferanten kommen oft unangemeldet vorbei. Schweizer Manager, zu denen kein Kontakt offiziell hergestellt werden konnte, sollten Sie trotzdem am 1./2. Tag nach Ihrer Ankunft spontan anrufen. Andere Länder – andere Sitten!«

Aus den geplanten zehn Interviews wurden zwanzig. Bedingt durch die hohe Geschwindigkeit und den großen Druck, unter dem dort gearbeitet wird, fanden die kurzfristig terminierten Gespräche nicht wie üblich in konzentrierter Atmosphäre statt, sondern während Lunch- und Dinner-Meetings in Restaurants oder Bars unter beachtlicher Geräuschkulisse. Trotz und vielleicht wegen alledem ist ein ungeheurer vielschichtiger Materialberg von knapp 500 Seiten dabei herausgekommen, aus dem ich sieben Monologe und einen Dialog destillierte. Aufgrund des besonderen Spielortes habe ich die Texte nicht nach zeitlichen und thematischen Bezügen miteinander verschnitten, sondern sie monologisch angeordnet und in ihrer Reihenfolge nicht festgelegt. Die Montage findet im Kopf des Zuschauers statt.

ASTRID, Turn-around-Spezialistin: Mein Job ist: give people work. Das sehe ich als meine Hauptaufgabe. Ich habe jahrelang in Japan gearbeitet und bin seit zehn Jahren in China. Und in Japan und China werden keine Jobs wegrationalisiert. Da kriegen die Manager die Order, dass keiner entlassen wird. Und dann werden eben Projekte kreiert auf Teufel komm raus. Die kriegen zwar ihre Gehälter gekürzt, es werden auch keine Boni bezahlt, aber das geht dann vom Top-Manager runter bis zum letzten Mann am Gate, der den Parkplatz bewacht. Da kriegt jeder Gehaltskürzungen, bis jeder Job gesichert werden kann. Jobprotection! Und deswegen sind die chinesischen Unternehmen ganz anders aufgestellt in ihrem Menschenrespekt. (Auszug aus EXPATS)

Das Theater Basel entschied sich dazu, die Aufführung an einem ungewöhnlichen Außenspielort stattfinden zu lassen: Die Wahl fiel auf das Messehotel Dorint. Hier soll sich der Zuschauer selber auf die Reise in die Zwischenwelt begeben, um den Expats und ihren Geschichten zu begegnen. Auf über fünf Etagen werden, während des laufenden Betriebes, einzelne Zimmer, Apartments, Seminarräume, das Restaurant, die Bar und die Tiefgarage bespielt. Ohne räumliche Distanz sieht sich der einzelne Besucher, ›lost in translation‹, mit den Erlebnisberichten der Wirtschaftsnomaden konfrontiert. Eine dokumentarische Aufarbeitung eines gesellschaftlich relevanten Themas für das Theater, in dem der Zuschauer sich unmittelbar als Beteiligter wiederfindet und sich mit seinen eigenen Vorstellungen auseinandersetzen muss, hinterlässt meiner Meinung nach eine nachhaltigere Wirkung als ein rein fiktionaler Text oder die mediale Reduzierung realer Verhältnisse auf zugespitzte Aussagen. Das unkommentierte Nebeneinander verschiedener, widersprüchlicher Perspektiven stellt die üblichen Rezeptionsgewohnheiten in Frage und lenkt die Aufmerksamkeit auf komplexere Zusammenhänge.

CHENG, Manager: Hier in China sagt man in den Meetings oft nichts und das akzeptieren die Schweizer Chefs inzwischen. Zuerst lässt man den Chef lange, lange reden. Ein Monolog. Dann ist Stille. Und dann wird man nach seine Meinung gefragt. Man wartet also erst mal ab, was der Chef zu sagen hat, damit man nicht anderer Meinung ist. Wenn man gleich spricht, dann kann es ja sein, dass man eine ganz andere Meinung formuliert und dann steht man schlecht da. In China ist es sehr gefährlich, seine eigene Meinung zum Ausdruck zu bringen, wenn die konträr zu der vom Chef ist. Jetzt bin ich in der Position, dass ich das machen kann. Aber früher, bevor ich in der Schweiz war, war das für mich unvorstellbar. Heute befürworte ich, dass meine Mitarbeiter sagen, was sie drückt und

ihre Meinung äußern. In der Schweiz wird von Anfang an debattiert.
Es ist oft so, dass dann irgendwie nichts zustandekommt. Alle reden
und reden, und dann dauert es so lange, alle ausreden zu hören, bis
man dann endlich eine Entscheidung trifft. Das ist zu demokratisch.
Bei uns wird einfach auf den Tisch gehauen, und einer entscheidet
das mal schnell. Eigentlich ist das viel effizienter. Weil im nächsten
Moment, wer weiß, wie die Umgebung sich geändert hat. (Auszug
aus *EXPATS*)

Das Panoptikum der Expatstimmen ergibt einen vielstimmigen Chor,
in dem jeder Einzelne seinen Weg und seine eigenen Erklärungsmuster
preisgibt, um die interkulturellen Differenzen zu überwinden oder zumindest zu benennen. Es zeigt sich, dass in der Praxis die Theorie zumeist
versagt und die einzelne Persönlichkeit aufgefordert wird, sich zu zeigen.
Der Theatertext gibt keine Antworten oder Lösungen für das richtige
Chinaverständnis, sondern verschiedene und zum Teil sich widerspre-
chende Perspektiven von Haltungen, Annäherungen und Konflikten der
Westler vor Ort, die sich zu der ihnen fremden Welt bewusst und unbewusst in Bezug setzen. Als Kontrapunkt, als wichtige Gegenstimmen,
kommen zwei chinesische Manager zu Wort, die ihrerseits die westlichen
Geschäftspartner spiegeln, aber auch ihre eigene Geschichte reflektieren.
Denn: *Niemand ist weiter von der Wahrheit entfernt als derjenige, der alle*
Antworten weiß. (Zhuangzi, chinesischer Philosoph, 369–286 v. Chr.)

CHENG: Unser Schweizer Joint-Venture-Partner tritt hier auf wie
die Polizei. Die kommen her und sagen: Was? Das hast du noch nicht
gemacht!? Und: Das musst du noch mal überarbeiten! Wie die Poli-
zei. Das ist für uns nicht einfach. Wir brauchen alle ein bisschen Zeit,
um uns aneinander zu gewöhnen. Darauf sind wir vorbereitet. Wir
geben uns wirklich Mühe. Weil, wir können nicht ohne die Schwei-
zer Uhren leben. Die Ausländer haben alle vor, noch ein Weilchen zu
bleiben. Weil es hier natürlich angenehm ist. Trotz der Umweltver-
schmutzung und trotz der Lebensmittelskandale. Die haben alle ei-
nen Fahrer, eine Ayi, und sie fühlen sich hier noch mehr als Chef. Mir
geht es ja auch so. Noch brauchen wir sie. Wir können den Kontakt
zur Muttergesellschaft nicht aufgeben. Wir wären noch nicht eigen-
ständig genug. Aber in zehn Jahren sieht das ganz anders aus. Dann
ist der Wissenstransfer erledigt. Dann gibt's keinen Vorsprung mehr.
(Auszug aus *EXPATS*)

MAO UND ICH oder Warum Kommunikation auch scheitern darf

Von Ulrike Syha

Als Dramatikerin sollte ich vermutlich sagen: Was mich am Theater am meisten interessiert, ist das gesprochene Wort.

Und ganz falsch wäre diese Aussage sicherlich nicht.

Dennoch, da gibt es noch etwas anderes, das auf mich eine unwiderstehliche Faszination ausübt. Und das ist, all jenes auf die Bühne zu bringen, was da im ersten Moment nicht hinzugehören scheint.

Mich interessieren Themenkomplexe und Schauplätze, die man sonst eher dem Film oder der Prosa zuordnen würde. Urbane Landschaften, überbevölkerte Megastädte, ferne Länder, Exotik, fremde Welten – die Art von spektakulären Außendrehorten, die einen Filmproduzenten beim Durchkalkulieren vermutlich ins Schwitzen bringen würden. Mich interessiert Weite. Mich interessiert Geschwindigkeit. Mich interessieren Verkehrs- und Transportsysteme, diese Manifestationen gelebter Mobilität im Zeitalter der oft zitierten Globalisierung, ihre Auswirkungen auf unser ganz privates Sein. Mich interessieren Menschenmassen, die unzähligen Nebenfiguren unseres Lebens, die dort aber nur selten zu Wort kommen – und noch viel, viel seltener in der Kunst. Mich interessiert das Aufspüren von Mustern in der visuellen und sprachlichen Kakophonie, im permanenten Hintergrundrauschen.

Und mich interessiert: das Rätsel der Kommunikation (womit wir nun doch wieder beim gesprochenen Wort angekommen wären).

Denn, obwohl Dramatikerin und berufsbedingt ständig mit eben diesem erst geschriebenen und dann gesprochenen Wort befasst, muss ich zugeben, ich bin eine notorische Kommunikationsskeptikerin. Und das nicht nur in Bezug auf die Kunst.

Mit China beschäftige mich schon seit geraumer Zeit, sowohl privat (auf Reisen, lesend, in der Sprachschule) als auch immer wieder in meiner Arbeit.

Mich fasziniert diese uralte Kultur im Umbruch, die schier endlosen Facetten eines Landes, das auf den Kapitalismus, den »Westen« und einen vollständigen Wertewandel prallt.

Mich fasziniert es, auf Reisen im Land immer wieder an Grenzen der Dechiffrierbarkeit zu stoßen: im visuellen Bereich, im konkreten Erleben, in der Begegnung mit den Menschen vor Ort. Dass in vielen Augenblicken ein großes Fragezeichen zurückbleibt (oder: zurückbleiben muss), stört mich nicht im Geringsten.

Mein letztes Stück, *Mao und ich*, das Ende 2013 am Nationaltheater

Ulrike Syha, *Mao und ich*, Inszenierung: Ali M. Abdullah, Nationaltheater Mannheim 2013.

Mannheim uraufgeführt worden ist,[1] spielt zum Großteil in China. Genauer gesagt in der Metropolregion Chongqing, während eines internationalen Kongresses (und eines Jahrhundert-Dauerregens). Dennoch betrachte ich *Mao und ich* nicht als ein Stück *über* China – das könnte ich mit meinem vorhandenen Erfahrungsschatz überhaupt nicht leisten. Eher als ein Stück *mit* China. Eine Auseinandersetzung mit dem Fremdsein in der Fremde, mit dem unkalkulierbaren (manchmal nahezu kathartischen) Effekt, den die Konfrontation mit einer anderen Kultur auf den Einzelnen haben kann.

Und hier kommen wir wieder auf den Begriff der Kommunikation zurück: Der Versuch, Kommunikation herzustellen, und das (nicht zwangsläufige, aber häufig unabwendbare) Scheitern dieses Unterfangens ist für mich eine Kernthematik des Textes. Und nebenbei auch mein Kernverständnis von zwischenmenschlichem Miteinander.

> *»Ein schneller Schwenk durchs zur Verfügung stehende Interieur. Zu sehen sind, neben einer gigantischen, zu einem Modell der Großen Mauer zurechtgestutzten Pomelo auf dem Buffet: charmanter, weltoffener Austausch in Wort- und Gestenform, internationale Appetizer, geschmackvoll in kleinen Gläsern angerichtet, ein rothaariger Mann mit Vollbart, der sich telefonierend hinter dem Buffet seiner Gummistiefel entledigt, um dann festzustellen, dass er seine Lederschuhe blöderweise im Taxi liegengelassen hat, ein weiterer Europäer im Anzug, der gerade dem völlig falschen Gesprächspartner die Hand schüttelt und ihm für seinen Einsatz beim letztjährigen deutsch-chinesischen Skulpturenprojekt in Dalian dankt, sowie ein Dolmetscher, der das Missverständnis unerbittlich übersetzt, Satz für Satz, ohne auch nur mit der Wimper zu zucken.* (Textauszug aus *Mao und ich*.)

Das Streben nach Kommunikation, das Streben nach Austausch und Verständigung ist für mich unabdinglich (im interkulturellen, im politischen, im privaten Bereich), es macht unser Menschsein aus, daran gibt es schlicht nichts zu rütteln.

Ich habe aber oft Schwierigkeiten mit didaktisch anmutenden Kultur-

---

1 Die Uraufführung fand am 7. Dezember 2013 am Nationaltheater Mannheim statt (Regie: Ali M. Abdullah).

oder Kunstprojekten, die ein beinahe soziologisches Lernziel zu verfolgen scheinen; eindeutige Erklärungsmodelle liegen mir grundsätzlich nicht.

Deshalb wünsche ich mir oft, diesen Ansatz umkehren zu können: Nicht die Behauptung aufzustellen, dass Kommunikation möglich und leicht herstellbar ist (über Kontinente und Sprachhindernisse hinweg), sondern sich dem Irrwitz auszusetzen, dass sie nahezu *un-möglich* ist, und wir sie gerade deshalb so zwingend brauchen.

Wir brauchen die Lust am Fremden, denke ich, die Lust am Verlorensein in unbekannten, nahezu unlesbaren Chiffren einer Umwelt, die unserem herkömmlichen Rezeptionsverständnis manchmal geradewegs zu spotten scheint, die Lust, sich diesem gänzlich Anderen auszusetzen, ohne Vorbehalte, ohne Zurückhaltung, die Freude daran, im zunächst fremd Wirkenden erste Muster und Systeme zu entdecken, die nur allzu bekannt erscheinen (um nicht mal fünf Minuten später zu begreifen, dass man sich natürlich mal wieder von Grund auf geirrt hat), die Lust am regelmäßigen Erschrecken, sich plötzlich selbst im so gänzlich Anderen wiederzuerkennen – eben die grenzenlose Faszination am freundlich geführten und nur gemeinsam herstellbaren Scheitern von Kommunikation.

Kommunikation beinhaltet in meinen Augen immer Unzulänglichkeiten, egal, in welchem Kontext wir uns bewegen, sie kann gar nicht anders, und die Tatsache, dass wir sie erfunden haben, bedeutet noch lange nicht, dass wir sie auch beherrschen.

Das Scheitern von Kommunikation ist für mich aber kein interkulturelles, dem »lost in translation«-Prozess geschuldetes Phänomen, sondern ein aufs Schönste und zutiefst menschliches.

Ein Scheitern, das im Grunde immer dann beginnt, wenn neben uns, neben unseren fortlaufenden inneren und äußeren Monologen ein zweiter Spieler das Feld betritt, sei es auf einem Flughafen in der chinesischen Provinz oder in der eigenen heimatlichen Küche. Diesem Scheitern wohnt eine Magie inne, ohne die wir, denke ich, nicht leben können. Oder besser: nicht leben können sollten. Sie eröffnet uns tagtäglich neue Horizonte.

»Die Frau in dem grauen Wollkleid flüchtet Richtung Buffet und überlässt die familiäre Gesprächsgruppe eine Weile ihrem Schicksal.

LARS M.
Aha. Tja. Noch ein Gesprächspartner weniger. Wie schade.

Kurze Pause.

LARS M.

Was ein Glück für mich, wie, dass ich zu den Menschen gehöre, die sich durchaus auch alleine zu beschäftigen wissen.

Ich kann mich zu jeder Tageszeit für meine Umgebung begeistern, weißt du, ich kann mich einfach hinsetzen und alles in mich aufsaugen, die Atmosphäre, die vertraulichen Gespräche an den Nebentischen –

Er zwinkert dem am Nebentisch sitzenden, gerade ein Telefonat mit seinem Auftraggeber führenden Bergbauspezialisten aus Klagenfurt, Österreich, verschwörerisch zu. Der zuckt zusammen und wendet sich irritiert ab.

LARS M.

– auch wenn die unzähligen Jahre meiner beruflichen Tätigkeit mich im Grunde eines gelehrt haben: Das, was die Menschen denken, ist oft viel, viel interessanter als das, was sie sagen.

Würdest du mir da zustimmen?

Keinerlei erkennbare Reaktion des Gegenübers«
(Textauszug aus *Mao und ich*.)

Porträts

Cao Kefei

Von Christoph Lepschy

Geb. 1964 in Shanghai, lebt in Beijing und Berlin, wo sie als Theaterregisseurin und Übersetzerin arbeitet. Dem Studium der Germanistik und Theaterwissenschaft in Shanghai und Bern folgt Mitte der neunziger Jahre eine Regieassistenz am Theater am Neumarkt in Zürich. 1997 kehrt sie nach Beijing zurück, wo sie beginnt, deutschsprachige Gegenwartsdramatik ins Chinesische zu übersetzen und zu inszenieren. So verantwortet sie 2001 die erste Aufführung eines Stücks von Thomas Bernhard in China, *Die Macht der Gewohnheit* am Beijinger Kinderkunsttheater. Es folgen die Übersetzungen und Inszenierungen von Texten von Roland Schimmelpfennig, Marius von Mayenburg, Thomas Vinterberg, Dea Loher ebenso wie von Friedrich Dürrenmatt und Max Frisch, stets in der Konfrontation mit der chinesischen Realität. Gleichzeitig hat sie auch Texte von chinesischen Autoren auf die Bühne gebracht und ab 2003 angefangen, mit Künstlern aus anderen Sparten zusammenzuarbeiten, wie z. B. mit Installations- und Videokünstlern, mit Choreografen und experimentellen Musikern. Es sind Stückentwicklungen, die die gesellschaftliche Atmosphäre des Umbruchs in China aus einer persönlichen Perspektive zum Thema machen, wie etwa *Together (Zai yiqi)* aus dem Jahr 2007, wo es um Liebesbeziehungen von Frauen aus unterschiedlichen Generationen geht. Ihre multimediale Aufführung *Endstation Beijing* aus dem Jahr 2004, speziell für das Kleine Theater des Volkskunsttheaters Beijing (das heute nicht mehr existiert) konzipiert und dort uraufgeführt, hat sowohl inhaltlich als auch theaterästhetisch Frisches und Freches in die Theaterszene Chinas gebracht. 2008 gründet sie gemeinsam mit gleichgesinnten Künstlerinnen und Künstlern das Ladybird Theater *(Piaochong jushe)*, das sich durch eine spartenübergreifende, performative und manchmal auch dokumentarische Arbeit profiliert. Stets ist ihre Arbeit dabei geprägt von einem doppelt geprägten Blick, schöpfend aus der Erfahrung mit dem Leben in und zwischen den unterschiedlichen Kulturen. Mehrfach hat sie transkulturelle Kooperationen mit Theaterkünstlern aus China und Europa initiiert und realisiert, so etwa 2009 *In die Mitte des Himmels (Tiankong shenchu)* am Düsseldorfer Schauspielhaus oder 2010 *Der rundere Mond (Chang'e)* in Kooperation mit Pro Helvetia. Caos Inszenierungen sind zu Festivals in Südkorea, Japan, Taiwan, Hongkong, Deutschland und in die Schweiz eingeladen. 2009 kuratiert sie gemeinsam mit Christoph Lepschy ein chinesisch-deutsches Autorenfestival in Düsseldorf und Beijing. 2013 folgt sie einer Einladung als Gastprofessorin am Institut für Angewandte Theaterwissenschaft an der Universität Gießen. Zuletzt war sie als Co-Dramaturgin beteiligt an der Produktion *Volksrepublik Volkswagen* am Schauspiel Hannover. (Vgl. die ausführliche Darstellung ihrer Arbeit in dem Beitrag »Über die Grenze hinaus« auf S. 294 des vorliegenden Buches.)

Gao Xingjian

Von Christoph Lepschy

Gao Xingjian wurde 1940 in Ganzhou (Provinz Jiangxi) geboren. Er ist Schriftsteller, Dramatiker, Regisseur, Maler und lebt heute in Paris. 1962 schließt er am Institut für Fremdsprachen in Beijing sein Französischstudium ab. Er beginnt bereits früh zu schreiben, hat jedoch fast zwanzig Jahre lang keine Möglichkeit, seine Texte zu publizieren. Während der Kulturrevolution (1966–1976) wird er zur Umerziehung in ein Lager geschickt. Ab dem Jahr 1979 darf er in chinesischen Literaturzeitschriften veröffentlichen und Auslandsreisen unternehmen. Mit seinem Debütstück als Dramatiker *Das Notsignal (Juedui xinhao)* leitet er 1982 eine neue Epoche des chinesischen Sprechtheaters ein. In der Inszenierung des Regisseurs Lin Zhaohua (vgl. S. 389 des vorliegenden Buches) am Beijinger Volkskunsttheater wird das Stück begeistert aufgenommen und über hundertmal gespielt. Weitere Erfolge feiert er mit den Aufführungen von *Die Bushaltestelle (Chezhan)* bzw. *Der Wildmensch (Yeren)* (alle in Inszenierungen von Lin Zhaohua) und prägt mit seinen Texten das zeitgenössische chinesische Sprechtheater. Allerdings wird bereits sein zweites Stück *Bushaltestelle* 1983 während der Kampagne gegen »geistige Verschmutzung« verboten. Nachdem 1986 auch *Das andere Ufer (Bi'an)* verboten wurde, verlässt er China, lässt sich 1987 in Paris nieder und ist seitdem nicht mehr zurückgekehrt. In den Arbeiten seit den neunziger Jahren löst er sich aus explizit politischen Bezügen, seine Stücke wenden sich nun eher grundlegenden Fragen des Daseins im Spannungsfeld von Sexualität und Tod zu. Zudem beschäftigt er sich vermehrt mit chinesischer Mythologie und dem traditionellen chinesischen Theater. In *Schnee im August (Bayue xue)* (1997) erzählt er beispielsweise die Geschichte eines buddhistischen Mönchs aus dem 7. Jahrhundert. Neben den dramatischen Werken verfasst er auch Romane und malt Tuschebilder, die er in zahlreichen internationalen Ausstellungen präsentiert. In seinem bekanntesten Roman *Der Berg der Seele (Lingshan)* beschreibt er eine Reise durch das Innere Chinas, ein gespenstisches China, das China des Philosophen Laotse, das abseits der »Welt des Staubs« liegt. Gao Xingjian ist in seinem späteren Werk zum zweisprachigen Autor geworden, die Texte entstehen zum Teil auf Französisch und werden anschließend von ihm selbst ins Chinesische übertragen. Neben zahlreichen Auszeichnungen (u. a. 1992 Chevalier de l'Ordre des Arts et des Lettres) erhält er 2000 den Nobelpreis für Literatur.

Guo Shixing

Von Li Jing

Guo Shixing (geb. 1952 in Beijing) ist ein chinesischer Gegenwartsdramatiker. Als »junger Intellektueller« wurde er aufs Land verschickt, war Arbeiter und als Journalist tätig. Später wurde er Hausautor der National Theatre Company of China *(Zhongguo guojia huajuyuan)*. Das dramatische Werk Guo Shixings besteht aus schwarzen Komödien ganz eigenen Stils und kann grob in zwei Schaffensperioden unterteilt werden: Die in den 1990er Jahren verfasste *Trilogie der Müßiggänger (Xianren sanbuqu)*, bestehend aus *Vogelmensch (Niaoren)*, *Fischmensch (Yuren)* und *Schachmensch (Qiren)*, und das Stück *Eine Straße der üblen Rede (Huaihua yi tiao jie)* gehören beide zu Guo Shixings »kulturkritischer« Periode. Menschen, die sich Vögel halten, angeln gehen oder Schach spielen – städtische »Müßiggänger« und Relikte der traditionellen Gesellschaft Chinas werden hier zur Verkörperung einer Art kultureller Psychose. In ihrer realistisch beschriebenen und zugleich deformierten Umgebung entwickeln sie mit anderen, ebenso wie sie mit Komplexen behafteten Menschen paradoxe Beziehungen, die geprägt sind von gegenseitiger Abhängigkeit und ohne Entrinnen. Das Stück *Eine Straße der üblen Rede* bedient sich der absurden Erfahrungen, die ein Volksliedsammler bei den Bewohnern eines von übler Nachrede erfüllten Wohnviertels macht. Es untersucht, wie in dieser vergifteten, zugleich amüsanten Kultur scheinheilige, wirrköpfige und gedankenlose Menschen miteinander in einer Beziehung von Ursache und Wirkung stehen. Es zeigt auch, welch üblen Ausgang es nehmen kann, wenn diese Kausalkette von einzelnen Menschen plötzlich durchbrochen wird. Die nach dem Jahr 2000 verfasste *Trilogie der Würde (Zunyan sanbuqu)*, bestehend aus *Beijing Toilet (Cesuo)*, *Krematorium (Huozangchang)* und *Heimkehr (Huijia)*, und das Stück *Die Frösche (Qingwa)* gehören zu Guo Shixings Periode des »kritischen Realismus«. Das Leben von Menschen, die zwischen 1970 und 1990 in derselben öffentlichen Toilette ein und aus gehen; die Toten, die im Trauersaal eines Krematoriums ständig ausgewechselt werden, und die Lebenden, die sie betrauern; die Einbildungen eines alten Demenzkranken vor der Tür seines Hauses, in das er nicht zurückkehren kann: Schattenrisse des Daseins, die zeigen, wie unerreichbar ein »würdiges« Leben für Chinesen ist. Das Stück *Die Frösche* ist in der Zukunft angesiedelt und scheint der Besorgnis über Umweltprobleme Ausdruck zu verleihen, eigentlich aber ist es eine Metapher der Einsamkeit und Hilflosigkeit des seiner Tatkraft beraubten modernen Menschen. Der schwarze Humor, die umfassende Metaphorik und die wunderbare Art, sich der Kultur des »Marktplatzes« zu bedienen, lassen das dramatische Werk Guo Shixings in einer absurden Welt zu einem eigenartigen Dialog geraten. (Vgl. das Gespräch mit Guo Shixing »Von den ›Müßiggängern‹ zur ›Würde‹« auf S. 226 des vorliegenden Buches.)

Übersetzung: Irmgard Enzinger

Jin Xing

Von Sabine Heymann

Jin Xing, geb. 1967 in Shenyang/Provinz Dongbei als Sohn koreanischer Einwanderer, ist die international prominenteste Tänzerin und Choreografin im heutigen China. Sie gilt als Wegbereiterin des chinesischen modernen Tanzes. Jin Xing war bis zu ihrem 28. Lebensjahr ein Mann. Aus ihrer für China äußerst radikalen Entscheidung für eine Geschlechtsumwandlung hat sie einen öffentlich verhandelten »Fall« gemacht. In ihrer Autobiografie *Shanghai Tango (Haishang tange)* (inzwischen in viele Sprachen übersetzt) erzählt sie ihre Geschichte. Mit dem gleichnamigen fulminanten Tanz-Stück ist sie ab 2003 auch in Europa sehr erfolgreich aufgetreten. Das Überschreiten gesellschaftlicher Normen und der Geschlechterrollen bleibt ein zentrales Thema ihrer Stücke, zum Beispiel *The China Project (Zhongguo zhizao)* (2009): »Jin Xing tanzt zunächst nicht, sie moderiert. Das tut sie brillant und witzig, mit ihrer tiefen Stimme, die sie im Kontrast zu ihrer höchst weiblichen Erscheinung bewusst als einziges Relikt ihrer Vergangenheit bewahrt. Über die Bühne, die ein Catwalk ist, laufen die Tänzerinnen wie Models, verheddern sich in ihren Traumfrauen-Klischees, verknäulen sich ineinander. Der Körper rebelliert gegen das kulturtechnische Geschlechtskonstrukt. Genderprobleme aus dem heutigen Shanghai werden traditionellen Geschlechterzuweisungen der chinesischen Oper gegenübergestellt. Jin Xing demonstriert die kodifizierten Handzeichen für Jungfrau, Ehefrau, alte Frau, hebt sie auf, modelliert sie neu.«[*] Bereits als Kind zeigte Jin Xing eine besondere Begabung für Tanz und Gesang. Mit neun Jahren begann sie eine Gesangs- und Tanzausbildung bei einer Militärakademie in Shenyang, wo sie neben der klassischen Militärausbildung Unterricht in russischem Ballett, traditionellem chinesischen Tanz und Akrobatik erhielt. Mit nur siebzehn Jahren wurde sie Oberst, wurde zum besten Tänzer Chinas gekürt und erhielt ein Stipendium bei der »Modern Dance Company« in New York. Dort studierte sie u. a. bei Merce Cunningham, Martha Graham und José Limon Modernen Tanz. 1989 wurde ihre Aufenthaltsgenehmigung in den USA auf unbefristete Zeit verlängert. 1991 gewann sie beim American Dance Festival mit dem Tanz-Stück *Half Dream (Ban meng)* den »Best Choreography Award« und den Titel »Best Choreographer«. In den Jahren danach arbeitete sie in Rom und Brüssel, 1994 kehrte sie nach China zurück, gründete das »Beijing Modern Dance Ensemble« *(Beijing xiandai wutuan)* und unterzog sich 1995 der ersten von der Volksrepublik China offiziell akzeptierten Geschlechtsangleichung. Sie gründete eine Familie und machte ihre Geschichte öffentlich. 2000 war das Geburtsjahr des nach ihr benannten »Shanghai Jin Xing Dance Theatre« *(Shanghai Jinxing wudaotuan)*. 2006 gründete sie das unabhängige Tanz-Festival »Shanghai Dance Festival«. In letzter Zeit ist sie vor allem als glamouröse Moderatorin einer äußerst populären TV-Talkshow hervorgetreten.

---

[*]   Heymann, Sabine: »›Look to the money!‹ – aber nicht nur«, in: *Theater heute* 12/09, S. 18.

Liao Yimei

Von Cao Kefei

Liao Yimei (geb. 1970 in Beijing) ist Hausautorin des Chinesischen Staatlichen Sprechtheaters und Drehbuchautorin für Filme. Sie studierte Dramatische Literatur an der Zentralen Theaterakademie *(Zhongyang xiju xueyuan)* in Beijing. An der Akademie lernte sie Meng Jinghui, ihren späteren Mann, kennen, beide schlossen ihr Studium im Jahr 1992 ab. Liao Yimei begann 1993, als freiberufliche Autorin zu arbeiten, und galt damals als vielversprechende Nachwuchsautorin. Seit ihrer Heirat mit Meng Jinghui im Jahr 1999 bilden die beiden in der Theaterszene Chinas ein Erfolgsteam. Zu den erfolgreichsten Theaterstücken von Liao Yimei zählen *Nashornliebe (Lian'ai de xi'niu)* und *Bernstein (Hupo)*, die von vielen jungen Leuten im urbanen Leben Chinas als »Liebesbibel« angesehen werden. Die beiden Stücke handeln von der großen Liebe junger Menschen und erfreuen sich großer Beliebtheit, sowohl aufgrund der stilisierten Sprache und der Themen Liebe und Ideal, als auch durch den frischen, körperbetonten Inszenierungsstil von Meng Jinghui. Seit der Uraufführung auf einer kleinen Bühne in Beijing im Jahr 1999 hat *Nashornliebe* einen Siegeszug durch die nationale und internationale Theaterwelt angetreten und ist eines der meistgespielten Repertoirestücke im Kleinen Theater Bienenwabe *(Fengchao juchang)* in Beijing. *Bernstein* schrieb Liao Yimei im Jahr 2005. Nach der Uraufführung in Hongkong im selben Jahr, ebenfalls in der Inszenierung von Meng Jinghui, mit Fernseh- und Filmstars besetzt, erwies sich das Stück als ebenso erfolgreich wie *Nashornliebe*. 2007 schrieb Liao als Co-Autorin mit Shi Hang das Stück *Zufällige Begegnung (Yanyu)* über eine Liebesbeziehung zweier »white collars« und erkundete den Existenzzustand einer Spezies, die vor allem in den Metropolen Chinas rasant zunimmt. Mit zwei Filmstars in der Rolle der Protagonisten inszenierte Meng Jinghui daraus ein multimediales Musiktheater für das große Poly-Theatre in Beijing. Im Jahr 2010 kam Liao Yimeis Stück *Soft (Rouruan)* heraus, das zusammen mit *Nashornliebe* und *Bernstein* ihre sogenannte »Pessimismus-Trilogie« bildet. Es wurde ebenfalls im Poly-Theatre unter der Regie von Meng Jinghui uraufgeführt. Liao Yimei ist außerdem Drehbuchautorin verschiedener Fernseh- und Kinofilme wie *Stolen Life (Sheng si jie)* (2005, Regie: Li Shaohong), *Chicken poets (Xiang jimao yiyang fei)* (2008, Regie: Meng Jinghui). Zuletzt war sie Co-Drehbuchautorin für den 2015 auf der Berlinale im Wettbewerb gelaufenen Film *Gone with the Bullets (Yibu zhi yao)* (Regie: Jiang Wen). Auch ihr im Jahr 2008 erschienener Roman *Blumen des Pessimismus (Beiguan zhuyi de huaduo)* fand bei jungen Lesern eine große Resonanz.

Li Jianjun

Von Zhang Weiyi

Li Jianjun, geb. 1972 in Jingchuan/Provinz Gansu (über 1300 km entfernt von Beijing), ist Regisseur. Von klein auf erlernte er das Malen. 1999 schloss er an der Zentralen Theaterakademie in Beijing sein Bühnenbildstudium ab, wo er Schüler von Liu Xinglin war, einem der bekanntesten chinesischen Bühnenbildner. Noch im selben Jahr, direkt nach dem Studium, begann er, am damaligen Chinesischen Jugendkunsttheater in Beijing zu arbeiten. Drei Jahre später verließ er dieses staatliche Ensemble. 2007 begann er mit seiner Arbeit als eigenständiger Regisseur. Die Unzufriedenheit mit der starren Spielweise der ausgebildeten Schauspieler brachte Li Jianjun dazu, meist mit Laiendarstellern zu arbeiten, mit denen er bei den Proben andere Methoden ausprobierte und trainierte. Seine ersten drei Inszenierungen *Plündern (Lüeduo)* (2007), *Plündern II* (2008) und *Opfer (Xisheng)* (2008) zeigten ein ausgesprochen physisches Theater. Sein Hintergrund als Bühnenbildner schlug sich bereits in *Opfer* deutlich nieder, in der Inszenierung waren zahlreiche Elemente der bildenden Kunst zu erkennen. Die Schauspieler arbeiteten intensiv mit einem Boden voller Flaschen auf der Bühne. In der Inszenierung *Das Tagebuch eines Verrückten (Kuangren riji)* (2011), mit dem Li Jianjun der Durchbruch in der chinesischen Theaterszene gelang, thematisierte er die Realität als Ruine. Die Schauspieler spielten in einem Bühnenbild, das aus den Überresten abgerissener Bauwerke konstruiert war, mit fragmentierten Texten aus Lu Xuns gleichnamiger Erzählung. Nach dieser Arbeit gründete Li Jianjun seine eigene Theatertruppe »Die Neue Jugend« *(Xin Qingnian)*, mit der er seitdem fünf weitere Inszenierungen erarbeitet hat: *Metapher des Schattens (Ying yu)* (2012), *Ein schöner Tag (Meihao de yi tian)* (2013), *25,3 Kilometer (25.3 gongli)* (2013), *Märchen des 25,3 Kilometers (25.3 gongli tonghua)* (2014) und *Der Mann, der in den Himmel fliegt (Fei xiang tiankong de ren)* (2015). Insbesondere in dieser neuesten Inszenierung setzt sich die Spur seiner visuellen Ästhetik bis in die Schauspielkunst fort. Die Inszenierung besteht aus Bildern, jedes Bild dauert ungefähr zwei Minuten. Sobald die Schauspieler ihre Positionen eingenommen haben, bleiben sie in einer Haltung und bewegen sich extrem langsam. Innerhalb der zwei Minuten verändert sich das Bild kaum. Die Schauspieler werden zum Teil der Installation. Chinesische Kritiker bezeichnen Li Jianjuns Ästhetik oft als postavantgardistisch. Er gilt als hoffnungsvolles Talent unter den chinesischen Nachwuchsregisseuren.

Li Liuyi

Von Li Yinan

Li Liuyi (geb. 1961) war der Sohn von Li Xiaofei, einem bekannten Chuan-Opern-Darsteller. Er wuchs in der Wohnsied-
lung der Chuan-Oper der Provinz Sichuan auf, wo er von
klein auf den Chuan-Opern-Stil kennenlernte – damals be-
schränkte sich das Repertoire allerdings auf die Übertragung der Peking-Oper in »revolutionäre Modellstücke«. Von 1982 an studierte er an der Zentralen Theaterakademie in Beijng
Regie. 1982 besuchte er als Studienanfänger Lin Zhaohuas Inszenierung *Das Notsignal (Juedui xinhao)* am Volkskunsttheater Beijing und war seitdem von Lin Zhaohuas experimentellem Geist stark beeinflusst. Nach dem Studium erarbeitete er sich das *xiqu* systematisch am
Institut für *xiqu* der Kunstakademie Chinas *(Zhongguo yishu yanjiuyuan xiqu yanjiusuo)*.

Seit 1995 arbeitet er als Hausregisseur des Volkskunsttheaters Beijing. 1987 inszenierte
Li *Der gute Mensch von Sezuan (Sichuan haoren)*, eine Übertragung des gleichnamigen
Brecht-Stücks im Stil der Chuan-Oper. Danach inszenierte er eine Reihe von *Xiqu*-Stücken,
z. B. *Kanzler Liu, der Bucklige (Zaixiang Liu Luoguo)* (2000) und *Eine Puppengeschichte (Ou-
ren ji*, Beijing/Kun-Oper 2001). Sein experimenteller Regiestil war sehr umstritten und wurde
viel kritisiert.

Seit 1986 inszenierte Li auch Sprechtheaterstücke. Mit seiner Inszenierung *Zhuang
Zhous Prüfungen an seiner Frau (Zhuang Zhou shi qi)* (1995) in englischer Sprache wurde er
nach Korea eingeladen. Einen Namen machte er sich durch seine Inszenierung *Wind Mond
ohne Grenze (Feng yue wu bian*, gemeinsam mit Lin Zhaohua). Die meisten seiner Sprechthe-
aterinszenierungen wie *Wildnis (Yuanye)* (2000), *Mu Guiying* (2003) und *Hua Mulan* (2004)
werden in China wegen ihres ungewöhnlichen Stils kontrovers diskutiert. In einem Interview
erklärt Li seine Unbeliebtheit in China so: »Unsere (chinesische Theater-)Kultur ist eine Kultur des Teehauses; die westliche Kultur dagegen ist eine Kultur des Theaters. Die Freiheit
des Denkens und der Kultur im Westen führt zur Freiheit der Ästhetik. Westliche Zuschauer
können daher alle Formen akzeptieren.« Am Volkskunsttheater Beijing geriet er wegen seiner
gewagten Regieexperimente in die Defensive, was dazu führte, dass er 2005 beinahe seine
Stelle dort kündigte.

Seit 2003 arbeitet Li immer wieder mit dem Komponisten Guo Wenjing zusammen. Diese
Inszenierungen wurden mehrfach zu internationalen Theaterfestivals eingeladen. Seine *Antigone*-Inszenierung von 2012 – das erste Werk seiner Serie »Made in China« – wurde in China
gefeiert.

Lin Zhaohua

Von Anna Stecher

Lin Zhaohua – DER chinesische Theaterregisseur der Gegenwart. Geboren 1936 in Tianjian, – wie viele andere große chinesische Theatermenschen des 20. Jahrhunderts: der Dramatiker Cao Yu (1919–1996) zum Beispiel, oder der Regisseur und langjährige Intendant des Beijinger Volkskunsttheaters Jiao Juyin (1905–1975). Sie haben eine Epoche des chinesischen Theaters geprägt, Lin Zhaohua erkundete eine andere. Ausgebildet wurde Lin Zhaohua zunächst als Schauspieler an der 1950 gegründeten Zentralen Theaterakademie in Beijing. Dabei kam er nicht nur mit sowjetischen Schauspielmethoden in Kontakt, sondern erlebte auch viel *xiqu*. Nach seinem Abschluss kam er ans Volkskunsttheater und war in mehreren kleineren Rollen zu sehen. Während der Kulturrevolution verbrachte er gemeinsam mit anderen Mitgliedern des Volkskunsttheaters (umbenannt in »Beijinger Schauspiel-Truppe«) einige Zeit auf dem Land. Ende der siebziger Jahre begann Lin Zhaohua seine Arbeit als Regisseur und ging von Anfang an neue Wege. Schon in seiner ersten Inszenierung *Ein Wohl auf das Glücklichsein (Weile xingfu ganbei)* (1980) brach er mit dem damals üblichen Realismus. Gemeinsam mit dem Dramatiker und späteren Nobelpreisträger Gao Xingjian (geb. 1940) erkundete er neue Räume – die Studiobühne, auf Chinesisch: »Kleines Theater«, in *Das Notsignal (Juedui xinhao)* (1982), *Die Bushaltestelle (Chezhan)* (1983) – und neue Texte, z. B. in *Der Wildmensch (Yeren)* (1985). Mit der Inszenierung *Das Nirwana des Hundemannes (Gouer ye Niepan)* (1986) nach dem Drama von Jin Yun (geb. 1938) präsentierte er erstmals eine Reflexion über das menschliche Individuum in der Geschichte – ein Thema, das er in späteren Inszenierungen immer wieder aufgriff. Seit den neunziger Jahren widmete sich Lin Zhaohua den großen Schauspielklassikern, nicht um der Klassik willen, sondern immer bezogen auf die (chinesische) Gegenwart: *Hamlet* (1990), *Romulus der Große* (1992), *Faust* (1996), *Drei Schwestern – Warten auf Godot* (1998), *Der Kirschgarten* (2004), *Baumeister Solness* (2006), *Coriolanus* (2007). Er begann die Zusammenarbeit mit dem Dramatiker und Schwarzen-Humor-Spezialisten Guo Shixing (geb. 1952): *Vogelmensch (Niaoren)* (1993), *Schachmensch (Qiren)* (1995), *Fischmensch (Yuren)* (1997), *Beijing Toilet (Cesuo)* (2002), *Krematorium (Huozangchang)* (2007), *Heimkehr (Huijia)* (2010). In den letzten Jahren setzt sich Lin Zhaohua vermehrt mit der Neu-Erzählung alter chinesischer Geschichten auseinander: *Das Waisenkind der Familie Zhao (Zhaoshi gu'er)* (2003), *Der Attentäter (Cike)* (2007), *Der Unterhändler (Shuike)* (2010). Außerdem führte er bei *Xiqu* und Operninszenierungen Regie. Die Produktionen der letzten Jahre entstanden zum Teil am Beijinger Volkskunsttheater, zum Teil am 1990 gegründeten unabhängigen Theaterstudio Lin Zhaohua.

Lin Zhaohuas größter Beitrag und Einfluss auf das chinesische Gegenwartstheater ist die Arbeit mit den Schauspielern und die Suche nach einer neuen Spielweise: Die Darstellungen von Pu Cunxin (geb. 1953) in *Baumeister Solness*, *Coriolanus*, *Der Attentäter* können als Beispiele dafür gelten. »Was ist das Spiel der Schauspieler? Es ist das Spiel der Marionette, anders ausgedrückt: Die Haltung des Schauspielers auf der Bühne ist sowohl jene des Marionettenspielers als auch die Marionette selbst. Manchmal ist ein Schauspieler weder die Figur noch er selbst, im Prozess des Spielens springt er heraus und schafft eine Distanz zu der Figur, die er selbst darstellt, so als untersuchte er sie, das ist auch erlaubt. Wenn nun ein Schauspieler mit dieser Haltung spielt, ist er da nicht unermesslich frei? Doch dies kann nur durch ein hohes Maß an Kunstfertigkeit erreicht werden.« (Lin Zhaohua)

Meng Jinghui

Von Cao Kefei

Meng Jinghui wurde 1965 in Changchun geboren. Kurze Zeit später zog er mit seiner Familie nach Beijing. Er ist Regisseur am Chinesischen Staatlichen Sprechtheater (Beijing), künstlerischer Leiter des Kleinen Theaters Bienenwabe *(Fengchao juchang)*, Leiter des »Fringe Festivals« in Beijing und Co-Direktor des »Wuzhen Theatre Festivals« *(Wuzhen xijujie)* in Wuzhen/Provinz Zhejiang (nahe Shanghai). Nach dem Studium an der Chinesisch-Fakultät der Capital Normal University in Beijing studierte er Regie an der Zentralen Theaterakademie in derselben Stadt. Die Ausbildung schloss er 1991 mit einer Masterarbeit über den russischen Theaterregisseur und Schauspieler Wsewolod Emiljewitsch Meyerhold ab. In den Neunzigern adaptierte Meng Jinghui vor allem westliche Stücke wie Becketts *Warten auf Godot* oder Genets *Der Balkon*, wobei er neue Möglichkeiten des Bühnenausdrucks erkundete. Er arbeitete vorwiegend mit Amateurschauspielern und schrieb die Stücke während der Proben immer wieder um – selbst nach der Premiere. In diesem Zeitraum zeigten Mengs Arbeiten große Experimentierfreude. Die Inszenierung von *Sehnsucht nach dem weltlichen Leben* (Sifan, 1993) nach einem Roman aus der Ming-Zeit und Boccaccios *Decamerone* fand große Beachtung. Seit 1998 ging er dazu über, mit professionellen Schauspielern zu arbeiten. Im selben Jahr erarbeitete Meng Jinghui Dario Fos Stück *Zufälliger Tod eines Anarchisten* für die große Bühne des Kinderkunsttheaters Beijing, eine Inszenierung, die auf mitreißende Weise Schauspiel mit balladenhaften Songs verknüpfte. Vermehrt inszenierte er nun Theaterstücke seiner Frau Liao Yimei. 1999 brachte er das von ihr geschriebene Stück *Nashornliebe (Lian'ai de xi'niu)* auf die Bühne. Dieses Stück für das Kleine Theater dreht sich um die Liebe der jungen Menschen. Es zog mit seiner frischen Art und unbeugsamen Haltung junge Zuschauer an und schuf damit einen neuen Markt. Mit dieser Inszenierung wurde Meng Jinghui das Aushängeschild des experimentellen chinesischen Theaters und sein einflussreichster Regisseur. Mit seinen folgenden Inszenierungen *Head without Tail (Guanyu aiqing guisu de zui xin guannian)*, *Bernstein (Hupo)*, *Zufällige Begegnung (Yanyu)* oder *Soft (Rouruan)* brachte er das experimentelle Theater auch auf die großen Bühnen. Die Stücke *Bernstein* und *Soft* waren wieder von Liao Yimei geschrieben und bilden zusammen mit *Nashornliebe* ihre sogenannte »Pessimismus-Trilogie«. Meng Jinghui hat vor allem beim jungen Publikum großen Erfolg. In seinen Inszenierungen »finden sich Elemente der Popkultur (Video, Rap, Tanz, Musical etc.), Verweise auf die traditionelle Hochkultur und die Volkskunst Chinas, die Einbindung von Motiven und Stoffen anderer Weltkulturen. Ausbrüchen von Resignation oder Verzweiflung werden slapstickartige Einlagen entgegengestellt, hochsprachliche Sentenzen durch Slang-Ausdrücke gebrochen« (Kathrin Augustin). Gleichzeitig entfernte er sich zunehmend von seinem ursprünglichen Experimentiergeist. Nach dem großen kommerziellen Erfolg arbeitete Meng Jinghui erneut für das Kleine Theater. Im

Jahr 2006 brachte er die abendfüllende Aufführung *Lebensansichten zweier Hunde (Liang zhi gou de shenghuo yijian)* mit den beiden Hauptdarstellern als Co-Autoren gemeinsam auf die kleine Bühne. Die auf die volkstümliche Spielweise *xiangsheng** zurückgreifende Darstellungsform fand sofort enorme Resonanz und tourte danach in vielen Städten Chinas. Seit 2010 ist das Stück auch im deutschsprachigen Raum mehrfach inszeniert worden. 2008 eröffnete Meng Jinghui im Zentrum Beijings mit dem Kleinen Theater Bienenwabe eine eigene Spielstätte, wo er seine Aufführungen im Repertoire spielen und einem viel breiteren Publikum nahebringen kann. Seitdem arbeitet er abwechselnd für die große und die kleine Bühne. Mit einer Starbesetzung inszenierte er 2012 Yu Huas Roman *Leben (Huozhe)* und gastierte damit 2014 am Deutschen Theater in Berlin und am Thalia Theater in Hamburg. (Vgl. die ausführliche Darstellung von Meng Jinghuis Arbeit in Tao Qingmeis Beitrag »Experimentelles Theater in China« auf S. 196 des vorliegenden Buches.)

---

* Xiangsheng ist ein traditionelles komödiantisches Genre, meist in Form eines rasant gesprochenen Dialogs zwischen zwei Darstellern (traditionell zwei Männer).

Mou Sen

Von Tao Qingmei und Anna Stecher

Mou Sen (geb. 1963) gilt als einer der einflussreichsten frühen Repräsentanten des chinesischen Avantgarde-Theaters. Selbst Absolvent der Fakultät für Literatur der Pädagogischen Hochschule Beijings, gründete er in den achtziger Jahren die »Experimentelle Theatertruppe Frösche« *(Wa shiyan jutuan)* und widmete sich zunächst modernen westlichen Dramatikern, wie Ionesco oder O'Neill. 1993 brachte er mit einer experimentellen Schauspielklasse an der Beijinger Filmakademie Gao Xingjians Stück *Das andere Ufer (Bi'an)* auf die Bühne. Gebaut auf verschiedenste Formen des Schauspieltrainings, von Yoga über Performance-Theater bis zum *xiqu*, wurde dieses Theaterprojekt zu einem großen Ereignis der Beijinger Kulturszene zu Beginn der neunziger Jahre. International bekannt wurde Mou Sen mit *Akte 0 (Ling dang'an)* (1994), mit der er auf dem belgischen Kunstenfestivaldesarts und zahlreichen internationalen Theaterfestivals gastierte. Die Arbeit basiert auf einem poetischen Werk des zeitgenössischen chinesischen Dichters Yu Jian. Nachdem es im neuen Jahrtausend zunächst ruhig um Mou Sen geworden war, präsentierte er 2013 im Rahmen der Shanghaier West Bund Biennale *Shanghai Odyssee (Shanghai Aodesai)*, eine Performance in Bildern, Videos, Geräuschen und Tanz über die Geschichte von Shanghai. (Vgl. die ausführliche Darstellung von Mou Sens Arbeit in Tao Qingmeis Beitrag »Experimentelles Theater in China« auf S. 196 und in seinem eigenen Beitrag »Verändert das Theater die Welt? Über *Das andere Ufer*« auf S. 176 des vorliegenden Buches.)

Tian Gebing

Von Christoph Lepschy

Tian Gebing, geboren 1963 in Xi'an in der Provinz Shaanxi, Regisseur, Choreograf und Autor, ist eine herausragende Persönlichkeit in der unabhängigen Theaterszene Chinas. Er graduiert 1991 an der Zentralen Theaterakademie *(Zhongyang xiju xueyuan)* in Beijing. Bereits während seiner Studienzeit beginnt er nach alternativen, experimentellen Darstellungsformen zu suchen und kommt in Kontakt mit der freien Theaterszene in Beijing. Er ist an zahlreichen unabhängigen (also jenseits der staatlichen Theaterinstitutionen stattfindenden) experimentellen Projekten der neunziger Jahre beteiligt, bevor er 1997 das »Paper Tiger Theater Studio Beijing« *(Zhilaohu gongzuoshi)* gründet. Paper Tiger ist von Anfang an eine Plattform für Künstler und Künstlerinnen mit unterschiedlichem professionellem Hintergrund, hier arbeiten Performancekünstler, Tänzer, Literaten, Musiker, bildende Künstler, ebenso wie Menschen aus allen möglichen anderen gesellschaftlichen Bereichen zusammen. Zentraler Ausgangspunkt der Theaterarbeit ist die unmittelbare Realität der zeitgenössischen chinesischen Gesellschaft und die Suche nach neuen Ausdrucksformen für ein zeitgenössisches Theater in China. Die Alltagsrealität wird gleichsam als Material und Struktur der Aufführungen verwendet. Theater soll eine Verlängerung der Realität sein und hat hierbei eine verbindende und interagierende Funktion. So setzt sich beispielsweise *The Killer & Hamlet Virus Mutation (Shashou he Hamuleite bingdu bianyi)* (2003) mit dem Themenkomplex Schmutz, Infektion, Kontamination und Mutation auseinander, bezugnehmend auch auf die SARS-Epidemie. In *Dialogue (Duihua)* (2005) geht es um alltägliche Routinen, ausgehend vom Thema der Nahrungsmittelsicherheit. Paper Tiger entwickelt im Laufe der Jahre eine spezifische Theaterästhetik zwischen Tanz, Theater und Performance, in der häufig aus dem Alltag stammende Texte in einen spannungsvollen Dialog mit den Körpern versetzt werden, meist durchzogen von einem schwarzen und grimmigen Humor. So hat Tian sich in der Produktion *Reading (Langsong)* (2011) mit der chinesischen Kulturtechnik des Rezitierens auseinandergesetzt und damit einhergehend mit der Frage, inwiefern der Körper vom öffentlichen Diskurs geprägt und hervorgebracht wird. Paper Tiger ist eine international renommierte Compagnie, deren Inszenierungen unter anderem in Hongkong, Singapur, Tokyo, Berlin, München, Antwerpen, Zürich und Amsterdam zu sehen waren. Tian Gebing pflegt intensive künstlerische Arbeitskontakte mit zahlreichen Kolleginnen und Kollegen aus Asien und Europa, die auf unterschiedliche Art immer wieder in die Arbeit eingebunden werden. Auch auf inhaltlicher Ebene sucht er nach der Verbindung zwischen der chinesischen und der westlichen Welt. So untersucht er in der Inszenierung *Totally Happy (Feichang gaoxing)* (2014), einer Koproduktion mit den Münchner Kammerspielen und dem Goethe-Institut China, an der neben fünf Tänzern aus Beijing fünf Schauspieler aus München beteiligt waren, das Verhältnis von Masse und Individuum in verschiedenen kulturellen Kontexten.

Von 2010 bis 2015 verfügte Paper Tiger in Beijing über eigene Theaterräume, in denen auch Künstlerinnen und Künstler anderer Disziplinen arbeiten konnten und so ein gemeinsames künstlerisches Netzwerk formten, das die Theaterlandschaft in Beijing bis heute entscheidend mitprägt. (Vgl. die ausführliche Darstellung seiner Arbeit in den Beiträgen »Vom Selbst so viel wie von anderen« auf S. 280 und »Die Gefühle der Masse« auf S. 334 des vorliegenden Buches.)

Tian Mansha

Von Sabine Heymann

Tian Mansha (geb. 1963 in Chongqing) ist eine der herausragenden *Xiqu*-Künstlerinnen Chinas, Sichuan-Opern-Darstellerin, Performerin und Regisseurin, seit 2005 Professorin an der Shanghai Theaterakademie, wo sie viele Jahre lang auch Leiterin der Abteilung Chinesisches Musiktheater und Vizepräsidentin war. Tian Mansha ist Bewahrerin und Erneuerin der Kunst-Tradition des *xiqu*, die nach den Modellopern der Kulturrevolution in die Krise geraten war. Erst nach der Kulturrevolution, also in vergleichsweise fortgeschrittenem Alter, und gegen viele Widerstände konnte Tian Mansha mit ihrer Ausbildung beginnen. 1979 wurde sie Mitglied eines kleinen Sichuan-Opernensembles in Chongqing, mit dem sie häufig auf dem Lande auftrat. 1987 bis 1992 absolvierte sie die Akademie für Sichuan-Oper in Chengdu, wo sie anschließend als Lehrerin arbeitete. Sie gründete die Theatergruppe »Manshas Birnengarten«, die aus Studierenden und Lehrenden der Akademie bestand. In den Neunziger Jahren war sie die erste *Xiqu*-Darstellerin, die mit eigenem Geld Aufführungsrechte kaufte und Produktionsaufträge an Autoren vergab. Ihre Inszenierung des von der Dramatikerin Xu Fen dramatisierten Romans *Leichte Wellen in stillem Wasser (Si sui wei lan)* machte sie mit einem Schlag in ganz China berühmt und erhielt auch gleich einen hochkarätigen Preis des Kulturministeriums. Theaterhistorisch war die Inszenierung ein typisches Avantgardestück. Die Dramatikerin hatte die traditionelle strenge Szenenstruktur aufgebrochen, das Stück folgte nicht dem vorgegebenen Schema, sondern dem Handlungsverlauf – für die Schauspieler erstmals die Möglichkeit, ihre Figuren nicht als »Typen«, sondern als Charaktere zu spielen. In dem Solostück *Lady Macbeth* adaptierte sie Shakespeare mit innovativ gewendeten Mitteln des *xiqu*. Mit der Solo-Performance *Liebesseufzen (Qing tan*, 2006) zeigte sie, wie der Körper des Künstlers in der Reflexion auf die eigene Geschichte auch stumm eine nicht zu unterschätzende Rolle spielen kann. Sie erzählt die Geschichte einer Operndiva, die während der Kulturrevolution bei der Aufführung einer Oper aus der Zeit der späten Ming-Dynastie vom Schuhhagel des Publikums von der Bühne gejagt wird. Jahre später hört sie – als Putzfrau in demselben Theater – beim monotonen Hin- und Herbewegen des Wischmopps das Tropfen eines Wasserhahns. Dieser Klang löst etwas in ihr aus, mit aller Macht kommt ihr die Vergangenheit als Schauspielerin wieder hoch. Den Tanz dieser Putzfrau, gespenstisch und rührend zugleich, wird man nicht mehr vergessen. 2014 war Tian Mansha als Co-Regisseurin von Danny Yung (Hongkong) an dessen experimentellem Theaterprojekt »Memorandum« beteiligt. Sie entwickelte dort ein Stück über Cheng Yanqiu, den berühmten Peking-Oper-Darsteller, ein Zeitgenosse des noch berühmteren Mei Lanfang, dessen 1932 unternommene anderthalbjährige Theaterreise nach Deutschland und Europa sie mit stilisierten Mitteln des *xiqu* auf eindrucksvolle Weise zum Ausgangspunkt einer szenischen Reflexion über die Frage »What are we travelling for?«

nutzte. Tian Mansha ist zweimalige Gewinnerin des Pflaumenblütenpreises, der höchsten Auszeichnung des chinesischen Theaters. Sie war an zahlreichen internationalen Kulturaustauschprojekten beteiligt. Fundamental in diesem Zusammenhang: das asiatisch-deutsche Theaterprojekt *One Table Two Chairs* am Berliner Haus der Kulturen der Welt im Jahr 2000. 2011 war sie Gastprofessorin am Institut für Angewandte Theaterwissenschaft (ATW) der Universität Gießen und 2011/12 Fellow am Internationalen Kolleg des Fachbereichs Philosophie und Geisteswissenschaften der FU Berlin »Verflechtungen von Theaterkulturen«. (Vgl. den Beitrag »Vom Mund überliefert – im Herzen bewahrt«. Experimentelles *xiqu* heute. Die Sichuan-Operndarstellerin Tian Mansha im Gespräch mit der Sinologin Anna Stecher auf S. 212 des vorliegendes Buches.)

Tian Qinxin

Von Tao Qingmei

Die Bühnenkünstlerin Tian Qinxin (geb. 1968 in Beijing) ist Regisseurin und Autorin am Chinesischen Staatlichen Sprechtheater. Tian Qinxins künstlerischer Werdegang ist vielseitig: Von frühester Jugend an trainierte sie Gymnastik, erlernte dann auf der *Xiqu*-Schule das Rollenfach der *Daomadan* – der kämpfenden Frau, bevor sie an der Zentralen Theaterakademie Beijing Regie studierte. Diese Vielseitigkeit der künstlerischen Praxis führte zu den spannenden Ausdrucksformen ihrer Arbeiten: von den frühen Bühnenwerken *Das gebrochene Handgelenk (Duan Wan)*, *Das Feld von Leben und Tod (Shengsi chang)*, *Die Waise Zhao (Zhaoshi gu'er)* bis zur *Grünen Schlange (Qing she)* aus dem Jahr 2013 und ihrer Adaption von *Romeo und Julia* (2014). Ihre Werke sind bemerkenswerte Experimente in zweierlei Hinsicht: Auf der einen Seite ist da die Frage, wie Chinesen heute auf der Bühne ihren eigenen Ausdruck finden. Tian Qinxin lässt sich dabei von den Ausdrucksformen des traditionellen *xiqu* inspirieren, nimmt Anleihen bei modernem Tanz, Filmmontage etc. und schafft so Werke, denen das Fließende des traditionellen *xiqu* wie auch das Gestaltende der Schauspieler innewohnen. Auf der anderen Seite steht die Frage, wie die Gefühle ganz normaler Leute auf der Bühne dargestellt werden können. Ob bei Shakespeare-Adaptionen, bei traditionellen Stücken oder modernen Stoffen, das ist eine Frage, die Tian Qinxin immer antreibt. Sie bringt die Gefühlszustände dieser zeitgenössischen Menschen auf die Bühne und zeigt deutlich die Unschlüssigkeit und Verlorenheit der Chinesen, aber auch ihr verwirrend vielfältiges Leben. (Vgl. die ausführliche Darstellung von Tian Qinxins Arbeit in dem Beitrag »Experimentelles Theater in China« auf S. 196 des vorliegenden Buches.)

Übersetzung: Peggy Kames

Wang Chong

Von Tao Qingmei

Wang Chong (geb. 1982 in Beijing) studierte zunächst Jura an der Beijing Universität, für seinen Master an der University of Hawaii untersuchte er das japanische Theater der 1960er Jahre. Die Auslandserfahrung erweiterte seinen Theaterbegriff und prägte seinen Werdegang nachhaltig. In den letzten Jahren widmete er sich der Inzenierung von theatergeschichtlich wichtigen ausländischen Gegenwartsstücken, wie *e-Station*, einer Hommage an Ota Shogo, oder *Die Hamletmaschine* von Heiner Müller. Außerdem adaptierte er bekannte Stücke, um Formen des intermedialen Theaters auszuloten. Es entstanden *Gewitter 2.0 (Leiyu 2.0)*, *Die Stühle 2.0 (Yizi 2.0)* und *Landminen 2.0 (Dileizhan 2.0)*. Dabei stach die Anwendung medialer Techniken in der Inszenierung von *Gewitter 2.0* besonders hervor. Gleichzeitig erkundet Wang Chong aber auch neue Formen des kommerziellen Theaters. Seine Inszenierung von Woody Allens *Central Park West* gehörte zu den kommerziell erfolgreichsten Theateraufführungen Chinas. 2012 veranstaltete er unter dem Titel *La Nouvelle Vague du Théâtre* eine kleine Theaterschau seiner Bühnenwerke. (Vgl. die ausführliche Darstellung von Wang Chongs Arbeit in dem Beitrag »Experimentelles Theater in China« auf S. 196 des vorliegenden Buches.)

Übersetzung: Peggy Kames

Wen Hui

Von Li Yinan

Wen Hui, Künstlerische Co-Leiterin des »Living Dance Studios« *(Shenghuo wudao gongzuoshi)* Beijing, ist eine der führenden Choreografinnen und Theatermacherinnen Chinas. 1960 in Kunming/Provinz Yunnan geboren, ließ sie sich an der Beijinger Tanzakademie zur Choreografin ausbilden. Danach arbeitete sie bei der Oriental Song and Dance Company als Choreografin. Zwischen 1994 und 2000 reiste sie mehrfach in die USA, um Modern Dance und Theater zu studieren. Von 1999 bis 2000 lernte sie bei Ralph Lemon, der sie nach eigener Aussage neben Pina Bausch am meisten beeinflusst hat.

Gemeinsam mit ihrem künstlerischen Partner Wu Wenguang gründete Wen Hui 1994 das »Living Dance Studio« in Beijing. Den Kontakt zur Gegenwart und zum Alltag zu suchen, »das Leben zu zeigen wie das Leben selbst« und sich damit sowohl von der staatlichen Ideologie als auch von der kommerziellen Manipulation abzusetzen, ist von Anfang an Wen Huis Ziel. In der Performance *Living together/toilet (Tongju shenghuo/Matong)* (1995) zeigt das Künstlerpaar den Alltag seines privaten Lebens auf der Bühne. Die folgende »Report«-Serie – *Report on Giving Birth (Shengyu baogao)*, *Report on the Body (Shenti baogao)* und *Report on 37,8° C (37,8° C baogao)* »bezieht sich«, so Wen Hui, »auf Lebenserfahrungen, den Kummer und das Begehren der zeitgenössischen Menschen. Diese Produktionen waren unabhängig, sie haben mit der Regierung, mit der Kasse, mit der Propaganda oder dem Geschäft nichts zu tun.« In ihren Choreografien zieht Wen Hui Amateurtänzer professionellen Tänzern vor. »Die Körper von professionellen Tänzern sind alle gleich, sie sind zu artifiziell. Der Körper eines normalen Menschen dagegen agiert instinktiver, persönlicher, er scheint mir authentischer zu sein.«

Seit 2009 konzentriert sich die Produktion des »Living Dance Studios« auf das *Folk's-Memory-Projekt (Minjian jiyi jihua)*. Wen Hui leitet Bewegungs-Tanzworkshops für die Studiomitglieder: »Mein Ziel ist es, bei ihnen ein Bewusstsein über den eigenen Körper zu entwickeln. Durch Spiele öffnet sich das Herz, durch Yoga öffnet sich der Körper. Improvisation ruft Kreativität hervor. Ich will keine professionellen Tänzer ausbilden, sondern sie ihr individuelles inneres Selbst entdecken lassen.« 2011 produzierte Wen Hui *Listening to Third Grandmother's Stories (Ting Sannainai jiang guoqu de shiqing)*. (Vgl. die Darstellung von Wen Huis Arbeit im Gespräch »Mit dem Körper Grenzen überschreiten« auf S. 266 sowie das Porträt von Wu Wenguang auf S. 401 des vorliegenden Buches.)

Wu Wenguang

Von Li Yinan

Wu Wenguang, Künstlerischer Co-Leiter des »Living Dance Studios« *(Shenghuo wudao gongzuoshi)* Beijing ist einer der wichtigsten Dokumentarfilmemacher und Theaterkünstler Chinas. 1956 in der Provinz Yunnan geboren, studierte er nach der Kulturrevolution ab 1978 an der Universität Yunnan Literaturwissenschaft. Danach arbeitete er als Journalist beim Fernsehsender Kunming. Aus Enttäuschung über die staatliche Ideologie verließ er die Stelle und begann 1988 selbständig Dokumentarfilme zu drehen, die geprägt sind von Wus Streben nach Realität und Wahrheit. Wu weigert sich, die chinesische Unterschicht zum »Objekt« der Darstellung zu machen (wie in chinesischen TV-Dokumentarfilmen üblich) und sich selbst als Filmemacher der »Eliteschicht« zuzuordnen. Mit seiner Lebensgefährtin und künstlerischen Partnerin Wen Hui lebt er heute im Dorf Caochangdi, einem Vorort Pekings, dessen Bewohner meist Wanderarbeiter sind, die keine Niederlassungsgenehmigung der Stadt Beijing haben. Wu Wenguang betrachtet sich selbst als einer von ihnen.

Gemeinsam mit Wen Hui gründete Wu 1994 das »Living Dance Studio«. Wu Wenguang sieht sich in der Tradition des westlichen Modern Dance und Contemporary Dance (besonders Pina Bausch). Wu in einem Interview: »1997 habe ich Pinas *Der Fensterputzer* in New York live gesehen. Es schien, als würde sie nichts darbieten, sie zeigte einfach ihre wahrsten Lebensgefühle auf der Bühne.« Das Leben zu zeigen wie das Leben selbst, das ist von Anfang an das Ziel des »Living Dance Studios«. In der Performance *Living together/toilet (Tongju shenghuo/Matong)* (1995) zeigt das Künstlerpaar den Alltag seines privaten Lebens auf der Bühne. Die folgende »Report«-Serie – *Report on Giving Birth (Shengyu baogao)*, *Report on the Body (Shenti baogao)* und *Report on 37,8°C (37,8°C baogao)* »bezieht sich auf Lebenserfahrungen, den Kummer und das Begehren der zeitgenössischen Menschen. Die Produktionen dieser Performances waren unabhängig, haben mit der Regierung, mit der Kasse, mit der Propaganda oder mit dem Geschäft nichts zu tun.«

Seit 2005 arbeitet Wu Wenguang an seinem *Dorfbewohner-Video-Projekt (Cunmin yingxiang jihua)*. Er kaufte Videokameras und gab sie hundert Dorfbewohnern aus mehr als fünfzig Dörfern. Ohne vorgegebenes Thema bat er sie, ihr Dorf zu filmen. Aus dem Projekt entwickelte sich das *Folk's-Memory-Projekt (Minjian jiyi jihua)*, das bis heute weiterläuft. Die Projektteilnehmer kehrten zu ihren Herkunftsdörfern zurück und führten Interviews mit den Dorfbewohnern. Bis zum Juli 2013 waren 125 Studierende, Künstler und Dorfbewohner aus 19 Provinzen, 194 Dörfern an dem Projekt beteiligt, die Interviews mit 1166 über siebzigjährigen Bauern machten. Themen sind ihre Erinnerungen an die Hungerkatastrophe von 1959 bis 1961, an die Landreform, an die Bewegung des »Großen Sprungs nach vorn« und an die

Kulturrevolution.* Die Präsentationen der Video-Materialien sind auch mit Live-Performances begleitet.

Das *Folk's-Memory-Projekt* finanziert sich selbst. Die Teilnehmer arbeiten ehrenamtlich. Tourneen durch ganz China in jedem Jahr bringen kaum Geld. In China hat die Gruppe ein äußerst begrenztes Publikum. »Wir haben fast keine Zuschauer. Nach der Kulturrevolution wendete sich China vom Asketismus unmittelbar zum Konsumismus. Die Regierung erlaubt Possen und Schwänke auf der Bühne, um eine heitere Illusion zum Trost des Volks herzustellen. Unsere Werke sind zu ernsthaft und haben sogar einen Sabotage-Effekt.« (Vgl. die Darstellung von Wu Wenguangs Arbeit »Warum wir das Theater brauchen – wegen des ›Hungers‹« auf S. 242 des vorliegenden Buches sowie das Porträt von Wen Hui.)

---

* Vgl. Wu Wenguangs Blog: http://blog.sina.com.cn/s/blog_8203e0da0100z482.html [letzter Zugriff: 1.11.2015].

Xiao Ke

Von Cao Kefei

Xiao Ke (geb. 1979 unter dem Namen Li Ke in der Provinz Yunan). Sie lebt und arbeitet als Choreografin und Performancekünstlerin in Shanghai. Im Alter von sechs Jahren beginnt sie ihre zwölfjährige Ausbildung in traditionellem chinesischen Tanz, bis sie 1997 an der Fudan Universität in Shanghai Journalismus studiert und sich dann Modern Dance autodidaktisch aneignet. Seit 2002 arbeitet sie genreübergreifend mit anderen Künstlern zusammen. 2005 gründet sie mit dem Shanghaier Autor und Theatermacher Zhang Xian die Performancegruppe »Zuhe Niao« in Shanghai, deren erstes Tanztheater *Tongue's Memory of Home (Shetou dui jiayuan de jiyi)* im Jahr 2006 beim Zürcher Theaterspektakel den ZKB-Förderpreis erhält. 2008 wirkt Xiao Ke in der Performance *Ping Tan Tales* (Regie: Gesine Danckwart) in Berlin als Performerin mit. Im Jahr 2011 gründet sie, gemeinsam mit den bildenden Künstlern Zhou Zihan und Zhang Yuan, das Künstlerkollektiv »Can not Help« *(Shijin xiaozu)*, das sich in grenzüberschreitenden Kunstformen mit aktuellen sozialen Fragen Chinas auseinandersetzt. Als unabhängige Künstlerin hat sich Xiao Ke einen eigenwilligen Weg zwischen der Performancekunst und dem Gesellschaftstheater gebahnt, wie z. B. in *Wer wird mit mir die Nacht verbringen? (Shui lai pei wo guoye?)* (2009) und *Darling Hurt/Crush (Dali shanghai)* (2012). Ihre Arbeiten werden sowohl in Shanghai, Beijing, Hongkong, Singapur und Japan als auch in vielen Ländern Europas aufgeführt. Mit Zhou Zihan bildet sie das Künstlerduo Xiao Ke x Zi Han, in dessen Zusammenarbeit sich Fotografie, Video, Live Art und Installation verbinden. Im Mai 2015 zeigen sie die gemeinsame Performance *We Apologize to inform you (Women baoqian de tongzhi ni)* bei den KunstFestSpielen Hannover. (Vgl. die Darstellung von Xiao Kes Arbeit im Gespräch »Mit dem Körper Grenzen überschreiten« auf S. 266 des vorliegenden Buches.)

Nick Rongjun Yu

Von Sabine Heymann

Nick Rongjun Yu (geb. 1970 in der Provinz Anhui) ist stellvertretender Direktor des Shanghai Dramatic Arts Centre *(Shanghai huaju yishu zhongxin)* und gegenwärtig einer der erfolgreichsten Theaterautoren Chinas. In den letzten zwanzig Jahren hat er zahlreiche Theaterstücke geschrieben, von denen viele in ganz China auch aufgeführt wurden. Seine Texte sind in zahlreiche Sprachen übersetzt worden. Nach einem Medizinstudium und einer kurzen Anstellung als Arzt begann Nick Yu, professionell Theaterstücke zu schreiben. Yus Stücke kombinieren Elemente eines kommerziellen »white collar theatre« für das typische Mittelklasse-Publikum einer ökonomisch geprägten Stadt wie Shanghai mit einem durchaus kritischen Blick auf das Alltagsleben von Großstadtmenschen. Das erste Erfolgsstück dieser Serie war *www.com* (2000), eine vertrackte Beziehungskiste: vier Personen und das Internet. Oder *Behind the Lie (Huangyan beihou)* (2003): eine pikante Dreiecksbeziehung, die mit einem Mord endet – ein raffiniert konstruierter Thriller. Ein Polizeiverhör rollt diese Geschichte auf und wirft Spotlights auf gesellschaftliche Verhältnisse, die man so oder ähnlich durchaus auch in anderen Metropolen der Welt entdecken könnte. Es folgte eine Serie qualitativ durchaus unterschiedlicher »Sex and the City«-Stücke, in denen aber offenbar ein breites, sehr junges Publikum die eigenen Hoffnungen und Ängste wiederfand. Später begann Yu, sich mehr für soziale und historische Themen zu interessieren. Dazu gehörte *1977* (2009), eine epische, über zwei Generationen gespannte Erzählung über eine Gruppe junger Leute, die während der Kulturrevolution aufs Land geschickt wird. 1977 war das Jahr, in dem in China die Universitäten wieder geöffnet wurden. In diese Schiene gehört auch *Die Masse (Qunzhong)* (2014), ein Text, dessen Inszenierung des Regisseurs Tang Wai Kit in Koproduktion zwischen der Volksrepublik China und der »Sonderverwaltungszone« Hongkong produziert wurde. Wie so oft in chinesischen Romanen und Theaterstücken wird mit einer privaten Geschichte die Entwicklung Chinas erzählt: ein junger Mann, der versucht, den Mörder seiner Mutter ausfindig zu machen, vor dem Hintergrund der großen chinesischen Geschichte von der Kulturrevolution bis zum Aufstieg Chinas zur großen Wirtschaftsmacht. Die Inszenierung war auch am Hamburger Thalia Theater zu sehen. Zu Nick Yus zahlreichen Auszeichnungen zählt der chinesische Theaterpreis Goldener Löwe als bester Bühnenautor und der chinesische Nationalpreis für herausragende Theaterstücke. 2004 und 2007 erhielt er ein Stipendium des Asiatischen Kulturverbands zur Forschung im Rahmen eines kulturellen Austauschprogramms in die USA, 2008 ein Gaststipendium des britischen Royal Court Theatre. Als Theaterleiter sorgt er mit großen Networker-Fähigkeiten für panasiatische und internationale Kooperationen. (Zu Nick Yus *Kapital*-Inszenierung vgl. den Beitrag von Philipp Schulte und Zhang Weiyi auf S. 354 des vorliegenden Buches.)

Zhang Xian

Von Cao Kefei

Zhang Xian (geb. 1955 in Shanghai) ist einer der renom-
miertesten Künstler Shanghais und dort als Stückeschreiber
und Drehbuchautor für Filme, als Regisseur für Theater und
als Kurator experimenteller Kunstevents bekannt. Leiden-
schaftlich erforscht er neue Themen und Kunstformen, ver-
sucht, ihre Grenzen ständig zu hinterfragen. Zhang Xian war nach der Öffnungspolitik Chinas
im Jahr 1978, die nach der langen Abkapselung in der Mao-Ära das Tor zur Außenwelt geöffnet hat, einer der ersten selbständigen Theatermacher. Seine in den achtziger und neunziger
Jahren entstandenen Stücke *Gedränge (Yongji)*, *Muttersprache (Muyu)*, *Owls in the house
(Wuli de maotouying)* und *Margin Calls (Loushang de Majin)* gehören zu den Vorreitern des
experimentellen chinesischen Theaters. Zhang setzt sich schonungslos mit der harten Realität Chinas auseinander und nimmt kein Blatt vor dem Mund, was dazu führt, dass manche
seiner Stücke bis heute verboten sind. Trotz der scharfen Zensur gegen ihn initiiert, organisiert und leitet Zhang Xian in der Peripherie der Metropole Shanghai mehrere nichtstaatliche
Künstlergruppen und freie Theater wie die Performancegruppe »Zuhe Niao«, den ersten Non-
Profit-Aufführungsort »Hard Han Cafe Theater« *(Zhenhan kafei juchang)*, die Untergrund-
kunstszene »Down-Stream Garage« *(Xiahe micang)* sowie die unabhängigen Festivals »Fringe
Festival« *(Yuejie yishujie)*, »Ideal Festival« *(Gainian yishujie)* und »Free Cinema Festival« *(Ziyou
dianyingjie)*. Als Autor, Regisseur und Produzent hat er mehr als ein Dutzend Theater- und
Tanzstücke an verschiedenen Orten Chinas, in Europa und den USA auf die Bühne gebracht.
Im Jahr 2006 inszenierte Zhang Xian mit »Zuhe Niao« das Tanztheater *Tongue's Memory of
Home (Shetou dui jiayuan de jiyi)* und erhielt 2007 beim Zürcher Theaterspektakel den ZKB-
Förderpreis. Dabei entwickelte Zhang »eine ganz neue Form des Körpertheaters, die Poesie
und Text, Tanz und Bewegung, Musik und bildnerische Mittel vereint« (aus der Jury-Begrün-
dung). Im Jahr 2000 wurde Zhang Xian vom Asian Cultural Council als Visitor Scholar und Au-
tor, 2002 vom International Writing Program nach Amerika eingeladen. 2013 folgte er einer
Einladung als Gastprofessor an das Institut für Angewandte Theaterwissenschaft der Universität Gießen. Als Drehbuchautor erhielt Zhang Xian für den Film *Those Left Behind (Liushou
nüshi)* die Goldene Pyramide für den besten Film des Kairoer Filmfestivals. In den letzten
Jahren hat sich Zhang unter dem Motto »Lebens-Kunst« vor allem mit neuen performativen
Formen auseinandergesetzt. Er ist Initiator und Herausgeber von zahlreichen Publikationen
im Internet, organisiert und entwickelt situative Performances in öffentlichen und privaten
Räumen, die mehr und mehr mit dem realen Leben verschmelzen und damit Zhangs Vorstel-
lung von einem »Theater der Gesellschaft« und einem »Festival des Alltagslebens« verwirkli-
chen. (Vgl. die ausführliche Darstellung von Zhang Xians Arbeit in seinem Beitrag »Scheintot.
Menschliche Bomben und Jesus als Zimmermann« auf S. 44 sowie in Tao Qingmeis Beitrag
»Experimentelles Theater in China« auf S. 196 des vorliegenden Buches.)

Zhao Chuan

Von Sabine Heymann

Zhao Chuan, geb. 1967 in Shanghai, wo er als Schriftsteller, Kunstkritiker, Theatermacher und künstlerischer Leiter
des experimentellen Theaterkollektivs »Grasbühne« *(Caotaiban)* bis heute lebt. Dem Kunststudium in Shanghai folgte
ein langjähriger Aufenthalt in Australien. Dort begann er 1995 mit der Veröffentlichung von
Kurzgeschichten, Romanen und Essays. Zhao Chuan kommt also von Kunst und Literatur,
das Theater als künstlerische Ausdrucksform hat er erst relativ spät für sich entdeckt: vor
dem Hintergrund der Erkenntnis, dass das offizielle Theater in China »als hierarchischer
Machtapparat mit ›dem Volk‹ nichts zu tun hatte«* dann aber gleich mit einer radikal neuen
Theaterästhetik. Als kompromissloses »Theater von unten«, mit einem Ensemble aus Laien,
die ihr Geld außerhalb des Theaters verdienen, als Non-Profit-Unternehmen im öffentlichen
Raum. 2005 gründete er die »Grasbühne«, inzwischen eines der wichtigsten unabhängigen
Theater Chinas. Mit alternativen Theaterarbeiten vor allem in der chinesischen Provinz auf
Straßen und in Dörfern, in Schulen, Lagerhallen, auf Baustellen versucht es, Raum für gesell-
schaftskritische Diskussion und Auseinandersetzung zu schaffen. Auch in Form von Workshops bringt die »Grasbühne« Theater unter die Leute und setzt sich für eine Interaktion zwi-
schen Theater und Gesellschaft ein. Zhao Chuan ist international gut vernetzt, seine Stücke
wurden in Hongkong, Macau, Taiwan, Korea, Japan, Indien sowie Italien und Deutschland
aufgeführt. Er erhielt den Lianhe Wenxue (Unitas)-Preis für junge Autoren (Taibei) sowie ein
Arbeitsstipendium des Australia Council for the Arts und war Stadtschreiber in Taibei. Zhao
Chuan war Gastlektor an der Beijing Universität, der Chinesischen Kunstakademie, der New
York University, der Universität der Künste Berlin. Gemeinsam mit Jörg Huber brachte Zhao
Chuan 2011 das Buch *A New Thoughtfulness in Contemporary China. Critical Voices in Art
and Aesthetics* heraus, dem 2013 *The Body at Stake. Experiments in Chinese Contemporary
Art and Theatre* (beide transcript) folgte. Zhao Chuans Texte zu zeitgenössischer Kunst in
China wurden in verschiedenen Medien international publiziert. (Vgl. Zhao Chuans ausführ-
liche Darstellung seiner Arbeit in dem Beitrag »Grenzpolitik von Körper und Raum. Gesellschaftstheater jenseits der Gesellschaft« auf S. 250 des vorliegenden Buches.)

* Borchert, Henning: »Theater in den Ritzen der chinesischen Kultur. Zhao Chuan und die Grasbühne«,
  in: http://henningbochert.de/?page_id=1033 [letzter Zugriff: 1.11.2015].

Zhou Shen

Von Tao Qingmei

Zhou Shen (geb. 1982 in Shanghai) studierte Regie an der Zentralen Theaterakademie Beijing *(Zhongyang xiju xueyuan)*. Seine Arbeiten fürs Theater sind zwar nicht zahlreich, doch ist jedes seiner Stücke außergewöhnlich und findet große Beachtung. 2008 inszenierte er Ionescos *Die kahle Sängerin*, 2011 *Der Esel geht Wasser holen (Lu de shui)* und 2013 *Van Goghs Biographie (Fan Gao zizhuan)*. In seiner Inszenierung von *Die kahle Sängerin* änderte er den abstrakten Stil vorangegangener Inszenierungen des Absurden Theaters, brachte das Stück mit realistischem Detailreichtum auf die Bühne und zeigte dem chinesischen Publikum, was man mit absurden Stücken anfangen kann. Das von ihm selbst geschriebene Stück *Der Esel geht Wasser holen* setzte dieses zwischen Realität und Absurdität mäandernde Gedankenexperiment fort. Das Stück wirkt zunächst ganz realistisch, doch wird der Realismus hier auf die Spitze getrieben. Es ist ein Realismus kurz vor der Explosion, einer, in dem plötzlich das Absurde aufscheint. Seit der Premiere im Juni 2011 wird das Stück bis heute immer weiter gespielt. 2013 schrieb Zhou Shen als Auftragswerk das Stück *Van Goghs Biographie*. Es knüpft an seine früheren Stücke mit ihrer genauen Alltagsschilderung an und beschreibt seine Figuren wiederum überaus detailreich. (Vgl. die ausführliche Darstellung von Zhou Shens Arbeit in Tao Qingmeis Beitrag »Experimentelles Theater in China« auf S. 196 des vorliegenden Buches.)

Übersetzung: Peggy Kames

Bibliografie

Chinesisches Theater, Sprechtheater

a. Monografien

Chen, Jack (1949): *The Chinese theatre*, London: D. Dobson.

Chen, Xiaomei (2002): *Acting the Right Part: Political Theater and Popular Drama in Contemporary China*, Honolulu: University of Hawaii Press.

Darrobers, Roger (1995): *Le théâtre chinois*, Paris: Presses Universitaires de France.

Dolby, William (1976): *A History of Chinese Drama*, Lyndhurst: Barnes & Noble.

Eberstein, Bernd (1983): *Das chinesische Theater im 20. Jahrhundert*, Wiesbaden: Harrassowitz.

Gissenwehrer, Michael (2008): *Chinas Propagandatheater 1942–1989*, München: Verlag Herbert Utz.

He, Chengzhou (2004): *Henrik Ibsen and Modern Chinese Drama*, Oslo: Oslo Academic Press.

Howard, Roger (1978): *Contemporary Chinese Theatre*, London: Heinemann Educational Books.

Labedzka, Isabella (2008): *Gao Xingjian's Idea of Theatre: From the Word to the Image*, Leiden: Brill.

Liu, Siyuan (2013): *Performing Hybridity in Colonial-Modern China*, New York: Palgrave Macmillan.

Lopez, Manuel D. (1991): *Chinese Drama: An Annotated Bibliography of Commentary, Criticism, and Plays in English Translation*, Metuchen: Scarecrow Press.

Mackerras, Colin (1973): *Amateur Theatre in China 1949–1966*, Canberra: Australian National University Press.

Mackerras, Colin (1990): *Chinese Drama: A Historical Survey*, Beijing: New World Press.

Mei Lanfang (1987): *Wutai shenghou sishi nian* (40 Jahre Bühnenleben), Beijing: Zhonggou xiju chubanshe.

Meserve, Walter J./Meserve, Ruth I. (1970): *Modern drama from Communist China*, New York: New York University Press.

Mittler, Barbara (1997): *Dangerous Tunes. The Politics of Chinese Music in Hong Kong, Taiwan and the People's Republic of China since 1949*, Wiesbaden: Harrassowitz.

Quah, Sy Ren (2004): *Gao Xingjian and Transcultural Chinese Theater*, Honolulu: University of Hawaii Press.

Shih, Chung-wen (1976): *The Golden Age of Chinese Drama: Yüan Tsa-chü*, Princeton: Princeton University Press.

Stecher, Anna (2014): *Im Dialog mit dem chinesischen Schauspieljahrhundert. Studien zum Theater von Lin Zhaohua*, München: Utz.

Tanlayco, Milagros G. (2000): *Chinese traditional drama: a mirror of values*, Manila: UST Pub. House.

Wetmore, Jr., Kevin J./Liu, Siyuan/Mee, Erin B. (2014): *Modern Asian Theatre and Performance 1900–2000*, London/New York: Bloomsbury Publishing.

Ying Ruocheng/Conceison, Clair (2008): *Voices Carry. Behin Bars and Backstage during China's Revolution and Reform*, Lanham: Rowman & Littlefield.

Zhang, Xiao Yang (1996): *Shakespeare in China: a comparative study of two traditions and cultures*, Newark: University of Delaware Press.

Zung, Cecilia S. L. (1964): *Secrets of the Chinese Drama – a complete explanatory guide to actions and symbols as seen in the performance of Chinese dramas*, New York: Benjamin Blom.

b. Aufsätze

Gissenwehrer, Michael (1991): »Die Entdeckung des Menschen. Die Gratwanderung des chinesischen Theaters in den Achtzigerjahren«, in: *Dokumentation China-Akademie der RWAG*, Dortmund, S. 51–60.

Gissenwehrer, Michael (2006): »›Süß ist es, wenn unsere Körper zermalmt werden und die Knochen zersplittern für die Revolution‹. Jiang Qings Theaterrevolutionäre und das chinesische Theater des 20. Jahrhunderts«, in: Ensemble Modern und Haus der Kulturen der Welt (Hg.): *Fantasy of the Red Queen*, Berlin, S. 13–17.

Howard, Roger (1976): »Agitation and Anaesthesia: Aspects of Chinese Theatre Today«, in: *Theatre Research International* 1, S. 53–64.

Howard, Roger (1971): »People's Theatre in China since 1907«, in: *Theatre Quarterly* 1, Nr. 4, S. 67–82.

Judd, Ellen R. (1987): »Prescriptive Dramatic Theory of the Cultural Revolution«, in: Constantine Tung/Colin Mackerras (Hg.): *Drama in the People's Republic of China*, Albany: State University of New York Press, S. 94–118.

May, Zhang Que (1998): »Chinesisches Theater als Gegenstand westlicher China-Forschung«, in: Andreas Eckert/Gesine Krüger (Hg.): *Lesarten eines globalen Prozesses. Quellen und Interpretationen zur Geschichte der europäischen Expansion*, Hamburg: LIT Verlag, S. 143–156.

Sun, William Huizhu (1987): »Mei Lanfang, Stanislavsky and Brecht on China's Stage and their Aesthetic Significance«, in: Constantine Tung/Colin Mackerras (Hg.): *Drama in the People's Republic of China*, Albany: State University of New York Press, S. 137–150.

Yih-Jian, Tai (1978): »Stanislavsky and Chinese Theatre«, in: *Journal of Oriental Studies* XVI, S. 49–62.

c. Sammelbände

Chen, Baichen/Dong Jian (Hg.) (1989): *History of Modern Chinese Theatre (1899–1949)*, Beijing: China Theatre Publishing House.

Chen, Xiaomei (Hg.) (2003): *Reading the Right Text: An Anthology of Contemporary Chinese Drama*, Honolulu: University of Hawaii Press.

Chen, Xiaomei (Hg.) (2010): *The Columbia Anthology of Modern Chinese Drama*, New York: Columbia University Press.

Cheung, Martha P./Lai, Jane C.C. (Hg.) (1997): *An Oxford Anthology of Contemporary Chinese Drama*, Oxford: Oxford University Press.

Dong Jian/Hu Xingliang (Hg.) (2008): *Zhongguo dangdai xiju shigao*, Beijing: Zhong-guo xiju chubanshe.

Eberstein, Bernd (Hg.) (1980): *Moderne Stücke aus China*, Frankfurt/Main: Suhrkamp.

Eilers, Dorte Lena/Mansha, Tian/Ping, Chen/Knopp, Hans-Georg (Hg.) (2015): *Theater der Zeit Spezial: China*, Heft 12, Berlin: Theater der Zeit.

Fei, Faye Chunfang (Hg.) (1999): *Chinese Theories of Theater and Performance from Confucius to the Present*, Ann Arbor: University of Michigan Press.

Fessen-Henjes, Irmtraud (Hg.) (1993): *Das Nirwana des Hundemannes und andere chinesische Stücke*, Berlin: Henschel.

Großmann, Eike/Tröster, Mirjam (Hg.) (2014): *Gesellschaft, Theater und Kritik. Aktuelle Themen auf den Bühnen Japans, Chinas und Taiwans*, München: Iudicium.

Gunn, Edward M. (Hg.) (1983): *Twentieth-century Chinese Drama: An Anthology*, Bloomington: Indiana University Press.

Knopp, Hans-Georg/Chen, Ping (Hg.) (2015): *Mittendrin. Neue Theaterstücke aus China*, Berlin: Theater der Zeit.

Rubin, Don/Pong, Chua Soo/Chaturvedi, Ravi/Majumdar, Ramendu/Tanokura, Minoru/Brisbane, Katharine (Hg.) (1998): *The World Encyclopedia of Contemporary Theatre: Asia/Pacific*, London: Routledge.

Tung, Constantine/Mackerras, Colin (Hg.) (1987): *Drama in the People's Republic of China*, Albany: State University of New York Press.

Yan, Haiping (Hg.) (1998): *Theater & Society: An Anthology of Contemporary Chinese Drama*, Armonk: M.E. Sharpe.

Yu, Shiao-Ling S. (Hg.) (1997): *Chinese Drama after the Cultural Revolution, 1979–1989. An Anthology*, Lewiston: Edwin Mellen Press.

Experimentelles Theater, Performing Arts, Visual Arts

a. Monografien

Berghuis, Thomas J. (2006): *Performance Art in China*, Hong Kong: Timezone 8 Limited.

Budde, Antje (2008): *Theater und Experiment in der VR China. Kulturhistorische Bedingungen, Begriff, Geschichte, Institution und Praxis*, Saarbrücken: VDM Verlag Dr. Müller.

Ferrari, Rosella (2012): *Pop Goes the Avant-Garde: Experimental Theater in Contemporary China*, London/New York/Calcutta: Seagull Books.

Krott, Martin (1980): *Politisches Theater im Pekinger Frühling 1978 – »Aus der Stille« von Zong Fuxian*. Übersetzung und Kommentar von Martin Krott, Bochum: Brockmeyer.

Lin, Kuan-wu (2010): *Westlicher Geist im östlichen Körper? »Medea« im interkulturellen Theater Chinas und Taiwans. Zur Universalisierung der griechischen Antike*, Bielefeld: Transcript.

Mackerras, Colin (2004): *The Performing Arts in Contemporary China*, Abingdon: Routledge.

Zhao, Henry Y.H. (2000): *Towards a Modern Zen Theatre. Gao Xingjian and Chinese*

Theatre Experimentalism, School of Oriental & African Studies, London: University of London.

b. Aufsätze

Gissenwehrer, Michael (1993): »Ausgebrüllt. Chinas modernes Schauspiel und die Propaganda«, in: *Forum Modernes Theater* 2, S. 134–152.

McDougall, Bonnie S. (1984): »Writers and Performers, Their Works, and their Audiences in the First Three Decades«, in: dies. (Hg.): *Popular Chinese Literature and Performing Arts in the People's Republic of China 1949–1979*, Berkeley: University of California Press, S. 269–304.

Mittler, Barbara (2008): »Musik und Identität: Die Kulturrevolution und das ›Ende chinesischer Kultur‹«, in: Michael Lackner (Hg.): *Zwischen Selbstbestimmung und Selbstbehauptung. Ostasiatische Diskurse des 20. und 21. Jahrhunderts*, Baden-Baden: Nomos, 260–289.

c. Sammelbände

Dijk, Hans van/Noth, Jochen/Schmid, Andreas (Hg.) (1993): *China Avantgarde*, Berlin: Edition Braus.

Gissenwehrer, Michael/Kaminski, Gerd (Hg.) (2008): »*In der Hand des Höllenfürsten sind wir alle Puppen«: Grenzen und Möglichkeiten des chinesischen Figurentheaters der Gegenwart*, München: Verlag Herbert Utz.

Huber, Jörg/Chuan, Zhao (Hg.) (2013): *The Body at Stake. Experiments in Chinese Contemporary Art and Theatre*, Bielefeld: Transcript.

Huber, Jörg/Chuan, Zhao (Hg.) (2011): *A New Thoughtfulness in Contemporary China. Critical Voices in Art and Aesthetics*, Bielefeld: Transcript.

McDougall, Bonnie S. (Hg.) (1984): *Popular Chinese Literature and Performing Arts in the People's Republic of China 1949–1979*, Berkeley: University of California Press.

Um, Hae-kyung (Hg.) (2006): *Diasporas and Interculturalism in Asian Performing Arts: Translating Traditions*, Abingdon: Routledge.

d. Weitere Quellen, Netzquellen, Verschiedenes

Friedman, Alison (2010): »China's Performing Arts in the 21st Century«, auf: www.youtube.com/watch?v=6h8yDxuMuVQ (letzter Zugriff: 28.10.2015).

BeijingDance /LDTX (Lei Dong Tian Xia), www.beijingldtx.com/index.html.

Landreth, Jonathan (2012): »China's Modern Dancers Emerge on Screen«, in: *The Wall Street Journal Online*, 6.6.2012, http://blogs.wsj.com/scene/2012/06/06/china%E2%80%99s-modern-dancers-emerge-on-screen.

Melvin, Sheila (2012): »Modern Dance Comes Into Its Own in China«, in: *The New York Times*, 29.2.2012, www.nytimes.com/2012/03/01/arts/01iht-chinadance01.html.

www.pingpongarts.org/

Traditionelles chinesisches Musiktheater *(xiqu)*

a. Monografien

Alley, Rewy (1957): *Die Peking-Oper. Eine Einführung*, Peking: Verlag Neue Welt.

Arlington, Lewis Charles (1930): *The Chinese Drama from the Earliest Times Until Today*, Shanghai: Kelly and Walsh.

Birch, Cyril (1995): *Scenes for Mandarines. The Elite Theatre of the Ming*, New York: Columbia University Press.

Cheng, Julie (1990): *Gesichter der Peking-Oper. Zerbrochener Ziegel und Dattelkern*, Hamburg: Hans Christians Verlag.

Dolby, William (1978): *Eight Chinese Plays from the Thirteenth Century to the Present*, New York: Columbia University Press.

Eberstein, Bernd (1983): *Das chinesische Theater im 20. Jahrhundert*, Wiesbaden: Harrassowitz.

Freund, Philip (2005): *Oriental Theatre: Drama, Opera, Dance and Puppetry in the Far East*, London: Peter Owen Ltd.

Fu, Jin (2012): *Chinese Theatre*, Cambridge: Cambridge University Press.

Gemmecke, Thomas J. (1994): *Einführung in die traditionelle chinesische Kunst, die Oper und das Theaterspiel*, Essen: Die Blaue Eule.

Gissenwehrer, Michael (1983): *Die Theaterlehre des Birnengartens. Die Ausbildung der Schaupieler für das Jingju (sog. Peking-Oper) in Beijing von 1800 bis 1949 u. Taibei von 1949 bis 1982*, Dissertation, Wien.

Gissenwehrer, Michael/Sieckmeyer, Jürgen (1987): *Peking Oper. Theaterzeit in China*, Schaffhausen: Edition Stemmle.

Goldstein, Joshua (2007): *Drama Kings. Players and Publics in the Re-creation of Peking Opera 1870–1937*, Berkeley: University of California Press.

Gudnason, Jessica Tan/ Gong Li (2001): *Chinese Opera*, New York: Abbeville Press.

Guy, Nancy (2005): *Peking Opera and Politics in Taiwan*, Urbana: University of Illinois Press.

Halson, Elizabeth (1966): *Peking Opera: A Short Guide*, Oxford: Oxford University Press.

Hsu, Tao-Ching (1985): *The Chinese Conception of the Theatre*, Seattle/London: University of Washington Press.

Huang Shang (1985): *Tales from Peking Opera*, Beijing: New World Press.

Huo, Jianying (1997): *Die Kunst der Pekingoper*, Beijing: Verlag China heute.

Jia, Ah (1991): *Further Studies on the Principles of Traditional Theatre*, Beijing: China Theatre Publishing House.

Jiang, Qing (1968): *On the Revolution of Peking Opera*, Beijing: Foreign Languages Press.

Jin Jiang (2009): *Women Playing Men: Yue Opera and Social Change in Twentieth-century Shanghai*, Seattle: University of Washington Press.

Kalvodová, Sis Vaniš (1956): *Schüler des Birngartens – Das chinesische Singspiel*, Prag: Artia Verlag.

Kascha, Wolfgang (2006): *Die Wirkungssicherung im traditionellen asiatischen Theater unter besonderer Berücksichtigung des Nô-Theaters und der Peking-Oper*, Trier: Wiss. Verlag Trier.

Kleinen, Günter (2011): *Chinesische Musik und der kulturelle Transfer auf der Seiden-straße*, Osnabrück: Epos.

Kleinen, Günter (2006): *Musik der Welt: China*, Oldershausen: Lugert.

Kubin, Wolfgang (2009): *Das traditionelle chinesische Theater. Vom Mongolendrama bis zur Pekinger Oper*, München: Saur.

Latsch, Marie-Luise (1980): *Peking opera as a European sees it*, Beijing: New World Press.

van Leeuwen, Andreas (2000): *Die neue chinesische Oper in Werk und Diskurs (1920–1966): Eine Schwerpunktanalyse*, Berlin: Mensch & Buch.

Lu, Shu-Jiuan (2010): *Vergleich von Sprachduktus und Melodik historischer Aufnahmen der Peking-Oper*, Göttingen: Cuvillier.

Mackerras, Colin (2008): *China in Transformation 1900–1949*, Harlow: Pearson Education Limited.

Mackerras, Colin (1997): *Peking Opera*, Oxford: Oxford University Press.

Mackerras, Colin (1975): *The Chinese Theatre in Modern Times: From 1840 to the Present Day*, London: Thames & Hudson.

Mackerras, Colin (1972): *The Rise of the Peking Opera, 1770–1870: Social Aspects of the Theatre in Manchu*, Oxford: Oxford University Press.

Martin, Helmut (1966): *Li Li-Weng über das Theater: Eine Dramaturgie des siebzehnten Jahrhunderts*, Dissertation, Heidelberg.

Mayer, Fred/Burger, Helga (1983): *Chinesische Oper*, Würzburg: Edition Popp.

Ma, Qian (2005): *Women in traditional Chinese theater: The Heroine's Play*, Lanham: University Press of America.

Obraszow, Sergei (1965): *Das chinesische Theater*, Hannover: Friedrich Verlag.

Obraszow, Sergei (1963): *Theater in China*, Berlin, Henschel.

Pronko, Leonard (1967): *Theater East and West: Perspectives Toward a Total Theater*, Berkeley: University of California Press.

Riley, Josephine (1997): *Chinese Theatre and the Actor in Performance*, Cambridge: Cambridge University Press.

Li Ruru (2010): *The Soul of Beijing Opera. Theatrical Creativity and Continuity in the Changing World*, Hong Kong: Hong Kong University Press.

Schönfelder, Gerd (1972): *Die Musik der Peking-Oper*, Leipzig: Deutscher Verlag für Musik.

Scott, Adolphe Clarence (1982): *Actors Are Madmen: Notebook of a Theatregoer in China*, Madison: University of Wisconsin Press.

Scott, Adolphe Clarence (1958): *An Introduction to the Chinese Theatre*, Singapore: D. Moore.

Scott, Adolphe Clarence (1963): *Literature and the Arts in Twentieth Century China*, New York: Doubleday Anchor.

Scott, Adolphe Clarence (1957): *The Classical Theatre of China*, New York: Allen & Unwin.

Sieber, Patricia Angela (2003): *Theatres of Desire: Authors, Readers and the Reproduction of early Chinese Song-Drama, 1300–2000*, New York: Palgrave Macmillan.

Stock, Jonathan (2003): *Huju. Traditional Opera in Modern Shanghai*, Oxford: Oxford University Press.

Tian, Min (2010): *China's Greatest Operatic Male Actor of Female Roles. Documenting the Life and Art of Mei Lanfang, 1894–1961*, Lewiston: The Edwin Mellen Press.

Wagner, Rudolf G. (1990): *The Contemporary Chinese Historical Drama. Four Studies*, Berkeley: University of California Press.

Wegner, Irene (1996): *Die Schminkmasken der Peking Oper: Untersuchung zu ihren Ursprüngen, den Gestaltungsregeln und deren möglichen Einflussfaktoren*, Dissertation, Universität München.

Wichmann, Elizabeth (1991): *Listening to Theatre: The Aural Dimension of Beijing Opera*, Honolulu: University of Hawaii Press.

Xu, Chengbei (2003): *Peking-Oper*, Beijing: China Intercontinental Press.

Yang, Daniel Shih-P'eng (1967): *An Annotated Bibliography of Materials for the Study of the Peking Theatre*, Madison: University of Wisconsin.

Ye, Tan (2008): *Historical Dictionary of Chinese Theater*, Lanham: Scarecrow Press.

Yi, Bian (2006): *Die Peking-Oper. Essenz der chinesischen Kultur*, Beijing: Verlag für fremdsprachige Literatur.

Yi, Bian (2005): *The Cream of Chinese Culture. Peking Opera*, Beijing: Foreign Languages Press.

Yu, Weijie (1996): *Mei Lanfang's innovation in Beijing opera: A historical documentation of his artistic career & his representative stage productions*, Dissertation, Universität Bayreuth.

Yung, Bell (1989): *Cantonese Opera: Performance as Creative Process*, Cambridge: Cambridge University Press.

b. Aufsätze

Delza, Sophia (1969): »The Classical Theatre of China«, in: Ernest Theodore Kirby (Hg.): *Total Theatre: A Critical Anthology*, New York: E. P. Dutton, S. 224–242.

Fischer-Lichte, Erika (1999): »Chinesische Märchenspiele«, in: dies.: *Das eigene und das fremde Theater*, Tübingen: Francke, S. 75–91.

Gissenwehrer, Michael (2006): »An Perfektion, Nutzen und Schönheit für Menschen unerreichbar. Das Puppenhafte im chinesischen Theater«, in: *Österreichisches Institut für China- und Südostasienforschung: China-Report* 147–148, S. 38–41.

Gissenwehrer, Michael (2006): »Gefährdete Gattung. Die traditionelle chinesische Oper (xiqu) hat eine Jahrhunderte umspannende Geschichte. Heute kämpft sie ums Überleben«, in: *Opernwelt. Das internationale Opernmagazin*, S. 36–39.

Gissenwehrer, Michael (1985): »Modernes chinesisches Theater«, in: Heinz Kindermann (Hg.): *Einführung in das Ostasiatische Theater*, Wien: Böhlau, S. 207–251.

Kleinen, Günter (1997): »Unbekannte, exotische Welt der Peking-Oper – Ein Annäherungsversuch«, in: Frank Nolte (Hg.): *Bremer Jahrbuch für Musikkultur*, Bremen: Temmen, S. 118–122.

Mackerras, Colin (1979): »The Taming of the Shrew: Chinese Theatre and Social Change since Mao«, in: *Australian Journal of Chinese Affairs* 1, S. 1–16.

Utz, Christian (1998): »Die Tradition des chinesischen Musiktheaters als Folie des Schaffens heutiger chinesischer Komponisten«, in: *Österreichische Musikzeitschrift*, Mai 1998, S. 33–45.

Wichmann-Walczak, Elizabeth (2004): »Beijing Opera Plays and Performance«, in: Corinne H. Dale (Hg.): *Chinese Aesthetics and Literature*, Albany: State University of New York Press, S. 129–152.

Wichmann-Walczak, Elizabeth (2000): »›Reform‹ at the Shanghai Jingju Company and Its Impact on Creative Authority and Repertory«, in: *The Drama Review* 44.4, S. 96–119.

Yizhen, Liu (1988): »Ah Jia's Theory of Xiqu Performance«, in: *Asian Theatre Journal*, Vol. 5, Nr. 2, S. 111–131.

Yung, Bell (1984): »Model Opera as Model: From Shajiabang to Sagabong«, in: Bonnie S. McDougall (Hg.): *Popular Chinese Literature and Performing Arts in the People's Republic of China 1949–1979*, Berkeley: University of California Press, S. 144–164.

c. Sammelbände

Akademie der Künste Berlin (Hg.) (1985): *»Ich werde deinen Schatten essen.« Das Theater des Fernen Ostens*, Berlin: Frölich & Kaufmann, Berlin.

Brandon, James R./Banham, Martin (Hg.) (1993): *The Cambridge Guide to Asian Theatre*, Cambridge: Cambridge University Press.

Chinesische Akademie der Künste (Hg.) (2008): *Die chinesische Oper: Geschichte und Gattungen. Ein Handbuch in Text und Bild*, Mainz: Schott.

Editionskomitee der Geschichte der chinesischen Peking Oper (Hg.) (1990): *Zhongguo Jingju Shi (Geschichte der chinesischen Peking Oper)*, 2. Teil, Beijing: Zhongguo xiju chubanshe.

Editionskomitee der Geschichte der chinesischen Peking Oper (Hg.) (2000): *Zhongguo Jingju Shi (Geschichte der chinesischen Peking Oper)*, 3. Teil, Beijing: Zhongguo xiju chubanshe.

Institut für Auslandsbeziehungen e.V. (Hg.) (1999): *Geschichten aus den drei Reichen: Die Pekingoper.* (Begleitbuch zu den Ausstellungen, Stuttgart, Berlin u. Bonn, Ifa-Galerie, 1999/2000), Stuttgart: IfA.

Johnson, David/Nathan, Andrew J./Rawski, Evelyn S. (Hg.) (1985): *Popular Culture in Late Imperial China*, Berkeley: University of California Press.

Kindermann, Heinz (Hg.) (1985): *Einführung in das Ostasiatische Theater*, Wien: Böhlau.

Kindermann, Heinz (Hg.) (1966): *Fernöstliches Theater*, Stuttgart: Kröner.

Leiter, Samuel L. (Hg.) (2006): *Encyclopedia of Asian Theatre*, 2 Bände, Westport: Greenwood Publishing Group.

Mackerras, Colin (Hg.) (1983): *Chinese Theater: From Its Origins to the Present Day*, Honolulu: University of Hawaii Press.

Mansha, Tian/Odenthal, Johannes (Hg.) (2006): *Lebendige Erinnerung – Xiqu. Zeitgenössische Entwicklungen im chinesischen Musiktheater*, Berlin: Theater der Zeit.

Mostow, Joshua S. (Hg.) (2008): *Performing »Nation«: Gender Politics in Literature, Teater, and the Visual Arts of China and Japan, 1880–1940*, Boston: Brill.

Siu, Wang-Ngai /Lovrick, Peter (2008): *Chinese Opera: Images and Stories*, Seattle: University of Washington Press.

Tam, Kwok-kan (Hg.) (2002): *Shakespeare global, local: the Hong Kong imaginary in transcultural production*, Frankfurt/Main: Peter Lang.

Wagner, Martina/Simon, Rainald/TheaterFigurenMuseum Lübeck/Union Internationale de la Marionnette (UNIMA Deutschland e.V.) (Hg.) (2012): *Im Reich der Schatten: chinesisches Schattentheater trifft Peking-Oper = The world of shadows*, Frankfurt/Main: Puppen und Masken – Nold.

Wu, Zuguang/Huang, Zuolin/Mei Shaowu (1984): *Peking-Oper und Mei Lanfang. Eine Einführung in das traditionelle chinesische Theater und die Kunst seines grossen Meisters Mei Lanfang*, Beijing: Verlag Neue Welt.

Yan, Qun (Hg.) (2000): *The Facial Makeup in Beijing Opera of China*, Harbin: Heilongjiang Publishing Group.

d. Weitere Quellen, Netzquellen, Verschiedenes

Reihe: Opera Sinologica, Harrassowitz Verlag (www.harrassowitz-verlag.de/category_291.ahtml)

www.beijingoperaresources.info/

Revolutionstheater

a. Monografien

Clark, Paul (2008): *The Chinese Cultural Revolution: A History*, Cambridge: Cambridge University Press.

Holm, David (1991): *Art and Ideology in revolutionary China*, Oxford: Oxford University Press.

Jacobs, Kai (1977): *Deutschsprachige Schriften zur revolutionären Musik der Volksrepublik China*, Bremen: Archiv für Populäre Musik.

Lu Xing (2004): *Rethoric of the Chinese Cultural Revolution – The Impact on Chinese Thought, Culture and Communication*, Columbia: University of South Carolina Press.

Maderbacher, Ilse (1998): *Ling Ping. Spitzentanz und Rote Bibel. Eine Biographie*, Wien: Im Selbstverlag.

Mittler, Barbara (2012): *A Continuous Revolution: Making Sense of Cultural Revolution Culture*, Cambridge: Harvard University Press.

Roberts, Rosemary (2010): *Maoist Model Theatre: The Semiotics of Gender and Sexuality in the Chinese Cultural Revolution (1966–1976)*, Leiden: Brill Academic Publishers.

Snow, Lois Wheeler (1972): *China on Stage. An American Actress in the People's Republic of China*, New York: Random House.

b. Aufsätze

Chu, Godwin C./Cheng, Philip H. (1978): »Revolutionary Opera: An Instrument for Cultural Change«, in: Godwin C. Chu (Hg.): *Popular Media in China: Shaping New Cultural Patterns*, Honolulu: University Press of Hawaii, S. 73–103.

Clark, Paul (2010): »Model Theatrical Works and the Remodelling of the Cultural Revolution«, in: Richard King (Hg.): *Art in Turmoil: The Chinese Cultural Revolution, 1966–1976*, Vancouver: University of British Columbia Press, S. 167–187.

Gissenwehrer, Michael (2011): »Klassenkampf auf der Bühne – Jiang Qings Revolutionstheater«, in: Helmut Opletal (Hg.): *Die Kultur der Kulturrevolution. Personenkult und politisches Design im China von Mao Zedong*, Gent: Snoeck Publishers, S. 211–219.

McGrath, Jason (2010): »Cultural Revolution Model Opera Films and the Realist Tradition in Chinese Cinema«, in: *The Opera Quarterly*, 26 (2–3), S. 343–376.

Mittler, Barbara (2008): »Musik und Identität: Die Kulturrevolution und das ›Ende chinesischer Kultur‹«, in: Michael Lackner (Hg.): *Zwischen Selbstbestimmung und Selbstbehauptung: Ostasiatische Diskurse des 20. und 21. Jahrhunderts*, Baden-Baden: Nomos, S. 260–289.

Mittler, Barbara (2008): »Popular Propaganda? Art and Culture in Revolutionary China«, in: *Proceedings of the American Philosophical Society*, Vol. 152, No. 4, S. 466–489.

c. Sammelbände

Ebon, Martin (Hg.) (1975): *Five Chinese Communist Plays*, New York: John Day Co.

King, Richard (Hg.) (2010): *Art in Turmoil: The Chinese Cultural Revolution, 1966–1976*, Vancouver: University of British Columbia Press.

Mitchell, John D. (Hg.) (1973): *The Red Pear Garden: Three Great Dramas of Revolutionary China*, Boston: David Godine Publisher.

Opletal, Helmut (Hg.) (2011): *Die Kultur der Kulturrevolution. Personenkult und politisches Design im China von Mao Zedong*, Gent: Snoeck Publishers.

Register/Glossar

Personen

Ai Weiwei | 艾未未 | 75, 283, 371

Bai Pu | 白朴 | 84

Cao Kefei | 曹克非 | 8, 115, 150, 208, 226 f., 294 ff., 300, 303 ff., 317, 362, 382, 386, 391, 403, 405, 429, 431 f., 440

Cao Yu | 曹禺 | 87 f., 93, 107 ff., 197, 210 f., 228, 389

Ceng Xiaogu | 曾孝谷 | 80

Chen Kaige | 陈凯歌 | 146 f.

Chen Yong | 陈颙 | 84, 227

Chen Zhongshi | 陈忠实 | 125

Cheng Yanqiu | 程砚秋 | 133, 156, 396

Leslie Cheung | 张国荣 | 147

Chong Mui-ngam | 庄梅岩 | 116

Choy Shek Cheung | 蔡锡昌 | 115

Cui Dezhi | 崔德志 | 168

Cui Jian | 崔健 | 188 f.

Danny Yung | 荣念曾 | 396

Ding Xilin | 丁西林 | 87

Duo Duo | 多多 | 69, 240, 295, 301 f., 310, 317

Fei Chunfang | 费春放 | 171

Feng Yuanzheng | 冯远征 | 184 f.

Gai Jiaotian | 盖叫天 | 150

Gao Xingjian | 高行健 | 8, 69, 97 f., 101, 110, 112, 124, 169 f., 173 f., 185 f., 195, 227, 234, 240, 383, 389, 393, 409, 411

Gong Li | 巩俐 | 146, 413

Guan Hanqing | 关汉卿 | 84

Guo Shixing | 过士行 | 8, 14, 123 f., 194, 226 f., 229, 232 f., 235 f., 240, 303, 384, 389

Guo Wenjing | 郭文景 | 388

Hao Zhiqiang | 郝智强 | 246

He Nian | 何念 | 246

Hong Shen | 洪深 | 87

Hu Shi | 胡适 | 102 f.

Huang Jingang | 黄金罡 | 125, 195

Huang Weiruo | 黄维若 | 193

Huang Ying | 黄盈 | 113

Huang Zuolin | 黄佐临 | 110 f., 120 f., 167 ff., 171 f., 417

Huzi | 虎子 | 346, 351

Ji Junxiang | 纪君祥 | 204

Jia Hongyuan | 贾鸿源 | 169

Jia Zhitan | 贾之坦 | 249

Jian Guoxian | 简国贤 | 119

Jiang Wen | 姜文 | 386

Jiangnan Liguo | 江南蓼果 | 288

Jiao Juyin | 焦菊隐 | 92, 94, 111 f., 331, 389

Jim Chim | 詹瑞文 | 115, 117

Jin Xing | 金星 | 8, 203 f., 385, 428

Jin Yun | 锦云 | 122, 171

Jin Zhengjia | 金振家 | 168

Joanna Chan | 陈尹莹 | 115

Ke Jun | 柯军 | 216, 218 f.

Lam Dai Hing | 林大庆 | 115

Lao She | 老舍 | 79, 92 ff., 120, 149, 204

Li Changshan | 李长山 | 150

Li Jianjun | 李建军 | 8, 113, 195, 387, 437

Li Kewei | 李克威 | 168

Li Liuyi | 李六乙 | 8, 125, 172, 388

Li Longyin | 李龙吟 | 79 f.

Li Ning | 李凝 | 195, 255

Li Shaochun | 李少春 | 150

Li Shaohong | 李少红 | 386

Li Shutong | 李叔同 | 80

Li Xinmin | 李新民 | 249

Li Xinmo | 李心沫 | 301, 440

Wang Mei | 王枚 | 293

Wang Peigong | 王培公 | 122, 170

Wang Xiaoying | 王晓鹰 | 170, 172

Wang Ya'nan | 王亚男 | 293, 335

Wang Yongqing | 王永庆 | 193

Wang Yuanhua | 王元化 | 105

Wei Min | 魏敏 | 122, 387

Wen Hui | 文慧 | 6, 8, 14, 125 f., 186, 195, 198, 207 f., 244 ff., 253, 266 f., 270, 272 f., 279, 287, 400 ff., 436

Wen Yiduo | 闻一多 | 103

Wong Wing-sze | 黄咏诗 | 116 f.

Wu Hsing-kuo | 吴兴国 | 216, 219

Wu Wenguang | 吴文光 | 6, 8, 14, 19, 125 f., 147, 186, 195, 198, 207 f., 242, 253, 267, 271, 286 f., 400 ff., 436

Xia Chun | 夏淳 | 88, 92

Xia Yan | 夏衍 | 87

Xiao Hong | 萧红 | 204

Xiao Ke | 小柯 | 6, 8, 14, 266 ff., 289 f., 346, 351, 403, 436

Xie Jin | 谢晋 | 146

Xie Xizhang | 解玺璋 | 5, 13, 19, 100, 109, 437

Xu Fen | 徐棻 | 145, 162 ff., 213, 215, 218, 396

Xu Xiaopeng | 徐小朋 | 113

Xu Xiaozhong | 徐晓钟 | 171 f., 181, 227

Xu Zheng | 徐峥 | 356

Xun Huisheng | 荀慧生 | 133

Yan Huizhu | 言慧珠 | 150

Yang Baozhong | 杨宝忠 | 150

Yang Lüfang | 杨履芳 | 90

Yao Yiwei | 姚一苇 | 128

Yao Yuan | 姚远 | 194

Ye Tingfang | 叶廷芳 | 230

Yi Liming | 易立明 | 198

Ying Ruocheng | 英若诚 | 322, 410

Yu Chen | 余琛 | 145, 152 f.

Yu Hua | 余华 | 145, 392

Yu Jian | 于坚 | 178, 186, 189, 195, 198 f., 393

Yu Rongjun (Nick) | 喻荣军 | 355 ff., 360, 404

Yu Shangyuan | 余上沅 | 103, 105, 109, 113

Yu Shizhi | 于是之 | 325

Yu Zhenfei | 俞振飞 | 131, 139

Yuen Lap Fun | 袁立勋 | 115

Zha Mingzhe | 查明哲 | 172

Zhang Chu | 张楚 | 188

Zhang Fengyi | 张丰毅 | 147

Zhang Mali | 张马力 | 170

Zhang Tingxiu | 张庭秀 | 145, 159

Zhang Weiyi | 张维一 | 7, 15, 354, 387, 404, 437

Zhang Xian | 张献 | 5, 8, 13, 18, 44 f., 48, 195, 197, 204 ff., 243, 245, 256, 271, 285, 301, 403, 405, 437

Zhang Yihe | 章怡和 | 150

Zhang Yimou | 张艺谋 | 145 f.

Zhao Chuan | 赵川 | 6, 8, 14, 195, 250 f., 254 f., 257, 288, 406, 437

Zhao Lixin | 赵立新 | 208

Zhao Miao | 赵淼 | 113

Zhao Zhigang | 赵志刚 | 216

Zheng Guangzu | 郑光祖 | 84

Zheng Junli | 郑君里 | 150

Zhou Long | 周龙 | 216

Zhou Shen | 周申 | 8, 113, 210, 407

Zhou Xinfang | 周信芳 | 150

Zhou Zihan | 周子涵 | 403

Zhu Xiaoping | 朱晓平 | 122, 171

Zong Fuxian | 宗福先 | 96, 167, 411

Zou Jingzhi | 邹静之 | 194

Zou Xueping | 邹雪平 | 249

Stück-, Buch-, Film-, Zeitschrift- und Artikeltitel

1966 – Wo de Hongweibing shidai | 1966 – 我的红卫兵时代 | *1966 – My time in the Red Guards*

25.3 gongli tonghua | 25.3 KM 童话 | *Märchen des 25,3. Kilometers*

25.3 gongli | 25.3 公里 | *25,3 Kilometer*

37,8 °C baogao | 37,8 °C报告 | *Report on 37,8 °*

A Q Zhengzhuan | 阿Q正传 | *Die wahre Geschichte des Ah Q*

Aiqing disike | 爱情迪斯科 | *Liebesdisko*

Bailuyuan | 白鹿原 | *Die Ebene des weißen Rehs*

Baimaonü | 白毛女 | *Das weißhaarige Mädchen*

Ban meng | 半梦 | *Half Dream*

Baochun hua | 报春花 | *Primeln*

Bawang Bie Ji | 霸王别姬 | *Lebewohl, meine Konkubine*

Bayue xue | 八月雪 | *Schnee im August*

Beiguan zhuyi de huaduo | 悲观主义的花朵 | *Blumen des Pessimismus*

Beijingren | 北京人 | *Pekinger*

Bi | 壁 | *Die Wand*

Bi'an/Guanyu bi'an de Hanyu yufa taolun | 彼岸／关于彼岸的汉语语法讨论 | *Das andere Ufer/Diskussion über die Grammatik des Chinesischen des anderen Ufers*

Bi'an | 彼岸 | *Das andere Ufer*

Bishang Liangshan | 逼上梁山 | *Gezwungen, auf den Liang-Berg zu gehen*

Buguniao you jiao le | 布谷鸟又叫了 | *Der Kuckuck ruft wieder*

Cai Wenji | 蔡文姬 | *Eigenname der Titelfigur*

Cang yu ben | 藏与奔 | *Verstecken und fliehen*

Cesuo | 厕所 | *Beijing Toilet*

Chaguan | 茶馆 | *Das Teehaus*

Chang'e | 嫦娥 | *Der rundere Mond*

Chezhan | 车站 | *Die Bushaltestelle*

Cike | 刺客 | *Der Attentäter*

Cunmin yingxiang jihua | 村民影像计划 | *Dorfbewohner-Video-Projekt*

Dali shanghai | 大力伤害 | *Darling Hurt*

Danjianpian | 胆剑篇 | *Galle und Schwert*

Daoban Fushide | 盗版浮士德 | *Bootleg Faust*

Diaocha Jia Zhixiu | 调查贾之修 | *Untersuchung des Falles Jia Zhixiu*

Dileizhan 2.0 | 地雷战 2.0 | *Landminen 2.0*

Duan wan | 断腕 | *Gebrochenes Handgelenk*

Duihua | 对话 | *Dialogue*

Duihua er ling ling wu shengji ban | 对话2005升级版 | *Dialogue 2005 Upgraded Version*

Dun | 蹲 | *Squat*

Dushu | 读书 | *Lesen*

Fan Gao zizhuan | 梵高自传 | *Van Goghs Biographie*

Fei xiang tiankong de ren | 飞向天空的人 | *Der Mann, der in den Himmel fliegt*

Feichang gaoxing | 非常高兴 | *Totally Happy*

Feng yue wu bian | 风月无边 | *Wind Mond ohne Grenze*

Feng | 风 | *Wind*

Fengye hongle de shihou | 枫叶红了的时候 | *Wenn Ahornblätter rot sind*

Gaojiasuo huilanji | 高加索灰阑记 | *Der Kreidekreis*

Gouer ye Niepan | 狗儿爷涅磐 | *Das Nirwana des Hundemannes*

Gua zai qiangshang de Lao B | 挂在墙上的老B | *Der alte B an der Wand*

Guanyu aiqing guisu de zui xin guannian | 关于爱情归宿的最新观念 | *Head without Tail*

Guifei zui jiu | 贵妃醉酒 | *Die betrunkene Konkubine*

Hai Rui baguan | 海瑞罢官 | *Hai Rui wird seines Amtes enthoben*

Haigang | 海港 | *Am Hafen*

Haishang tange | 海上探戈 | *Shangai Tango*

Handan meng | 邯郸梦 | *Der Traum von Handan*

Heinu yu tian lu | 黑奴吁天录 | *Der Schrei des schwarzen Sklaven zum Himmel*

Hong bizi | 红鼻子 | *Die rote Nase*

Hong deng ji | 红灯记 | *Die Geschichte einer roten Signallaterne*

Hong | 红 | *Red*

Hongbai xishi | 红白喜事 | *Feste der Freude,*
Feste der Trauer

Hongfeiyu | 红鲱鱼 | *Der Hering*

Honglou jing meng | 红楼惊梦 | *Der unterbro-*
chene Traum der Roten Kammer

Hongse Niangzijun | 红色娘子军 | *Das Rote*
Frauenbataillon

Hua jin gaolou | 花近高楼 | *Die Blumen bei der*
Pagode

Hua Mulan | 花木兰 | *Eigenname der Titel-*
figur

Huaihua yi tiao jie | 坏话一条街 | *Eine Straße*
der üblen Rede

Huangdanpai xiju xuan | 荒诞派戏剧选 | *Aus-*
gewählte Stücke des Theaters des Absurden

Huanghua | 黄花 | *Chrysanthemen*

Huangyan beihou | 谎言背后 | *Behind the Lie*

Hufu | 虎符 | *Das Zeichen des Tigers*

Huicun zhi lu | 回村之路 | *Rückkehr ins Dorf*

Huidao Huamulin | 回到花木林 | *Rückkehr*
nach Huamulin

Huijia | 回家 | *Heimkehr*

Huiyi | 回忆 | *Memory*

Huiyi er: ji'e | 回忆II: 饥饿 | *Memory II: Hunger*

Huiyi san: mubei | 回忆 III: 墓碑 | *Memory III:*
Grabsteine

Hunyin hezuo ji xiangguan changjing |
婚姻合作及相关场景 | *Marriage Collabo-*
ration & Related Scenes

Huozangchang | 火葬场 | *Krematorium*

Huozhe 活着 | *Leben!*

Hupo | 琥珀 | *Bernstein*

Jia bian | 家变 | *Wandlung der Familie*

Jiang Gong de mianzi | 蒋公的面子 | *Das Ge-*
sicht des Chiang Kai-shek

Jian wu | 奸污 | *Raped*

Jiaru wo shi zhende | 假如我是真的 | *Falls es*
mich wirklich gäbe

Jiating fandui | 家庭反对 | *Familien-Wider-*
stand

Jidu bu qingxi | 极度不清晰 | *Extremly unclear*

Jing hua shui yue | 镜花水月 | *Blumen im Spie-*
gel, der Mond im Wasser

Jitiwu | 集体舞 | *Kollektivtanz*

Jiyi zai lu shang | 记忆在路上 | *Memory in the*
Street

Juedui xinhao | 绝对信号 | *Das Notsignal*

Keguan shijie de guanzhao – Xianshizhuyi xiju |
客观世界的关照—现实主义戏剧 | *Reflexion*
der objektiven Welt – das realistische Theater

Ketang zuowen | 课堂作文 | *Der Schulaufsatz*

Ku | 酷 | *Cool*

Kuangren gushi | 狂人故事 | *A Madman's Story*

Kuangren riji | 狂人日记 | *Das Tagebuch eines*
Verrückten

Langsong | 朗诵 | *Reading*

Laofengliu zhen | 老风流镇 | *Das Dorf Laofeng-*
liu

Leiyu | 雷雨 | *Gewitter*

Leiyu 2.0 | 雷雨 2.0 | *Gewitter 2.0*

Li'er zai ci | 李尔在此 | *Lear ist hier*

Lian'ai de xi'niu | 恋爱的犀牛 | *Nashornliebe*

Liang zhi gou de shenghuo yijian |
两只狗的生活意见 | *Lebensansichten*
zweier Hunde

Ling dang'an | 零档案 | *Akte 0*

Lingshan 灵山 | *Der Berg der Seele*

Liulang Beijing | 流浪北京 | *Pekinger Vaga-*
bunden

Liushou nüshi | 留守女士 | *Those Left Behind*

Longxugou | 龙须沟 | *Der Drachenbartkanal*

Loushang de Majin | 楼上的玛金 | *Margin calls*

Lu de shui | 驴得水 | *Der Esel geht Wasser holen*

Lu | 路 | *Der Weg*

Lüeduo | 掠夺 | *Plündern*

Lu Xun Erlinglingba | 鲁迅二零零八 | *Lu Xun*
2008

Luotuo Xiangzi | 骆驼祥子 | *Das Kamel Xiangzi*
(oft als *Rikscha-Kuli* übersetzt)

Makebai furen | 马克白夫人 | *Lady Macbeth*

Manhadun lai de qizi | 曼哈顿来的妻子 | *Die*
Ehefrau aus Manhattan (auch als *Die Chi-*
nesin von Manhattan übersetzt)

Mantan xijuguan | 漫谈戏剧观 | *Gespräch*
über die Theaterkonzeption

Meihao de yi tian | 美好的一天 | *Ein schöner*
Tag

Minglang de tian | 明朗的天 | *Himmel ohne*
Wolken

Wang Zhaojun | 王昭君 | *Eigenname der Titelfigur*

Weile xingfu ganbei | 为了幸福干杯 | *Ein Wohl auf das Glücklichsein*

Wo ai xxx | 我爱×××| *Ich liebe xxx*

Wo feng gu wo zai | 我疯故我在 | *Ich bin verrückt also bin ich*

Wo he Ren Dingqi | 我和任定琪 | *Ich und Ren Dingqi*

Wo xi Xianggangren | 我係香港人 | *Ich bin Hongkonger*

Women | 我们 | *WM*

Women baoqian de tongzhi ni | 我们抱歉地通知你 | *We Apologize to inform you*

Women de shijie, women de mengxiang | 我们的世界，我们的梦想 | *Unsere Welt, unser Traum*

Wotou huiguan | 窝头会馆 | *Die Wotou-Versammlungsstätte*

Wuli de maotouying | 屋里的猫头鹰 | *Owls in the house*

Wuwai you reliu | 屋外有热流 | *Draußen ist es warm*

Xi wang Chang'an | 西望长安 | *Blick westwärts nach Chang'an*

Xiang jimao yiyang fei | 像鸡毛一样飞 | *Chicken poets*

Xianggang kaogu gushi zhi fei fei fei | 香港考古故事之飞飞飞 | *Archäologische Geschichten Hongkongs fliegen, fliegen, fliegen*

Xianggangshi lihun | 香港式离婚 | *Scheidung auf Hongkonger Art*

Xianren sanbuqu | 闲人三部曲 | *Trilogie der Müßiggänger*

Xiao Dao Hui | 小刀会 | *Small Swords Socitety*

Xiao Shehui | 小社会 | *Little Society*

Xifang xiandai xiju liupai zuopin xuan | 西方现代戏剧流派作品选 | *Ausgewählte Werke der westlichen Strömung des modernen Theaters*

Xin qingcheng zhi lian | 新倾城之恋 | *Neue Liebe in der gefallenen Stadt*

Xin Qingnian | 新青年 | *Neue Jugend*

Xisheng | 牺牲 | *Opfer*

Xiucai yu guizishou | 秀才与刽子手 | *Der Gelehrte und der Henker*

Xunzhao Chunliu she | 寻找春柳社 | *Auf der Suche nach der Frühlingsweiden-Gesellschaft*

Yan'an wenyi huiyi shang de jianghua | 延安文艺会议上的讲话 | *Aussprache auf dem Yan'an-Forum über Literatur und Kunst*

Yanyu | 艳遇 | *Zufällige Begegnung*

Yeren | 野人 | *Der Wildmensch*

Yi ge yewan de jiyi de diaocha baogao | 一个夜晚的记忆的调查报告 | *Untersuchungsbericht über eine nächtliche Erinnerung*

Yibai ge dongci | 一百个动词 | *100 Verbs*

Yibu zhi yao | 一步之遥 | *Gone with the bullets*

Yige sizhe dui shengzhe de fangwen | 一个死者对生者的访问 | *Das Interview eines Toten mit einem Lebenden*

Ying yu | 影喻 | *Metapher des Schattens*

Yishushijie | 艺术世界 | *Welt der Kunst*

Yiyuan | 医院 | *Krankenhaus*

Yizi 2.0 | 椅子2.0 | *Die Stühle 2.0*

Yongji | 拥挤 | *Gedränge*

Yu aizi you guan | 与艾滋有关 | *Über Aids*

Yu wusheng chu | 于无声处 | *Aus der Stille*

Yuanye | 原野 | *Wildnis*

Yuhai kuangchao | 欲海狂潮 | *Meer der Begierden*

Yuren | 鱼人 | *Fischmensch*

Zai shehui de dang'an li | 在社会的档案里 | *In der Akte der Gesellschaft*

Zai tiantai shang minxiang de zhizhu | 在天台上冥想的蜘蛛 | *Meditierende Spinnen*

Zai yiqi | 在一起 | *Together*

Zaixiang Liu Luoguo | 宰相刘罗锅 | *Kanzler Liu, der Bucklige*

Zhaoshi gu'er | 赵氏孤儿 | *Das Waisenkind der Familie Zhao*

Zhiqu Weihushan | 智取威虎山 | *Mit taktischem Geschick den Tigerberg erobern*

Zhiti youjidui | 肢体游击队 | *Physical Guerillas*

Zhongdian zhan Beijing | 终点站一北京 | *Endstation Beijing*

Zhongguo meng | 中国梦 | *Der chinesische Traum*

Zhongguo zhizao | 中国制造 | *The China Project*

Zhou Lang baishuai | 周郎拜帅 | *Zhou Yu als General*

Zhuang sha | 装傻 | *Playing the Fool*

Zhuang Zhou shi qi | 庄周试妻 | *Zhuang Zhous Prüfungen an seiner Frau*

Zhuti yishi de juexing – Lun xiju zhong de xiangzheng yu xiangzhengzhuyi de xiju | 主体意识的觉醒—论戏剧中的象征与象征主义的戏剧 | *Erwachen des subjektiven Bewusstseins – Über Sinnbilder im Theater und symbolisches Theater*

Zouxiang xinling de yishu – Lun biaoxianzhuyi xiju | 走向心灵的艺术—论表现主义戏剧 | *Kunst, die ins Herz geht – Über das expressionistische Theater*

Zunyan sanbuqu | 尊严三部曲 | *Trilogie der Würde*

(Theater-)Begriffe

baogaoju | 报告剧 | *Report-Show*

caizi jiaren | 才子佳人 | *Talent und Schönheit*

chang nian zuo da | 唱念作打 | *Gesang, Sprechen, Schauspiel und Schlagen*

chengshi | 程式 | *kodifizierte Bewegungsform*

chou | 丑 | *Rollentyp der komischen Figur im* xiqu

Chuanju | 川剧 | *Sichuan-Oper*

dan | 旦 | *Rollentyp der Frau im* xiqu

daolu yi mu | 道路以目 | *Wortlose Blicke auf der Straße*

daomadan | 刀马旦 | *Rollentyp der kämpferisch-akrobatischen Kriegerin im* xiqu

difang xi | 地方戏 | *regionale und lokale Theaterstile*

duo sheng bu xiju | 多声部戏剧 | *mehrstimmiges Theater*

Erhuang | 二黄 | *Eine von zwei musikalischen Hauptmelodien im* xiqu

Ganju | 赣剧 | *Gan-Oper*

geju | 歌剧 | *Lied-Theater (die westliche Oper)*

geming xiandai Jingju | 革命现代京剧 | *revolutionäre* Jingju-*Dramen zu zeitnahen Themen*

Guiju | 桂剧 | *Gui-Oper*

Haipai | 海派 | *Shanghaier Stil des* Jingju

Hanxi (Chudiao, Handiao) | 汉戏 (楚调,汉调) | *Han-Oper*

hongda xushi | 宏大叙事 | *monumentales Narrativ*

huadan | 花旦 | *Rollentyp der koketten, lebhaften jungen Frau im* xiqu

huaju | 话剧 | *Sprechtheater*

Huixi | 徽戏 | *Huizhou-Oper*

Huju | 沪剧 | *Hu-Oper*

jiadingxing | 假定性 | *zeichenhaft*

jiaoyu juchang | 教育剧场 | *Pädagogisches Theater*

jing qi shen | 精气神 | *Kraft, Energie, Geist*

jing | 净 | *Temperamentvolle Rolle mit bemaltem Gesicht, das der Rolle entspricht*

Jingbai | 京白 | *Beijing-Dialekt im* Jingju

Jingju | 京剧 | *Peking-Oper*

jingkuangshi wutai | 镜框式舞台 | *klassische Guckkastenbühne*

Jingpai | 京派 | *Beijinger Stil des* Jingju

juchang | 剧场 | *Spiel-Ort (Ort der Aufführung)*

Kunqu | 昆曲 | *Kun-Oper*

laosheng | 老生 | *Rollentyp des älteren Mannes im* xiqu

minzhong juchang | 民众剧场 | *Volkstheater*

pihuang | 皮黄 | *Zwei musikalische Hauptmelodien im* xiqu

Pingtan chuanshuo | 评弹传说 | *Ping Tan Tales*

qianwei | 前卫 | *Avantgarde*

qichang | 气场 | *gemeinsam geschaffener Raum verdichteter Atmosphäre*

qingyi | 青衣 | *Rollentyp der seriösen, zurückhaltenden Frau mittleren Alters*

qupai 曲牌 | *Melodie*

quyi | 曲艺 | *Volkstümliche Darstellungsform*

shanghen wenxue | 伤痕文学 | *Narben-Literatur*

shehui juchang | 社会剧场 | *Gesellschaftstheater*

shehui wenti ju | 社会问题剧 | *Gesellschaftsdrama*

shenghuo huanjue | 生活幻觉 | *Illusion von Realität*

shenti de weizhi | 身体的位置 | *Position des Körpers*

shenyun | 神韵 | *Esprit*

shizhuang xinxi | 时装新戏 | *Neues Theater in zeitgenössischen Kostümen*

sijiu | 四旧 | *die Vier Alten*

tansuo xiju | 探索戏剧 | *Theater auf der Suche*

wenming xi | 文明戏 | *Zivilisiertes Theater*

xianfeng xiju | 先锋戏剧 | *Avantgarde-Theater*

xianfeng | 先锋 | *Avantgarde*

Xiangju | 湘剧 | *Xiang-Oper*

xiangsheng | 相声 | *Traditionelle komödiantische Dialog-Form*

xiao juchang | 小剧场 | *Experimentier-Theater*

xieshi | 写实 | *realistisch*

xieyi | 写意 | *andeutend*

xiju | 戏剧 | *Aufführung eines Spiels (Theater)*

xijuguan | 戏剧观 | *Theaterkonzeption*

xingdongju | 行动剧 | *Aktionstheater*

xing shi zou rou | 行尸走肉 | *Wandernde Leichen*

xipi | 西皮 | *Eine von zwei musikalischen Hauptmelodien im* xiqu

xiqu | 戏曲 | *Spiel und Musik/Melodien (traditionelles Musiktheater)*

xunixing | 虚拟性 | *virtuell*

yangbanxi | 样板戏 | *Modelloper*

Yuan zhaju | 元杂剧 | *Yuan Gemischte Spiele*

Yueju | 粤剧 | *Kanton-Oper*

Yueju | 越剧 | *Yue-Oper*

yunbai | 韵白 | *rhythmisches Sprechen im* xiqu

Theater, Theatergruppen und Festivals

Baoli juyuan | 保利剧院 | *Poly-Theatre*

Beifang Kunqu juyuan | 北方昆曲剧院 | *Beifang-Kun-Opern-Kompanie*

Beijing dianying xueyuan | 北京电影学院 | *Filmakademie Beijing*

Beijing ertong yishu juyuan | 北京儿童艺术剧院 | *Beijinger Kinderkunsttheater*

Beijing gongren tiyuchang | 北京工人体育场 | *Workers Stadium Beijing*

Beijing Hebei bangzi jutuan | 北京河北梆子剧团 | *Hebei-Bangzi-Opern-Kompanie der Stadt Beijing*

Beijing jiu juchang | 北京9剧场 | *Nine Theatre*

Beijing renmin yishu juyuan | 北京人民艺术剧院 | *Volkskunsttheater Beijing*

Beijing renyi shiyan juchang | 北京人艺实验剧场 | *Experimentelles Volkskunsttheater Beijing*

Beijing xiandai wutuan | 北京现代舞团 | *Beijing Modern Dance Ensemble*

Caochangdi gongzuozhan | 草场地工作站 | *Caochangdi-Workstation*

Caotaiban | 草台班 | *Grasbühne*

Chaishi jutuan | 差事剧团 | *Assign Theater*

Chengdu yishu zhiye xueyuan | 成都艺术职业学院 | *Chengdu Art Vocational College*

Chunliu she | 春柳社 | *Frühlingsweiden-Gesellschaft*

Dongfang gewutuan | 东方歌舞团 | *Oriental Song and Dance Ensemble*

Fengchao juchang | 蜂巢剧场 | *Kleines Theater Bienenwabe*

Gainian yishujie | 概念艺术节 | *Ideal Festival*

Haidian juyuan | 海淀剧院 | *Haidian Theater*

Jiefangjun zongzhengzhibu huajutuan | 解放军总政治部话剧团 | *Schauspiel des Zentralen Politbüros der Volksbefreiungsarmee*

Jinnian ershi mianti | 进念二十面体 | *Zuni Icosahedron*

Jinzhi yanshe | 金枝演社 | *Golden Bough Theatre*

Lin Zhaohua gongzuoshi | 林兆华工作室 | *Lin Zhaohua Studio*

Linjiedian juxianglu | 临界点剧像录 | *Critical Point Theatre*

Mumianhua kai juchang | 木棉花开剧场 | *Kapokblüte Theater*

Nanjing junqu huajutuan | 南京军区话剧团 | *Schauspiel des Armeesektors Nanjing*

Piaochong jushe | 瓢虫剧社 | *Ladybird Theater*

Shanghai huaju yishu zhongxin | 上海话剧艺术中心 | *Shanghai Dramatic Arts Centre*

Shanghai Jinxing wudaotuan | 上海金星舞蹈团 | *Shanghai Jin Xing Dance Theatre*

Shanghai renmin yishu juyuan | 上海人民艺术剧院 | *Volkskunsttheater Shanghai*

Shanghai xiju xueyuan | 上海戏剧学院 | *Theaterakademie Shanghai*

Shashibiya de meimei men de jutuan | 莎士比亚的妹妹们的剧团 | *Shakespeare's wild sisters group*

Shenghuo wudao gongzuoshi | 生活舞蹈工作室 | *Living Dance Studio*

Shijin xiaozu | 失禁小组 | *Künstlerkollektiv Can not Help*

Shuibianba | 水边吧 | *Watersidebar*

Sichuan sheng chuanjuyuan | 四川省川剧院 | *Chuan-Opern-Kompanie der Provinz Sichuan*

Wa shiyan jutuan | 蛙实验剧团 | *Experimentelle Theatertruppe Frösche*

Weilairen yanjutuan | 未来人演剧团 | *Theatertruppe der zukünftigen Menschen*

Wuzhen xijujie | 乌镇戏剧节 | *Wuzhen Theatre Festival*

Xiahe micang | 下河迷仓 | *Down-Stream Garage*

Xianggang huajutuan | 香港话剧团 | *Hong Kong Repertory Theatre*

Xin gongren juchang | 新工人剧场 | *Neues Arbeiter-Theater*

Xin gongren jutuan | 新工人剧团 | *Neues Arbeiter Ensemble*

Xin gongren yishutuan | 新工人艺术团 | *Neue Arbeiterkunst-Truppe*

Xin jutuan xiju chejian | 新剧团戏剧车间 | *Theaterwerkstatt neues Theater*

Xizang huajutuan | 西藏话剧团 | *Tibetische Schauspieltruppe*

You jutuan | 优剧团 | *U-Theatre*

Yuejie yishujie | 越界艺术节 | *Fringe Festival*

Zhangpeng juchang | 帐篷剧场 | *Zelttheater*

Zhejiang xiaobaihua jutuan | 浙江小百花越剧团 | *Yue-Oper Xiaobaihua der Provinz Zhejiang*

Zhenhan kafei juchang | 真汉咖啡剧场 | *Hard Han Cafe Theater*

Zhilaohu gongzuoshi | 纸老虎工作室 | *Paper Tiger Theater Studio*

Zhongguo guojia huajuyuan | 中国国家话剧院 | *Staatliches Sprechtheater China* (englisch: *National Theatre Company of China*)

Zhongguo guojia Jingjuyuan | 中国国家京剧院 | *Peking-Opern-Kompanie China* (englisch: *China National Beijing Opera Company*)

Zhongguo meishuguan | 中国美术馆 | *Chinesische Nationalgalerie*

Zhongguo qingnian yishu juyuan | 中国青年艺术剧院 | *Chinesisches Jugendkunsttheater*

Zhongguo xijujia xiehui | 中国戏剧家协会 | *Chinesischer Verband für Theaterschaffende*

Zhongguo xiqu xueyuan | 中国戏曲学院 | *Akademie für traditionelles Musiktheater China*

Zhongguo yishu yanjiuyuan xiqu yanjiusuo | 中国艺术研究院戏曲研究所 | *Institut für xiqu der Kunstakademie Chinas*

Zhongguo yishu yanjiuyuan | 中国艺术研究院 | *Chinesisches Kunstforschungsinstitut*

Zhongyang shiyan huajuyuan | 中央实验话剧院 | *Zentrales Experimentier-Theater Beijing*

Zhongyang xiju xueyuan | 中央戏剧学院 | *Zentrale Theaterakademie*

Ziyou dianyingjie | 自由电影节 | *Free Cinema Festival*

Zuheniao | 组合嬲 | *Eigenname der Gruppe*

Autorinnen und Autoren

Cao Kefei (siehe Porträt S. 382)

Gesine Danckwart, geboren 1969 bei Lübeck und dort auch aufgewachsen, arbeitete an Theatern in Wien, Mülheim und Berlin, studierte Theaterwissenschaft und gründete eine Spielstätte für freies Theater in Berlin-Moabit. Sie entwickelt als Kuratorin, Autorin und Regisseurin Theater-, Film- und mediale Kunstprojekte. Ihre Theaterstücke sind in mehr als fünfzehn Sprachen übersetzt, werden an diversen Theatern im In- und Ausland gespielt und wurden zum Teil auch als Hörspiele umgesetzt. Mit Staatstheatern und in freien internationalen Kontexten entstehen Projekte, die die Wirklichkeit weitererzählen. Im Kunstraum oder in der fiktionalisierten Stadtkulisse, im realen und medialen Raum. Der Film der Stadt in der Stadt. Bei der Aufführung der *Goldveedelsaga* am Kölner Schauspielhaus wurden ein Platz und seine Gebrauchsräume bespielt. In Berlin entstanden z. B. in Zusammenarbeit mit dem HAU *Dong Xuan oder Frühling in Lichtenberg* (Bespielung des Dong-Xuan-Geländes) oder das »Chez Icke«, das seitdem in verschiedenen Varianten weitergewandert ist. Zu ihren letzten Projekten zählt *Ping Tan Tales*, ein mehrjähriges Theater- und Publikationsprojekt über China, das nach Stationen in Berlin, Hamburg und Peking 2010 auf der Expo Shanghai gezeigt wurde. Gesine Danckwart lebt in Berlin und arbeitete u. a. in Mannheim, München, Wien, Hamburg, Shanghai, Johannesburg, Beijing, São Paolo, Bydgoszcz und Zürich.

Michael Gissenwehrer ist Professor für Theaterwissenschaft an der Ludwig-Maximilians-Universität München, mit den Schwerpunkten Englisches Theater, Asiatisches (besonders Chinesisches) Theater und Inszenierungsanalyse. Studium der Theaterwissenschaft, Musikwissenschaft und Sinologie an der Universität Wien. Insgesamt über dreijährige Promotions- und Postdocstudien an Theaterakademien in Taibei und Beijing. Dissertation (1983) über soziale und technische Aspekte der Schauspielerausbildung für die Peking-Oper. Nach 1985 publizistische Versuche und Theaterproduktionen mit dem Innviertler Theateraufstand, hauptbeschäftigt im Rahmen von Peking-Oper- und Akrobatiktourneen u. a. bei André Hellers *Begnadete Körper*. 1988 von Erika Fischer-Lichte für die akademische Welt entdeckt;

als Universitätsassistent an der Theaterwissenschaft der Johannes Gutenberg-Universität Mainz tätig. 1996 Habilitation mit einer Studie über das Propagandatheater der Volksrepublik China und einem Vortrag über das Londoner Shakespeare's-Globe-Projekt. Bis zu seiner Berufung nach München im Jahr 2000 Hochschuldozent in Mainz. Gastprofessuren in München, Wien und Beijing. Veröffentlichungen hauptsächlich im Bereich des Chinesischen und Englischen Theaters, ferner mit Themen der Münchner Theatergeschichte, über Filme von Kitano Takeschi, Ludwig-II.-Musicals und die Inszenierung von Gärten in Cornwall.

Guo Shixing (siehe Porträt S. 384)

Marc Hermann, geboren 1970, studierte Germanistik, Sinologie und Philosophie in Kiel, Shanghai und Bonn. Nach Lehrtätigkeit und Promotion an der Universität Bonn unterrichtet er derzeit Übersetzen an der Tongji-Universität in Shanghai. Als Übersetzer chinesischer Literatur hat er v. a. Romane (u. a. von Alai, Bi Feiyu, Su Tong) ins Deutsche übertragen.

Sabine Heymann ist Kulturjournalistin, Theaterkritikerin und Übersetzerin von Theatertexten, Sachbüchern und Romanen (aus dem Italienischen, Französischen, Englischen und Spanischen). Seit 2001 ist sie Geschäftsführerin des Zentrums für Medien und Interaktivität (ZMI) der Justus-Liebig-Universität Gießen. Als Kennerin der Theaterszene in Italien und China hat sie bei zahlreichen internationalen Festivals und Projekten im In- und Ausland als künstlerische Beraterin und Dramaturgin mitgewirkt. Nach fünfzehnjähriger Arbeit als Kulturkorrespondentin für *Theater heute*, der *Frankfurter Rundschau*, WDR, hr und Deutschlandfunk in Rom und einer Kuratorentätigkeit für die Begleitprogramme von Ausstellungen an der Bundeskunsthalle (Bonn) ist sie 1996 an die Universität Gießen zurückgekehrt, wo sie ihr Studium der Germanistik und Romanistik absolviert hatte. Mit dem chinesischen Theater ist sie seit der Moderation des Workshops »One table two chairs« am Haus der Kulturen der Welt (Berlin) im Jahr 2000 intensiv befasst. Seither führten sie Reisen und Arbeitsaufenthalte immer wieder nach China. 2009 erschien in *Theater heute* ihr großer Report über das Theater in Shanghai. Seither aktive Teilnahme an mehreren Europäisch-Chinesischen Kulturdialogen, Tagungen und Workshops des Goethe-Instituts und von EUNIC sowie im Rahmen der Koope-

ration zwischen ZMI und Shanghai Theatre Academy. 2011 hat sie das
3. Deutsch-Chinesische Theaterforum in Chongqing (Goethe-Institut
Shanghai/DuC – Deutschland und China. Gemeinsam in Bewegung)
kuratiert. Sie hat Vorträge u. a. in Shanghai und Hamburg gehalten, an
Podiumsdiskussionen u. a. in Hellerau und München teilgenommen
und 2015 bei der internationalen Konferenz »Turning Point of the
Theatre« in Shanghai den Panel zum Neuen Musiktheater moderiert.

François Jullien ist Philosoph und Sinologe. Er ist eine der wichtigsten
Figuren der zeitgenössischen französischen Philosophie und lehrt als
Professor an der Universität Paris VII Denis Diderot und am Collège
d'études mondiales. Er gilt als einer der bedeutendsten Kenner Chinas, wo er lange Jahre lebte. Seine Arbeit gründet auf dem Studium des
klassischen chinesischen Denkens, des Neokonfuzianismus und der
literarischen und ästhetischen Konzeptionen des alten China, gleichzeitig befragt er die Geschichte und die Kategorien der europäischen
Vernunft. Auf dem »Umweg« über das chinesische Denken widmet
seine Philosophie sich einer Dekonstruktion Europas »von außen«
und öffnet dem interkulturellen Denken fruchtbare und anspruchsvolle Wege. François Jullien hat mehr als zwanzig Bücher veröffentlicht, die in mehr als zwanzig Sprachen (darunter Chinesisch und Viet-
namesisch) übersetzt wurden. Er hat zahlreiche Preise erhalten, unter
anderem den Rousseau-Preis der Stadt Genf, den Preis der Académie
Française und den Hannah-Arendt-Preis für politisches Denken.

Christoph Lepschy geboren 1967 in München, studierte Literatur- und
Theaterwissenschaft in München und Dublin, arbeitete als Puppenspieler und seit 1989 als künstlerischer Leiter internationaler Festivals
mit Schwerpunkt Figuren- und Objekttheater. Seit 1996 ist er Dramaturg und arbeitete an der Schauburg München, am Theater Frei-
burg, am Düsseldorfer Schauspielhaus, am Staatsschauspiel Stuttgart,
am Theater Basel, am Nationaltheater Mannheim, an den Münchner
Kammerspielen und bei den Salzburger Festspielen. Er ist Mitbegrün-
der von »Double – Magazin für Puppen-, Figuren- und Objekttheater«. Veröffentlichungen in Fachbüchern und Fachzeitschriften, u. a.
zum Puppen- und Figurentheater, zu Heinrich von Kleist und Thomas Bernhard, zum chinesischen Gegenwartstheater und zur Theater-
probe. Im Oktober 2009 wurde er auf die Professur für Dramaturgie
an der Universität Mozarteum Salzburg berufen. Seit 2005 beschäf-

tigt er sich intensiv mit dem chinesischen Gegenwartstheater, hat mit mehreren chinesischen Theatermacherinnen und Theatermachern zusammengearbeitet und unternimmt seitdem regelmäßig Reisen nach China zu Forschungs- und Arbeitsaufenthalten. 2009 kuratierte er gemeinsam mit der Regisseurin Cao Kefei das Autorenfestival »Neue Dramatik: China/Deutschland« in Düsseldorf und Beijing. Er hat aktiv an Konferenzen, Workshops und Kulturdialogen teilgenommen, die u.a. von den Goethe-Instituten China und Taipei, EUNIC, den Theaterakademien in Shanghai und Beijing und dem National Taiwan College of Performing Arts veranstaltet wurden. Vorträge und Workshops zur Dramaturgie und zur transkulturellen Theaterarbeit führten ihn nach Beijing, Shanghai, Hongkong, Wuhan, Shenzhen, Shenyang und Taibei, eingeladen u.a. von der Hong Kong Academy for Performing Arts (HAPA), ON&ON Theatre Workshop Hongkong, West Kowloon Cultural District, OCAT Shenzhen, Ullens Centre for Contemporary Arts Beijing (UCCA), der Beijing University, der Taipei National University of the Arts (TNUA) und dem Taipei Arts Festival (TAF). Seit 2012 ist er Dramaturg des Paper Tiger Theater Studios Beijing, mit dem er 2014 in Koproduktion mit den Münchner Kammerspielen die Inszenierung *Totally Happy (Feichang gaoxing)* erarbeitet hat. Derzeit bereitet er eine neue Inszenierung mit Paper Tiger vor. 2016/2017 folgt er der Einladung auf eine Gastprofessur an der Taipei National University of the Arts (TNUA).

Li Yinan studierte Germanistik, Theaterwissenschaft und Sinologie in Beijing, New York, Hamburg und München. Sie promovierte 2007 mit einer Arbeit über den Dichterkreis von Yeh am Ende der Späteren Han-Dynastie (25–220). 2015 wurde sie als Professorin für Dramaturgie und Theaterwissenschaft an die Zentrale Theaterakademie China *(Zhongyang xiju xueyuan)* in Beijing berufen. Seit 2009 arbeitet sie intensiv an der Einführung des Konzepts und der Arbeitsweise der Dramaturgie in China. 2015 gründete sie die Fakultät für Dramaturgie und Angewandte Theaterwissenschaft an der Zentralen Theaterakademie China.

Lin Kehuan, geboren 1941 in Hongkong, Theaterkritiker, Dramaturg des Hong Kong Repertory Theatre *(Xianggang huajutuan)* und verschiedener Hongkonger Theatergruppen. Lin Kehuan schloss das Studium über die chinesische Literatur an der Jinan Universtät in Guangzhou ab. 1965 arbeitete Lin zunächst als Chefredakteur für die Literaturabteilung am Chinesischen Jugendkunsttheater *(Zhongguo qingnian yishu juyuan)* in Beijing, danach als künstlerischer Direktor des Theaters. Er war Co-Autor der Theaterstücke *The Turning Point* (1977) und *Newspaper Boy* (1978). Seit vielen Jahren forscht er über das Theater in China, Hongkong und Taiwan. 2011 wurde ihm das Doktorat in Drama an der Hong Kong Academy for Performing Arts zuerkannt. Seine zahlreichen Artikel und Essays befassen sich mit einem breiten Spektrum an Themen, von Theater und Tanz über Film und Fernsehen bis zur bildenden Kunst. Seine wichtigsten Publikationen sind: *Tited Stage*, *Theory of Dramatic Presentation*, *Dramatic Hong Kong – Hong Kong Theatre* und *Drama in the Era of Consumerism*.

Mou Sen (siehe Porträt S. 393)

Gesine Schmidt, 1966 in Köln geboren, arbeitete nach dem Studium der Komparatistik und Theaterwissenschaften als Dramaturgin an verschiedenen Theatern, u. a. am Berliner Ensemble, am Maxim Gorki Theater, am Schauspielhaus Hamburg und am Deutschen Theater Berlin. Von 2001 bis 2002 Lehraufträge Dramaturgie (Theorie und Praxis) an der Staatlichen Hochschule für Gestaltung, Karlsruhe (Rektor: Peter Sloterdijk), Fachbereich »Szenografie« (Michael Simon). Seit 2009 arbeitet sie als freie Autorin in Berlin. Sie schreibt Theaterstücke und Hörspiele, zuletzt *BEGEHREN* (AT), Recherche und Stückentwicklung zum Thema Liebe und Sexualität. Auftragsarbeit des Staatstheaters Mainz (UA 2016; Regie: Brit Bartkowiak); *PFIRSICHBLÜTENGLÜCK* (UA Theater Heidelberg, 2015; Regie: Markolf Naujoks), ein Stück über deutsch-chinesische Paare in China; *BIER, BLUT UND BUNDESBRÜDER* (UA Theater Bonn, 2014; Regie: Volker Lösch, ein Stück über schlagende Verbindungen; *EXPATS* (UA Theater Basel, März 2013; Regie: Antje Schupp/ DLF, Ursendung Dez. 2013; Regie: Heike Tauch), ein Stück/Hörspiel über Firmenentsandte in China. Gesine Schmidt wurde für ihre Theaterstücke mehrfach ausgezeichnet. Ihre dokufiktionalen Werke kreisen um das Thema »Normalität und Abweichung« und sind stets Ergebnis aufwändiger Recherchen. Ihre Perspektive auf unsere gesellschaftliche Gegenwart ist ethnologischer Art. Ihre literarisch verdichteten Texte spitzen Wirklichkeit zu und spielen mit Erwartungen und Bedeutungen, um neue Sichtweisen zu ermöglichen.

Philipp Schulte, geboren 1978, Studium der Angewandten Theaterwissenschaft an der Universitetet i Bergen (Norwegen) und an der Justus-Liebig-Universität Gießen, wo er 2005 als Diplom-Theaterwissenschaftler abschloss. Dort promovierte er auch zum Thema »Identität als Experiment«, unterstützt von der Graduiertenförderung des Landes Hessen. Die Dissertation ist 2011 in der Reihe »Studien zu den performativen Künsten« im Verlag Peter Lang erschienen. Seit 2007 arbeitet Philipp Schulte als Referent für die Hessische Theaterakademie in Frankfurt am Main sowie als freier Autor und Dramaturg u.a. für das Performancekollektiv Monster Truck (*Comeback. Ein Schreckensszenario* – Koproduktion sophiensaele Berlin und Künstlerhaus Mousonturm Frankfurt/M.; *Everything is Flux* – Koproduktion Schauspielhaus Düsseldorf und HAU Berlin), für Susanne Zaun (u.a. *Dreckig Tanzen/ Das beste Theaterstück der Welt* – schauspielfrankfurt) und Andreas Bachmaier (*It is what it is* – Künstlerhaus Mousonturm Frankfurt). Seit 2009 ist er wissenschaftlicher Mitarbeiter am Institut für Angewandte Theaterwissenschaft in Gießen. 2012 konzipierte und organisierte er den 1. Internationalen Festivalcampus im Rahmen der Ruhrtriennale. Philipp Schulte hat zahlreiche Aufsätze veröffentlicht und ist Mitherausgeber des Bandes *Die Kunst der Bühne. Positionen des zeitgenössischen Theaters* (2011).

Mark Siemons, geboren 1959 in Mainz, Studium der Geschichte, Philosophie und Kunstgeschichte in Bonn und Köln. Magisterarbeit über die Zeitschrift *Die Gegenwart*. Durch eine Hospitanz während des Studiums kam er zur *Frankfurter Allgemeinen Zeitung*, in deren Feuilletonredaktion er 1987 eintrat. Zunächst war er vor allem mit der Samstagsbeilage »Bilder und Zeiten« befasst. Von 1996 bis 2005 war er Kulturkorrespondent in Berlin, von 2005 bis 2014 in Beijing. Seit 2015 schreibt er wieder aus Berlin. 1993 erschien sein Buch *Schöne neue Gegenwelt. Über Kultur, Moral und andere Marketingstrategien*, 1997 *Jenseits des Aktenkoffers. Vom Wesen des neuen Angestellten*. 2001 wurde ihm der Erik-Reger-Preis für herausragende Darstellungen der modernen Lebens- und Arbeitswelt zuerkannt.

Anna Stecher studierte orientalische Geschichte, moderne chinesische Literatur und Theaterwissenschaft in Bologna, Beijing und München und arbeitet als Assistentin am Institut für Sinologie der LMU München. In ihrer Dissertation »Im Dialog mit dem chinesischen Schauspieljahrhundert: Studien zum Theater von Lin Zhaohua«, erschienen 2014 im Utz Verlag, untersucht sie die Beziehungen zwischen dem Werk des oft als Avantgarde bezeichneten chinesischen Theaterregisseurs und der chinesischen Sprechtheatertradition. 2012 promovierte sie auch an der Beijing Normal University mit einer Studie zu Werkadaptionen und biografischen Stücken über den modernen chinesischen Schriftsteller Lu Xun. Neben wissenschaftlichen Texten veröffentlicht sie auch Übersetzungen aus dem Chinesischen in den Bereichen Theater und Literatur.

Sun Ming, in Beijing geboren, ist freiberufliche Autorin. Sie hat Dramatik an der Akademie für traditionelles Musiktheater *(Zhongguo xiqu xueyuan)* in Beijing studiert. Ihre Weiterbildung für Dramentheorie und szenisches Schreiben hat sie am Chinesischen Forschungsinstitut für Kunst *(Zhongguo yishu yanjiuyuan)* in Beijing und an der Boise State University in Amerika absolviert. Sie hat als (Chef-)Redakteurin und Theaterkritikerin für verschiedene Zeitungen, Zeitschriften und Internet-Firmen geschrieben. Ihre Publikation: *Tian Han's Chinese Opera: His Theory and Works.*

Ulrike Syha, 1976 in Wiesbaden geboren, lebt heute nach einem Studium der Dramaturgie in Leipzig und einer längeren Assistenzzeit am Schauspiel Leipzig als freie Autorin und Übersetzerin von Theaterliteratur in Hamburg. Ulrike Syha war u. a. Stipendiatin der Akademie Schloss Solitude, des Literarischen Colloquiums in Berlin, der Deutschen Akademie Rom (Casa Baldi), der Stiftung Künstlerdorf Schöppingen und des Hessischen Literaturrats (Aufenthaltsstipendium Litauen). Sie wurde u. a. mit dem Kleist-Förderpreis für Junge Dramatiker, dem Hamburger Förderpreis für Literatur und dem Robert-Gernhardt-Preis ausgezeichnet; ihre Stücke wurden mehrfach zu den Mülheimer Dramatikertagen eingeladen *(Nomaden, Privatleben)*. In der Spielzeit 2009/2010 war sie Hausautorin am Nationaltheater Mannheim, wo auch das Auftragswerk *Herr Schuster kauft eine Straße* entstand. Ulrike Syha übersetzt aus dem Englischen und Amerikanischen, unter anderem Texte von Martin Crimp, Wallace Shawn, Alan Ayckbourn. Seit 2014 arbeitet sie außerdem als Koordinatorin des Deutschsprachigen Komitees von Eurodram, einem europaweiten Netzwerk für Theater in Übersetzung. Zurzeit arbeitet Ulrike Syha an ihrem ersten Roman und – gemeinsam mit Anne Monfort und Mickaël de Oliveira –

an einem dreisprachigen Projekt über Europa und seine Revolutionen
(No[s] Révolution[s]).

Tian Gebing (siehe Porträt S. 394 f.)
Tian Mansha (siehe Porträt S. 396 f.)

Tao Qingmei, geboren 1974 in der Provinz Anhui, ist Theaterkritikerin
und Wissenschaftlerin. Im Jahr 2000 Promotion, inzwischen Asso-
ciate Professor am Institute of Chinese Literature der Chinese Academy of Social Sciences (CASS) in Beijing. Ihr Forschungsschwerpunkt ist das moderne chinesische Theater, wobei sie sich vor allem
mit dem interaktiven Verhältnis zwischen dem chinesischen Gegenwartstheater und der chinesisch-westlichen Kulturkommunikation
befasst, also die Einflüsse des westlichen Theaters auf das chinesische
Gegenwartstheater erforscht. Tao hat zahlreiche Studien zum Thema
Theater in China publiziert. Ihre wichtigste Publikation ist »A Thirty-
Year Review of Experimental Theatre in China (1982–2012)« in 2013.

Irene Wegner, geboren im Rheinland, Studium der Volkswirtschafts-
lehre und ostasiatischer Sprachen an der Universität München,
parallel längere Studien- und Praktikumsaufenthalte auf Taiwan, in
Japan und in Malaysia. Nach dem VWL-Diplom zweijähriges DAAD-
Stipendium für die Beijing Universität mit zahlreichen Studienrei-
sen innerhalb Chinas. Danach Magister in Sinologie, chinesische
Archäologie und Kunst sowie Theaterwissenschaft (MA-Arbeit über
Glocken der chines. Bronzezeit) und Promotion (Dissertation über
Schminkmasken der Peking-Oper, dafür 1996 Promotionspreis der
Universität München). Seither zahlreiche wissenschaftliche und literarische Veröffentlichungen und Übersetzungen, Lehraufträge, Vorträge, Kuratierung von Ausstellungen, Theater- und Konzertorgani-
sationen, 2002 Mitbegründerin der Gesellschaft Asia Intercultura e.V.
mit dem Ziel der Förderung des kulturellen Austauschs zwischen Europa und Ostasien, Initiative zur Gründung eines Ostasienzentrums
in Bayern.

Wen Hui (siehe Porträt S. 400)
Wu Wenguang (siehe Porträt S. 401 f.)
Xiao Ke (siehe Porträt S. 403)

Xie Xizhang, geboren 1953 in Beijing, Literaturkritiker, Essayist und Autor. Xie war zunächst als Arbeiter tätig und studierte im Jahr 1977, nachdem die staatlichen Examen an Universitäten und Hochschulen wiederbelebt worden waren, an der Journalismus-Fakultät der Renmin University of China in Beijing. Seit 1983 arbeitete Xie als Feuilletonredakteur und später bis zu seiner Pensionierung 2014 als Chefredakteur für die Beijing Daily Newspaper Group. Von 2004 bis 2008 arbeitete Xie außerdem als Chefredakteur für den Tongxin Verlag. Als Autor hat er die folgenden Bücher publiziert: *Noise and Loneliness*, *Chinese Women to Turn back*, *Refined and Popular*, *A Single Reading History*, *A Biography of Liang Qichao*, *Five Taste Book*, *Talking about Movies*, *Fall of Constitutional Monarchy*.

Zhang Weiyi, geboren 1981 in Beijing, Magisterstudium an der Ludwig-Maximilians-Universität München im Fach Theaterwissenschaft. Promoviert zurzeit an der LMU bei Prof. Dr. Michael Gissenwehrer über die Wechselbeziehung zwischen Bühneninstallation und installiertem Körper der Schauspieler am Beispiel von Inszenierungen des Regisseurs Luk Perceval. Während ihres Aufenthalts in Deutschland arbeitete Zhang Weiyi im Metropoltheater München als Regieassistentin (*Der Golem* und *Das Ballhaus*) sowie bei den Münchner Kammerspielen als Dramaturgiehospitantin, künstlerische Mitarbeiterin und Dolmetscherin (Tian Gebings *Totally Happy [Feichang gaoxing]* und Luk Percevals Joyce-Inszenierung *Exiles*). Sie war und ist an zahlreichen kulturellen Austauschprojekten zwischen China und Deutschland beteiligt, z. B. dem 3. Europäisch-Chinesischen Kulturdialog im Jahr 2010, dem »2013 Internationalen Regie-Meisterkurs (Deutschland)« an der Shanghaier Theaterakademie und dem im Jahr 2014 von China und Deutschland gemeinsam organisierten internationalen Theaterprojekt *Totally Happy*. 2015 arbeitete Zhang Weiyi als Dramaturgin bei der Eröffnungsinszenierung des »Wuzhen Theatre Festivals« *(Wuzhen xijujie) Der Mann, der in den Himmel fliegt (Fei xiang tiankong de ren)* mit dem chinesischen Regisseur Li Jianjun zusammen.

Zhang Xian (siehe Porträt S. 405)
Zhao Chuan (siehe Porträt S. 406)

Übersetzerinnen und Übersetzer

Rebecca Ehrenwirth ist seit 2011 wissenschaftliche Mitarbeiterin am Institut für Englische Philologie und am Institut für Sinologie der Ludwig-Maximilians-Universität München. Seit ihrem Magisterabschluss in Sinologie arbeitet sie an ihrer Dissertation im Bereich chinesischsprachiger Diaspora-Literatur in Südostasien. Ihre Forschungsschwerpunkte liegen auf sinophoner Literatur, zeitgenössischem chinesischen Theater und Film sowie auf Postcolonial Studies.

Irmgard Enzinger hat in München, Taibei, Cambridge (U.K.) und Kiel Sinologie, Politologie und Deutsch als Fremdsprache studiert. Ihr Forschungsschwerpunkt liegt auf dem philosophischen Kulturvergleich, mit besonderem Interesse an der Relation von Körper und Geist. In diesem Kontext steht auch ihre Dissertation »Ausdruck und Eindruck. Zum chinesischen Verständnis der Sinne«. Sie unterrichtet an den Nymphenburger Schulen in München Chinesisch und Ethik und an der VHS München chinesische Philosophie. Sie ist Mitherausgeberin von *WenWu – Zeitschrift für chinesische Kultur und Kampfkunst*, wo sie mehrere Artikel veröffentlicht hat. Sie ist Gründungs- und Vorstandsmitglied des Vereins Bayerisch-Chinesische Schülerkontakte e.V. und begleitet seit vielen Jahren Schülerinnen und Schüler auf Sprach- und Austauschreisen nach China. In verschiedenen Zusammenhängen ist sie als literarische Übersetzerin tätig.

Andreas Guder studierte Deutsch als Fremdsprache, Sinologie, Germanistische Linguistik und Interkulturelle Kommunikation in München und an der Peking-Universität. Nach einem Magisterabschluss in Deutsch als Fremdsprache und einer Promotion in Sinologie 1998 lebte und arbeitete er vier Jahre als Lektor des Deutschen Akademischen Austauschdienstes in Beijing. Von 2003 bis 2006 war er Juniorprofessor für Chinesische Sprache und Übersetzung am Fachbereich Angewandte Sprach- und Kulturwissenschaft der Universität Mainz in Germersheim. Von 2006 bis 2016 war Andreas Guder Leiter des Studienbereichs Chinesische Sprache an der Freien Universität Berlin. Seit Herbst 2016 ist er als Professor für Fachdidaktik Chinesisch in Göttingen verantwortlich für die Lehramtsausbildung im Schulfach

Chinesisch. Neben Chinesischunterricht und Übersetzungen arbeitet Andreas Guder zu Themen der chinesischen Sprachwissenschaft und Fachdidaktik und ist seit 2004 Vorsitzender des Fachverbands Chinesisch e.V.

Kathrin Herm, 1986 in Berlin geboren, besuchte dort das Lycée Français. Anschließend absolvierte sie ein Theater-, Film- und Medienwissenschaftsstudium an der Universität Wien und ein Politikwissenschaftsstudium an der Freien Universität Berlin. Nach Regieassistenzen in Berlin und Nizza studierte sie Theaterregie am Thomas-Bernhard-Institut (Universität Mozarteum Salzburg). Sie arbeitet als Regisseurin unter anderem am Schauspielhaus Wien.

Marc Hermann (siehe Autorenporträt S. 430)

Peggy Kames, 1966 in Berlin geboren. Studium der Sinologie, Theaterwissenschaften und Filmgeschichte in Berlin und Beijing, lebt als Übersetzerin, Autorin und Sprachdozentin in Berlin.

Anna Stecher (siehe Autorenporträt S. 434 f.)
Irene Wegner (siehe Autorenporträt S. 436)

Li Yinyin wurde 1989 in Nanjing, China geboren. Nach ihrem Bachelor-Studium in Germanistik an der Universität Nanjing studierte sie Interkulturelle Germanistik, ein kooperatives Masterprogramm zwischen der Universität Nanjing und der Georg-August-Universität Göttingen. Heute arbeitet sie in einem deutschen Unternehmen in Baden-Württemberg. Seit der Studienzeit beschäftigt sie sich mit dem Thema der Übersetzung und hat an Übersetzungen von Kinderbüchern und Sachbüchern mitgearbeitet.

Sophia Zasche wurde 1991 in München geboren. Seit 2009 studiert sie Sinologie in Heidelberg mit längeren Auslandsaufenthalten in Beijing und Taibei. Ein halbes Jahr absolvierte sie außerdem ein Praktikum bei der Bertelsmann Stiftung in Gütersloh und engagiert sich seit Beginn ihres Studiums im Alumniverein der Sinologen SHAN e.V. in verschiedenen Positionen, aktuell als Vorsitzende.

Bildnachweis

Dank gilt allen Fotografen für den Abdruck der Bilder. Trotz intensiver Recherchen konnten nicht alle Rechteinhaber der Fotos ermittelt werden. Rechteinhaber/Urheber, die nicht erreicht wurden, werden gebeten, sich beim Alexander Verlag Berlin zu melden.

S. 22: Lieven de Laet | S. 44, 48, 51, 54–57: privat | S. 60, 71: privat; S. 72: gmp/Hans-Georg Esch/Heiner Leiska; S. 73, 74, 75-1: gmp/Christian Gahl; S. 75-2, 3: Christoph Lepschy | S. 78, 88, 92–94: Theatermusem des Volkskunsttheaters; S. 84: Chen Ading; S. 98: Su Dexin | S. 100: Xia Xiaoxi; S. 103 (rechts), 108, 112: Theatermuseum des Volkskunsttheaters Beijing; S. 103 (links): Hou Yibing; S. 111: Li Yan | S. 114: Shakespeare's wild sisters group; S. 115: Cao Kefei | S. 116–118, 123: privat; S. 120/121: Cao Xilin | S. 130, 139: aus: Editorial Committee of the Pictorial Album »Mei Lanfang« (Hg.): *Mei Lanfang*, Beijing (Beijing Publishing House) 1997, S. 295; S. 134 (links): ebd., S. 193; S. 134 (rechts): ebd., S. 44; S. 137: ebd., S. 310; S. 138: ebd., S. 196; S. 133: aus: Zhongguo yishu yanjiuyuan xiqu yanjiusuo (Hrsg.): *Mei Lanfang*, Beijing (Wenwu Chuanshe) 1985, S. 125; S. 136: ebd., S. 120 | S. 141: aus: Nygren, Christina: *Frukter fran Päronträdgarden Teater i Kina*, Uddevalla (Liber Förlag) 1986, S. 197. | S. 144: privat/Grafik: Ralph Zoth; S. 147: picture alliance/United Archives/IFTN; S. 152–154, 157/158, 160/161, 163/164: privat | S. 166: Su Dexin; S. 171: Li Yan | S. 176, 178–181, 186/187: Li Yan | S. 196, 200–203: privat | S. 199: Li Yan; S. 205: Zi Han; S. 206–208, 210: privat | S. 212, 217 (rechts), 221–223: privat; S. 217 (links): Christoph Lepschy | S. 226, 229, 232/233, 235–237: privat; S. 240: Karsten Faßbender | S. 242: Living Dance Studio; S. 246, 248/249: privat | S. 250, 265: privat; S. 254: Liu Yang; S. 255: Li Yan; S. 256/257: Andreas Schmid; S. 262: Coca; S. 264: Chen Cheng | S. 266, 268, 272/273, 277, 279: Ricky Wong; S. 270: Ling Youjuan; S. 271: Zihan; S. 276: Dai Jianyong | S. 280, 282–284, 289/290, 292/293-1: privat; S. 293-2, 3, 4: Liu Yin; S. 293-5: Hong Dazhi | S. 294: Wang Yin; S. 296: Jörg Schmiedmayer; S. 297: Li Yan; S. 300: Wang Guofeng; S. 301: Hu Min; S. 303, 306: privat; S. 304: Wang Yin; S. 305: Wang Guofeng | S. 320: Probenfotos Jürgen Flimm: Hermann und Clärchen Baus, Cover und Kritikseite: *Theater heute;* die Schriftzeichen im Buchstempel bedeuten: Büchner *Woyzeck*, Grafik: Ralph Zoth; S. 322, 329: Li Yan | S. 334, 340, 342/343: Liu Yin; S. 337–339: Christoph Lepschy | S. 344, 346, 349–352: Isabel Robson/privat | S. 354, 357/358: Shanghai Dramatic Arts Centre; S. 356: Sebastian Hoppe; S. 359: Lieven de Laet | S. 362, 364–368: Katrin Ribbe | S. 370: Judith Schlosser | S. 376: Christian Kleiner | S. 382, 384: Li Xinmo; S. 383: Karsten Faßbender | S. 385: Dirk Bleicker; S. 386–388, 391, 393, 394, 398–400, 403, 405–407: privat; S. 389: Lin Zhaohua Theatre Studio; S. 396: Gao Jin; S. 401: Ricky Wong; S. 404: Shanghai Dramatic Arts Centre